Heiko Müller

„Kinder müssen
Klassenkämpfer werden!" –
Der kommunistische
Kinderverband in der
Weimarer Republik
(1920–1933)

Heiko Müller

„Kinder müssen Klassenkämpfer werden!"
Der kommunistische Kinderverband
in der Weimarer Republik (1920–1933)

Tectum Verlag

Heiko Müller

„Kinder müssen Klassenkämpfer werden!" –
Der kommunistische Kinderverband
in der Weimarer Republik (1920–1933)
© Tectum Verlag Marburg, 2013
Zugl. Diss. Universität Hamburg 2011
ISBN: 978-3-8288-3103-2

Umschlagabbildung und Gestaltung: F. Hieronimi
Druck und Bindung: CPI buchbücher.de, Birkach
Printed in Germany
Alle Rechte vorbehalten

Besuchen Sie uns im Internet
www.tectum-verlag.de

Bibliografische Informationen der Deutschen Nationalbibliothek
Die Deutsche Nationalbibliothek verzeichnet diese Publikation in der
Deutschen Nationalbibliografie; detaillierte bibliografische Angaben sind
im Internet über http://dnb.ddb.de abrufbar.

INHALT

EINLEITUNG

Mit dem Untergang der Deutschen Demokratischen Republik endete in den Jahren 1989 und 1990 die Geschichte des organisierten Kommunismus auf deutschem Boden.[1] Obwohl sich aufgrund der geringen zeitlichen Distanz zur zweiten deutschen Diktatur des 20. Jahrhunderts ihre Historisierung erst in den Anfängen befindet, sind mit dem Ende des Systemgegensatzes große Teile des ideologischen Zündstoffes aus der historiographischen Debatte um den Ort des Kommunismus in der deutschen Geschichte genommen.[2] Dies gilt insbesondere für das „gespaltene Geschichtsbild" von der KPD in der Weimarer Republik. In der Historiographie der DDR wurde ihr Wirken als Siegeszug marxistischer Ideologie innerhalb der Arbeiterbewegung gedeutet, der nur unter tatkräftiger Mithilfe der SPD von dem bürgerlichen Lager habe gestoppt werden können.[3] Dieser Interpretation standen westdeutsche Ergebnisse gegenüber, die ein weitaus zurückhaltenderes Bild dieser angeblichen Avantgarde zeichneten, das die bedingungslose Treue zur kommunistischen Internationale betonte und die politische Arbeit – gemessen an den Zielen – als erfolglos betrachtete.[4] Das Ende dieses geschichtspolitischen Fundamentalgegensatzes, der immer (und oft zu Recht) von Instrumentalisierungsvorwürfen an das jeweilige Pendant begleitet wurde, sowie die weitgehende Öffnung der vormals ostdeutschen Archive ermöglichen eine Überprüfung der vorliegenden Forschungsergebnisse zur Geschichte der KPD und laden zur Ergänzung

---

[1] Die PDS bekannte sich als Nachfolgepartei der SED zur demokratischen Grundordnung. Andere in der Regel aus dem westdeutschen Gebiet stammende marxistische Splittergruppierungen sind faktisch bedeutungslos.

[2] Dies mag weniger gelten für die emotionale Auseinandersetzung ehemaliger DDR-Bürger mit ihrer eigenen Vergangenheit sowie für die gesellschaftliche Debatte um „Ost" und „West". Vgl. Erhart Neubert, *Westdeutsche und ostdeutsche Erinnerungsperzeptionen*, in: Peter März/Hans-Joachim Veen (Hg.), Woran erinnern? Der Kommunismus in der deutschen Erinnerungskultur, Köln 2006, S. 165–190.

[3] Zur Problematik der DDR-Historiographie und ihrem Geschichtsbild von der Weimarer Republik vgl. Martin Sabrow, *Kampfplatz Weimar. DDR-Geschichtsschreibung im Konflikt von Erfahrung, Politik und Wissenschaft*, in: Heinrich August Winkler, Weimar im Widerstreit. Deutungen der ersten deutschen Republik im geteilten Deutschland, München 2002, S. 163–184; Hermann Weber, *Kommunismus in Deutschland 1918–1945*, Darmstadt 1983, S. 5–18; Wolfgang Küttler, *Die marxistisch-leninistische Geschichtswissenschaft und das Systemdenken im Ost-West-Konflikt*, in: Ders., Jörn Rüsen, Ernst Schulin (Hgg.), Globale Konflikte, Erinnerungsarbeit und Neuorientierungen seit 1945, Frankfurt 1999, S. 75–105.

[4] Nach wie vor Standard: Hermann Weber, *Die Wandlungen des deutschen Kommunismus. Die Stalinisierung der KPD*, 2 Bde., Frankfurt 1969; Ossip K. Flechtheim, *Die KPD in der Weimarer Republik*, Offenbach 1948.

bisheriger Leistungen ein. Von besonderer Relevanz für weitergehende Arbeiten erscheint die von Klaus-Michael Mallmann in seiner Habilitationsschrift begonnene Aufarbeitung der sozialgeschichtlichen Dimension kommunistischer Lebenswelt als Teilaspekt der Geschichte der Arbeiterbewegung insgesamt, da das Gros der Werke zur KPD als Partei- und Organisationsgeschichte verfasst wurde und die Hochphase der Sozialgeschichte in der bundesrepublikanischen Historiographie der 1970er und 1980er Jahre aufgrund der eher schlechten Quellensituation die Weimarer Kommunisten nahezu unberührt ließ.[5]

Das soziokulturelle Umfeld der Arbeiterbewegung in den Jahren der Weimarer Republik wird gemeinhin als ein im Spannungsfeld zwischen Reform und Radikalismus angesiedeltes „linksproletarisches Milieu" gedeutet, in dem die SPD als gemäßigt sozialistische, staatstragende Partei auf der einen und die KPD als revolutionäre Kraft auf der anderen Seite die politischen Kristallisationspunkte eines reformorientierten und eines revolutionären Flügels bildeten.[6] Da trotz beginnender Erosion eben jener Milieukontexte und expliziter sozialer Abgrenzung die Kohärenz sozialer Schichten nach wie vor stark war, ging das Angebot beider Parteien über genuin politische Betätigung hinaus und bot weitergehende Möglichkeiten zur Betätigung in den Bereichen Bildung, Kultur und Sport.[7] Eines dieser Angebote bestand in der Kinderbetreuung, die in beiden Parteien die Altersgruppe von etwa vier bis knapp 14 Jahren umfasste. Sowohl in der sozialistischen als auch in der kommunistischen ideologischen Konzeption ging die Bedeutung dieser Arbeit weit über eine Unterstützung der Eltern hinaus und stellte vielmehr eine Alternative zu der für das Arbeiterkind als wenig angemessen eingeschätzten „bürgerlichen" Erziehung dar.

Nach dem Untergang des Kaiserreiches bestand für die sozialistischen Pädagogen wie für die Reformpädagogik insgesamt die Möglichkeit einer aktiven Erprobung der bereits erarbeiteten Konzepte. Die Debatten um die „richtige" Erziehung des Nachwuchses erregten dabei die Bevölkerung, wie auch

---

[5]   Vgl. Klaus-Michael Mallmann, *Kommunisten in der Weimarer Republik. Sozialgeschichte einer revolutionären Bewegung*, Darmstadt 1996. Hierzu sowie zur Quellensituation vgl. ausführlich u. S. 13f.

[6]   Zu dieser Deutung vgl. z. B. Klaus Schönhoven, *Reformismus und Radikalismus. Gespaltene Arbeiterbewegung im Weimarer Sozialstaat*, München 1989; Heinrich August Winkler, *Von der Revolution zur Stabilisierung. Arbeiter und Arbeiterbewegung in der Weimarer Republik 1918–1924*, Berlin 1984, S. 11–14. Der umstrittene Begriff des „linksproletarischen Milieus" selbst stammt von Mallmann, *Kommunisten*, S. 385. Zu der Kontroverse um die Nähe oder Distanz von Sozialdemokraten und Kommunisten vgl. u. S. 18; 24.

[7]   Vgl. Heinrich August Winkler, Der Schein der Normalität, Arbeiter und Arbeiterbewegung in der Weimarer Republik 1924 bis 1930, Berlin/Bonn 21988, S. 120–145.

in der heutigen Zeit, weit über die pädagogische Fachwelt hinaus. Sie waren ein Teil der politischen Auseinandersetzung und des öffentlichen Diskurses um das gesellschaftliche Selbstverständnis. Insbesondere die genuin „sozialistische" Erziehung, die durch die Kinderfreundebewegung der SPD und die kommunistischen Kindergruppen der KPD relativ eindeutig zwei Parteien zugeordnet werden konnte, bildete aufgrund ihrer Abgrenzung von den Erziehungsmethoden und Inhalten des bürgerlichen pädagogischen Mainstreams ein Politikum.[8] Die Kommunisten wurden dabei aufgrund der Radikalität ihres Konzeptes der „politischen Kampferziehung" von Konservativen wie von großen Teilen der Sozialdemokratie gleichermaßen angefeindet.

Während die Tätigkeit der SPD mit den *Kinderfreunden* und den ab 1925 als *Rote Falken* bezeichneten Kindergruppen in zahlreichen Studien ausführlich und regional differenziert erschlossen wurde, bedarf es bei der kommunistischen Kinderarbeit abseits einiger innerhalb des engen ideologischen Korsetts der DDR-Geschichtsschreibung verfassten Beiträge weiterhin einer Aufarbeitung.[9] Bislang wird die verhältnismäßig geringe Anzahl von Mitgliedern in

---

[8]   *Reformpädagogik* wurde oftmals in toto als eher „sozialistisches" Phänomen eingestuft. Obwohl sich viele Reformer auch selbst als Sozialisten verstanden, stellte „die" Reformpädagogik ein ausgesprochen heterogenes Phänomen dar. Insofern ist zwischen diversen reformpädagogischen, teilweise sozialistisch inspirierten Projekten und einer in eindeutig politischem Kontext formulierten „sozialistischen Pädagogik" zu unterscheiden. Vgl. Sabine Andresen, *Sozialistische Kindheitskonzepte. Politische Einflüsse auf die Erziehung*, München 2006, S. 21f; Christa Uhlig, Einleitung zu Dies. (Hg.), Reformpädagogik und Schulreform. Diskurse in der sozialistischen *Presse der Weimarer Republik. Quellenauswahl aus den Zeitschriften Die Neue Zeit / Die Gesellschaft und Sozialistische Monatshefte (1919–1933)*, Frankfurt a. M. 2008, S. 31–36. Aus der Fülle der Beiträge zu den vielfältigen reformpädagogischen Experimenten und Konzeptionen aus der Zeit der Weimarer Republik seien hier stellvertretend genannt: Ulrich Amlung/Dietmar Haubfleisch/Jörg-Werner Link/Hanno Schmitt (Hgg.), *Die alte Schule überwinden. Reformpädagogische Versuchsschulen zwischen Kaiserreich und Nationalsozialismus*, Frankfurt a. M. 1993; Heike Neuhäuser/Tobias Rülcker (Hgg.), *Demokratische Reformpädagogik*, Frankfurt a. M. 2000. Eine umfangreiche Quellenauswahl zu dem Thema bieten Dietrich Benner/Herward Kemper (Hgg.), *Quellentexte zur Geschichte der Reformpädagogik Teil 2: Die Pädagogische Bewegung von der Jahrhundertwende bis zum Ende der Weimarer Republik*, Weinheim 2001.

[9]   Zur fehlenden Aufarbeitung der kommunistischen pädagogischen Aktivitäten vgl. auch Uhlig, *Reformpädagogik*, S. 35 Anm. 86. Vgl. zur Darstellung der Kindergruppenarbeit in der DDR-Geschichtsschreibung insbesondere Karl-Heinz Elsen, *Die kommunistische Kinderorganisation Deutschlands – Elementarschule des proletarischen Klassenkampfes für die heranwachsende Generation*, in: Autorenkollektiv unter der Leitung von Helmut König, Beiträge zur Bildungspolitik und Pädagogik der revolutionären Deutschen Arbeiterbewegung in der Zeit der Novemberrevolution und der revolutionären Nachkriegskrise 1918–1923, Berlin (Ost) 1968, S. 44–102. Weitere Beiträge befassen sich schwerpunktmäßig mit der Erziehungs-

der Kinderorganisation – wie auch in dem Jugendverband der Partei – als Beweis für die Irrelevanz der Parteiarbeit auf diesem Gebiet und die mangelnde Bedeutung des *Jung-Spartakus-Bundes* (JSB) wie auch des *Kommunistischen Jugendverbandes Deutschlands* (KJVD) innerhalb der Arbeiterjugendbewegung angeführt, die über einen Sektencharakter nicht hinausgegangen sei.[10] Eine solche Analyse verkennt allerdings die vielfältigen Bemühungen kommunistischer Pädagogen und Gruppenleiter, eben dieses zu ändern. In den kommunistischen pädagogischen Fachzeitschriften herrschte eine rege Diskussion um die Ausgestaltung einer „klassengemäßen" Erziehung. Zudem lässt diese Deutung außer Acht, dass Zeitgenossen bürgerlicher und sozialdemokratischer Herkunft, die mit der kommunistischen Kinderorganisation und ihrem Wirken in Kontakt kamen, oftmals ein völlig anderes Bild erhielten und die Entwicklungen mit Besorgnis verfolgten. Die Aktivitäten der Kinderorganisation hatten offensichtlich in der Wahrnehmung Betroffener eine höhere Relevanz, als ihnen bislang aufgrund der geringen Mitgliederzahl zugestanden wird. Dabei stand für die Gegner wie die Verfechter einer kommunistischen Erziehung gleichermaßen eine zentrale Frage im Mittelpunkt: In welchem Maße dürfen beziehungsweise müssen Kinder „politisiert" werden?

Die Auseinandersetzung wurde so über den Standort des Kindes innerhalb der Gesellschaft geführt. Von konservativer und sozialdemokratischer Seite wurde auf das Moratorium der Kindheit verwiesen, den nach ihrer Auffassung politikfreien Schonraum, der das Aufwachsen außerhalb von gesellschaftlichen Konfliktlinien ermöglichen sollte, von denen das Kind nur belastet werde. Die Kommunisten hingegen betonten die Notwendigkeit einer Teilnahme des Arbeiterkindes am Klassenkampf, da es als Mitglied der bürgerlich-kapitalistischen Gesellschaft die gleiche Form der Unterdrückung erfahre wie die erwachsenen Arbeiter auch. Die Kinder sollten diese Auseinandersetzung ebenfalls führen und die antizipierten Missstände insbesondere an den Volkschulen benennen und gegen sie ankämpfen.[11]

---

theorie des kommunistischen Pädagogen Edwin Hoernle. Vgl. Wolfgang Mehnert, *Der Beitrag Edwin Hoernles zum schulpolitischen und pädagogischen Kampf der KPD in der Zeit der Weimarer Republik (1919–1929)*, Berlin (Ost) 1958. Zur sozialdemokratischen Kinderarbeit vgl. Roland Gröschel (Hg), *Auf dem Weg zu einer sozialistischen Erziehung. Beiträge zur Vor- und Frühgeschichte der sozialdemokratsichen Kinderfreunde in der Weimarer Republik*, Essen 2006; Nikolaus Richartz, *Die Pädagogik der „Kinderfreunde". Theorie und Praxis sozialdemokratischer Erziehungsarbeit in Österreich und in der Weimarer Republik*, Weinheim 1981.

[10]   Mallmann bezeichnet den KJVD als „Jugendsekte". Der Kinderverband findet in seiner Darstellung keinerlei Berücksichtigung. Vgl. Mallmann, *Kommunisten*, S. 176.

[11]   Vgl. Zur theoretischen Konzeption Andresen, *Kindheitskonzepte*, S. 76f.

Dieser bislang wenig beachtete „Schulkampf" des Kinderverbandes steht im Zentrum der Betrachtungen über die kommunistische Kinderarbeit in der Weimarer Republik. Dabei wird das Augenmerk neben der Rekonstruktion der Verbandsstrukturen und Tätigkeitsfelder der teilnehmenden Akteure auf die ideologische Funktion des kommunistischen Engagements gelegt sowie anhand der Beurteilungen und Abwehrmaßnahmen von behördlicher Seite die zeitgenössische Relevanz und Wahrnehmung der Betroffenen analysiert. Neben der Betrachtung der reichsweiten Entwicklung wird mit den Verhältnissen in Hamburg und Berlin anhand zweier regionaler Fallbeispiele ein Tiefenschnitt vollzogen, der eine dezidierte Darstellung der Vorgänge ermöglicht. So ergibt sich ein facettenreiches Bild der kommunistischen Kinderarbeit im Spannungsfeld von Politik und Pädagogik, das alle betroffenen Akteure berücksichtigt und sowohl Aufschluss über das Wesen der KPD als radikale soziale Bewegung als auch über die Befindlichkeiten und Verhaltensweisen der Behörden der Zwischenkriegszeit im Angesicht antidemokratischer Strömungen gibt. Erst so lässt sich die Wirkungsmacht der kommunistischen Kindergruppen und ihrer pädagogischen und politischen Vordenker valide rekonstruieren und in die politisch-ideologischen Auseinandersetzungen um das Bildungswesen der Weimarer Republik einordnen.

Quellenbericht

Die Untersuchung basiert auf umfangreichem Quellenmaterial. Zur kommunistischen Erziehungstheorie liegt eine Vielzahl von zeitgenössischen Publikationen vor. Das wichtigste Forum für den pädagogischen Diskurs kommunistischer Erzieher und Erziehungstheoretiker in der Weimarer Republik stellte die monatlich erscheinende Zeitschrift *Das Proletarische Kind* dar.[12] Zwei Quelleneditionen bieten eine dort entnommene repräsentative Auswahl von Aufsätzen sowie ausgewählte Schriften des bedeutendsten kommunistischen Pädagogen der Weimarer Republik, Edwin Hoernle.[13] Zentrale Dokumente zur Jugend- und Bildungspolitik der KPD liegen ebenfalls gedruckt vor.[14]

---

[12] *Das Proletarische Kind* (DPK), Jg. 1 (1921) bis Jg. 13 (1933). Bibliographischer Nachweis in: Alfred Eberlein, *Internationale Bibliographie zur deutschsprachigen Presse der Arbeiter- und sozialen Bewegungen von 1830–1982*, München ²1996, Nr. 24378. Ab Jg. 1928 ist die Seitennummerierung durchgängig. Auf die Nennung der funktionslosen Heftnummern wird dann verzichtet.

[13] *Das Proletarische Kind: Schulpolitik und Pädagogik der KPD in der Weimarer Republik*, ausgewählt, eingeleitet und erläutert von Herbert Flach, Berlin (Ost) 1974 (¹1958); Edwin Hoernle, *Grundfragen der proletarischen Erziehung. Pädagogische und Bildungspolitische Schriften*, ausgewählt, eingeleitet und erläutert von Wolfgang Mehnert, Herbert Flach und Hans Lemke, Berlin (Ost) 1983.

[14] *Dokumente zur Bildungspolitik und Pädagogik der deutschen Arbeiterbewegung. 4. Folge: Von der Großen Sozialistischen Oktoberrevolution 1917 bis zur Befreiung des deut-*

Als besonders materialreich präsentiert sich der Bestand des Bundesarchivs (BArch). Da die kommunistische Führung in der Weimarer Republik frühzeitig begann, die Aktenbestände des 1919 gegründeten Parteiarchivs in die UdSSR zu überführen, befindet sich trotz der nationalsozialistischen Verfolgung und den Verheerungen des Zweiten Weltkrieges in der „Stiftung Archiv der Parteien und Massenorganisationen der DDR" (SAPMO) mit ungefähr 85 laufenden Metern ein großer Teil des gesammelten Aktenmaterials (Abt. RY 1). Die dort enthaltenen Materialien der Roten Jungpioniere liefern Hinweise zur Durchführung und Beurteilung der kommunistischen Aktivitäten von Seiten der Bezirks- und Reichsführung der Partei. Die umfangreichen Arbeitsanweisungen in den Rundschreiben sowie diverses ideologisches Schulungsmaterial bieten die Möglichkeit, die Kindergruppenarbeit idealtypisch zu rekonstruieren und einen Blick auf die von der Reichsleitung wahrgenommen Defizite an der Basis zu werfen. Zudem finden sich hier teilweise unveröffentlichte Dokumente des Zentralkomitees (ZK) der KPD zur Bildungspolitik und Pädagogik.

Die Bestände des Reichsministeriums des Inneren (Abt. R 1501), des Reichssicherheitshauptamtes (Abt. R 58) und des Reichskommissars für die Überwachung der öffentlichen Ordnung (Abt. R 1507) im Bundesarchiv bieten Materialien aus der staatlichen Überwachungstätigkeit. Hier wurde ebenfalls in umfangreicher Menge kommunistisches Schriftgut gesammelt. Zudem dokumentieren die monatlichen Berichte des Reichskommissars die behördliche Einschätzung der Virulenz kommunistischer Tätigkeit und ihrer Schwerpunkte.

Die intensive Publikationstätigkeit der kommunistischen Kinder- und Jugendverbände ist sehr gut überliefert. Das JSB-Organ *Die Trommel*[15], erschienen ab 1925, ist ebenso wie die Vorgänger *Der Junge Genosse* und der *Jung-Spartakus* problemlos einzusehen.[16] Das Zentralblatt des KJVD, dem die Leitung des Kinderverbandes oblag, *Die Junge Garde*, ist für den gesamten Zeit-

---

schen Volkes vom Faschismus 1945, herausgegeben von Hans Lemke et al., Berlin (Ost) 1985; Seid bereit zum Kampf für die Sache Ernst Thälmanns! Eine Auswahl von Dokumenten zur Geschichte der revolutionären Kinderbewegung in Deutschland, herausgegeben vom Komitee zur Erforschung der proletarischen Kinderbewegung in Deutschland im Auftrage der Zentralleitung der Pionierorganisation „Ernst Thälmann", Berlin (Ost) 1958.

15 *Die Trommel. Zeitschrift für Arbeiter- und Bauernkinder*, Jg. 6 (1926) bis Jg. 13 (1933). Bibliographischer Nachweis in Eberlein, *Bibliographie*, Nr. 33649.

16 *Der Junge Genosse. Internationale Zeitschrift für Arbeiterkinder*, Jg. 1 (1921) bis Jg. 4 (1924). Bibliographischer Nachweis ebd., Nr. 6089. *Jungspartakus. Zeitschrift für Arbeiterkinder*, Jg. 4 (1924) bis Jg. 5 (1925). Bibliographischer Nachweis ebd., Nr. 9375.

raum seines Erscheinens erhalten.[17] Zudem gibt es eine Fülle von Einzelpublikationen zu Konferenzen und Themenschwerpunkten sowie Sonderbeilagen in den regionalen kommunistischen Tageszeitungen, der *Roten Fahne*[18] in Berlin und der *Hamburger Volkszeitung*[19], die hinzugezogen werden können. Kommunistische Schulzeitungen sind ebenfalls in größerer Menge von den Behörden gesammelt und archiviert worden. Zudem widmeten sich die in Hamburg und Preußen erschienenen Lehrerzeitungen dem Thema aus der Perspektive der Lehrer.[20]

Für die Fallstudie über die kommunistischen Aktivitäten im Hamburger Raum konnten die Akten der Oberschulbehörde aus dem Staatsarchiv Hamburg (StAHH) herangezogen werden. Hier befindet sich im Bestand „Politik und Schule" umfangreiches Material, bestehend aus Schulzeitungen, Flugschriften und von der Polizei abgefangenen parteiinternen Schreiben der KPD-Führung des Bezirks Wasserkante (Bestand 361-2 V und VI).

Analog wurden für den zweiten Tiefenschnitt die Bestände des Berliner Landesarchivs hinzugezogen, in dem sich die im Jahr 2001 aus dem Brandenburger Landeshauptarchiv in Potsdam überführten Akten des Polizeipräsidiums Berlin (Pr. Br. Rep. 30 Berlin C) befinden. Zudem befindet sich in Potsdam das Archivgut des Provinzialschulkollegiums Berlin-Brandenburg, das sich ebenfalls mit der kommunistischen Tätigkeit auseinandersetzte. Im Geheimen Staatsarchiv Preußischer Kulturbesitz (GStA) in Berlin-Dahlem befinden sich die Akten des Preußischen Ministeriums des Inneren (I Rep. 77) und des Preußischen Ministeriums für Wissenschaft, Kunst und Volksbildung (I Rep. 76), in denen die Verbotsdiskussionen sowie die Beobachtung und Beurteilung kommunistischer Aktionen durch die Polizei und Vertreter der Schulbehörden überliefert sind.

Ungeachtet der Fülle von Materialien sind nicht alle Themenbereiche mit der gleichen Quellendichte abgedeckt. Dies gilt zum einen für die Verteilung vorhanden Archivguts in den regionalen Schwerpunkten. Kommunistische Tätigkeit ist umfangreicher für die Stadt Berlin dokumentiert, während das Verhalten der Schulbehörden gegenüber den Aktivitäten in Hamburg genauer zu beobachten ist. Zum anderen sind die Materialien der verschiedenen Aktionsebenen ungleich gewichtet. Während aus der Perspektive der Zentrale die Auffassung über Kinderarbeit und die gewünschte Arbeitsweise abgebildet

---

[17] *Die Junge Garde*, Jg. 1 (1918) bis Jg. 15 (1932/33). Bibliographischer Nachweis ebd., Nr. 16130.

[18] *Die Rote Fahne*, Jg. 1. (1918) bis Jg. 16 (1933), Bibliographischer Nachweis ebd., Nr. 27366.

[19] *Hamburger Volkszeitung* (HVZ), Jg. 1. (1918) bis Jg. 16 (1933), Bibliographischer Nachweis ebd., Nr. 12359.

[20] *Preußische Lehrerzeitung*, Jg. 1 (1875) bis Jg. 60 (1934); *Hamburger Lehrerzeitung* (HLZ), Jg. 1. (1922) bis Jg. 18 (1939).

werden können, lassen sich die Art und der Umfang der Umsetzung im Bereich der Basis oftmals lediglich indirekt erschließen, da Material aus den Ortsgruppen kaum überliefert ist und der Alltag der Kindergruppen aus deren Perspektive nur spärlich aus wenigen Tätigkeitsberichten erschlossen werden kann. Gleichwohl bildet das Material der Leitung die Arbeitsweise der Kindergruppen ab und dokumentiert zudem mit der Dualität von Leitung und Basis Kernprobleme des kommunistischen Kinderverbandes bei der Arbeit, den dieser mit den weiteren Unter-, Hilfs- und Nebenorganisationen sowie der Partei selbst teilte. Das Material der Reichsbehörden ergänzt dies zu einer facettenreichen Grundlage aus verschiedenen Blickwinkeln, mit der die Kinderarbeit rekonstruiert und ihre zeitgenössische Bedeutung valide dargestellt werden kann.

Forschungskontext

„Alle Forschung zur Weimarer Republik steht mit Notwendigkeit – ausgesprochen oder unausgesprochen – unter der Frage nach den Ursachen ihres Zusammenbruchs."[21] Diesem Diktum Karl Dietrich Erdmanns kann (und will) sich nach wie vor keine historiographische Betrachtung der ersten deutschen Demokratie entziehen. So verwundert es auch nicht, dass sich die Historiker der jungen Bundesrepublik zunächst in besonderem Maße mit der Endphase des Staates von Weimar beschäftigten.[22] Erst in den sechziger Jahren erfolgte mit dem Erkennen der bis in das Ende des Ersten Weltkriegs und der folgenden Deutschen Revolution zurückreichenden Entwicklungsstränge eine Ausdifferenzierung der Forschung über die gesamte Weimarer Zeit, die zunächst verstärkt die Frühphase ins Blickfeld nahm und sich dann auch über die Phase der relativen Stabilität der Republik zwischen 1924 und 1928 zu erstrecken begann. Die Adaption angelsächsischer Methoden und die Entwicklung eines struktur- beziehungsweise sozialgeschichtlichen Ansatzes schufen weitere Zugänge, die allerdings erst in den achtziger Jahren in vollem Umfang genutzt und schließlich durch die Alltagsgeschichte ergänzt wurden.[23]

---

[21] Karl-Dietrich Erdmann, *Die Geschichte der Weimarer Republik als Problem der Wissenschaft*, in: Vierteljahrshefte für Zeitgeschichte (VfZg), Jg. 3 (1955), S. 5.

[22] Ein detaillierter Überblick über die Forschung zur Weimarer Republik kann hier nicht Gegenstand der Darstellung sein. Einen guten und ausführlichen Forschungsbericht bietet in erneut aktualisierter Auflage Eberhard Kolb, *Die Weimarer Republik* (= Oldenbourg Grundriss der Geschichte, Bd. 16), München ⁷2009, S. 155–252. Dietrich Gessner, *Die Weimarer Republik*, Darmstadt 2002, widmet sich zentralen Kontroversen um die Zeit von 1918 bis 1933.

[23] Vgl. Kolb, *Weimarer Republik*, S. 159ff. Als angelsächsisch geprägte strukturanalytische Pionierleistung sei hier das bereits in den fünfziger Jahren erschienene Werk von Karl-Dietrich Bracher, *Die Auflösung der Weimarer Republik. Eine Studie zum Problem des Machtverfalls in der Demokratie*, Villingen 1955, erwähnt. Der ver-

Analog zu dieser Entwicklung und dem von Erdmann angeführten Erkenntnisinteresse widmeten sich die ersten Forschungsarbeiten im Rahmen „klassischer" Politik- und Parteienhistoriographie der Programmgeschichte der KPD. Relativ früh erschien 1949 die auch heute noch als Standardwerk zu bezeichnende Studie von Ossip K. Flechtheim, der Hermann Weber 1969 mit seinem zweibändigen Werk über „die Wandlungen des deutschen Kommunismus" folgte, worin er präzise dessen „Stalinisierung" durch die Entwicklung der KPD zur Kaderpartei in den Jahren von 1924 bis 1929 beschrieb.[24] Eine Regionalstudie von Angelika Voß, Ursula Büttner und wiederum Hermann Weber bietet Einblick in die Entwicklung der Partei in Hamburg und Umgebung.[25] Eine jüngere vergleichende Regionalstudie von Andreas Wirsching über Radikalismus in der Zwischenkriegszeit in Deutschland und Frankreich liefert unter anderem eine überzeugende Darstellung der Berliner KPD.[26] Die Werke der DDR-Geschichtsschreibung für diesen Bereich sind in ihren Aussagen oftmals fragwürdig, da sie zur historischen Legitimation des SED-Regimes konzipiert wurden. Hier finden sich der westdeutschen Historiographie diametral gegenüberstehende Ergebnisse, deren Wert allerdings äußerst zweifelhaft ist.[27] Zu Teilbereichen wie den kommunistischen Kinderzeitungen[28] oder der sozialistischen Bildungskonzeption[29] sind aber durchaus ernstzunehmende und materialreiche Werke erschienen, die hier berücksichtigt werden.

---

stärkte Perspektiv- und Methodenwechsel vollzog sich allerdings erst ab den sechziger Jahren mit den Arbeiten Werner Conzes und Theodor Schieders. Vgl. hierzu: Jürgen Kocka, *Sozialgeschichte zwischen Strukturgeschichte und Erfahrungsgeschichte*, in: Wolfgang Schieder/Volker Sellin (Hgg.), Sozialgeschichte in Deutschland, Bd. 1: Die Sozialgeschichte innerhalb der Geschichtswissenschaft, Göttingen 1986, S. 67–88. Hier auch Ausführungen zum Problem der Differenzierung von Struktur- und Sozialgeschichte.

[24] Flechtheim, *KPD*; Hermann Weber, *Stalinisierung*.

[25] Angelika Voß/Ursula Büttner/Hermann Weber, *Vom Hamburger Aufstand zur politischen Isolierung. Kommunistische Politik 1923–1933 in Hamburg und im Deutschen Reich*, Hamburg 1983.

[26] Andreas Wirsching, *Vom Weltkrieg zum Bürgerkrieg? Politischer Extremismus in Deutschland und Frankreich 1918–1933/39. Berlin und Paris im Vergleich*, München 1999.

[27] Zur Rolle der KPD von 1918 bis 1933 in der DDR-Historiographie vgl. Hermann Weber, *Kommunismus*, S. 5–18. Dort auch eine ausführliche Bibliographie relevanter Literatur.

[28] Karl-Heinz Jackstel, *Die kommunistischen Kinderzeitungen in der Weimarer Republik unter Einbeziehung früher Ansätze progressiver Zeitungspädagogik*, Halle-Wittenberg 1967.

[29] Ekkehard Sauermann, *Revolutionäre Erziehung und revolutionäre Bewegung. Marx, Engels und Lenin über die Erziehung der Arbeiterklasse*, Berlin (Ost) 1985.

Die Implosion des Ostblocks und der dadurch erweiterte Zugriff auf bislang nicht zugängliches Quellenmaterial ermöglichten eine Überprüfung und Präzisierung der bisherigen Forschungsleistung. Dass die erweiterte Materiallage zunächst hauptsächlich für die Forschung zur Geschichte der SBZ/DDR genutzt wurde, liegt nicht allein an der Öffnung dieses Forschungsfeldes für westdeutsche Historiker und dem starken zeitgenössischen Interesse, sondern zeigt auch die Validität der vorhandenen Untersuchungen zur KPD.[30] Klaus Jürgen Mallmann hat gleichwohl 1996 mit seiner kontrovers diskutierten Habilitationsschrift eine umfangreiche Monographie zur Geschichte des Kommunismus in der Weimarer Republik vorgelegt, die mit zu den grundlegenden Werken gezählt werden kann.[31]

Mit dem Ansatz, die „Sozialgeschichte einer revolutionären Bewegung" zu schreiben, hat Mallmann dem Blick auf den Weimarer Kommunismus eine bislang in der Forschung fehlende Tiefenschärfe verliehen, indem er die Sozialstruktur der Mitgliedschaft analysierte und deren Lebenswelt darstellte. Allerdings hat sich an seinen frontalen, teilweise polemisch geführten Attacken auf die älteren KPD-Historiographen, die „Programmgeschichte mit Realgeschichte verwechseln"[32], Kritik entzündet. Dies betrifft weniger den Ton seiner Angriffe als den Versuch, die Parteibasis vom Führungskader zu entkoppeln und als quasi-autarke Handlungseinheit zu beschreiben, die in einem „linksproletarischen Milieu" in weiten Teilen mit den Sozialdemokraten verschränkt gewesen sei. Andreas Wirsching sieht in einem detaillierten Kommentar gar die „grundsätzlichen Grenzen" eines sozialgeschichtlichen Ansatzes erreicht, der die „irreduzibel *politisch-ideologische* Option" der Kommunisten vernachlässige.[33] Weber bezeichnete Mallmanns Ausführungen als „falsch"[34]. Trotz seiner stellenweise sehr weitgehenden Interpretationen[35] bleibt es aber

---

[30] Vgl. Hermann Weber, *Zehn Jahre historische Kommunismusforschung. Leistungen, Defizite, Perspektiven*, in: Vfzg, Jg. 50 (2002), S. 614f.

[31] Mallmann, *Kommunisten.*

[32] Ebd., S. 8.

[33] Andreas Wirsching, *„Stalinisierung" oder entideologisierte „Nischengesellschaft"? Alte Einsichten und neue Thesen zum Charakter der KPD in der Weimarer Republik*, in: VfZg, Jg. 45 (1997), S. 461.

[34] Hermann Weber, *Kommentar zu den Beiträgen von Eberhard Kolb und Andreas Wirsching*, in: Heinrich August Winkler, Weimar im Widerstreit. Deutungen der ersten deutschen Republik im geteilten Deutschland, München 2002, S. 143. Eine erneute Ablehnung der Thesen Mallmanns findet sich in: Ders., The Stalinization of the KPD: Old and New Views, in: Norman LaPorte/Kevin Morgan/Matthew Worley (Hgg.), Bolshevism, Stalinism and the Comintern. Perspectives on Stalinization 1927–53, Basingstoke 2008, S. 26–28.

[35] Wiederum bekräftigt in der Replik zu Wirsching. Klaus-Michael Mallmann, *Gehorsame Parteisoldaten oder eigensinnige Akteure? Die Weimarer Kommunisten in der Kontroverse – Eine Erwiderung*, in: VfZg, Jg. 47 (1999), S. 401–415.

Mallmanns Verdienst, den Weimarer Kommunisten ein Stück weit ein „Gesicht" gegeben zu haben.

Eine Unterstützung seiner Interpretation findet sich in der sozialgeschichtlichen Dissertation von Ulrich Eumann, der der KPD attestiert, eine „völlig normale Partei" gewesen zu sein, deren Darstellung als Kaderpartei in der älteren Forschung allein durch eine „reduzierte Perspektive" auf das Führungskorps entstanden und keinesfalls haltbar sei.[36]

Den Lebenswelten von Jugendlichen in der Weimarer Republik ist im Kontext sozialhistorischer Forschung seit den 1980ern verstärkte Aufmerksamkeit zuteil geworden. Pionierarbeit im Bereich der Arbeiter- und Unterschichtjugend leistete Detlev J. K. Peukert, der sich dabei jedoch auf eine auf den männlichen Teil verengte Perspektive beschränkte.[37] Christina Benninghaus hat hier mit „Die anderen Jugendlichen: Arbeitermädchen in der Weimarer Republik" für Ergänzung gesorgt.[38] Mit ihrer Dissertation hat Barbara Köster die bislang unbearbeitete Geschichte des KJVD beleuchtet.[39]

Insgesamt gibt die schicht-, beziehungsweise klassenspezifische Geschichtsschreibung so einen guten Überblick über die Lebenssituation von Arbeiterjugendlichen zwischen 1918 und 1933. Es muss allerdings angemerkt werden, dass sich die Autoren mit Ausnahme von Peukert – und der auch nur zu einem verhältnismäßig geringen Teil – kaum mit den Lebenswelten von Kindern beschäftigen, bevor sie in das Jugendalter eintreten, sondern ihre Betrachtung erst bei Zwölf- bis Vierzehnjährigen beginnen. Auch Mallmann widmet sich in seinem Kapital über den „ausbleibende(n) Nachwuchs" mit nur wenigen Worten den unter Vierzehnjährigen des kommunistischen Milieus.[40] Dies mag daran liegen, dass Kinder vor allen Dingen als Teil des Sozial-

---

[36] Ulrich Eumann, *Eigenwillige Kohorten der Revolution. Zur regionalen Sozialgeschichte des Kommunismus in der Weimarer Republik*, Frankfurt a. M. u. a. 2007, S. 7; 15f. Vgl. zu dieser Auseinandersetzung weitergehend u. S. 16, da die Diskussion um die Erkenntnismöglichkeiten und Grenzen auch für die Methodik der vorliegenden Arbeit von besonderer Relevanz ist.

[37] Detlev J. K. Peukert, *Jugend zwischen Krieg und Krise. Lebenswelten von Arbeiterjungen in der Weimarer Republik*, Köln 1987.

[38] Christina Benninghaus, *Die anderen Jugendlichen. Arbeitermädchen in der Weimarer Republik*, Frankfurt a. M. 1999.

[39] Vgl. Köster, *Avantgarde.* Im Vorfelde existierten mit Karl Heinz Jahnke et. al., *Geschichte der deutschen Arbeiterjugendbewegung 1904–1945*, Berlin (Ost) 1973, lediglich eine unzureichende historisch-materialistische Monographie sowie eine Reihe von Dissertationen, die oftmals sehr materialreich, aber aufgrund ihrer Entstehung im Kontext der DDR-Historiographie ebenfalls problematisch sind. Eine umfangreiche Bibliographie zur Arbeiterjugendbewegung unter Einbeziehung der DDR-Forschung bieten Bodo Brücher et al., *Bibliographie zur Geschichte der deutschen Arbeiterjugendbewegung*, Bielefeld 1989.

[40] Vgl. Mallmann, *Kommunisten*, S. 182–193.

gefüges ‚Familie' gesehen werden und aufgrund antizipierter mangelnder kognitiver und struktureller Möglichkeiten der autarken Interessenartikulation bislang außerhalb der historischen Bildungsforschung auf wenig Interesse stoßen.

In dieser Disziplin hat Sabine Andresen eine diskursiv orientierte Darstellung über sozialistische Erziehungskonzeptionen vorgelegt, die die theoretische Entwicklung der SPD- und KPD-Pädagogik beleuchtet, die Verbandsentwicklung der KPD allerdings kaum berücksichtigt.[41] Weitere bereits in den – von der 68er-Bewegung und vom Systemgegensatz geprägten – 1970er Jahren erschienene pädagogische und sozialpädagogische Schriften, die sich mit der KPD-Jugendpolitik und Erziehungstheorie der zwanziger Jahre beschäftigen, sollen in diesem Kontext nicht unerwähnt bleiben. Beispielhaft sei hier auf Lutz von Werders Werk „Sozialistische Erziehung in Deutschland" verwiesen, das allerdings wie viele der weiteren Untersuchungen dieser Phase für den politischen „Kampf um den Bildungssektor" in der Bundesrepublik konzipiert und stark ideologisch konnotiert wurde.[42]

Einen letzten für die Arbeit relevanten Themenkomplex stellt das Schulwesen in Hamburg und Berlin zur Zeit der Weimarer Republik dar. Dieser ist weitgehend erschlossen. Über das Hamburger Schulwesen hat Hildegard Milberg bereits im Jahr 1970 eine umfangreiche Untersuchung vorgelegt, die Kontinuität und Wandel des Schulsystems zwischen 1890 und 1935 beschreibt.[43] Neben diesem Standardwerk haben Hans Peter de Lorent und Volker Ullrich einen Sammelband herausgegeben, der diverse Aspekte des Hamburger Schullebens in der Weimarer Republik beleuchtet und auch die vielfältigen politischen Themen nicht außer Acht lässt.[44] Für das Berliner Schulwesen liegt von Michael-Sören Schuppan eine Studie über die Entwicklung der Verwaltungsstruktur in der Weimarer Republik vor, die sich mit dem Dualismus von Berliner und preußischer Schulverwaltung beschäftigt, aber auch der Frage nach Schule und Politik Raum gibt.[45] Eine Geschichte des allgemeinen Berliner Schulwesens und seiner Reformschulen liegt von Wilhelm Richter vor.[46]

---

[41]   Vgl. Andresen, *Kindheitskonzepte.*

[42]   Vgl. Lutz von Werder, *Sozialistische Erziehung in Deutschland. Geschichte des Klassenkampfes um den Ausbildungssektor,* Frankfurt a. M. 1974, S. 8 f.

[43]   Hildegard Milberg, *Schulpolitik in der pluralistischen Gesellschaft. Die politischen und sozialen Aspekte der Schulreform in Hamburg 1890–1935,* Hamburg 1970.

[44]   Hans-Peter de Lorent/Volker Ullrich (Hg.), *„Der Traum von der freien Schule":* *Schule und Schulpolitik in der Weimarer Republik,* Hamburg 1988.

[45]   Michael-Sören Schuppan, *Hauptstadtegoismus und preußische Schulverwaltung. Die Berliner Schulentwicklung im Spannungsfeld bildungspolitischer Kompetenzen 1919–1933,* Paderborn 2007.

[46]   Wilhelm Richter, *Berliner Schulgeschichte. Von den mittelalterlichen Anfängen bis zum Ende der Weimarer Republik,* Berlin 1981.

Die Rahmenbedingungen für die kommunistische Kinderarbeit sind somit sowohl in Bezug auf das soziale als auch das (partei-)politische Umfeld umfangreich und facettenreich erschlossen. Bislang fehlen für die Kinderarbeit allerdings Studien, in denen die theoretisch-diskursive Behandlung der pädagogischen Programmatik mit einer partei- und politikgeschichtlichen Analyse der Verbandstätigkeit verschränkt würde. Eine solche Studie erscheint aber für den organisierten Kommunismus aufgrund der starken ideologischen Implikationen als notwendig für ein umfassendes Verständnis seines Wirkens.

Anlage der Untersuchung

Um zu einer ausgewogenen Beurteilung der Verbandsgeschichte zu gelangen, muss sowohl der pädagogischen als auch der politischen Dimension der kommunistischen Kinderarbeit Rechnung getragen werden. Erst in der Zusammenschau beider Dimensionen wird eine Beurteilung des Wesens einer Organisation möglich, die sowohl Erziehung als auch politischen Kampf leisten wollte. Um ein solches Gesamtbild zu erstellen, werden in drei Teilen die kommunistische Pädagogik, die organisatorische Entwicklung der Kindergruppen und die Verbandsaktivitäten analysiert. So wird einerseits die kommunistische Kinderarbeit nicht ideengeschichtlich auf ihre pädagogische Konzeption reduziert und diese gleichsam im luftleeren Raum stehengelassen.[47] Andererseits wird der (partei-)politische Aspekt nicht überschätzt und der Verband einseitig auf seine Funktion als KPD-Hilfsorganisation verengt.

In der pädagogischen Perspektive ist zunächst die Diskussion über den besonderen Status von Kindern innerhalb der Gesellschaft zu beachten. Für eine theoretische Erfassung und Eingrenzung dieser Eigenheiten bietet sich das von Andresen schon auf den konzeptionellen Bereich der sozialistischen Erziehung angewandte Konzept des pädagogischen Moratoriums an. Ausgehend von einer (modernen) Ausdifferenzierung verschiedener Lebensphasen bezeichnet dieses Moratorium nach Jürgen Zinnecker einen sozialen Schonraum für Kinder, in dem die erste Lebensphase unter besonderen Bedingungen vollzogen werden kann. Zinnecker erarbeitet vier Charakteristika des Moratoriums, anhand derer sowohl die Besonderheit des Lebensabschnitts deutlich als auch der gesellschaftliche Umgang mit Kindern erklärbar wird.[48]

---

[47] Zum Verhältnis von ideen- und Sozialgeschichtlichen Ansätzen in der historischen Bildungsforschung vgl. Heinz-Elmar Thenorth, *Historische Bildungsforschung*, in: Rudolf Tippelt/Bernhard Schmidt (Hgg.), Handbuch Bildungsforschung, Wiesbaden ³2010, S. 139f.

[48] Jürgen Zinnecker, *Kindheit und Jugend als pädagogische Moratorien. Zur Zivilisationsgeschichte der jüngeren Generation im 20. Jahrhundert*, in: Zeitschrift für Pädagogik, 42. Beiheft 2000, S. 37f.

Erstens ist dem Moratorium eine klare zeitliche Begrenzung zugewiesen, innerhalb derer der Prozess des Aufwachsens vollzogen werden kann. *Zweitens* besteht das konstitutive Element in der „Freisetzung der Kinder und Jugendlichen von gesellschaftlichen Aufgaben, die der Reproduktion dieses Kollektivs dienen." Dies betrifft zunächst die organisierte Erwerbstätigkeit und die biologische Reproduktion.[49] Wie Andresen in ihrer Studie zu sozialistischen Kindheitskonzepten feststellt, gehörte allerdings auch die Politikfreiheit zu den elementaren Bestandteilen einer gesellschaftlichen Entpflichtung der Kinder. Dieser setzten die kommunistischen Erziehungstheoretiker eine eigene Konzeption entgegen, die Kindheit grundsätzlich ebenfalls als ein Moratorium begriff, allerdings in der inhaltlichen Ausgestaltung in Bezug auf den Faktor „Politik" deutlich andere Schwerpunkte setzte.[50] *Drittens* wird ein „eigenes pädagogisches Generationenverhältnis gegründet. Form und Inhalt der Interaktion und Beziehung zwischen Jung und Alt sollen sich ausdrücklich dem Gebot von Unterrichten, Belehren, Erziehen, Sanktionieren unterordnen." Die Erwachsenen haben eine klar definierte Erziehungsfunktion und übernehmen die Inklusion der Entpflichteten in die Gesellschaft, bis diese mit der Mündigkeit selber „vollwertige" Mitglieder der Gesellschaft werden. *Viertens* sind dem pädagogischen Moratorium „Kern-Institutionen" zugeordnet, von denen die Erziehung bestritten wird. Dazu gehören die Familie, Schule, Kindergärten oder Lehrwerkstätten.[51]

Wenig umstritten war in der pädagogischen Debatte lediglich die Frage nach der zeitlichen Begrenzung des Moratoriums. Bei sozialistischen wie bürgerlichen Pädagogen endete die Kindheit mit dem Ende der Schulzeit beziehungsweise mit dem Eintritt in das Berufsleben, der bei der hier relevanten Gruppe der Arbeiterkinder in der Regel mit 14 oder 15 Jahren vollzogen wurde. Sowohl der Umfang der gesellschaftlichen Entpflichtung als auch der Umgang im Generationenverhältnis sowie mit den inkludierenden Institutionen wurde von den kommunistischen Pädagogen aufgrund ihrer marxistischen Gesellschaftsanalyse allerdings deutlich abweichend definiert. In der vorliegenden Arbeit wird argumentiert, dass diese kommunistische Konzeption von den Gegnern nicht als ein weiteres, anders ausgestaltetes Moratorium wahrgenommen wurde, sondern als explizite Verletzung des kindlichen Schonraumes und somit weniger pädagogisch als vielmehr politisch motivierter Versuch der Kindesbeeinflussung.

Weiterhin hilft dieses Konzept, den Blick auf implizit unterstellte Erwachsenen-Kind- Verhältnisse zu schärfen und die Probleme bei abweichenden Verhaltensweisen zu beleuchten. Insbesondere der Umgang der Lehrer-

---

[49]   Ebd., S. 38.
[50]   Andresen, *Kindheitskonzepte*, S. 218f.
[51]   Zinnecker, *Moratorien*, S. 38f.

schaft mit den kommunistischen Aktivitäten, die die zugewiesenen Rollen nicht berücksichtigten, kann damit eingeordnet werden.

In der politischen Dimension ist der Kinderverband als Unterorganisation der KPD eine Gruppierung, die sich, anders als die Kinderfreunde der SPD, nicht als Freizeitorganisation betrachtete, sondern in einen dezidiert politischen Kontext stellte. Der Verband hatte über die Kindererziehung hinaus eine politische Funktion in den Auseinandersetzungen der KPD mit dem Weimarer System. Kinder können allerdings in einem politischen Kontext nur eingeschränkt als autark handelnde Akteure erfasst werden.[52] Es lässt sich also kaum von „kommunistischen Kindern" sprechen, sondern nur von Kindern kommunistischer Eltern oder im kommunistischen Kinderverband organisierten Kindern. Das heißt umgekehrt, dass die Geschichte des kommunistischen Kinderverbandes auch eine Geschichte von erwachsenen und jugendlichen KPD-Mitgliedern ist, die sich inhaltlich oder organisatorisch mit Kinderarbeit beschäftigt haben. Die Rekonstruktion der Organisationsgeschichte muss diesen Gesichtspunkt und das erklärte Ziel politischer Aktivität und Einmischung berücksichtigen.

Die organisatorische Entwicklung der kommunistischen Kinderarbeit weist dabei Besonderheiten auf, die diese deutlich von allen anderen Organisationen im Bereich der Kinder- und Jugendpflege abhoben. Dies war zunächst die enge theoretische Verknüpfung zwischen Struktur und Inhalt der Arbeit, die der Satzung weit über eine bloße organisatorische Ausgestaltung des Verbandslebens Bedeutung verlieh. Das Organisationsstatut reflektierte immer auch den Stand der politisch-methodischen Diskussion und war damit kurzlebiger als die Statuten anderer Vereine. Während der knapp dreizehnjährigen Existenz des Verbandes wurden drei deutlich unterschiedliche Organisationsformen angewandt, mit deren Einsatz jeweils eine Namensänderung einherging. Bis zum Jahr 1924 firmierte der Verband als „Kommunistische Kindergruppen Deutschlands" (KKG), von 1924 bis 1930 hieß er „Jung-Spartakus-Bund" und bis zu seiner Auflösung im Jahr 1933 nannten sich die kommunistischen Kinder die „Roten Jungpioniere".

Die jeweilige Verbandskonzeption, dies ist die zweite Besonderheit, wurde dem internationalen Anspruch des Kommunismus der Zwischenkriegszeit entsprechend in hohem Maße von den Entwicklungen und Diskussionen in

---

[52] Der Grad politischer Kompetenz junger Kinder ist durchaus nicht unumstritten. Während die entwicklungspsychologische Schule um Jean Piaget Kindern diese eher abspricht, deuten neuere Ergebnisse darauf hin, dass auch „sehr junge Kinder offensichtlich in der Lage [sind], politische Themen und Probleme zu erkennen." Gleichwohl geht es nicht um die Frage nach der Entwicklung von Handlungskompetenzen im Sinne einer politischen Interessenartikulation, die eher im Jugendalter stattfindet. Vgl. Jan W. Deth et al., *Kinder und Politik. Politische Einstellungen von jungen Kindern im ersten Grundschuljahr*, Wiesbaden 2007, S. 116f.

der Kommunistischen Internationale (Komintern) und der Kommunistischen Jugendinternationale (KJI) beeinflusst. Die Rekonstruktion der Verbandsstrukturen wie auch der inhaltlichen Ausgestaltung der kommunistischen Kinderarbeit in der Weimarer Republik kann also nicht auf den nationalen Bereich beschränkt bleiben. Es gilt auch für die Kinderarbeit zu klären, in welchem Maße die deutsche kommunistische Parteiorganisation noch als unabhängige Handlungseinheit verstanden werden kann oder als Sektion der Komintern verstanden werden muss.

Von zentraler Bedeutung für die deutsche Kommunismusforschung der vergangenen Jahre ist dabei die Frage nach dem Verhältnis von der Basis zu den Führungskadern und damit verbunden die Frage nach dem Charakter der Partei als „linksproletarische" soziale Bewegung oder als stalinisierte Kaderpartei sowjetischer Prägung. Die jüngere sozialhistorisch orientierte Forschung postuliert mit Blick auf die Basis eine relative Unabhängigkeit von der Parteiführung, die sich in der mangelnden Gefolgschaft ausdrücke.[53] Zwei wesentliche Punkte allerdings werden dabei außer Acht gelassen. Erstens verengen die Autoren die Perspektive im selben Maße, wie sie es den Verfechtern der Stalinisierungsthese vorwerfen – nur auf den Boden der Parteipyramide anstatt auf die Spitze. Zudem muss die Frage gestellt werden, in welcher Form eine Partei geschichtsmächtig wird. Die fraglos vorhandene Renitenz der Parteibasis und die mangelnde Durchsetzungsfähigkeit der Kader implizieren eine relative Wirkungslosigkeit der Partei, die sich allerdings weder in den Wahlergebnissen am Ende der 1920er Jahre noch im Umgang mit der Partei von Seiten der Behörden, insbesondere der Polizei, widerspiegelt.

Der auch von der jüngeren Parteienforschung konstatierte Gegensatz von „Strategie und Anarchie" stellt ein allen mitgliederstarken Parteien innewohnendes Element dar. Obwohl Parteien aus der Außenperspektive als homogene Einheiten aufgefasst werden, die der „Strategie" der Parteiführung folgen, existieren diverse Fraktionen und Einzelinteressen, die aus der Binnenperspektive anarchistische Tendenzen erkennen lassen, die oftmals mit den Vorgaben der Parteiführung kaum in Einklang zu bringen sind.[54]

Beide Perspektiven sollten gleichermaßen berücksichtigt werden, da ihnen unterschiedliche Wahrnehmungen zugrunde liegen: zum einen die parteipolitisch-strukturelle, die das Wirken einer Organisation als Ganzes sieht, zum anderen die subjektiv-lebensweltliche, die sich mit der Situation des Individuums befasst, das unter anderem Mitglied einer Partei ist, die nur einen Teil seines Erlebens und Handelns ausmacht. Im Sinne Jürgen Kockas ist es geboten, „den *Zusammenhang* von Strukturen und Prozessen einerseits, von

---

[53] Mallmann, *Kommunisten*, S. 381ff.

[54] Josef Schmid/Udo Zolleis, *Zwischen Anarchie und Strategie. Der Erfolg von Parteiorganisationen*, in: Dies. (Hgg.), Zwischen Anarchie und Strategie. Der Erfolg von Parteiorganisationen, Wiesbaden 2005, S. 9–21.

Handlungen und Erfahrungen andererseits als ein historisch variables Verhältnis der Brechung und Nicht-Kongruenz zu begreifen […]. Ihn zu vernachlässigen, hieße methodisch, entweder die historische Wirklichkeit objektivistisch auf Strukturen und Prozesse zu verkürzen oder sie subjektivistisch als Handlungs- und Erfahrungszusammenhang zu verkennen."[55] Eine solche sowohl strukturell als auch diskursiv orientierte Sichtweise sollte einbezogen werden, wenn es um den Charakter der KPD und ihre Bedeutung innerhalb der Weimarer Republik geht. Auf der einen Seite verhindert sie in Hinblick auf die Basis die Zusammenführung der Weimarer Arbeiterbewegung „in einem heroischen historiographischen Akt"[56] aufgrund der Vernachlässigung parteipolitischer Aspekte und ihrer Auswirkungen. Auf der anderen Seite verhindert sie eine Überschätzung der Gestaltungsmöglichkeiten der Parteiführung.

Diese Grundüberlegungen sind auch für den Kinderverband zentral, der, wie zu zeigen sein wird, spätestens seit 1924 zumindest formal eine ähnlich stark hierarchisierte Struktur wie die KPD und der KJVD aufwies. Schon der KJVD war eine „Miniaturausgabe" der KPD mit ähnlicher Struktur und ähnlichen Problemlagen. Dem Anspruch des Führungspersonals auf unbedingte Umsetzung der Direktiven wurde die Basis nur selten gerecht.[57] Ein ähnliches Phänomen lässt sich auch für den Kinderverband beobachten. Gleichwohl war insbesondere die Arbeit der Führung von einer hohen Visibilität. Beide Aspekte sollen hier ausreichende Berücksichtigung finden.

Für die Untersuchung ergibt sich somit folgende Vorgehensweise: Zunächst werden die zentralen Elemente der kommunistischen Erziehungstheorie dargestellt. Neben dem umfangreichen Œuvre von Edwin Hoernle zur Erziehungstheorie werden die marxistischen Ursprünge sowie die Einflüsse der entstehenden sowjetischen Kinderarbeit Beachtung finden und somit die pädagogische Dimension der kommunistischen Kindergruppen beleuchtet. Eine Darstellung des Weimarer Schulwesens steht diesem Teil als Grundvoraussetzung für das Verständnis der kommunistischen Kinderarbeit voran (Teil I).

Daran anschließend wird die Organisationsgeschichte der Kindergruppen aufgearbeitet. Hier stehen die Fragen nach der politische Relevanz und Bedeutung als Organisation innerhalb der KPD sowie die Art und der Umfang der Zusammenarbeit auf internationaler Ebene innerhalb der Abteilung der Kommunistischen Jugendinternationale im Mittelpunkt. Es werden also im Wesentlichen parteipolitische Aspekte behandelt (Teil II).

---

[55] Jürgen Kocka, *Sozialgeschichte,* S. 79f.

[56] So Wirsching, *Nischengesellschaft,* S. 459, über den Versuch von Mallmann, die Spaltung der Arbeiterbewegung aufzuheben.

[57] Köster, *Avantgarde,* S. 57f; 122f.

Im folgenden Teil werden die Aktivitäten des Verbandes beleuchtet. Das zentrale Thema des Kinderverbandes bildete der Schulkampf. In der pädagogischen Konzeption wurde ein solches Vorgehen mit der Notwendigkeit einer „Klassenkampferziehung" gerechtfertigt. In der praktischen Arbeit erschien er den Führungskadern als logische Konsequenz der kommunistischen Fundamentalopposition gegen die bürgerliche Weimarer Demokratie. Entsprechend widmet sich der dritte Teil der vorliegenden Arbeit diesen Aktivitäten. Neben der umfangreichen Publikationstätigkeit werden die vielfältigen Bemühungen zur Beeinträchtigung des Unterrichtes und zur Initiierung von Schulstreiks betrachtet. Insbesondere die jährlich wiederkehrenden Kampagnen gegen den Verfassungstag und die ab 1921 in diversen Ländern abgehaltene „Internationale Kinderwoche" liefern dabei Blaupausen der kommunistischen Agitationsschemata und taktischen Vorgehensweisen.

In diesem Teil werden zudem die Reaktionen und Maßnahmen der unmittelbar Betroffenen integriert. Außer den ohnehin mit den Kommunisten erheblich beschäftigten Polizei- und Innenbehörden waren die Schulbehörden sowie das Schulpersonal selbst mit der Abwehrtätigkeit befasst. Neben den verschiedenen Versuchen, den Kinderverband zu verbieten, werden die Aktivitäten zur Unterbindung der Propagandatätigkeit wie auch der tägliche Umgang mit den Anwürfen von kommunistischer Seite insbesondere an das Lehrpersonal dargestellt.

Aspekte des Verbandslebens können in einem alltagsgeschichtlichen Kontext aufgrund der Quellenlage nur rudimentär dargestellt werden. In einem Kapitel werden die Freizeitaktivitäten beleuchtet. Diese müssen allerdings im Spiegel des verbandsinternen Materials der Führung, also ein Stück weit idealtypisch beschrieben werden. Es entsprach entgegen der Arbeit anderer Jugendpflegeorganisationen auch nicht dem Verbandsverständnis, eine „Freizeitorganisation" zu sein. Das Fehlen von Quellenmaterial ist also nicht nur durch die unvollständige Überlieferung bedingt, sondern auch ein Ergebnis der Politik der Verbandsführung (Teil III).

Um eine präzise Darstellung liefern zu können, wurden für Hamburg und Berlin zwei regionale Tiefenschnitte vorgenommen, die einen dezidierten Blick auf die Vorgänge in den Schulen ermöglichen. Diese beiden Städte sind besonders gut geeignet, da dort aufgrund der Sozial- und Wirtschaftsstruktur[58] ein insgesamt relativ hoher Anteil an Kommunisten vorhanden war[59] und

---

[58] Beide verfügten aufgrund des stark ausgeprägten industriellen Sektors über einen hohen Anteil an (ungelernten) Arbeitern, die die „klassische" kommunistische Klientel ausmachten. Ebenfalls aufgrund der industriellen Ausrichtung waren die beiden Städte in höherem Maße als andere Regionen von der Weltwirtschaftskrise betroffen und wiesen ab 1929 einen sehr hohen Anteil an Arbeitslosen auf, die zum Ende der Weimarer Republik den größten Teil der kommunistischen Wählerschaft ausmachten. Zu Hamburg vgl. Ursula Büttner, *Hamburg in der Staats- und Wirtschaftskrise 1928–1931*, Hamburg 1982, S. 83ff. Für Berlin siehe

sich anders als zum Beispiel im Ruhrgebiet, das als Industrieballungsraum einen ebenfalls hohen kommunistischen Anteil aufwies, aufgrund des urbanen Charakters eine vergleichsweise zentralisierte Verwaltung vorfand, bei der nicht verschiedene städtische Magistrate berücksichtigt werden mussten.[60] Hamburg war zudem eigenständiges Land. Berlin gehörte zu Preußen, umfasste als Verwaltungsbezirk aber nur städtisches Gebiet. Als Hauptstadt wurde es außerdem eher Zielort für politische Aktivitäten als andere Regionen.[61] Da Kommunismus ein nahezu ausschließlich städtisches Phänomen war,[62] bieten diese beiden Fallbeispiele gute Vorraussetzungen für eine exemplarische Darstellung der Verbandsgeschichte.

Henning Köhler, *Berlin in der Weimarer Republik (1918–1932)*, in: Wolfgang Ribbe (Hg.), Geschichte Berlins, Bd. 2: Von der Märzrevolution bis zur Gegenwart, München 1987, S. 898.

[59] Berlin-Brandenburg wies als mit Abstand mitgliedsstärkster Bezirk 15,8% der KPD-Mitgliedschaft auf. Der Bezirk Wasserkante befand sich mit 7,8% auf dem dritten Platz. Vgl. Weber, *Stalinisierung*, Bd. 1, S. 367.

[60] Das Berliner Provinzialschulkollegium (PSK) umfasste allerdings zusätzlich die Provinz Brandenburg.

[61] Vgl. Marie-Luise Ehls, *Protest und Propaganda. Demonstrationen in Berlin zur Zeit der Weimarer Republik*, Berlin 1997, S. 5.

[62] So wiesen ländliche Gebiete wie Schlesien lediglich 1,5%, Pommern 1,3%, Südbayern 1,2% und Mecklenburg 0,7% des Anteils an Mitgliedern der KPD auf. Vgl. Weber, *Stalinisierung*, Bd. 1, S. 368.

TEIL I: „WIR KÖNNEN DAS KIND NICHT ALLGEMEIN MENSCHLICH ERZIEHEN": DIE PÄDAGOGIK

In keiner anderen politisch-ideologischen Großkonzeption ist die theoretische Durchdringung sämtlicher Lebensbereiche in so umfangreichem Maße erfolgt wie in der marxistischen. Mit der später als „Historischer Materialismus" titulierten Form der Geschichts- und Gesellschaftsanalyse gaben Marx und Engels den Sozialisten ein Instrument an die Hand, mit dem fortan Prozesse untersucht und eigene politische Handlungen begründet werden sollten. Die schließlich entgegen der Intention ihrer Urheber in einem geschlossenen philosophischen System mündende Methode wandte sich radikal vom Idealismus ab und wurde in vielerlei Disziplinen konfrontativ zu der „bürgerlichen" Wissenschaft angewandt. Auch im Bereich der Pädagogik entwarfen marxistische Theoretiker seit Marx selbst eine Konzeption, die, basierend auf der antizipierten gesellschaftlichen Funktion von Erziehung für das kapitalistische System, eine radikale Neuorientierung postulierte.

In den folgenden Kapiteln wird ein Überblick über die Entwicklung der kommunistischen Pädagogik gegeben, die schließlich in den Erziehungstheorien Edwin Hoernles für die Arbeiterkinder der Weimarer Republik mündete. Diese Pädagogik bildete die ideologische Grundlage für jedwede Aktivierung der Kinder von Seiten der kommunistischen Partei. In einem weiteren Kapitel wird die nicht immer einfache Abgrenzung zu der von den Kommunisten abgelehnten sozialdemokratischen Reformpädagogik dargestellt, die gleichermaßen den Anspruch auf eine dem Arbeiterkind gerecht werdende Erziehungsmethode erhob. Zudem erscheint eine Darstellung des Schulwesens in der Weimarer Republik als erforderlich, da kommunistische Pädagogik, wie später zu zeigen sein wird, explizit gegen dieses System konzipiert wurde. Daher ist eine genaue Kenntnis des Schulwesens auch für die folgenden Teile der Arbeit unerlässlich.

1 DAS AKTIONSFELD: SCHULE IN DER WEIMARER REPUBLIK

Von den kommunistischen Pädagogen der Weimarer Republik wurde dem Schulwesen als Bildungsinstanz, die jedes Kind besuchen musste, eine zentrale Rolle bei der vermeintlichen Indoktrination der Kinder von Seiten der herrschenden Klasse zugeschrieben. Sie war der Hauptgegner im Kampf um das proletarische Kind. Als mit der ausbleibenden kommunistischen Revolution nach 1918 die Bildung eines Staates nach sowjetischem Vorbild in weite Ferne rückte, konzipierte die KPD sowohl auf politischer als auch auf pädagogischer Ebene einen Angriff auf das bürgerlich-demokratische Erziehungssystem, bei dem auch die Kinder in zunehmenden Maße eine Rolle spielen sollten. Dabei blieben aufgrund ausbleibender Reformen in der Weimarer Republik wesentliche Elemente des kaiserzeitlichen Schulwesens konstitutiv für die Gegenkonzeption. Sie sollen zunächst dargestellt werden.

1.1 Das schwere Erbe: Schule im Kaiserreich

Die Entwicklung des kaiserzeitlichen Schulwesens war durch zwei Aspekte gekennzeichnet. Auf der einen Seite versuchten die Repräsentanten des kaiserlichen Obrigkeitsstaates, die Schule als Mittel der Untertanenerziehung politisch zu instrumentalisieren und die Schüler zu systemkonformen Staatsbürgern zu erziehen. Auf der anderen Seite stand ein schon vor 1871 einsetzender Modernisierungsschub, mit dem in der durch Expansion und Differenzierung gekennzeichneten Entwicklung des Schulwesens „die kulturellen und politischen Partizipationschancen breiter Bevölkerungsschichten unstreitig erhöht" wurden.[63] Während sich letzteres auf kommunaler Ebene gleichsam geräuschlos abspielte, besaßen die politischen Auseinandersetzungen und Einflussnahmeversuche eine hohe Visibilität. Sie prägten das Bild der kaiserzeitlichen Schule als „Schule der Untertanen" bis weit in das zwanzigste Jahrhundert und konstituierten das antimoderne pädagogische Feindbild, das die Sozialisten nach 1918 abzuschaffen trachteten.[64]

---

[63] Frank Michael Kuhlemann, *Artikel Niedere Schulen*, in: Christa Berg (Hg.), Handbuch der deutschen Bildungsgeschichte, Bd. 4: 1878–1918, München 1991, S. 179.

[64] Auch die Geschichtswissenschaft blieb vor dieser eindimensionalen Sichtweise nicht gefeit. Der Perspektivwechsel vollzog sich erst am Ende der 1970er Jahre mit der Anwendung des sozialgeschichtlichen Instrumentariums auf eben dieses Thema. Während in der früheren Forschung die „Untertanenschule" das dominierende Charakteristikum darstellte, setzte sich nun eine Sichtweise durch, die die gewollten und ungewollten Entwicklungsschübe auf regionaler und kommunaler Ebene ins Blickfeld rückte und so auf die gleichsam trotzdem stattfindenden Modernisierungstendenzen hinwies. Einen kurzen Überblick über den Forschungsstand bietet Heinz-Elmar Tenorth, *Schule im Kaiserreich*, in: Reinhard Dithmar/Hans-Dietrich Schultz (Hgg.), Schule und Unterricht im Kaiserreich,

Dabei waren die Schulen des Deutschen Reiches im ausgehenden neunzehnten und beginnenden zwanzigsten Jahrhundert trotz des unbestritten staatlichen Charakters keineswegs allein staatlich kontrollierte Lehranstalten. Die Systembildung war in Preußen seit dem Allgemeinen Landfrieden von 1794 und in den weiteren Ländern des Reiches während des 19. Jahrhunderts regional stark unterschiedlich verlaufen.[65] Die Finanzierung oblag dabei zum Großteil den kommunalen Trägern, die Schulaufsicht in dem konfessionell dominierten Schulwesen hingegen in der Regel den lokalen kirchlichen Würdenträgern. Aufgrund der im dezentral organisierten Bildungsbereich noch wenig ausgeprägten administrativen Kontrollmöglichkeiten verfügten diese über entsprechenden Einfluss auf die Unterrichtsgestaltung.[66]

Bis 1872 herrschte zwischen Staat und Klerus relative Einigkeit über die Ausgestaltung und Kontrolle der Elementarschule. Die konfessionelle Prägung des überwiegenden Teils der Lehranstalten kam der Obrigkeit zunächst eher entgegen. Aufgrund des Primats der „Revolutionsbekämpfung mit den Mitteln der radikalen Bildungsbeschränkung" setzte die preußische Regierung mit den Stiehlschen Regulativen von 1854 trotz gestiegener Anforderungen an die Bildung konservative Leitlinien für die Elementarschule fest, die die Vermittlung von Wissen beschränken und vielmehr Disziplin und geistig-moralische Integrität in Bezug auf die geistige und weltliche Obrigkeit beinhalten sollten. Die Kirche erwies sich hier als Verbündete, die den gewachsenen Erziehungsauftrag in einer nach wie vor religiösen Gesellschaft als eine ihrer genuinen Aufgaben ansah und die konservativen Werte im Rahmen religiöser Moralvorstellungen teilte.[67]

Dieser Konsens änderte sich mit der ultramontanen Wende des Katholizismus und dem beginnenden „Kulturkampf" um das Jahr 1870. Die unter Pius IX. mit dem Infallibilitätsdogma formulierte päpstliche Unfehlbarkeit und

---

Ludwigsfelde 2006, S. 11–14. Eine diskursorientierte Analyse der Auseinandersetzungen um das Schulwesen steht noch aus.

[65] Die regionale Differenzierung des Schulwesens war konstitutiv für das heterogene Gesamtbild „der" Schule im Kaiserreich. Die folgende Darstellung orientiert sich an den Entwicklungen des größten und einflussreichsten Staates Preußen. Aufgrund dieser staatlichen Ausnahmestellung innerhalb des Deutschen Reiches ist die Geschichte des preußischen Schulwesens umfangreich dokumentiert und somit für eine exemplarische Darstellung gut geeignet. Eine Analyse der Systembildung im regionalen Vergleich findet sich bei Detlev K. Müller, *Sozialstruktur und Schulsystem. Aspekte zum Strukturwandel des Schulwesens im 19. Jahrhundert*, Göttingen 1977.

[66] Zur Entwicklung bis 1870 vgl. Frank-Michael Kuhlemann, *Modernisierung und Disziplinierung. Sozialgeschichte des preußischen Schulwesens*, Göttingen 1992.

[67] Ebd., S. 212f. Dort auch das Zitat. Das die Elementarschule betreffende *3. Regulativ vom 3. 10. 1854* ist gedruckt in: Gerhardt Giese, *Quellen zur deutschen Schulgeschichte seit 1800*, Göttingen 1961, S. 151–154.

der damit einhergehende Anspruch der Kirche, eine dem Staat übergeordnete Institution zu sein, bedrohte nach Ansicht der preußischen Führung insbesondere in den polnischsprachigen Teilen Preußens die nationale Integrität und staatliche Autorität.[68] In diesem Kontext stellte die kirchliche Schulaufsicht in ihren Augen ein Mittel zur Untergrabung einer nationalstaatlich orientierten Erziehung dar. Mit dem Gesetz zur Schulaufsicht vom 11. März 1872 versuchte die preußische Regierung, vertreten durch Kultusminister Falk[69], diese Dominanz zu beenden und verfügte: „Die Aufsicht über alle öffentlichen und Privat-Unterrichts- und Erziehungsanstalten [steht] dem Staate zu."[70] Damit war die Trennung von Schule und Kirche gesetzlich vollzogen, aber mitnichten faktisch umgesetzt. Zwar wurden in der Folgezeit insbesondere im Rheinland und in den polnischen Gebieten diverse katholische Schulinspektoren ihres Amtes enthoben, aber der Versuch, flächendeckend Simultanschulen einzuführen, scheiterte. 90% aller Katholiken und 95% der Protestanten erhielten weiterhin Unterricht an Konfessionsschulen.[71] Im Jahr 1906, zehn Jahre nach der Beilegung des Kulturkampfes, verabschiedete die preußische Regierung zudem gegen den Widerstand der Liberalen das „Schulunterhaltsgesetz". Auf der Basis des 1904 mit dem Zentrum ausgehandelten „Schulkom-

---

[68] Der Reichskanzler Bismarck fürchtete nach der Reichsgründung einen französisch-österreichischen Revanchismus, der durch einen pankatholischen Konsens im Reichsinneren von Seiten des Zentrums, das auch den polnischen Unabhängigkeitsbestrebungen positiv gegenüberstand, gestützt werden könne. Seit 1871/72 setzte eine Reihe von Maßnahmen gegen die katholische Kirche ein, die auch Eingriffe in das kirchliche Selbstbestimmungsrecht beinhalteten. Eine pointierte Zusammenfassung von Ursachen und Verlauf des Kulturkampfes bieten Rudolph Morsey, *Der Kulturkampf – Bismarcks Präventivkrieg gegen das Zentrum und die katholische Kirche*, in: Heiner Marré/Dieter Schümmelfeder/Burghard Kämper (Hgg.), Essener Gespräche zum Thema Staat und Kirche, Bd. 34, Münster 2000, S. 5–29, und die dort folgenden Diskussionsbeiträge. Angaben zur weiterführenden Literatur finden sich ebenfalls dort.

[69] Adalbert Falk (* 10. 8. 1827, † 7. 7. 1900), Jurist, 1867 Wahl in den Reichstag des Norddeutschen Bundes, 1872–1878 preußischer Kultusminister.

[70] *Schulaufsichtsgesetz vom 11. März 1872*, gedr. in: Giese, Quellen, S. 167f.

[71] 1886 waren es unter den Katholiken 91,4% und unter den Protestanten 95,3%. 1906 waren es 90,6% und 95,2%. Vgl. Marjorie Lamberti, *State, Society and the Elementary School in Imperial Germany*, New York 1983, S. 96. Es ist fraglich, ob die flächendeckende Durchsetzung des Schulaufsichtsgesetztes und der Simultanschule politisch überhaupt als wesentlich angesehen wurde, oder ob nicht der Aspekt der Abwehr katholischer und polnischer Einflüsse in einzelnen Regionen dominierte. Die schleppende Umsetzung abseits der polnischen Ostgebiete und des Rheines spricht für letzteres. Zur Umsetzung der Gesetze vgl. ebd., S. 93–97, auch mit einer ähnlichen Bewertung, und Christa Berg, *Die Okkupation der Schule. Eine Studie zur Aufhellung gegenwärtiger Schulprobleme an der Volksschule Preußens (1872–1900)*, Heidelberg 1973, S. 16–60.

promisses" legte es entgegen der Intention des Schulaufsichtsgesetzes von 1872 neben den Unterhaltsregelungen fest, dass „die Schüler einer Schule derselben Konfession angehören und von Lehrern ihrer Konfession unterrichtet" werden sollten. Damit wurde die konfessionelle Schule nun auch de jure zur Regelschule erklärt.[72]

Neben der anhaltenden Renitenz sowohl der Katholiken als auch der Protestanten gegenüber den Simultanschulen beeinflusste eine veränderte Konfrontationslage diese seit 1879 einsetzende „konservative Revision der Bildungspolitik". Die stärkere Gefahr für den Nationalstaat ging nach Ansicht der Reichsregierung mittlerweile von den internationalistischen, revolutionären Bestrebungen der stetig wachsenden Sozialdemokratie aus.[73] Der Schule wurde nun als gesinnungsbildender Sozialisationsinstanz eine große Bedeutung zur Verhinderung der Ausbreitung der sozialistischen Ideologie zugemessen. So formulierte Wilhelm II. in einem Kaisererlass am 1. Mai 1889 die Aufgaben der Volksschule explizit gegen die „Ausbreitung kommunistischer und sozialistischer Ideen". Die Vermittlung zweier Tugenden erschien ihm als wesentlich: „In erster Linie wird die Schule durch Pflege der Gottesfurcht und der Liebe zum Vaterlande die Grundlage für eine gesunde Auffassung auch der staatlichen und gesellschaftlichen Verhältnisse zu legen haben."[74] Entgegen der Kulturkampfrhetorik wurde so das systemstabilisierende Potential des Religionsunterrichtes durch die Vermittlung christlich-konservativer Werte in den Vordergrund gerückt.[75]

Außerhalb der administrativen Vorgänge im Kultusministerium war so das wesentliche Element des politischen Diskurses um die Volksschule weniger die Frage nach der Art und dem Umfang der elementaren Bildung. Vielmehr standen die Versuche einer Vermittlung nationalkonservativ-obrigkeitsstaatlichen Gedankengutes während des Unterrichts, insbesondere in den „gesinnungsbildenden" Fächern Geschichte, Deutsch und Religion, im Zentrum der Debatte. Entsprechend bemühten sich die Repräsentanten des Kaiserreiches zunehmend um eine Ausrichtung des Unterrichtes in ihrem Sinne. Die Inhalte des von den Sozialisten stark kritisierten Religionsunterrichts

[72] *Preußisches Volksschulunterhaltungsgesetz von 1906*, gedr. in: Giesecke, Quellen, S. 179ff.

[73] Monika Wölk, *Der preußische Volksschulabsolvent als Reichstagswähler 1871–1912. Ein Beitrag zur historischen Wahlforschung in Deutschland*, Berlin 1980, S. 212f, Zitat S. 189. Zur Entwicklung der SPD vgl. Gerhard A. Ritter, *Die Arbeiterbewegung im Wilhelminischen. Die Sozialdemokratische Partei und die freien Gewerkschaften 1890–1900*, Berlin 1963.

[74] *Kaiserlicher Erlass vom 1. Mai 1889*, gedr. in: Giese, Quellen S. 194f.

[75] Freilich ohne die restriktive Politik gegenüber der polnischen Bevölkerung aufzugeben, die unter anderem darin gipfelte, den Religionsunterricht nur noch in deutscher Sprache erteilen zu lassen. Vgl. Lamberti, *Elementary School*, S. 109–153.

waren von Seiten des Klerus tatsächlich aber vage formuliert und mit Erziehung zur „Religiosität" oder „Sittlichkeit" umschrieben. Dies geschah notwendigerweise aufgrund des weltanschaulichen Charakters dieses Faches, lag aber auch an einer wenig pädagogischen Herangehensweise der kirchlichen Würdenträger, die eher auf kirchenspezifische Belange und auf die Integration in das Gemeindeleben abzielten als auf pädagogisch motivierte Vermittlung von Unterrichtsinhalten. Das Bildungsverständnis bezog sich zumeist diffus auf die geistige Entwicklung des Kindes und das kirchliche Selbstverständnis. Der seitens der Obrigkeit angestrebte Effekt staatlicher Untertanenerziehung war dabei eher Produkt eines konservativen Zusammenschlusses als primärer Aspekt kirchlicher Erziehung.[76]

Der Geschichtsunterricht erschien für die Vermittlung nationaler Werte am besten geeignet. Entsprechend wurde er 1872 in den „Allgemeinen Bestimmungen" als eigenständiges Unterrichtsfach eingeführt. Der zunächst eher dynastisch auf das entsprechende Herrschaftshaus ausgerichtete Unterricht entwickelte sich nach 1890 zu einem national-patriotisch belehrenden Gesinnungsunterricht, der einen systemkonformen Untertan hervorbringen sollte. Nach und nach erstarrte der Geschichtsunterricht „wie so vieles im preußisch-deutschen Bildungswesen [...] zum rein Äußerlichen, bloß Formelhaften, zu Drill und deutschtümelndem Pathos".[77] Obwohl der Erfolg dieser Gesinnungsbildung zweifelhaft blieb, wurde der Geschichtsunterricht so zu einem Paradebeispiel obrigkeitsstaatlicher Indoktrination.

Ein weiterer Aspekt war in besonderem Maße von konservativem Beharren geprägt und bildete so einen der größten sozialdemokratischen Angriffspunkte auf das Bildungssystem. Der Zugang zu höherer (gymnasialer) Bildung blieb, dies war durchaus beabsichtigt, beschränkt. Das niedere Schulwesen wurde schon konzeptionell deutlich von dem höheren abgegrenzt. In der Volksschule sollten die Schüler allgemein zu Lebenstüchtigkeit sowie speziell zur Ausübung eines handwerklichen Berufs erzogen werden und unter „Berücksichtigung der künftigen Lebens- und Berufsverhältnisse [...] das Einfachste und Allgemeinste" erlernen. Die preußischen Bildungsplaner gingen dabei von einer ohnehin beschränkten Aufnahmefähigkeit der Kinder aus so-

---

[76] Vgl. Oliver Kiss, *Schulentwicklung und Religion. Untersuchungen zum Kaiserreich zwischen 1870 und 1918*, Stuttgart 2005, S. 70f; 380f. Bei seinen religionsdidaktischen Ausführungen werden die gesellschaftlichen Funktionen allerdings eher unterbetont. Vgl. ausführlich zu den Lehrplänen ebd.

[77] Horst Gies, *Nationale Identitätsbildung als Aufgabe der Volksschule*, in: Reinhard Dithmar/Hans-Dietrich Schulz (Hgg.), Schule im Kaiserreich, S. 109–135, Zitat S. 134. Auch im Deutschunterricht sollten die Schüler durch entsprechende Unterrichtsinhalte im Sinne der Obrigkeit beeinflusst werden. Eine Ausführliche Beschreibung der Erziehungsziele und Inhalte mit Schwerpunkt auf den restriktiven, gesinnungsbildenden Elemente bietet Berg, *Okkupation*, S. 89ff.

zial schwächeren Schichten aus. Der Volksschulabschluss beinhaltete folgerichtig keinerlei weitere Bildungsberechtigungen.[78]

Das Curriculum der höheren Knabenschulen war dagegen stark humanistisch geprägt und auf eine anschließende akademische Laufbahn ausgerichtet.[79] Neben dem Deutschen war das Erlernen von Latein und Griechisch wesentlicher Bestandteil des Unterrichtes.[80] Der gymnasiale Abschluss bildete lange die Zugangsvoraussetzung für das Hochschulstudium. Erst ab 1870 wurde aufgrund der Befürchtung eines bevorstehenden Mangels an naturwissenschaftlich geschulten Fachkräften unter Protest der bürgerlich-konservativen Eliten in Form von Realgymnasien und Oberrealschulen mit der sukzessiven Einführung von Mathematik sowie naturwissenschaftlichen Fächern und modernen Fremdsprachen begonnen. Damit etablierte sich bis zur Jahrhundertwende ein „mittleres" Schulwesen,[81] dessen fehlende Ausgestaltung sich bis dahin an der hohen Anzahl gymnasialer Schulabbrecher äußerte, denen adäquate Qualifizierungsmöglichkeiten fehlten. Das Abitur blieb als Konzession an die großbürgerlichen Besitzstandswahrer allerdings noch bis 1901 die alleinige Zugangsvoraussetzung für das Studium von Medizin und Jura.[82]

Die Gymnasien waren schulgeldpflichtig. Zusätzlich musste für den Unterhalt der älteren Kinder aufgekommen werden. Je nach Region kostete eine gymnasiale Ausbildung 4.000 bis 8.000 Mark, ein Betrag, der für Bauern, Handwerker und Arbeiter kaum aufzubringen war. Entsprechend gering war die Partizipation ihrer Kinder am höheren Schulwesen. Zwischen 1875 und 1905 besuchten lediglich 4,7%–5,5% der 10–18jährigen männlichen Schüler

---

[78] Ebd., S. 129, dort auch das Zitat aus dem Normallehrplan für die Volksschulen in Berlin. Zu den fehlenden Berechtigungsansprüchen für Volksschüler vgl. Müller, *Sozialstruktur*, S. 58f.

[79] Bei den höheren Mädchenschulen gestalteten sich die Unterrichtsinhalte anders, da nach dem bürgerlichen Selbstverständnis der weibliche Bildungsweg nicht auf eine spätere Erwerbstätigkeit ausgelegt war. Vgl. James C. Albisetti, *Schooling German Girls and Women. Secondary and higher Education in the Nineteenth Century*, Princton 1988.

[80] Zur Entwicklung des Curriculums vgl. Peter Lundgreen, *Sozialgeschichte der deutschen Schule im Überblick, Bd. 1: 1770–1918*, Göttingen 1980, S. 72–77.

[81] Dieses ist nicht zu verwechseln mit den „Mittelschulen", die einen erweiterten Volksschulabschluss ohne weitere Zugangsberechtigungen anboten.

[82] Zum komplexen Vorgang von „Systembildung und Segmentierung" des höheren Schulwesens vgl. zusammenfassend James C. Albisetti, Peter Lundgren, *Höhere Knabenschulen*, in: Berg, *Handbuch*, S. 239–250; Müller, *Sozialstruktur*, S. 70–76, dort auch Tabellen mit der Entwicklung des Berechtigungswesens. Die Debatte um den Nachwuchsmangel beschreibt James C. Albisetti, *Secondary School Reform in Imperial Germany*, Princeton 1983.

Preußens eine höhere Schule.[83] Anders gewendet kamen zum Beispiel in Berlin nicht mehr als 2,5% der männlichen Abiturienten aus einem Arbeiter- oder Handwerkerelternhaus.[84] Zudem wurden im Laufe des neunzehnten Jahrhunderts immer mehr private Vorschulen eingerichtet, die kostenpflichtig waren und speziell auf eine Gymnasiallaufbahn hinzielten. Allerdings kamen nur ein drittel der Gymnasiasten von diesen Vorschulen, alle weiteren wechselten nach den ersten vier Jahren von der Volksschule.[85] Trotzdem verdeutlichten solcherart soziale Exklusivitätskonstruktionen den strukturellen Unterschied zwischen Volksschule und Gymnasium. Das kaiserzeitliche Schulsystem, dies räumen auch die Verfechter der Modernisierungsperspektive ein, blieb ein „soziales Klassenschulsystem."[86]

Diese Elemente – der konfessionelle Charakter, der gesinnungsbildende Unterricht und die geringe Durchlässigkeit des Schulsystems – erwiesen sich unter den Zeitgenossen als derart wirkungsmächtig, dass sie die faktische Modernisierung des Bildungswesens und die regionale Heterogenität innerhalb dieser schulpolitischen Diskurse in den Hintergrund des Blickfeldes rücken ließen. Mit den „allgemeinen Bestimmungen" und der Abkehr von den Stiehlschen Regulativen änderten sich ab 1872 die Unterrichtsinhalte in den Elementarschulen und wurden vielfältiger. Auch die Unterrichtsmethoden wurden moderat angeglichen: „Geistloses erlernen", so formulierte das Gesetz für den Bereich des Religionsunterrichtes, „ist zu vermeiden." Zudem wurden dem Stundenplan ab der Mittelstufe die sechsstündige Unterrichtung von Realien hinzugefügt.[87]

Weiterhin hatte der Staat die Schule keinesfalls in dem Maße durchdrungen wie seine Befürworter und Gegner erhofften oder befürchteten. Die Problematik der Einführung von Simultanschulen mag ein Indiz dafür sein. Des Weiteren scheiterten Pläne für ein allgemeines Unterrichtsgesetz in Preußen gleich mehrfach an den Widerständen des Klerus sowie an banalen Finanzierungsproblemen.[88] Das Schulwesen blieb so regional unterschiedlich. Das Bil-

---

[83] Ulrich Hermann/Detlef K. Müller, *Regionale Differenzierung und gesamtstaatliche Systembildung. Preußen und seine Provinzen – Deutsches Reich und seine Staaten 1800–1945* (= Datenhandbuch zur deutschen Bildungsgeschichte, Bd. 2, T. 2), Göttingen 2003, S. 168.

[84] Müller, *Sozialstruktur*, S. 522.

[85] Thomas Nipperdey, *Deutsche Geschichte 1866–1918, Bd. 1: Arbeitswelt und Bürgergeist*, München 1998, S. 548.

[86] Jürgen Diederich/Heinz-Elmar Tenorth, *Eine Theorie der Schule. Ein Studienbuch zu Geschichte, Funktionen und Gestaltung*, Berlin 1997, S. 48–58.

[87] *Allgemeine Bestimmungen von 1872*, gedr. in: Giese, Quellen, S. 168–174, Zitat S. 171.

[88] Manfred Heinemann, *„Bildung" in Staatshand. Zur Zielsetzung und Legitimationsproblematik der „niederen" Schulen in Preußen unter besonderer Berücksichtigung des*

dungsniveau variierte zwischen Stadt und Land sowie innerhalb der ländlichen Gebiete stark und näherte sich bis zum Ende des Kaiserreiches nur sukzessiv an. Die städtischen Schulen, dieser Vorsprung bestand weit über die Kaiserzeit hinaus, konnten aufgrund der höheren Zahlen an schulpflichtigen Kindern in der Regel früher mehrstufige Schulen und schließlich Jahrgangsklassen einrichten. Die Dorfschulen blieben aufgrund der mangelnden finanziellen Ressourcen häufig strukturell benachteiligt. Noch 1911 waren erst 46,5% von ihnen drei- oder mehrklassig, während in den Städten bereits 98,1% der Schulen über eine solche Differenzierung verfügten. Das urbane Volksschulwesen stellte aufgrund des unter diesen Vorraussetzungen gestiegenen Unterrichtsniveaus zunehmend auch für den unteren Mittelstand eine Alternative zu den teureren Gymnasien dar.[89]

Zudem waren administrative Maßnahmen eher von langfristigen Planungen im Rahmen finanzieller und demographischer Notwendigkeiten geprägt und der politische Einfluss insbesondere des Kaisers in schulpolitischen Fragen nicht in dem Maße durchdringend, wie es den Zeitgenossen erschienen sein mag. Neben der Verwaltung hatten die lokalen Akteure wie geistliche Würdenträger, Lehrer, Magistrate und nicht zuletzt die Eltern Einfluss auf die kommunale Ausgestaltung des Schulalltags. Einer „von oben" implementierten, systematischen ideologischen Durchdringung der Schule waren in dieser Konstellation deutliche Grenzen gesetzt. Den Aufstieg der Sozialdemokratie verhinderte sie nicht.[90]

So blieb das kaiserzeitliche Schulwesen in seinen Leistungen ambivalent. Auf der einen Seite präsentierte es sich – gewollt oder ungewollt – modern im Sinne einer moderaten Anpassung des Bildungsniveaus an zeitgenössische Erfordernisse, behielt aber auf der anderen Seite mit der sozialen Selektivität und den Versuchen politischer Instrumentalisierung obrigkeitsstaatlichen Charakter. Die schleppende Öffnung des Hochschulzuganges dokumentiert dabei ebenso ein konservatives Beharren wie der Kaisererlass die staatliche Interpretation des volksschulischen Bildungsauftrages. Insbesondere für die Sozialdemokraten blieb das Schulwesen so Ausdruck einer reaktionären, systemstabilisierenden Bildungspolitik. Die politischen Topoi waren dabei vor dem Hintergrund der sozialistischen Ideologie für das Bild der „deutschen Standesschule" von höherer Bedeutung als einzelne Verbesserungen auf der

---

Unterrichtsgesetzentwurfs des Ministeriums Falk (1877), in: Peter Baumgart (Hg.), Bildungspolitik in Preußen zur Zeit des Kaiserreiches, Stuttgart 1980, S. 150–188.

[89] Kuhlemann, *Schulen*, S. 217, Tab. 1.

[90] Wölk, *Volksschulabsolvent*, S. 448f. Zu der Problematik der politischen Gesinnungsbildung der Jugend vgl. weiterhin Thomas Nipperdey, *Jugend und Politik um 1900*, in: Ders. (Hg.), Gesellschaft, Kultur, Theorie. Gesammelte Aufsätze zur neueren Geschichte, Göttingen 1976, S. 338–359.

Ebene des Volksschulwesens.[91] Die Schule, die Sozialdemokraten und Kommunisten nach dem Zusammenbruch des Kaiserreichs abschaffen wollten, war in ihren Augen eine national-konservative, christlich-autoritäre und lediglich für eine kleine Elite Privilegierter gewinnbringende Bildungsinstitution.

1.2 Fortgesetzter Kulturkampf: das Reichsschulgesetz

Mit den am Ende des Jahres 1918 in verschiedenen Teilen des Reiches beginnenden revolutionären Unruhen[92] schien schließlich der Zeitpunkt für eine Veränderung des staatlichen Schulsystems gekommen, das für seine Gegner den kaiserzeitlichen Standesdünkel repräsentierte. Aufgrund der bestehenden Kultushoheit der Länder konnten die Sozialdemokraten zusammen mit den Unabhängigen Sozialdemokraten in Preußen und in Hamburg noch im selben Jahr beginnen, das Schulwesen zu reformieren.[93] Auf der Reichsebene wurde das Thema mit dem Beginn der Verfassungsberatungen der am 19. Januar 1919 gewählten Nationalversammlung virulent. Den radikal linken Kräften, die die weitestgehende Umgestaltung des Schulsystems forderten, fiel dort allerdings keine Bedeutung zu. Die jüngst gegründete KPD war noch nicht vertreten und rief im Gegenteil zum Boykott der Wahlen auf.[94] Die USPD konnte lediglich 22 der insgesamt 423 Mandate für sich verbuchen und verharrte in der Erwartung, die Revolution sei noch nicht zu Ende, in einer

---

[91] Die Agitation dagegen fiel allerdings eher zurückhaltend aus. Zum einen wollten die Mitglieder der ohnehin unter Repressalien leidenden Partei keine weiteren Angriffsflächen bieten. Zum anderen war die Programmatik der SPD im schulpolitischen Bereich weniger revolutionär, als ihre konservativen Kritiker behaupteten. Die Bildungspolitik war eher wirtschaftspolitischen Aspekten untergeordnet, und die kulturpolitischen Forderungen der Sozialdemokraten konzentrierten sich innerhalb des Kampfes für eine Trennung von Staat und Kirche auf eine Säkularisierung der Schule. Vgl. Ulrich Bendele, *Sozialdemokratische Schulpolitik und Pädagogik im wilhelminischen Deutschland (1890–1914). Eine sozialhistorisch-empirische Analyse*, Frankfurt 1979; Sebastian Prüfer, *Sozialismus statt Religion. Die deutsche Sozialdemokratie vor der religiösen Frage 1863–1890*, Göttingen 2002.

[92] Aus der vielfältigen Literatur zu den Vorgängen von 1918–1920 sei exemplarisch verwiesen auf: Ulrich Kluge, *Die deutsche Revolution 1918/19. Staat, Politik und Gesellschaft zwischen Weltkrieg und Kapp-Putsch*. Frankfurt 1985; Eberhard Kolb (Hg.) *Vom Kaiserreich zur Weimarer Republik*, Köln 1972. Zur Haltung der SPD vgl. Heinrich August Winkler, *Die Sozialdemokratie und die Revolution 1918/19*, Bonn 1979. Zur KPD vgl. Hermann Weber, *Die Gründung der KPD. Protokoll und Materialien des Gründungsparteitages der Kommunistischen Partei Deutschlands 1918/19. Mit einer Einführung*, Berlin 1993 ([1]1962), S. 29–43.

[93] Vgl. u. Kap. I.1.3. u. I.1.4.

[94] Weber, *Gründung*, S. 40f.

grundsätzlichen Oppositionshaltung.[95] Die Mehrheitssozialdemokraten erhielten 165, das Zentrum 91 und die DDP 75 Mandate.[96] Die Weichen für die bürgerlich-sozialdemokratische „Weimarer Koalition" waren gestellt.[97]

Die schulpolitischen Programme der Parteien gehörten zu den Bereichen, die bei der Konstituierung der parlamentarischen Demokratie in besonders starkem Maße durch den Kompromisscharakter der Verfassung beeinträchtigt wurden. Die kulturpolitischen Positionierungen von SPD und Zentrum standen einander wie im Kaiserreich diametral gegenüber. Die Sozialdemokraten verfolgten entsprechend ihren bereits 1906 formulierten Mannheimer Leitsätzen nach wie vor zwei Kernziele: ein einheitliches Gemeinschaftsschulwesen und eine strikte Trennung von Schule und Kirche.[98] Das Zentrum hingegen strebte nach der verfassungsrechtlichen Verankerung der religiösen Bekenntnisschule und dem Erhalt der bereits bestehenden Konfessionsschulen. Die Einrichtung weltlicher Schulen sollte verhindert und der Religionsunterricht gesetzlich festgeschrieben werden.[99] Die Liberalen der DDP favorisierten wei-

---

[95] Dieter Engelmann/Horst Neumann, *Zwischen Spaltung und Vereinigung. Die unabhängige Sozialdemokratische Partei Deutschlands in den Jahren 1917–1922*, Berlin 1993, S. 95–114.

[96] Die DNVP erhielt lediglich 44 Mandate, die DVP 19. Zu den Ergebnissen vgl. Jürgen Falter, *Wahlen und Abstimmungen in der Weimarer Republik. Materialien zum Wahlverhalten 1919–1933*, München 1986, S. 41ff.

[97] Die DDP schied allerdings zwischenzeitlich aufgrund ihrer Ablehnung des Versailler Vertrages aus. Zur Bildung der Weimarer Koalition vgl. Hartmut Schustereit, *Linksliberalismus und Sozialdemokratie in der Weimarer Republik. Eine vergleichende Betrachtung der Politik von DDP und SPD 1919–1930*, Düsseldorf 1975, S. 54f.

[98] Die Mannheimer Leitsätze blieben trotz der Abkehr der SPD von einer räterepublikanischen Verfassung aktuell, da sie speziell die schulpolitische Programmatik beinhalteten und diese in Bezug auf „revolutionäre" Elemente wie die polytechnische Bildung ohnehin relativ zurückhaltend formuliert waren. Zu den Leitsätzen vgl. Norbert Schwarte, *Schulpolitik und Pädagogik der deutschen Sozialdemokratie an der Wende vom 19. zum 20. Jahrhundert*, Köln 1980, S. 300–316. Zur sozialdemokratischen Schulpolitik in der Weimarer Republik vgl. Wolfgang Wittwer, *Die sozialdemokratische Schulpolitik in der Weimarer Republik. Ein Beitrag zur politischen Schulgeschichte im Reich und in Preußen*, Berlin 1980, S. 45ff. Eine kompaktere Analyse, die sich in den Ergebnissen nicht wesentlich von denen Wittwers unterscheidet, bietet: Dirk H. Gentsch, *Zur Geschichte der sozialdemokratischen Schulpolitik in der Weimarer Republik: eine historisch-pädagogische Analyse zur Schulpolitik der SPD in Deutschland in den Jahren von 1919 bis 1933*, Frankfurt a. M. u. a. 1994.

[99] Für eine pointierte Zusammenfassung der politischen Positionierung des Zentrums in Schulfragen während der Verhandlungen der Nationalversammlung vgl. Rudolph Morsey, *Die Deutsche Zentrumspartei 1917–1923*, Düsseldorf 1966, S. 208–216.

terhin das Simultanschulmodell, in dem Kinder aller Konfessionen unterrichtet werden sollten.[100]

Um die Bedeutung der Verfassung nicht durch eine teilweise Ablehnung von einer der Koalitionsparteien zu mindern, entstand ein Regelwerk, in dem allen weltanschaulichen Forderungen zum Teil Rechnung getragen wurde.[101] Die prinzipielle staatliche Obhut stellte keine der Parteien in Frage. Die Kultushoheit der Länder wurde beibehalten, da sich deren Widerstand gegen eine von der SPD favorisierte reichseinheitliche Regelung als zu groß erwies.[102] Trotzdem sollte die grundlegende Struktur auch auf Wunsch des Zentrums in einem Reichsgesetz geregelt werden, da die sozialdemokratischen Vorstöße zur Verweltlichung der Schule in Gebieten mit katholischen Minderheiten bereits relativ weit fortgeschritten waren und eine partielle Abschaffung der konfessionellen Schulen befürchten ließen.[103] Allerdings mussten die Versuche der SPD und insbesondere der DDP vor ihrem Ausscheiden aus der Koalition, in Bezug auf die Schulform eine einheitliche Gesamtlösung zu finden, aufgegeben werden. Der größte schulpolitische Erfolg sollte der Beschluss zur Einführung einer allgemeinen vierjährigen Grundschulzeit bleiben, die im Jahr 1920 gesetzlich geregelt wurde.[104] Die Sekundarstufe hingegen konzipierten die Verfassungsväter mit den Zweigen Volksschule, Realschule und Gymnasium dreigliedrig. Die Simultanschule mit konfessionellem Religionsunterricht wurde zwar zur Regelschule bestimmt, aber sowohl die Bekenntnisschule als auch die weltliche Schule als potentielle Schulformen zugelassen. Näheres, und dies entwickelte sich zur eigentlichen Crux, sollte nach Artikel 146 Abs. 2 ein zu schaffendes Ausführungsgesetz regeln. Vorstößen durch die Länder wurde mit dem Artikel 174 eine Absage erteilt: „Bis zum Erlaß des in Art. 146

---

[100] Werner Stephan, *Aufstieg und Verfall des Linksliberalismus. Geschichte der Deutschen Demokratischen Partei 1918–1933*, Göttingen 1973, S. 94ff.

[101] Insbesondere die SPD-Führung zeigte sich wie auch in anderen Bereichen der Beratungen zunehmend kompromissorientiert und handelte sich so starke Kritik von Seiten der eigenen Basis ein. Vgl. Sigrid Vestring, *Die Mehrheitssozialdemokratie und die Entstehung der Reichsverfassung von Weimar 1918/1919*, Münster 1987, S. 286f.

[102] Zur Föderalismusdebatte vgl. Christoph Führ, *Zur Schulpolitik in Weimarer Republik. Die Zusammenarbeit von Reich und Ländern im Reichsschulausschuß (1919–1923) und im Ausschuß für das Unterrichtswesen (1924–1933). Darstellung und Quellen*, Weinheim u. a. 1970, S. 34f.

[103] Vgl. die folgenden Kapitel.

[104] *Reichsgrundschulgesetz von 1920*, gedr. in: Giese, Quellen, S. 242f. Tenorth und Diederich betrachten die Einführung der allgemeinen Grundschule als „entscheidende schulgeschichtliche Zäsur, die mit der Weimarer Verfassung […] gesetzt wird", da das nun entstandene System bis dato konstant geblieben sei und auf Veränderungen nur noch mit innerer Ausdifferenzierung reagiere. Vgl. Tenorth/Diederich, *Theorie der Schule*, S. 60f.

Abs. 2 vorgesehenen Reichsgesetzes bleibt es bei der bestehenden Rechtslage." Dies bedeutete zunächst den faktischen Erhalt der Konfessionsschule bei einer gleichzeitigen Erschwerung der Einführung von weltlichen und Simultanschulen und somit insgesamt den größten Erfolg für das Zentrum.[105]

Dieser wurde umso bedeutsamer, als es in der Folgezeit nicht gelingen sollte, eben jene Ausführungsbestimmungen gesetzlich zu regeln. Die Zentrumspolitiker konnten aus der für sie günstigen Ausgangslage heraus hohe Forderungen stellen. 85% der katholischen Kinder gingen auf die mit dem Schulkompromiss erhaltenen katholischen Schulen. Ein Erhalt der Konfessionsschulen war bei bleibender Gesetzeslage in den Gebieten mit überwiegend katholischer Bevölkerung gesichert. So konnten Forderungen für die katholische Diaspora aufgestellt werden, die zum Beispiel die Einführung von einklassigen konfessionellen Volksschulen in den geordneten Schulbetrieb vorsahen. Zudem sollten die kirchliche Kontrolle des Religionsunterrichtes und die Mitwirkung Geistlicher bei der Schulleitung gesichert werden.[106] Solcherart Ansinnen konnten die Koalitionspartner der SPD und DDP nicht nachkommen. Die Frage nach dem Einfluss der Kirche auf die Schule bot auch ihnen ein Feld für die Darstellung als Weltanschauungspartei. Der DDP diente es zur Propagierung ihres liberalen Staatsverständnisses. Die SPD versuchte, den bei der Arbeiterschaft während der Revolution ideologisch verlorenen Boden wieder gut zu machen.[107] Die Schulfrage entwickelte sich so zu einem kulturpolitischen Zankapfel, bei dem selbst die moderateren Entwürfe von SPD und DDP, die sich im Wesentlichen fern ihrer Maximalziele um eine Einigung bemühten, nicht mehrheitsfähig waren.

Während der Phase der Mitte-Rechts-Regierungen unter Luther[108] (parteilos) und Marx[109] (Zentrum) in den Jahren von 1925 bis 1928 mussten die Abgeordneten des Zentrums feststellen, dass auch in dieser Konstellation das

---

[105] Eine minutiöse Darstellung der Verfassungsverhandlungen liefert Ludwig Richter, *Kirche und Schule in den Beratungen der Weimarer Nationalversammlung*, Düsseldorf 1996. Eine pointierte Zusammenfassung dieses „Kuhandels" („political horse-trading") sowie einen Überblick über die Reaktionen des Lehrpersonals bietet Marjorie Lamberti, *The Politics of Education. Teachers and School Reform in Weimar Germany*, New York u. Oxford 2002, S. 56–64.

[106] Zur Taktik des Zentrums vgl. Günther Grünthal, *Reichsschulgesetz und Zentrumspartei in der Weimarer Republik*, Düsseldorf 1968.

[107] Wittwer, *Sozialdemokratische Schulpolitik*, S. 107–128.

[108] Hans Luther (* 10. 3. 1879, † 11. 5. 1962), Jurist, parteilos, zeitweise Mitglied der DVP, 1923–1925 Reichsfinanzminister, 15. 1. 1925–27. 5. 1926 Reichskanzler, 1930–1933 Reichsbankpräsident.

[109] Wilhelm Marx (* 15. 1. 1863, † 5. 8. 1946), Jurist, Mitglied des Zentrums, 1922–1928 dort Vorsitzender, 30. 1. 1923–15. 1. 1925 und 16. 5. 1926–29. 6. 1928 Reichskanzler.

Ringen um ein Reichsschulgesetz nicht in ihrem Sinne ausgehen würde.[110] Das Festhalten an der verfassungsrechtlichen Verankerung des starken schulpolitischen Einflusses der Kirche von Seiten des Zentrums lag dabei an dem starken Druck des relativ homogenen katholischen Milieus, dessen Mitglieder in dem Zusammenspiel von Elternhaus, Kirche und Schule eine Sozialisationseinheit sahen, die von den liberalen und atheistischen Gruppierungen bedroht werde und mit deren Sprengung der Fortbestand des Milieus insgesamt in Gefahr sei.[111]

So konnten dann auch die Entwürfe der Innenminister Külz[112] (DDP) und Keudell[113] (DNVP) aus den Jahren 1926 und 1927 nicht zur Annahme gebracht werden, da die in diesen Vorlagen geringen Einflussmöglichkeiten der Kirche und die beabsichtigte Vorrangstellung der Simultanschule den Interessen des Zentrums zuwiderliefen. Auf der anderen Seite waren die liberalen Parteien unter dem Eindruck des bayerischen Konkordats von 1924 nicht gewillt, ihrerseits der katholischen Klientel gegen die eigenen liberalen Positionen entgegenzukommen.[114] Am 27. Januar 1928 scheiterte der letzte Versuch zur Schaffung eines Reichsschulgesetzes schon in der ersten Lesung im Bildungsausschuss, als die DVP gegen die Koalitionspartner einem Alternativantrag der Opposition zustimmte. In der Folge brach die Koalition. Ein neuer Gesetzentwurf wurde in den letzten Jahren der Weimarer Republik nicht mehr vorgelegt, da bei allen beteiligten Parteien aufgrund der negativen Erfahrungen mit den jeweiligen Koalitionspartnern Resignation einkehrte und eine Lösung im Sinne der eigenen Interessenlage als nicht möglich erachtet wurde.[115]

Die Fragen der Ausgestaltung des Schulsystems und des kirchlichen Einflusses auf Schule und Schülerschaft blieben so während des Bestehens der Weimarer Republik virulent. Das Ringen um die endgültige Säkularisierung der Schule und die Einführung der Einheitsschule bot eines der zahlreichen

---

[110] Die Koalitionspartner im sogenannten „Bürgerblock" waren bis 1926 die BVP, DVP und DNVP. Nach dem Scheitern bildete das Zentrum wiederum unter Luther eine bürgerliche Minderheitsregierung mit der DDP und DVP. Anfang des Jahres 1927 kam es zu einer Neuauflage des Bürgerblockes unter Marx. Zu dieser Phase vgl. Karsten Ruppert, *Im Dienst am Staat von Weimar. Das Zentrum als regierende Partei in der Weimarer Demokratie 1923–1930*, Düsseldorf 1992, S. 131–305.

[111] Zu dieser Einschätzung ebd., S. 288f.

[112] Wilhelm Külz (* 18. 2. 1875, † 10. 4. 1948), Jurist, Mitglied der DDP, Reichsinnenminister 20. 1. 1926–29. 1. 1927, Oberbürgermeister von Dresden 1931–1933.

[113] Walther von Keudell (* 17. 7. 1884, † 7. 5. 1973), Jurist, Mitglied der DNVP (ab 1933 NSDAP, ab 1948 CDU), Reichsinnenminister 29. 1. 1927–12. 6. 1928.

[114] Zu den Auswirkungen des Vertragsabschlusses vgl. Volker Nitzschke, *Die Auseinandersetzungen um die Bekenntnisschule in der Weimarer Republik in Zusammenhang mit dem bayerischen Konkordat*, Würzburg 1965.

[115] Grünthal, *Zentrumspartei*, S. 237–244.

Angriffsfelder für die kommunistischen Schulpolitiker und Pädagogen, nicht nur gegen die bürgerlichen Parteien, sondern auch gegen den „reformistischen" Kurs der SPD. Denn trotz des Bildungsföderalismus konnten die Sozialdemokraten unter diesen Voraussetzungen ihre schulpolitischen Ziele auch dort, wo sie sich nach 1918 an deren Verwirklichung gemacht hatten, nur unzureichend umsetzen.

1.3 Das Schulwesen in Berlin

Auf preußischem Hoheitsgebiet bemühten sich in der offenen Situation nach dem Zusammenbruch der Monarchie der im Ministerium für Wissenschaft, Kunst und Volksbildung neu eingesetzte Sozialdemokrat Konrad Haenisch[116] und der als radikal antiklerikal geltende Adolph Hoffmann[117] (USPD) unter der Mitarbeit des Reformpädagogen Gustav Wyneken[118], zügig Fakten zu schaffen. In den sogenannten „November-Erlassen" vom 15., 27. und 29. November 1918 proklamierten die Verfasser die Beendigung des obligatorischen Religionsunterrichtes und der geistlichen Schulaufsicht sowie die Ersetzung des als „reaktionär" bezeichneten Geschichtsunterrichts durch eine kulturhistorische Belehrung. Zudem forderten sie sowohl die Lehrer der höheren Schulen als auch die gesammelte preußische Schülerschaft empathisch auf, im Geiste der neuen republikanischen Verfassung zu handeln und mit der gesamten Schulgemeinde sowie zu bildender Schülerräte den Weg zu einem gemeinschaftlich geführten Schulwesen zu gehen.[119]

Die den Religionsunterricht betreffenden Inhalte der Erlasse wurden allerdings von dem sich in der ungewohnten Oppositionsrolle befindlichen bürgerlichen Lager vehement abgelehnt. Insbesondere die katholischen Amtsträger und die Philologenverbände organisierten massive Proteste. Aber auch die sozialistische Anhängerschaft zeigte sich weniger fortschrittlich als erwartet

---

[116] Konrad Haenisch (* 11. 3. 1876, † 28. 4. 1925) Journalist, Mitglied der SPD, 1918–1921 preußischer Minister für Wissenschaft, Kunst und Volksbildung, ab 1921 bis zu seinem Tod Regierungspräsident in Wiesbaden.

[117] Adolph Hoffmann (* 23. 3. 1958, † 1. 12. 1930), Graveur, Mitglied der USPD (kurzzeitig Mitglied der KPD, 1922 Rückkehr zur SPD), 1918–19 preußischer Minister für Wissenschaft, Kunst und Volksbildung.

[118] Gustav Wyneken (* 19. 3. 1875, † 8. 12. 1964), Reformpädagoge, 1906 Mitbegründer der freien Schulgemeinde Wickersdorf, Mitglied im Wandervogel, ab 1919 wiederum Leiter in Wickersdorf, 1920 Rücktritt und Verurteilung zu einem Jahr Gefängnis wegen sexuellen Missbrauchs.

[119] *An die Lehrer und Lehrerinnen der höheren Lehranstalten Preußens*, 15. 11. 1918, gedr. in: Giese, Quellen, S. 231f; *An die Schüler und Schülerinnen der höheren Schulen Preußens*, 27. 11. 1918, gedr. in: ebd., S. 234f; *Aufhebung des Religionszwanges in der Schule*, 29. 11. 1918, Zentralblatt für die gesamte Unterrichtsverwaltung in Preußen (Zentralblatt), Jg. 60 (1918), Nr. 12, S. 720.

und bestand in Teilen auf der Weiterführung des Religionsunterrichtes, so dass sich die Verfasser gezwungen sahen, in einem weiteren Erlass am 18. Dezember ihre Maßnahmen in Teilen zurückzunehmen und sie am 28. Dezember bis auf ein Ausführungsgesetz der preußischen Landesversammlung auszusetzen.[120]

Der Gefechtslage entsprechend handelte es sich bei dem dort strittigen Verhandlungspunkt im schulpolitischen Bereich um die Frage der Schulaufsicht. Hier schienen sich zunächst die Sozialdemokraten und die Liberalen durchsetzen zu können. Der am 3. Juli 1919 eingebrachte „Entwurf eines Gesetzes betreffend die Abänderung der Zusammensetzung der Schuldeputation, Schulvorstände und Schulkommissionen" sah vor, dass auch die geistlichen Mitglieder der genannten Gremien ordentlich gewählt werden mussten und diesen nicht weiterhin qua Amt angehören sollten.[121] Der vom Zentrum vehement bekämpfte Entwurf wäre, das zeigen die Abstimmungsniederlagen der Zentrumsvertreter im Unterrichtsausschuss, angenommen worden, hätte nicht während der laufenden Verhandlungen die Reichsverfassung durch den Artikel 174 jedwede Bestrebung zur Beseitigung der geistlichen Schulaufsicht zunichtegemacht. Nachdem sich abzeichnete, dass die preußische Regierung und die parlamentarischen Vertreter von SPD, USPD und DDP trotz der aufschiebenden Wirkung des Artikels keine Bedenken hatten, ihre Gesetzesvorlage durchzusetzen, schaltete sich auf Bestrebungen des Zentrums der Reichskanzler Bauer[122] ein und schlug ein Rechtsgutachten von Reichsinnen- und Reichsjustizministerium vor. Das am 31. Januar 1920 veröffentlichte Schriftstück gab den Verfassungsbedenken der katholischen Partei recht: Die Änderung der Volksschulgesetzgebung war nicht zulässig. Trotz eines Gegengutachtens des preußischen Kultusministeriums zog das Staatsministerium den Gesetzesentwurf zurück.[123]

Leichte Fortschritte gab es immerhin im Bereich der Selbstverwaltung. Trotz des eher schleppend voranschreitenden Reformprozesses bemühten sich

---

[120] *Ergänzung des Erlasses vom 29. 11. 1918*, ebd., S. 721ff. Ausführlicher zu den Protesten Hermann Giesecke, *Zur Schulpolitik der Sozialdemokraten in Preußen und im Reich 1918/19*, VfZg, Jg. 13 (1965), S. 163ff.

[121] *Entwurf eines Gesetzes, betreffend die Abänderung der Zusammensetzung der Schuldeputationen, Schulvorstände und Schulkommissionen vom 3. 7. 1919*, in: Sammlung der Drucksachen der verfassunggebenden preußischen Landesversammlung 1919–1921, Bd. 3, Berlin 1921, S. 829f.

[122] Gustav Adolf Bauer (* 6. 1. 1870, † 16. 9. 1944), Mitglied der SPD, 26. 6. 1919–26. 3. 1920 Reichskanzler, Danach für drei Monate Reichsschatzminister, 1921–1922 erneut Reichsschatzminister.

[123] Wittwer, *Schulpolitik*, S. 161–168.

Paul Oestreich[124] und der Bund der entschiedenen Schulreformer[125] um die Einsetzung von Elternbeiräten an den preußischen Schulen. Aufgrund eines bereits verabschiedeten Erlasses zur Einsetzung von Elternbeiräten an höheren Schulen, der 1919 in Kraft treten sollte, wurde die preußische Schulverwaltung ohnehin gezwungen, sich mit diesem Thema verstärkt auseinanderzusetzen.[126] Um einen Affront sowohl der Arbeiterschaft als auch der Volksschullehrer zu vermeiden, wurde dieser Erlass leicht verändert auf die Volksschulen ausgeweitet. Entgegen der Intention der Schulreformer wurde den nach dem Verhältniswahlrecht zu konstituierenden Elternbeiräten lediglich eine beratende Funktion zugestanden. Wesentlichen Einfluss auf die innere und äußere Schulverfassung hatten sie nicht, da insbesondere die Sozialdemokraten nach den Erfahrungen mit dem gescheiterten Versuch der Säkularisierung des Schulwesens eine Instrumentalisierung seitens der konfessionellen Elternschaft befürchteten.[127]

Auch im Berliner Stadtgebiet konnten die reformwilligen Kräfte trotz einer sozialistischen Mehrheit nach den Stadtverordnetenwahlen von 1919 aufgrund der ungünstigen administrativen Vorraussetzungen nur mühsam an Boden gewinnen. Zum preußischen Hoheitsgebiet gehörend, unterstand das Berliner Schulwesen weiterhin als Teil des königlichen Provinzialschulkollegiums Brandenburg der gesamtpreußischen Verwaltung.[128] Die oberste Instanz bildete das preußische Ministerium für Wissenschaft, Kunst und Volksbildung. Die Entscheidung über die Rahmengestaltung des Schulwesens verblieb so, mit Ausnahme der von der Reichsverfassung vorgegebenen Einschränkungen, auf der preußischen Landesebene. Mit dem Groß-Berlin-Gesetz vom 27. April 1920, das das Berliner Stadtgebiet und dessen Administration neu konstituierte, erfolgte eine Reorganisation des Schulwesens. In den neu zusammengelegten Bezirken befanden sich nun rund 480.000

---

[124] Paul Oestreich (* 30. 3. 1878, † 28. 2. 1959), führender Reformpädagoge der 20er Jahre, Mitbegründer des Bundes der entschiedenen Schulreformer und dessen Vorsitzender bis zur Auflösung 1933.

[125] Zum Bund der entschiedenen Schulreformer vgl. Armin Bernhard, *Demokratische Reformpädagogik und die Vision von der neuen Erziehung. Sozialgeschichtliche und bildungstheoretische Analysen zur entschiedenen Schulreform*, Frankfurt a. M. 1999; Ders./Jürgen Eierdanz (Hgg.), *Der Bund der entschiedenen Schulreformer. Eine verdrängte Tradition demokratischer Pädagogik und Bildungspolitik*, Frankfurt a. M. 1991.

[126] *Satzung für Elternbeiräte an staatlichen höheren Lehranstalten und Muster einer Verwaltungsordnung für städtische höhere Lehranstalten vom 1. Oktober 1918*, Zentralblatt, Jg. 60 (1918), Nr. 11, S. 634–645.

[127] Louise Wagner-Winterhager, *Schule und Eltern in der Weimarer Republik. Untersuchungen zur Wirksamkeit der Elternbeiräte in Preußen und der Elternräte in Hamburg 1918–1922*, Weinheim und Basel, 1979, S. 101–115.

[128] Zur Entwicklung der preußischen Schulverwaltung bis 1918 vgl. Schuppan, *Hauptstadtegoismus*, S. 13–21.

Schüler. 76%, also rund 370.000, besuchten eine der 672 Volksschulen.[129] In der mittleren Verwaltungsebene wurde das Provinzialschulkollegium (PSK) Berlin-Brandenburg als „staatliche Aufsichtsbehörde für sämtliche öffentlichen und privaten Schulen der neuen Stadtgemeinde Berlin" bestätigt. So blieb Berlin ein Provinzialstatus versagt. Verschiedene Verwaltungskompetenzen in Bezug auf Personalfragen und materielle Ausstattung verblieben allerdings auf Magistrats- und Bezirks- Ebene.[130]

Zunächst versuchten die Mehrheitssozialdemokraten zusammen mit der USPD, ihre Möglichkeiten zur Implementierung eigener Vorstellungen in das Schulwesen zu nutzen und diese wenigstens innerhalb des Berliner Verwaltungsbereichs durchzusetzen. Die von ihnen bei den Verhandlungen des Groß-Berlin-Gesetzes eingereichte Denkschrift zur Zentralisierung des städtischen Schulwesens blieb allerdings weitgehend fruchtlos. Erst ab 1921 entwickelte sich unter dem Druck der anstehenden Aufgaben mit der Einberufung der Schuldeputation ein überbezirkliches Verwaltungsgremium. So entstand, wie auch in anderen Bereichen der städtischen Verwaltung, ein heterogener und, nicht selten in dem Bemühen um Kompetenzaneignung, auf verschiedenen Ebenen gegeneinander arbeitender Verwaltungsüberbau, dessen Ausgestaltung durch die 1920er Jahre hindurch Thema bleiben sollte.[131]

Bei dem Versuch der Besetzung des Stadtschulrates im Jahre 1920 mussten die Sozialisten abermals eine Niederlage hinnehmen. Der trotz massiven Widerstandes seitens der bürgerlichen Parteien und Interessengruppen von der Stadtverordnetenversammlung gewählte Kurt Löwenstein[132] wurde von dem Oberpräsidenten der Provinz Brandenburg nicht im Amt bestätigt. Auch die Neuwahlen verliefen turbulent, da mit dem sozialistischen Kandidaten Wilhelm Paulsen[133] ein Hamburger Schulreformer nominiert wurde, der im

---

[129] Jens Nydahl, *Das Berliner Schulwesen*, Berlin 1928, S. 585.

[130] *Gesetz über die Bildung einer neuen Stadtgemeinde Berlin vom 27. 4. 1920*, § 45 Abs. 1, Preußische Gesetzsammlung, Jg. 1920, Nr. 19, S. 138.

[131] Zur Genese und Problematik des verwaltungstechnisch bedeutenden Gesetzes vgl. Andreas Splanemann, *Brandenburg und Berlin 1920–1932*, in: Gerd Heinrich/Friedrich Wilhelm Henning/Kurt Jeserich (Hgg.), Verwaltungsgeschichte Ostdeutschlands 1815–1945. Organisation – Aufgaben – Leistungen der Verwaltung, Stuttgart 1992, S. 758–773. Da die exakte Verwaltungsaufteilung der Schulbehörden für die vorliegende Darstellung nicht von herausragender Relevanz ist, sei zum komplexen Verlauf der Kompetenzabgrenzungen und Aneignungen in der Folge der Reform der Schulverwaltung von 1920 verwiesen auf Schuppan, *Hauptstadtegoismus*, S. 43–60.

[132] Kurt Löwenstein (* 18. 5. 1885, † 8. 5. 1939), Lehrer, führender sozialdemokratischer Reformpädagoge. Vgl. u. Kap. I.3.3.

[133] Wilhelm Paulsen (* 27. 9. 1875, † 27. 3. 1943), 1920–1924 Oberstadtschulrat von Berlin, vorher Leiter der Hamburger Versuchsschule Tieloh, 1929 Lehrer an der Technischen Hochschule Braunschweig.

bürgerlichen Lager wie auch Löwenstein in Verdacht stand, das Schulwesen zu dessen Ungunsten verändern zu können. Nach einem Eklat in der Wahlversammlung erfolgte seine Wahl ohne die Gegenstimmen der konservativen Parteien, die vorher den Saal verlassen hatten.[134]

Obwohl nach den Kommunalwahlen von 1921 zudem die sozialistische Mehrheit kippte, begann Paulsen unter Ausnutzung des gesamten Spielraumes des Artikels 146 mit seinen Bemühungen zur Umgestaltung des Schulwesens. Dies betraf zunächst die Suche nach einer Lösung für die Säkularisierung des Schulsystems. Vor dem Hintergrund der reichsweiten Entwicklung bis 1920 konnten die Reformer, wie beschrieben, den flächendeckenden Einsatz weltlicher Schulen in Preußen verfassungsrechtlich nicht durchsetzen. Die Alternative für Berlin war die Schaffung sogenannter „Sammelschulen", in denen kein Religionsunterricht gegeben wurde. Dies konnte nur unter Zustimmung der betroffenen Lehrer und Eltern geschehen und war im Prinzip verfassungswidrig. Einer dahingehenden Anfrage des Zentrums in der preußischen Landesversammlung antwortete das Kultusministerium mit der Konstruktion, es handele sich nicht um weltliche Schulen, sondern um „evangelische Schulen ohne Religionsunterricht." In dieser prekären rechtlichen Lage hing die Schaffung von Sammelschulen vom politischen Willen der Aufsichtsbehörden ab und konnte von den Sozialdemokraten nur leidlich vorangetrieben werden.[135]

In Berlin wurden trotz dieser Bedingungen im Jahr 1920 immerhin acht solcher Sammelschulen eröffnet, in der Endphase der Weimarer Republik sollten es insgesamt 53 sein, die allerdings mit knapp 24.000 Schülern lediglich 8% der Gesamtschülerschaft abdeckten und somit nur eine geringe Minderheit beschulten.[136] Der ideologische Graben, der sich zwischen Sozialisten und Konservativen befand, manifestierte sich auch in der regionalen Verteilung der religionsbefreiten Schulen. Der überwiegende Teil dieser Lehranstalten befand sich in den Arbeiterstadtteilen, allen voran Neukölln und Wedding, sowie im „Mischbezirk" Mitte, der ebenfalls über einen hohen Anteil an Vertretern der Arbeiterklasse verfügte. In den bürgerlichen Vororten wie Zehlendorf und Wilmersdorf fand sich keine einzige Sammelschule. Die im Verhältnis geringe Zahl von Abmeldungen vom Religionsunterricht zeigt allerdings, dass auch viele Arbeitereltern weiterhin den Religionsunterricht entweder für

---

[134] Wilhelm Richter, *Schulgeschichte*, S. 109ff.

[135] Wittwer, *Schulpolitik*, S. 169–175.

[136] Dietmar *Haubfleisch, Berliner Reformpädagogik in der Weimarer Republik. Überblick, Forschungsergebnisse und -perspektiven*, in: Hermann Röhrs/Andreas Pehnke (Hg.), Die Reform des Bildungswesens im Ost-West-Dialog. Geschichte, Aufgaben, Probleme, Frankfurt a. M. 1994, S. 117f. Dabei galt Berlin in Preußen noch als „Hochburg" des weltlichen Schulwesens. In den ländlichen Gebieten sah es weitaus schlechter aus.

sinnvoll hielten oder in Bezug auf seine angeblich schädigende Wirkung auf die Kinder zumindest indifferent blieben.[137]

Da außerdem eine reichsweit einheitliche Lösung für die Einrichtung von Reformschulen ausblieb, bemühte sich Paulsen auch hier um eine regionale Lösung für den Berliner Raum. In gesonderten Genehmigungsverfahren sollten auf freiwilliger Basis von Lehrern und Schülern Schulen ohne Lehrplanbindung zugelassen werden, in denen die Möglichkeit zur Erprobung alternativer Konzepte bestand. Nach eineinhalbjähriger Verhandlungszeit mit dem eher konservativen PSK und dem Kultusministerium, in denen diese Instanzen versuchten, die Reformschulen nur in privatrechtlichem Rahmen zuzulassen, erreichte der Stadtschulrat im März 1923 eine Genehmigung des Kultusministers Otto Boelitz[138] für die Umgestaltung von neun Volksschulen zu „Lebensgemeinschaftsschulen".[139] Lediglich zwei weitere sollten in den Jahren 1928 und 1930 folgen.[140] Außer der Schule Oberschöneweide waren diese aus Sammelschulen hervorgegangen. Allerdings war auch in letztgenannter der größere Teil der Schüler vom Religionsunterricht befreit.[141]

---

[137] Richter, *Schulgeschichte*, S. 102.

[138] Otto Boelitz (* 18. 4. 1876, † 29. 12. 1951), Theologe, Oberschullehrer, Mitglied der DVP (später CDU), preußischer Kultusminister 7. 11. 1921–6. 1. 1925.

[139] Zwei weitergehende und weit beachtete Schulversuche wurden mit dem „Neuköllner Schulkomplex" von Fritz Karsen und der Insel Scharfenberg von Wilhelm Blume vorgenommen. Da beide einen exzeptionellen Charakter haben und zudem aus dem höheren Schulwesen heraus entstanden, soll ihre Darstellung hier vernachlässigt werden. Zu diesen Reformschulen vgl. Dietmar Haubfleisch, Schulfarm Insel Scharfenberg. Mikroanalyse der reformpädagogischen Unterrichts- und Erziehungsrealität einer demokratischen Versuchsschule im Berlin der Weimarer Republik (2 Bde.), Frankfurt a. M. 2001; Gerd Radde, Fritz Karsen. Ein Schulreformer der Weimarer Zeit, Frankfurt a. M. 1999 (11973).

[140] Richter, *Schulgeschichte*, S. 126f. Folgende Schulen wurden Lebensgemeinschaftsschulen: die 20. und 21. Schule in Spandau, die 31., 32. und 45. in Neukölln, die 8. in Oberschöneweide, die 34., 35. und 37. in Lichtenberg, die 11. in Niederschönhausen (1928) und die 308. Volksschule (1930). Vgl. Haubfleisch, *Reformpädagogik*, S. 118f.

[141] Nydahl, Schulwesen, S. 48. Strittig bleibt nach wie vor, inwiefern die Sammelschulen an sich schon als reformpädagogische Anstalten zu werten sind. Haubfleisch ordnet sie, gestützt auf den Bericht des Oberschulrates Nydahl, in seinem Forschungsüberblick als Reformschulen ein. Da Eltern, die ihre Kinder auf solch eine Schule schickten als eher offen für alternative Methoden eingeordnet werden können, ist diesem vorsichtig zuzustimmen. Da allerdings außer der Aussage Nydahls, „der Wille zur Neugestaltung" sei „charakteristisch geworden", wenig Material zur Verfügung steht und, wie auch Haubfleisch erwähnt, für andere Regionen Preußens andere Ergebnisse vorliegen, werden hier nur die genehmigten und damit offiziellen Lebensgemeinschaftsschulen als solche gewertet. Vgl. Haubfleisch, Reformpädagogik, S. 117, insbesondere Anmerkung 2.

Diese Schulen verfolgten als „Lebensstätten der Jugend" einen sozialintegrativen Ansatz, mit dem in den von Paulsen als „Lebensgemeinschaft" bezeichneten Klassenverbänden soziales Verhalten und solidarisches Handeln als Kernkompetenzen vermittelt werden sollten. Zusätzlich wurden „Arbeitsgemeinschaften" (Kurse) zur Vermittlung von Fertigkeiten eingerichtet, in denen die Kinder nach ihrer Neigung ihre musischen, handwerklichen oder anderweitigen Begabungen fördern konnten.[142] Innerhalb dieses Konzeptes wurden unterschiedliche Schwerpunkte gesetzt. Ein Beispiel dafür waren die Neuköllner Versuchsschulen.[143] In der Rütlischule befand sich unter der Leitung des Hamburger Reformpädagogen Adolf Jensen[144] eine stark musisch ausgerichtete Lehranstalt, während in denselben Gebäuden unter Wilhelm Wittbrodt[145] in einer weiteren Schule ein eher mit politisch-proletarischen Inhalten gefüllter Unterricht stattfand. Zudem entstand auch im Jahre 1923 in der unmittelbaren Nachbarschaft, in der Kaiser-Friedrich-Straße, eine eher naturwissenschaftlich orientierte Schule.[146]

Trotz divergierender Inhalte war den Lebensgemeinschaftsschulen gemein, dass keine Zensuren vergeben, sondern Entwicklungsberichte geschrieben und nur bei Abgang oder Schulentlassung Zeugnisse ausgestellt wurden. Die innere Schulordnung war demokratisch. Der Direktor übernahm die Vertretung gegenüber den Behörden, das Schulleben wurde durch den „Schulausschuss" von Lehrern und Eltern gleichermaßen gestaltet. Dies bewirkte ein hohes Identifikations- und Integrationspotential. Eltern organisierten zum Teil ein Frühstück oder einen Mittagstisch und beteiligten sich anderweitig am schulischen Leben. Die Schulfeiern hatten einen über die Schulgemeinde hinaus in den Stadtteil hineinreichenden Charakter, der das Gemeinschaftsverständnis auch nach außen illustrierte.[147]

Bis zum Ende der zwanziger Jahre verliefen die Schulversuche weitgehend reibungsfrei. Mit dem Beginn der dreißiger Jahre änderte sich die Situation allerdings, da unter dem Eindruck der krisenbedingten Sparmaßnahmen insbesondere an den Lebensgemeinschaftsschulen Protest organisiert wur-

---

[142] Vgl. Gerd Radde, *Schulreform in Berlin am Beispiel der Lebensgemeinschaftsschulen*, in: Amlung, Die alte Schule überwinden, S. 95.

[143] Aufgrund der Vielfältigkeit pädagogischer Konzepte lässt sich nicht „die Reformschule" darstellen.

[144] Adolf Jensen (* 23. 1. 1878, † 6. 2. 1965), Professor für Didaktik, 1920–1929 Direktor an der Rütlischule, Mitglied der SPD.

[145] Wilhelm Wittbrodt (* 8. 11. 1878, † 12. 5. 1961), Reformpädagoge, 1920–1933 Lehrer an der Rütlischule, Rektor in der Wittbrodtschule, eines Schulzweiges der Rütlischule, ab 1925, Mitglied der SPD 1918–1929.

[146] Richter, *Schulgeschichte*, S. 128.

[147] Vgl. exemplarisch die Darstellung über die 308. Schule am Leopoldplatz ebd., S. 131f.

de.[148] In den anhaltenden Auseinandersetzungen plante die Schulverwaltung den Rückbau der Reformanstalten in reguläre Volksschulen. Bis auf die Wittbrodt-Schule in der Rütlistraße, die Ende Januar 1933 den Bescheid zur Umwandlung erhielt, blieb die Zerstörung der Reformprojekte allerdings den Nationalsozialisten vorbehalten, die die Schulen noch im Laufe des Jahres 1933 schließen oder in reguläre Volksschulen rückbauen ließen.[149]

1.4 Das Schulwesen in Hamburg

Die Reformierung des Schulwesens in Hamburg dauerte bis in das Jahr 1920. Bereits vor den revolutionären Unruhen im November 1918 verkündete der Senat unter dem Eindruck der veränderten politischen Situation, Schulreformen durchzuführen und für die Volksschulen Schulgeld- und Lernmittelfreiheit einzuführen. Die geplanten Maßnahmen wurden allerdings von den Novemberereignissen überholt. Der in der Folge eines Sympathiestreiks für die Kieler Hafenarbeiter gegründete, von der USPD geführte Hamburger Arbeiter- und Soldatenrat hielt am 6. November 1918 nach der Flucht des oberbefehlshabenden Generals von Falk und der widerstandslosen Kapitulation des Generalkommandos faktisch die Macht in den Händen.[150] Aufgrund der Initiative dreier junger, reformbegeisterter Lehrer und „Gesellschaft der Freunde"-Mitglieder[151], Max Tepp, Fritz Jöde und Friedrich Schlünz[152], befasste sich der Rat schon am 8. November mit der Schulfrage. Eine für den 12. November im Curio-Haus einberufene allgemeine Lehrerversammlung mit 2.300 Teilneh-

---

148 Vgl. Kap. III 2.1.

149 Vgl. zur Schließung der Reformschulen: Arbeitsgruppe pädagogisches Museum (Hg.), *Heil Hitler, Herr Lehrer. Volksschule 1933–1945. Das Beispiel Berlin*, Reinbek 1983, S. 48–54. Zur Gleichschaltung des Schulwesens insgesamt ebd.; Christian Engeli/Wolfgang Ribbe, *Berlin in der NS-Zeit*, in: Ribbe, Geschichte Berlins, S. 942–946.

150 Zum Wirken des Arbeiter- und Soldatenrates in Hamburg vgl. Jutta Stibling, *Der Hamburger Arbeiter- und Soldatenrat in der Revolution 1918/19*, in: Arno Herzig/Dieter Langewiesche/Arnold Sywottek (Hgg.), Arbeiter in Hamburg, Hamburg 1983, S. 419ff. Zu der Situation in Hamburg während des ersten Weltkrieges vgl. Volker Ullrich, *Kriegsalltag. Hamburg im Ersten Weltkrieg*, Köln 1982.

151 Die „Gesellschaft der Freunde des vaterländischen Schul- und Erziehungswesens" wurde 1805 in Hamburg gegründet und war einer der ältesten Lehrervereine in Deutschland. Zu der Historie vgl. Gewerkschaft Erziehung und Wissenschaft, Landesverband Hamburg, *175 Jahre Gesellschaft der Freunde des vaterländischen Schul- und Erziehungswesens*, Hamburg 1980.

152 Jöde, Tepp und Schlünz begründeten mit der Wendeschule eine der ersten reformpädagogischen Anstalten in Hamburg. Vgl. Klaus Rödler, *Vergessene Alternativschulen. Geschichte und Praxis der Hamburger Gemeinschaftsschulen 1919–1933*, Weinheim u. München 1987, S. 151 u. S. 224–234.

mern beschloss vier Reformziele: ein Reichsschulgesetz, die Einheitsschule, die Selbstverwaltung der Schulen sowie Glaubens- und Gewissensfreiheit.[153] Zudem wurde ein Lehrerrat konstituiert. Dieser wurde auf ein halbes Jahr gewählt und bestand aus 30 Lehrern und zwei Professoren. Den faktischen Vorsitz hatte aufgrund der schweren Erkrankung des eigentlichen Vorsitzenden Heinrich Wolgast[154] der Geschäftsführer Hermann Leo Köster[155], der bereits seit 1908 Vorsitzender der Schulsynode[156] war. Der Lehrerrat wurde neben der Oberschulbehörde bis zu den Neuwahlen für die Bürgerschaft relativ einflussreich, da die Mitglieder des Arbeiter- und Soldatenrates aufgrund der drängenden tagespolitischen Ereignisse kein übermäßiges Interesse an Schulpolitik zeigten. Die für den schulpolitischen Bereich eingesetzten Jacob Rieper, Frieda Düwell, Erna Halbe und Carl Eulert waren zudem keine ausgewiesenen Schulexperten. Die Vorraussetzungen für die Durchsetzung einer reformorientierten Bildungspolitik im Sinne des Lehrerrates erschienen damit als günstig.[157]

Es sollte sich in der Folge allerdings zeigen, dass die vier auf der Lehrerversammlung formulierten Forderungen nur zu einem geringen Teil durchgesetzt werden konnten. Dies betraf zunächst die Abschaffung des Religionsunterrichts. Am 10. Dezember 1918 verwirklichte der Arbeiter- und Soldatenrat in einer der letzten Amtshandlungen vor seiner Auflösung diese „alte Forderung" der Sozialisten zum 1. Januar 1919 und löste damit einen Sturm der Entrüstung aus, der ähnlich wie in Preußen von bürgerlichen Kreisen bis in Teile der SPD reichte.[158] Ungeachtet dessen wurde der Beschluss von dem ab März 1919 neu eingesetzten sozialdemokratischen Schulsenator Emil Krause[159] zunächst umgesetzt. Die Versuche der Oberschulbehörde, diese Errungenschaft

---

[153] Milberg, *Schulpolitik*, S. 106f. Die Erarbeitung eines solchen Reichsschulgesetzes stand freilich außerhalb der Hamburger Möglichkeiten.

[154] Heinrich Wolgast (* 26. 10. 1860, † 24. 8. 1920), Volksschullehrer, 1886–1893 erster und zeitweise zweiter Vorsitzender der GdF, 1896–1912 Leiter der Jugendschriftenwarte, 1918–1920 Vorsitzender des Hamburger Lehrerrates.

[155] Hermann Leopold Köster (* 1872, † 1957), Reformpädagoge, Stadtoberschulrat von Altona.

[156] Die Schulsynode war ein 1870 eingerichtetes Gremium, mit dem die Hamburger Lehrerschaft an der Entwicklung und Verwaltung des Schulwesens beteiligt wurde. Vgl. Milberg, *Schulpolitik*, S. 34ff.

[157] Hans-Peter de Lorent, *Der Lehrerrat*, in: Lorent/Ullrich, Traum, S. 25–40; Volker Ullrich, *Arbeiter- und Soldatenrat und Schulreform*, ebd., S. 11–24.

[158] Milberg, *Schulpolitik*, S. 19ff, dort auch das Zitat aus dem Protokoll der 23. Sitzung des Arbeiter- und Soldatenrates vom 7. 12. 1918.

[159] Emil Krause (* 8. 7. 1870, † 17. 10. 1943), Pädagoge und Journalist, Mitglied der SPD, 1907–1933 Bürgerschaftsabgeordneter, 30. 3. 1919–3. 3. 1933 Schulsenator in Hamburg.

nach der Konstituierung der Republik zu erhalten, scheiterten 1920 allerdings, wie auch in Preußen, an der Reichsgesetzgebung. Um einer Klage des Hamburger Kirchenrates auf Wiedereinführung des Religionsunterrichts zuvorzukommen, rief der Senat selbst das Reichsgericht an. Von den Befürwortern des Religionsunterrichtes wurde der Verfassungsartikel. 149, der den Religionsunterricht als „ordentliches Lehrfach" auswies, ins Feld geführt. Die von dem sozialdemokratischen Bildungsexperten Heinrich Schulz[160] entlehnte Senatsargumentation, nach der die weltliche Schule eine Schule für alle sei und damit das Hauptmerkmal für die in Art. 146 Abs. 1 genannte Simultanschule als Regelschule erfüllt werde, verfing genauso wenig wie der Versuch, den Stichtag für den Artikel 174 auf die Zeit nach der Gesetzesänderung zu schieben. Das Reichsgericht beschied die Verfassungswidrigkeit der Verweigerung von Religionsunterricht an der Schule.[161] Zum 1. Januar 1921 führte die Oberschulbehörde den Religionsunterricht wieder ein. Den Eltern blieb freigestellt, ob sie ihre Kinder daran teilnehmen ließen. Die Abmeldungen blieben allerdings mit Ausnahme der Jahre 1921 und 1922 bei unter 25%. Der Versuch der konsequenten „Verweltlichung" der Schulen war also gescheitert.[162]

Der Aufbau eines Einheitsschulsystems konnte ebenfalls nicht realisiert werden. Die grundlegenden Forderungen reformpädagogischer Kreise für eine Öffnung des höheren Schulwesens wurden auf Basis der Beschlüsse einer eigens eingerichteten Kommission des Lehrerates schon 1919 per Initiativantrag der Demokaten in die Bürgerschaft eingebracht.[163] Diese umfassten den „Fortfall des Schulgeldes in allen Staatsschulen. Unentgeltlichkeit der Lernmittel. Unterhaltsbeihilfen für Unbemittelte. Aufhebung der Vorschulen. [...] Aufnahme aller Schüler in die höhere Schule unter gleichen Bedingungen."[164]

Zum Erstaunen der Reformer meldeten nun die Sozialdemokraten Bedenken an diesem Entwurf an. An der Konzeption einer einheitlichen vierjährigen Grundschule sowie an der Unentgeltlichkeit des Unterrichts und der Lernmittel für die Schaffung tendenziell gleicher Zugangsvoraussetzungen bestand kein Dissens. Allerdings lies die angespannte Haushaltslage die SPD-

---

160   Heinrich Schulz (* 12. 9. 1972, † 4. 9. 1932), Realschullehrer, Mitglied der SPD, 1912–1918 Reichstagsabgeordneter, Mitglied der verfassungsgebenden Nationalversammlung, 1920–1930 erneut Reichstagsabgeordneter, Initiator der Reichsschulkonferenz von 1920, 1919–1927 Staatssekretär für Schul- und Bildungsfragen im Reichsministerium des Innern.

161   Milberg, *Schulpolitik*, S. 258–267.

162   Und auch in diesen Jahren war sie mit 25,78% und 28,66% nicht wesentlich höher. Vgl. die Erhebung der Oberschulbehörde bei Schülerinnen des 3. Schuljahres, ebd., S. 565, Tabelle 8.

163   Ebd., S. 166.

164   Die Forderungen galten analog für Mädchenschulen. *Tätigkeitsbericht des Lehrerrates, erstattet von H. L. Köster*, Hamburg 1919, zit. nach: Lorent, *Lehrerrat*, S. 30.

Fraktion darauf drängen, die Abschaffung des Schulgeldes für höhere Schulen zunächst auszusetzen und nur an den einheitlichen Grundschulen Schulgeldfreiheit einzuführen. Zudem sollten aus demselben Grund die Vorschulklassen nicht sofort in Volksschulklassen umgewandelt werden, sondern Jahrgangsweise auslaufen.[165] Unter dem Eindruck der Finanznot wurde diesem Kompromiss zugestimmt. Mit dem verfassungsrechtlich notwendigen Erhalt der höheren Schule ab der fünften Klasse wurde zudem das Einheitsschulprinzip nicht vollständig durchgesetzt. Trotz der für Volksschüler verbesserten Zugangsmöglichkeiten zu den höheren Schulen blieb die Trennung im Wesentlichen bestehen, die soziale Zusammensetzung an den Schulen änderte sich kaum. Der weit überwiegende Teil der Arbeiterkinder besuchte nach der Grundschule die Volksschule, Kinder gehobener bürgerlicher Familien die Oberschule. In der Wirtschaftskrise am Ende der zwanziger Jahre verschärfte sich der soziale Gegensatz zudem, da die von Arbeitslosigkeit betroffenen Arbeiter und Angestellten das Schulgeld nicht aufbringen konnten.[166]

Erfolgreich hingegen waren die Bemühungen um die schulische Selbstverwaltung. Die 1919 noch vom Arbeiter- und Soldatenrat auf den Weg gebrachten Schulleiterwahlen wurden im Selbstverwaltungsgesetz vom 12. April 1920 verankert. Die Leiter wurden auf drei Jahre befristet von dem Schulkollegium und Vertretern des Elternrates gewählt. Damit war dieses Amt nicht mehr zeitlich unbeschränkt. Auch das Berufungsrecht der Oberschulbehörde wurde aufgehoben und die Befugnisse der Direktoren stark eingeschränkt. Sie standen der Lehrerversammlung vor, waren aber keine Dienstvorgesetzten mehr und mussten sich den Beschlüssen der Lehrerkonferenz beugen.[167] Ebenfalls von Bedeutung war das Vorschlagsrecht der Lehrerversammlung bei der Neubesetzung von Stellen. Von dieser Neuerung sollten vor allem die Reformschulen profitieren. Den Eltern wurde durch die Elternräte an den Schulen Mitspracherecht zugestanden[168] und mit der Elternkammer ein Gremium geschaffen, das mit der Lehrerkammer den Schulbeirat bildete und eine beratende Funktion für die Oberschulbehörde hatte. Die Kammern hatten jeweils hundert Sitze. Die faktische Wirksamkeit des Schulbeirates war allerdings zumindest in Streitfragen gering, da die dort gefassten Beschlüsse nicht bin-

---

[165] Milberg, *Schulpolitik*, S. 167.

[166] Ebd., S. 207ff. Zur Lage der Arbeitslosen in Hamburg vgl. Büttner, *Staats- und Wirtschaftskrise*, S. 243–254.

[167] Hans-Peter de Lorent, *Schule ohne Vorgesetzte. Geschichte der Selbstverwaltung der Hamburger Schulen von 1870 bis 1986*, Hamburg 1992, S. 83ff.

[168] Zum Wirken der Elternräte vgl. Louise Wagner-Winterhager, *Schule und Eltern*.

dend waren.[169] Schüler blieben trotz alternativer Überlegungen im Prinzip von der Selbstverwaltung ausgeschlossen.[170]

Mit diesem Selbstverwaltungsgesetz war ein Teil des Forderungskataloges der Reformer immerhin soweit erfüllt, dass sie sich berechtigte Hoffnungen machen konnten, über diese Selbstverwaltungsorgane zumindest auf der unteren Ebene auch nach 1920 weitere Veränderungen durchzusetzen. Diese Hoffnungen wurden allerdings während des „restaurativen Rückstosses" zwischen 1921 und 1925 zunichte gemacht. Mit dem Eintritt der DVP in die Hamburger Regierungskoalition im Jahre 1924 wurden die Reformmöglichkeiten deutlich eingeschränkt. Zudem hatten die konservativen Parteien im Reich und in den Ländern in Hinblick auf das Reichsschulgesetz und einheitliche Länderregelungen derart an Boden gewonnen, dass progressive Veränderungen weniger wahrscheinlich wurden als die Rücknahme der Minimalreform der einheitlichen Grundschule. Auch auf der Selbstverwaltungsebene organisierte sich das bürgerliche Lager und trat seinerseits mit Listen zu den Elternbeiratswahlen an. Zudem – und das war der entscheidende Aspekt – stellte sich heraus, dass auch das Gros der Hamburger Lehrerschaft nicht über die Maßen reformwillig war und nach der Verunsicherung während der Revolutionsphase nun die Reformen weniger unterstützte oder wieder auf alte Positionen zurückkehrte.[171]

Vor dem Hintergrund dieser Entwicklung wurde für die reformwilligen Pädagogen und die an alternativen Unterrichtskonzepten interessierten Eltern die Möglichkeit zur Einrichtung von Versuchsschulen bedeutsam. Schon am 25. Januar 1919 ersuchte der Lehrerrat die Oberschulbehörde und die Schulsynode, Versuchsschulen einzurichten. Diese sollten von der Lehrplanbindung befreit und der Bezirkszwang sollte aufgehoben werden. So konnten interessierte Eltern aus dem ganzen Hamburger Einzugsgebiet ihre Kinder auf diese Reformschulen schicken. Zudem wurde die Bildung von Wahlkollegien gefordert, um die Beteiligung von Reformpädagogen zu ermöglichen und ein „fortschrittlich" zusammengesetztes Kollegium sicherzustellen.[172] Die Oberschulbehörde entsprach diesen Forderungen und installierte die Schulen Berliner Tor 29 und Telemannstraße 10 als Versuchsschulen.[173] Ein Jahr später er-

---

[169] Zum Schulbeirat vgl. Lorent, *Schule ohne Vorgesetzte*, S. 118ff.

[170] Lorent, ebd., S. 122f. weist zu Recht darauf hin, dass die Schüler der Volksschulen ohnehin noch sehr jung waren. Allerdings wurden in den Reformschulen einige eher pädagogisch orientierte Selbstverwaltungsversuche innerhalb der Klassen gewagt.

[171] Zu den restaurativen Tendenzen vgl. Milberg, *Schulpolitik*, S. 183ff.

[172] Rödler, *Alternativschulen*, S. 150f.

[173] Zur Entwicklung der Schule Berliner Tor vgl. ausführlich ebd., S. 170–220. Zur Telemannstraße vgl. Rainer Lehberger, *Zur Geschichte der Versuchsschule Telemannstraße 10*, in: Lorent/Ullrich, Traum, S. 273–287.

reichten die im November 1918 schon beim Arbeiter- und Soldatenrat vorstellig gewordenen Jöde, Tepp und Schlünz für den von ihnen gegründeten „Wendekreis" die Einrichtung einer weiteren Versuchsschule. Ihnen wurde die Schule Breitenfelder Straße zugewiesen, die nun „Wendeschule" hieß. Aufgrund der starken Nachfrage wurde die Mädchenschule Tieloh-Süd in Barmbek im Einvernehmen mit den dortigen Eltern und Lehrern ebenfalls umgewandelt.[174] Zudem entstanden im Rahmen der „Hamburgischen Schulgemeinschaft" neun weitere Schulprojekte, denen seitens der Oberschulbehörde allerdings nicht der Sonderstatus mit den verbundenen Befreiungen von Lehrplan und Lernzielen zugestanden wurde.[175] In demselben Kontext entstand mit der Lichtwarkschule außerdem die einzige höhere Schule mit Reformcharakter.[176]

Die Bildung der Wahlkollegien durch die Schulleiter und die Möglichkeit, Kinder reformpädagogisch orientierter Eltern auch über den eigentlichen Einzugsbereich der Schulen hinaus aufzunehmen, ermöglichte es, in diesen „Inseln der Modernität" eine homogene Schulgemeinschaft zu bilden, die ein starkes Interesse an alternativen Lernkonzepten hatte.[177] Die Befreiung von Lehrplan- und Klassenzielbindung schuf die Freiräume, in denen diverse alternative pädagogischer Projekte realisiert werden konnten. Wie auch für den Berliner Raum lässt sich keine Muster-Versuchsschule skizzieren. Die Schule Berliner Tor und die Wendeschule verfolgten einen „schulrevolutionären" Ansatz. Sie lösten die Jahrgangsstufen teilweise auf und mischten die Altersgruppen. Die Schulen Telemannstraße und Tieloh Süd arbeiteten eher „schulreformerisch" und versuchten, innerhalb der bestehenden Jahrgangs- und Fächerkonzeption alternative Konzepte zu installieren.[178] Gemeinsam war ihnen die Bemühung, sich von der Standesschule zu lösen und einen demokratischen Schulaufbau im Sinne unbedingter Gleichheit der Voraussetzungen und späterer Möglichkeiten der Schüler zu schaffen. Zudem sollte eine Pädagogik „vom Kinde aus" angewandt werden, die von dem autoritären Vorsetzen des

---

[174] Rödler, *Alternativschulen*, S. 153.

[175] Dies waren die Heimschule Bergedorf und die Schulen Hopfenstraße 30, die Siedlungsschule Langenhorn, Humboldtstraße 30a, Schillerstraße 31, Billbrookdeich 75a, Methfesselstraße 28, Burgstraße, Ahrensburger Straße.

[176] Zur Lichtwarkschule vgl. Joachim Wendt, *Die Lichtwarkschule in Hamburg 1921–1937. Eine Stätte der Reform des höheren Schulwesens*, Hamburg 2000.

[177] Vgl. exemplarisch Lehberger, *Telemannstraße*, S. 274f.

[178] Theodor Gläss, *Die Entstehung der Hamburger Gemeinschaftsschulen und die pädagogische Aufgabe der Gegenwart*, Gießen 1932, S. 58f. Gläss unterscheidet zudem die Versuchsschule als „Forderung der Schulreform" und die Gemeinschaftsschule als „Neugestaltung, […] die sich nicht nur auf die Methodik erstreckt, sondern auf die letzten Grundlagen der Erziehung überhaupt." Rödler, *Alternativschulen*, S. 157 übernimmt diese Unterscheidung.

Lernstoffes Abschied nahm. Das Gros der Schüler dieser Schulen und ihrer Eltern entstammte dem Arbeitermilieu.[179] Im bürgerlichen Lager weckten diese pädagogischen Alternativen wenig Begeisterung. Aufgrund der Zusammensetzung der Versuchsschulgemeinden und ihrer ideologischen Ausrichtung überrascht dies wenig. Pauschal wurden die Schulen als „Spielschule" oder „Stätte einseitig sozialistischer Erziehung" diffamiert. Die Angriffe zielten nicht auf einzelne Einrichtungen ab. Vielmehr wurde die zugrundeliegende Idee in Frage gestellt. So ging die Kritik nicht differenziert auf die einzelnen Schulen ein. In der Regel wurden Einzelfälle oder frei erfundene Beispiele „sozialistischer" oder angeblich „schädlicher" Pädagogik geschildert und auf alle Schulen bezogen. Insbesondere die konservative Erziehungszeitschrift *Aufbau* begleitete das Werden der Versuchsschulen mit vehementer Kritik.[180]

Die Schulgemeinden ließ dies zunächst nur näher Zusammenrücken. Wesentlich schwieriger wurde die Lage aber ab der Mitte der Zwanziger Jahre, als auch die Oberschulbehörde versuchte, die Experimente einzuschränken. Insbesondere die Schule Berliner Tor war betroffen. Die Oberschulbehörde verfügte, dass „die in den Richtlinien für die Grundschule festgestellten Ziele erreicht werden" mussten und „die Gewähr geboten wird, daß die Ziele der Volksschule erreicht werden."[181]

Auch wenn die Wiederanbindung an die Lehrpläne nicht vollzogen wurde, blieben doch im Nachhinein starke Zweifel an der Tauglichkeit der pädagogischen Konzepte der Versuchsschulen.[182] Die Schülerzahl am Berliner Tor nahm konstant ab. 1931 musste die Schule geschlossen werden, da die Anmeldungen für die Errichtung zweier Klassenzüge nicht ausreichten. Die Wendenschule verlor schon 1926 ihren Versuchsschulstatus. Nur die Lehranstalten Tieloh-Süd und Telemannstraße blieben bis 1933 bestehen. Der Hauptgrund hierfür mag das „gemäßigte" Vorgehen der dortigen Pädagogen im Rahmen der bestehenden Unterrichtsstrukturen gewesen sein, das eine höhere Akzeptanz innerhalb der Bevölkerung besaß als die schulrevolutionären Ansätze der anderen Schulen. Trotzdem waren auch diese beiden Einrichtungen weiterhin

---

[179] Der Zuspruch entstammte allerdings nicht allein der politischen Überzeugung der Eltern von der Richtigkeit (sozialistischer) reformpädagogischer Projekte, sondern zum Teil auch ihren Versuchen, besonders schwachen Kindern in Schulen, in denen diese nicht „sitzen bleiben" konnten, eine Perspektive zu bieten. Ebd., S. 235.

[180] Lehberger, *Telemannstraße*, S. 275.

[181] *Notiz der Oberschulbehörde*, zit. nach: Rödler, *Alternativschulen*, S. 291.

[182] Ebd., S. 299ff. Durch Kurt Zeidler, der selbst an der Schule Breitenfelder Straße tätig war, erfuhren die Reformpädagogen auch Kritik aus den eigenen Reihen. Vgl. Kurt Zeidler, *die Wiederentdeckung der Grenze*, Jena 1926.

der Kritik ausgesetzt und sollten in den schulpolitischen Auseinandersetzungen bis 1933 immer wieder ins Blickfeld geraten.

2 DIE VORBILDER: KOMMUNISTISCHE ERZIEHUNGSKONZEPTIONEN IM 19. UND BEGINNENDEN 20. JAHRHUNDERT

Für die kommunistischen Pädagogen der Weimarer Republik eigneten sich nur wenige der vielfältigen sozialistischen Erziehungskonzeptionen als Vorbild, da diese oftmals als nicht konsequent und damit „reformistisch" eingestuft wurden. Im Wesentlichen konzentrierten sie sich auf die grundlegenden Analysen von Marx und Engels und deren Schlussfolgerungen, die es umzusetzen galt. Zudem wurde mit Spannung die Entwicklung in der UdSSR verfolgt, die als erster kommunistischer Staat gleichsam die volle Handlungsfreiheit in der pädagogischen Gestaltung hatte und per se als vorbildhaft galt.

2.1 Die Urväter: Marx, Engels und die Pädagogik des wissenschaftlichen Sozialismus

Der mit dem Beginn der Industrialisierung am Ende des 18. Jahrhunderts in England und ab Mitte des 19. Jahrhunderts in ganz Europa stark beschleunigte Modernisierungsprozess bedingte einen sozioökonomischen Wandel, der in seiner Folge auch die Pädagogik grundlegend veränderte. Für die modernen Erziehungstheoretiker seit Rousseau wurden aus einer Perspektive der Krisenhaftigkeit heraus die Brüche traditionaler Erziehungs- und Familienzusammenhänge und deren Substitution zu der Herausforderung, die es angesichts von Zerfalls- und Verelendungstendenzen zu lösen galt.[183]

Neben den genuin auf (sozial)pädagogische Fragestellungen verengten Konzepten der pädagogischen „Klassiker" wurden um 1800 von den vormarxistischen Utopisten Charles Fourier[184] und Saint-Simon[185] in Frankreich und

---

[183] Insbesondere der am Ende des 19 Jahrhunderts entstehende Typus des „Jugendlichen" rückte dabei in den Blickpunkt. Vgl. Klaus Saul, *Der Kampf um die Jugend zwischen Volksschule und Kaserne. Ein Beitrag zur „Jugendpflege" im* Wilhelminischen *Reich 1890–1914*, Militärgeschichtliche Mitteilungen, Jg. 9 (1971), Nr. 1, S. 97–125. Zur Entwicklung der Pädagogik im 19. Jahrhundert vgl. Bernd Dollinger, *Die Pädagogik der sozialen Frage. (Sozial-)Pädagogische Theorie vom Beginn des 19. Jahrhunderts bis zum Ende der Weimarer Republik*, Wiesbaden 2006, S. 53ff. Ulrich Hermann, *Aufklärung und Erziehung. Studien zur Funktion der Erziehung im Konstitutionsprozeß der bürgerlichen Gesellschaft im 18. und frühen 19. Jahrhundert*, Weinheim 1993.

[184] Charles Fourier (* 7. 7. 1772, † 19. 10. 1837), französischer Gesellschaftstheoretiker, Entwickler eines als „Phalanstère" bezeichneten genossenschaftlichen Gemeinschaftsmodells.

[185] Henri de Saint Simon (* 17. 10. 1760, † 19. 5. 1825), französischer Staats- und Gesellschaftstheoretiker, vertrat die Ansicht, dass die Mitglieder der Gesellschaft nach dem Anteil der von ihnen erbrachten Arbeit entlohnt werden sollten und

Robert Owen[186] in England erste Versuche einer radikalen Neukonzeption des gesellschaftlichen Zusammenlebens formuliert.[187] Karl Marx und Friedrich Engels entwickelten diese Ansätze zu der Großtheorie des „wissenschaftlichen Sozialismus" beziehungsweise des Kommunismus, die bis zum Ende des 20. Jahrhunderts als „real existierender Sozialismus" in autoritärer und zeitweise totalitärer Verzerrung der Gegenentwurf zu der „bürgerlichen" Demokratie bleiben sollte.[188] Der universale Ansatz der beiden Theoretiker beinhaltete einen pädagogischen Entwurf der Erziehung von Kindern im Sinne des kommunistischen Ideals. Obwohl keine abgeschlossene Schrift zur Frage der Erziehung in dem kommunistischen Gemeinwesen existiert, lässt sich aus den passim im Oeuvre formulierten Passagen zu dieser Thematik eine Grundkonzeption erschließen.[189]

Mit der wesentlich 1845/46 in der *Deutschen Ideologie* entwickelten „materialistischen Geschichtsauffassung" interpretierten Marx und Engels die Entwicklung der Gesellschaft als einen durch die Entwicklung von Produktivkräften induzierten Bewegungsvorgang.[190] Die primär auf ökonomische Aspekte

---

betrachtete Adelige und Rentiers als „parasitäre Klasse", die nicht entlohnt werden dürfte.

[186] Robert Owen (* 14. 5. 1771, † 17. 11. 1858), englischer Unternehmer, führte in seiner Baumwollspinnerei in New Lanark genossenschaftliche Elemente ein und begründete in den USA mit „New Harmony" ein utopisches Siedlungsmodell, dass allerdings scheiterte.

[187] Eine geraffte Darstellung über die drei sehr verschiedenen Konzeptionen bietet Dietrich-Ernst Franz, *Saint-Simon, Fourier, Owen: Sozialutopien des 19. Jahrhunderts,* Köln 1988.

[188] Einen Überblick über die Entwicklung des Marxismus als Konzeption in seinen verschiedenen Stadien und die Probleme seiner theoretischen Anwendung leistet Wolfgang Schneider, *Die Marxsche Vision. Anspruch – Scheitern – Historisches Schicksal. Theoriegeschichtliche Reflexionen,* Hamburg 2008.

[189] Vgl. Horst E. Wittig, *Karl Marx – Leben und Werk. Gedanken zur Marxschen Bildungskonzeption,* in: Ders. (Hg.), Karl Marx. Bildung und Erziehung. Studientexte zur Marxschen Bildungskonzeption, Paderborn 1968, S. 286.

[190] Karl Marx/Friedrich Engels, *Die Deutsche Ideologie,* in: Dies., Werke (MEW), Bd. 3, herausgegeben vom Institut für Marxismus-Leninismus beim ZK der der SED, Berlin (Ost), ⁴1970, S. 17–77. Zur Entstehung der seit den 1890er Jahren als „Historischer Materialismus" bezeichneten „materialistischen Geschichtsauffassung" vgl. zusammenfassend Wolfgang Küttler/Alexis Pertoli/Frieder Otto Wolf, *Artikel Historischer Materialismus,* in: Wolfgang F. Haug (Hg.), Historisch-kritisches Wörterbuch des Marxismus, Bd. 6.1, Hamburg 2004, Sp. 316–334. Dort auch weiterführende Literatur. Dies ist nicht der Ort zur Diskussion der oftmals problematisch zu nutzenden marxistischen Termini, sofern sie nicht für den engeren bildungstheoretischen Bereich vonnöten sind. Hier sei auf die einschlägigen Lexika verwiesen, zum Beispiel Haug, *Historisch-kritisches Wörterbuch;* Georges Labica (Hg.), *Kritisches Wörterbuch des Marxismus,* Berlin 1983–1989.

abzielende Analyse basierte zudem auf der Annahme einer spätestens in der Phase der Industrialisierung virulent werdenden diametralen Entwicklung einer kleinen Schicht profitierender Eliten und der großen Masse von Arbeitskräften, die aufgrund der Nichtteilhabe an dem erwirtschafteten Mehrwert der Produkte ausgebeutet werde.[191] Dieser gesellschaftliche Diversifizierungsprozess nötige die Eliten für die Sicherung der Produktions- beziehungsweise Eigentumsverhältnisse zu der Schaffung eines komplexen Herrschaftssystems, das neben faktischen Repressionsmöglichkeiten auch einen normativ-ideologischen Steuerungsapparat beinhalte, der sich in der jeweiligen Staats- und Gesellschaftsverfassung manifestiere.[192]

Unter diesen Prämissen musste eine radikale Neubewertung zeitgenössischer Pädagogik und ihrer Erziehungsziele unter dem Aspekt der Funktion für die besitzende Klasse und deren Gesellschaftsverfassung folgen. Bürgerliche Erziehung konnte dabei keineswegs im Sinne philantropher sozialpädagogischer Ansätze als politikfreies Moratorium für die Entwicklung des Kindes zu einem im Rahmen des christlich-humanistischen Wertekanons als „gut" anerkannten Menschen interpretiert werden. Vielmehr gestalte sich Erziehung unter dem Aspekt des politischen und gesellschaftlichen Nutzens der machthabenden Klasse. In den antizipierten Ausbeutungsverhältnissen der kapitalistischen Gesellschaft musste also ihre Funktion für die Herrschaftssicherung und die Nutzbarmachung der Produktivkräfte untersucht und ein Gegenentwurf für die beherrschte Klasse entwickelt werden. Der immanent politische Charakter von jedweder Erziehung war für die Marxisten eindeutig. Entsprechend argumentierten Marx und Engels 1848 im *Kommunistischen Manifest* gegen die bürgerliche Kritik: „Die Kommunisten erfinden nicht die Ein-

---

Hier wie auch bei den weiteren Quellenzitaten werden jeweils exemplarische Textstellen angeführt und auf eine Listung sämtlicher Fundstellen, die das Werk der beiden Autoren durchziehen, verzichtet. Für einen Überblick über das gesamt bildungstheoretische Schaffen seien die Quelleneditionen von Horst E. Wittig, *Studientexte*, sowie P. N. Grusdew, *Über Erziehung und Bildung*, Berlin 1971, genannt.

[191] Karl Marx/Friedrich Engels, *Das Kommunistische Manifest*, MEW 4, S. 473. Dort wird, wie insgesamt im Kommunistischen Manifest ein kurzer Abriss der Gesellschaftsanalyse und Programmatik geboten. Die Ausarbeitung der Theorie des absoluten und relativen Mehrwertes füllt weite Teile des im Jahr 1867 erschienenen Marxschen Hauptwerks *Das Kapital, Bd. 1*, MEW 23. Vgl. zu der Thematik auch Michael Burchardt, *Marxistische Wirtschaftstheorie. Mit einem Anhang zu Leben und Werk von Karl Marx*, München 1997, S. 106–154.

[192] Marx/Engels, *Deutsche Ideologie* (wie Anm. 190), S. 46f. Der Kern der ideologischen Steuerung besteht in der Vorspiegelung von Klasseninteressen als Allgemeininteresse. So wurde die Entlarvung der eigentlichen, klassenspezifischen Grundlagen, insbesondere der christlichen Ideologie, zu einem Hauptthema für die Emanzipation der Arbeiterklasse.

wirkung der Gesellschaft auf die Erziehung; sie verändern nur ihren Charakter, sie entreißen die Erziehung der herrschenden Klasse."[193]

Die Entwicklung einer kommunistischen Pädagogik erforderte also zunächst die Bloßlegung des Klassencharakters der bestehenden Erziehung. Die äußerst divergenten bürgerlichen und proletarischen Lebenswelten boten hier einen Ansatzpunkt, der den Theoretikern als empirische Basis für die Ableitungen gelten konnte, die dann für die politische Ökonomie im Allgemeinen und die Pädagogik im Speziellen vorgenommen wurden. Die Sozialisationsinstanzen „Familie" und „Schule" rückten in den Blickpunkt, um unter dem Einbezug von Klassenaspekten eine Bewertung christlich-abendländischer Erziehungssysteme hervorzubringen, die im Kern auf jene antizipierten Systemerhaltungsfunktionen fokussiert war.

Die mit der Industrialisierung entstehenden pädagogischen Herausforderungen des 19. Jahrhunderts wurden dabei, wie eingangs erwähnt, nicht nur von Sozialisten, sondern von Gesellschafts- und Erziehungstheoretikern verschiedener politischer Ausrichtungen problematisiert und zunehmend unter dem Aspekt von familiären Verfallstendenzen analysiert.[194] Während sich allerdings das Lager bürgerlicher Erzieher eher um die sittliche Zügellosigkeit der sozialen Unterschicht und deren negative Auswirkungen auf die gesamte Gesellschaft sorgte, ohne dabei die Institution Familie als Keimzelle der Gemeinschaft an sich in Frage zu stellen, konstatierten Marx und Engels die komplette Auflösung des Familienwesens. Entgegen der dominierenden dichotomen Gegenüberstellung von der vorbildlichen bürgerlichen Lebensart und der vom bürgerlichen Lager zunehmend als Bedrohung empfundenen, moralisch depravierten Arbeiterschaft erschien ihnen auch die bürgerliche Konzeption als ausgehöhlt.[195] Die mit dem Alleinverdienertum des Eheman-

---

[193] Marx/Engels, *Kommunistisches Manifest* (wie Anm. 191), S. 478.

[194] Für Pädagogische Diskussionen im bürgerlich-liberalen und -konservativen Lager vgl. Dollinger, *Pädagogik*, S. 123ff.

[195] Grundsätzlich wären nationale Unterschiede in der gesellschaftlichen Entwicklung zu beachten. Da Marx und Engels allerdings eine Betrachtung unter gleichsam allgemeingültigen ökonomischen Prinzipien vornahmen, wird von ihnen in Bezug auf den „Charakter" des Bürgertums zwar länderspezifisch analysiert, aber schlussendlich wenig differenziert, sondern ein Bild vom „Bourgeois an sich" gezeichnet. Insofern werden in der vorliegenden Darstellung die für Marx und Engels konstitutiven Elemente verdeutlicht. Einen detaillierten Überblick über die Entwicklung des Bürgertums in europäischer Perspektive bieten die Beiträge der Sammelbände von Jürgen Kocka (Hg.), *Bürgertum im 19. Jahrhundert. Deutschland im europäischen Vergleich*, 3 Bde., München 1988. Zu den für Marx und Engels aufgrund der fortgeschrittenen Industrialisierung wichtigen englischen Verhältnissen Vgl. Eric J. Hobsbawn, *Die englische Middle Class 1780–1920*, ebd., S. 79–106. Siehe im Kontext der englischen Arbeiterbewegung auch Patrick Joyce,

nes einhergehende potentielle Abhängigkeit der Ehefrau interpretierten sie als ein auf dem Privaterwerb beruhendes Verhältnis, das zum einen bürgerliche Besitzverhältnisse zementiere und zum anderen die hierarchische Gesellschaftsverfassung im Kleinen reproduziere. Die Soziostruktur „Familie" habe sich so von einem im Prinzip sinnvollen urkommunistischen Produktionsverhältnis vor Beginn der Industrialisierung zu einem reinen Geld- und Abhängigkeitsverhältnis gewandelt.[196] Relative Wahlfreiheiten der Ehepartner bei der Eheschließung sowie christlich-anthropologische Moralvorstellungen fanden als Variablen für eine Familiengründung keine Berücksichtigung, da sie sich wesentlich innerhalb dieser Konzeption abspielten und die abgeleitete Gesetzmäßigkeit familiärer Entwicklung nicht beeinflussten. Im Gegenteil, sie illustrierten umgekehrt die Wirksamkeit des ideologischen Überbaus.[197]

Noch offensichtlicher wurde die Chimäre „Familie" in den Augen der Kommunisten bei der Betrachtung der Arbeiterklasse. Die Verhältnisse in den halboffenen Familienstrukturen des Proletariats titulierte Engels als „erzwungene Familienlosigkeit". Der Familienzusammenhang sei durch die Erwerbstätigkeit praktisch aller Mitglieder physisch aufgrund der räumlichen Trennung der Arbeitsplätze und emotional aufgrund der ökonomischen Funktionalisierung der Beziehung nicht mehr gegeben.[198]

Tatsächlich fehlten die für das Bürgertum konstituierenden Aspekte wie das genannte Alleinverdienertum und die Reduktion weiblicher Arbeit auf Küche und Kind in der Regel, da die geringen Löhne der Fabrikarbeiter nicht ausreichten, um die gesamte Familie zu ernähren. Notgedrungen war die Ehefrau ebenfalls berufstätig, und auch die Kinder wurden in den Fabriken oder bei der Heimarbeit eingesetzt. Familiäre Todesfälle führten häufig zu ökonomischen Zwangslagen, die oft nur durch Zweckheiraten mit anderen verwitweten Zeitgenossen überwunden werden konnten. Die Familie bekam so als ökonomische Überlebensstrategie einen deutlich funktionaleren Rahmen.[199]

Die Folgen für die Erziehung waren für die Kommunisten offensichtlich. Die Kinder würden nur unzureichend betreut und damit in keiner Weise ausreichend auf ihr späteres Leben vorbereitet. Vielmehr verkümmerten sie kör-

---

Work, Society and Politics. The Culture of the Factory in later Victorian England, Brighton 1980, S. 1–49.

[196] Marx/Engels, *Kommunistisches Manifest* (wie Anm. 191), S. 477f.

[197] Zusammenfassend zu bürgerlichen Ehekonzeptionen vgl. Christa Berg, *Artikel Familie, Kindheit, Jugend*, in: Dies., Handbuch Bildungsgeschichte, S. 91–105. Zum bürgerlichen Frauenbild vgl. Dietlinde Peters, *Mütterlichkeit im Kaiserreich. Die bürgerliche Frauenbewegung und der soziale Beruf der Frau*, Bielefeld 1984, S. 26–35.

[198] Friedrich Engels, *Die Lage der arbeitenden Klasse in England*, MEW 2, S. 369.

[199] Zur Sozialgeschichte der Arbeiterfamilie im 19. Jh. vgl. Michael Seyfarth-Stubenrauch, *Erziehung und Sozialisation in Arbeiterfamilien im Zeitraum 1870–1914 in Deutschland*, Frankfurt 1985.

perlich und geistig aufgrund ihrer schweren körperlichen Arbeit, der desolaten Lebensbedingungen und der fehlenden Bildungsmöglichkeiten. Entsprechend würden sie sich als Erwachsene nicht aus ihrer Lebenssituation emanzipieren und ihre eigene Lage verbessern können.[200]

Da die tradierte Familienkonstruktion aber trotzdem nicht modifiziert oder – naheliegenderweise – abgeschafft wurde, musste eine andere Funktion existieren, die über die ursprünglichen Zusammenhänge hinausging: Mit dem Konzept der „heiligen Familie" überhöhten die Besitzenden nach Ansicht von Marx und Engels die Abhängigkeitsverhältnisse normativ und legitimierten die bestehende Ordnung. Die Grundsätze christlicher Anthropologie, auf denen die abendländische Familienverfassung beruhe, habe sich das Bürgertum im Verlaufe seines Aufstiegs zunutze gemacht. „Gottes unerforschlicher Ratschluß" diene dabei zur Rechtfertigung des Status quo mit seinen ungleichen Besitzverhältnissen.[201] Zudem werde durch die anhaltende Konkurrenzsituation innerhalb der Arbeiterklasse das als kleinbürgerlich angesehene egoistische Leistungsdenken der Eltern, nach dem vor allem die eigenen Kinder später beruflich reüssieren sollten, aufrechterhalten und so das revolutionäre Potential der Masse von Arbeitern insgesamt eingeschränkt.[202]

Dieser Fortbestand der Familie innerhalb der Arbeiterklasse trotz ihres für Kommunisten offenkundigen Unsinns verursachte bei den sozialistischen Theoretikern tiefstes Misstrauen gegen jede Art von Familienerziehung. Folgerichtig plädierten Marx und Engels für eine Erziehungskonzeption, in der die Familie nicht mehr eingebunden wurde. Anstatt der noch von bürgerlicher Moral befangenen proletarischen Eltern sollten kommunistisch geschulte Pädagogen, die durch den bürgerlichen Einfluss entstandene „Sozialisationsfehler" nicht in die nächste Generation reproduzieren würden, die Erziehung übernehmen. Eben daraus ergab sich der Führungsanspruch der Kommunistischen Partei als auch in Erziehungsfragen fortschrittlichster Teil des Proletariats und die in den späteren Versuchen zur Umsetzung der entsprechenden Prinzipien konsequent verfolgte Eingliederung des Nachwuchses in Kinder- und Jugendgruppen von frühester Kindheit an.[203]

Dies wurde ein umso wichtigeres Postulat, als dass die Schule ebenfalls als Ort kapitalistischer Indoktrination angesehen wurde. Das im 19. Jahrhundert entstehende Elementarschulwesen hatte demnach nicht die Funktion, „wirkliches Wissen" zu vermitteln. Dieses würde nach Marx durch die tiefere Kenntnis aller Produktionsvorgänge die „absolute Disponibilität" des Arbei-

---

[200] Marx, *Kapital* (wie Anm. 191), S. 514.

[201] Vgl. Friedrich Engels, *Die Entwicklung des Sozialismus von der Utopie zur Wissenschaft. Einleitung*, MEW 22, S. 294f. Dort auch das Zitat.

[202] Marx/Engels, *Kommunistisches Manifest* (wie Anm. 191), S. 471.

[203] Karl Marx, *Instruktionen für die Delegierten des provisorischen Zentralrats zu einzelnen Fragen*, MEW 16, S. 194.

ters innerhalb der industriellen Produktion ermöglichen. Da so aber das revolutionäre Potential der Arbeiterschaft gesteigert werde, sei dies von Seiten der kapitalbesitzenden Klasse nicht erwünscht. Solange dem einzelnen Arbeiter die Kontrolle über den gesamten Produktionsprozess fehle, könne das Proletariat die systemsprengende Kraft der progressiven, sich weiter entwickelnden Industrie gegen die wesentlich konservative, systemerhaltende Bourgeoisie nicht nutzen. Eine kontrollierte Weitergabe von Teilwissen sei allerdings notwendig, um die Produktivität zu erhöhen. Entsprechend wurden Maßnahmen wie die englischen *Factory Acts* von 1832 und der *Elementary Education Act* von 1870 in diesem Kontext gedeutet.[204]

Die Möglichkeit zu der Vermittlung einer konservativen Ideologie wurde dabei nach der Auffassung der Theoretiker konsequent genutzt und diese durch die Lehrinhalte insbesondere des Faches Religion an die Kinder weitergegeben.[205] Die Schule reduzierte sich in dieser Sicht zu einem Instrument des Bürgertums, dass die Schaffung eines allseitig gebildeten Individuums verhinderte. Übrig bleibe eine „für das wechselnde Exploitationsbedürfnis des Kapitals in Reserve gehaltene disponible Arbeiterbevölkerung."[206]

Eine umfassende Bildung verlangte somit eine umfassende Neukonzeption. Hier griffen Marx und Engels auf die frühen Feldversuche von Robert Owen und sein *Rational System of Society* zurück. Der Fabrikbesitzer hatte versucht, kommunitarische Gemeinschaften für seine Arbeiter zu errichten, um deren Lebensbedingungen zu verbessern. Diese mehr aus einem philantro-

---

[204] Mit den *Factory Acts* begann das englische Parlament ab 1832 eine sukzessive Reform des Fabrikwesens, das neben einer Verbesserung der Arbeitsbedingungen auch den Einsatz von Kindern begrenzte. Was zunächst moderat und zudem wenig effektiv und nur rudimentär umgesetzt mit einer nach Alter gestuften Begrenzung der Arbeitszeit, einem Verbot der Nachtarbeit und vierstündiger verpflichtender Schulung begann, endete 1870 mit dem *Elementary Education Act*, der das englische Pflichtschulwesen endgültig auf den Weg in die Moderne brachte. Vgl. Stanley James Curtis/Myrtle Emma Amelia Boultwood, *An introductionary History of English Education since 1800*, London 1964, S. 54f. Interessant ist in diesem Zusammenhang, dass das deutsche, respektive preußische Schulwesen in der Mitte des 19 Jahrhunderts schon deutlich weiter entwickelt war. Eine allgemeine Schulpflicht existierte dort schon seit dem Allgemeinen Landfrieden von 1794, die Lehrpläne, die Ausbildung der Lehrkräfte und die Unterrichtsmethoden wurden auch in England als vorbildlich eingestuft. Hier herrschte also keine Korrelation zwischen industriellem Fortschritt und Ausbildung des Systems. Dies illustriert die Probleme der Anwendung der Theorie einer im Prinzip linearen dialektischen Geschichtsbewegung. In starkem Maße sollte sich die Frage für Lénin stellen, der theoretisch herleiten musste, weshalb die Revolution zuerst in einem industriell so rückständigen Land wie Russland stattfand und nicht in England oder Deutschland.

[205] Friedrich Engels, *Die Lage der arbeitenden Klasse in England*, MEW 2, S. 236–244.

[206] Marx, *Kapital* (wie Anm. 191), S. 512.

phen als politischen Impuls heraus gestarteten und letztendlich gescheiterten Experimente beinhalteten eine Erziehungskonzeption, die Lernen und Arbeiten miteinander verband.[207] Da in der marxistischen Perspektive das Proletariat aufgrund seiner engen Bindung an die sich ständig verbessernde industrielle Produktion den fortschrittlichsten Teil der Gesellschaft darstellte, galt ihr die „Verbindung von produktiver Arbeit mit Unterricht als Keim der Erziehung der Zukunft." Die schließlich als polytechnische Arbeitsschule titulierte Form der Gemeinschaftsschule sollte durch die Vermittlung von Grundkenntnissen in allen Arbeitsbereichen die Disponibilität für das Kapital ersetzen durch die „absolute Disponibilität des Menschen für wechselnde Arbeitserfordernisse; das Teilindividuum, den bloßen Träger einer gesellschaftlichen Teilfunktion, durch das total entwickelte Individuum."[208]

Als wesentlich für das Erreichen dieses Erziehungsziels erachtete Marx einen umfassenden technologischen Unterricht, der in die Praxis der späteren Arbeit einführte und somit das grundlegende Element einer proletarischen Bildung war. Die Einführung des technologischen Unterrichts an den weiterführenden Schulen deutete er in diesem Kontext als Beweis für die Unwilligkeit der herrschenden Klasse, den Arbeiter an dieser für ihn notwendigen Bil-

---

[207] Zu Leben und Wirken von Robert Owen vgl. Ian Donnachie, *Robert Owen. Owen of New Lanark and New Harmony*, East Linton 2000. Die Bewertung des Wirkens von Owen durch die Marxisten ist ambivalent. Im Bereich der Erziehung, die Owen ähnlich konstruierte wie später Marx, ist die Marx-Engelssche Kritik an den „utopistischen Sozialisten" irrelevant, nach der deren Gesellschaftsentwürfe aufgrund mangelnder materialistischer Geschichtsauffassung und fehlerhafter Ökonomietheorie „allen praktischen Wert, […] alle theoretische Berechtigung" verlören. Vgl. Marx/Engels, *Kommunistisches Manifest* (wie Anm. 191), S. 490. Trotzdem auch Hoernle diese Kritik anbringt, spricht er daher der Lehre Owens „von der grundlegenden Bedeutung des sozialen Milieus für die Charaktergestaltung des Menschen" Vorbildcharakter für Marx zu. Vgl. Hoernle, *Grundfragen der Proletarischen Erziehung* (1929), in: Ders., Grundfragen, S. 208. Dass Marx eine solche Auffassung hatte, ist unbestritten. Allerdings scheint diese weniger von Owen beeinflusst als explizit gegen Hegel konzipiert. Trotz einer posthumen Aufwertung des Frühsozialisten durch Marx und Engels bleibt diesem hier lediglich die Rolle eines unvollkommenen Vorläufers des historischen Materialismus in der Analyse seiner eigenen Entstehung. Zur sehr ambivalenten Owenrezeption von Marx und Engels vgl. Guido Steinacker, *Philanthropie und Revolution. Robert Owens „Rational System of Society" und seine Kritik durch Karl Marx und Friedrich Engels*, Saarbrücken 1997, insbesondere S. 174–1997. Zur Erziehungstheorie und der in dem Bereich positiven Bewertung Owens vgl. Sauermann, *Revolutionäre Erziehung*, S. 67–93; 238ff.

[208] Marx, *Kapital* (wie Anm. 191), S. 512. Eine Darstellung der marxistischen Konzeption der Verbindung von Arbeit und Erziehung bietet Gotthold Krapp, *Marx und Engels über die Verbindung des Unterrichts mit produktiver Arbeit und die polytechnische Bildung*, Frankfurt 1971.

dung teilhaben zu lassen, da an den Sammelstellen der Arbeiterkinder, den Volksschulen, dieser Unterricht in der Regel nicht angeboten wurde oder lediglich den Charakter einer einseitigen Berufsvorbereitung hatte.[209] Diese Einseitigkeit bedeute aber einen Mangel in der Bildung des Arbeiters, aufgrund dessen die revolutionäre Kraft des Proletariats nicht entfaltet werden könne und zukünftig Fortschritt unterdrückt würde. Stattdessen sollte der technologische Unterricht also allgemeinbildenden Charakter für die Arbeiterkinder besitzen, die Grundlagen für alle Berufsbilder enthalten und später eine selbstständige Berufswahl ermöglichen. Ohne eine solche Bildung wäre die Wahlfreiheit und somit die freie Entwicklung des Individuums eingeschränkt.[210]

Entsprechend der notwendigen Vermittlung technologischer Kenntnisse sollten die Naturwissenschaften den Hauptteil der Lehrinhalte bilden. Deren „objektive" Ergebnisse könnten zudem nicht wie die geisteswissenschaftlichen Disziplinen im Sinne der herrschenden Klasse mittels ideologischer Verfälschungen instrumentalisiert werden. Mit Hilfe dieser Grundlagen sollten die wesentlichen technischen Prozesse verständlich gemacht und einen Überblick über mögliche Formen der Arbeit gegeben werden. Die speziellen Arbeitsvorgänge würden darauf aufbauend verständlich.[211]

Die Umsetzung dieser Ideen erwartete der Theoretiker allerdings nicht innerhalb des kapitalistischen Systems, sondern erst nach der „unvermeidlichen Eroberung der politischen Gewalt durch die Arbeiterklasse."[212] Die grundsätzlichen Hindernisse und theoretischen Probleme einer systematischen Gegenerziehung im kapitalistischen System wurden von Marx und Engels aufgrund dieses Glaubens an die systemsprengende Kraft des sozialistischen Gedankens kaum bearbeitet, sondern sie bezogen nur zu einzelnen konkreten Problemen Stellung. Exemplarisch sei dies an dem Thema Kinderarbeit verdeutlicht: Marx trat aus der konzeptionellen Verbindung von Arbeit und Lernen heraus innerhalb des kapitalistischen Systems nur für eine Kinderarbeitszeitverkürzung und nicht für ein generelles Verbot der Kinderarbeit ein. Ein solches wäre „reaktionär, da [...] frühzeitige Verbindung produktiver Arbeit mit Unterricht eines der mächtigsten Umwandlungsmittel unserer Gesellschaft ist."[213] Der für den Einsatz von Kindern konstituierende Faktor der öko-

---

[209] Marx, *Kapital* (wie Anm. 191), S. 411f.

[210] Zur allseitigen Entwicklung und freien Berufswahl vgl. Marx/Engels, *Deutsche Ideologie* (wie Anm. 190), S. 32f.

[211] Marx, *Kapital* (wie Anm. 191), S. 506ff.

[212] Ebd., S. 512.

[213] Karl Marx, *Kritik des Gothaer Programms*, MEW 19, S. 32. Allerdings machte er deutliche Einschränkungen, wie unter anderem eine Beschränkung auf nicht

nomischen Notwendigkeit zur Ernährung der gesamten Familie wurde im Kontext der pädagogischen Überlegungen genauso ausgeblendet wie das Wissen, das die Arbeitgeber stärker an billigen Arbeitskräften interessiert waren als an einem Lernerfolg der Kinder.

Ungeachtet der Tatsache, dass die Altersdifferenzierung in Kindheit, Jugend und Erwachsenenalter erst in der Entwicklung begriffen war, wird hier das grundsätzliche Problem bei der Verfolgung einer kommunistische Erziehung innerhalb einer kapitalistischen Gesellschaft. Marx stellte die Kinder explizit innerhalb eines gesamtgesellschaftlichen Kontextes, der zugunsten der Klasseninteressen einen altersbedingten Schonraum nur bedingt zuließ. So musste ein eigentlich abzulehnendes Kinderarbeitswesen im Endeffekt als eben doch notwendig angesehen werden, da es aufgrund der erwarteten Vorteile der polytechnischen Erziehung dem Proletariat als Ganzes in einer längerfristigen Perspektive zu größerer Stärke verhelfen würde. Dem Primat der Erhöhung des revolutionären Potentials hatten sich auch die Kinder unterzuordnen. In der Folge wurde nur schwer ersichtlich, wo die politische Pädagogik aufhörte und die pädagogische Politik einsetzte.

Die Theoretiker begründeten so ein Erziehungskonzept, das stark umstritten bis weit ins 20. Jahrhundert hinein wirkungsmächtig bleiben sollte und dessen Grundgedanke von der Verbindung von geistigem und manuellem Lernen in verschiedenen reformpädagogischen Konzepten auch nach dem Zusammenbruch des „real existierenden Sozialismus" relevant bleibt. Ausgehend von der Entlarvung des Klassencharakters der bürgerlichen Erziehung wurde von Marx und Engels für die Arbeiterschaft ein Gegenentwurf zur Lernschule erarbeitet, bei dem durch die polytechnische Erziehung das Wissen für eine optimale Nutzung der industriellen Errungenschaften vermittelt werden sollte. Der bürgerlichen Erziehungsinstitution Schule hielten sie eine systematische Zurückhaltung dieses Wissens vor und stuften diese in der Folge als reaktionär ein. Ebenso wurde den proletarischen Eltern mit Misstrauen begegnet, da diese in der kapitalistischen Gesellschaft sozialisiert wurden und eine Große Gefahr bestand, dass kleinbürgerliche und damit klassenschädigende Verhaltensweisen übernommen würden. Aus diesem Grund wurde eine von dem aufgeklärten Teil des Proletariats, also in der Regel den Mitgliedern der kommunistischen Partei, angeleitete Erziehung der Kinder als notwendig angesehen, um diese klassengemäß zu sozialisieren. Der fragmentarische Charakter des Konzepts bedingte dabei Spielräume für verschiedenartige Ausgestaltungen der Erziehungskonzeption und konnte so später auch als Legitimation für die Erziehung in der kommunistischen Diktatur verwandt wer-

---

gesundheitsschädliche Bereiche, und bestand als condition sine qua non auf eine Verbindung mit Erziehung. Fabrikarbeit in der damaligen Form lehnte er für Kinder ab. Vgl. dazu Ders., *Instruktionen* (wie Anm. 203), S. 193.

den, die auf andere Erziehungsziele hinauslaufen sollte.[214] Zunächst allerdings begann mit der Oktoberrevolution von 1917 das „kommunistische Experiment" in Russland, das von der deutschen wie der Weltöffentlichkeit teils mit Schrecken, teils mit Spannung beobachtet wurde und auch in der Umgestaltung des zaristischen Bildungswesens radikale Lösungen hervorbrachte.

2.2 Der Praktiker: Lenin und die Kinder im Sowjetstaat

Bald nach der Oktoberrevolution begannen die Bolschewiki trotz der anhaltenden Bürgerkriegssituation mit der radikalen Umgestaltung der russischen Wirtschafts- und Gesellschaftsordnung.[215] Ein wesentliches Element des kommunistischen Heilsversprechens war die Erlösung der Kinder – und damit der schwächsten Glieder der Gesellschaft – aus ihrem proletarischen Elend zwischen Fabrikarbeit und häuslicher Gewalt. Ihr Wohlergehen wurde so zu einem wesentlichen Element der sowjetischen Propaganda von den sozialen Errungenschaften in der UdSSR. Das Bild, welches die sowjetischen Machthaber zu inszenieren versuchten und ausländischen Beobachtern in oftmals eng choreographierten Reisen präsentierten, zeigte ein System von Arbeitsschulen, Kinderheimen und weiteren Erziehungs- und Freizeitanstalten, in denen die Kinder frei von dem Elend kapitalistischer Industriestädte herangezogen wurden. Obwohl schon zeitgenössische Beobachter Zweifel an dem Wahrheitsgehalt beziehungsweise der Repräsentativität derartiger Institutionen hegten und auf Reisen abseits des offiziellen Programms auch gegenteilige Beispiele vorfanden, sahen die europäischen Kommunisten und insbesondere deren Pädagogen in der UdSSR das Vorbild für die Kindererziehung, dem es nachzueifern galt.[216]

---

[214] Vgl. Gundula Helmert, *Schule unter Stalin 1928–1940. Über den Zusammenhang von Massenbildung und Herrschaftsinteressen*, Wiesbaden 1994.

[215] Eine umfangreiche Gesamtdarstellung der Oktoberrevolution bietet das dreibändige Werk von Richard Pipes, *Die Russische Revolution, Bd. 1: Der Zerfall des Zarenreiches*, Berlin 1992; Ders., *Die Russische Revolution, Bd. 2: Die Macht der Bolschewiki*, Berlin 1992; Ders., *Die Russische Revolution, Bd. 3: Rußland unter dem neuen Regime*, Berlin 1993. Vgl. auch Manfred Hildermeier, *Geschichte der Sowjetunion 1917–1991. Entstehung und Niedergang des ersten sozialistischen Staates*, München 1998, S. 63–156. Umfangreiche weiterführende Literaturangaben finden sich bei den genannten Titeln sowie in Ders., *Die Sowjetunion 1917–1991* (= Oldenbourg Grundriss der Geschichte, Bd. 31), München ²2007.

[216] Mathias Heeke, *Reisen zu den Sowjets. Der ausländische Tourismus in Rußland 1921–1941*, Münster 2003, dokumentiert die sehr unterschiedlichen Eindrücke deutscher Sowjetbesucher. Vgl. insbesondere S. 206–210 zu den unterschiedlichen Eindrücken bei angemeldeten und unangemeldeten Besuchen in Kinderheimen. Zu den Problemen der Schaffung eines konsistenten Propagandabildes vgl. ebd., S. 485–494. Das Spektrum von (deutschen) Meinungsbildern über die Sowjetuni-

In der Tat konnten die Bolschewiki einige Anfangserfolge verzeichnen. Während der aufgrund des andauernden Bürgerkrieges als „Kriegskommunismus" (1918–1921) titulierten ersten Phase bolschewistischer Herrschaft wurde – auch aus einem Mangel an existierenden Vorbildern – relativ stark experimentiert.[217] Die Bolschewiki implementierten nach der Machtübernahme eine progressive Familiengesetzgebung, die neben einer Änderung des Scheidungsrechtes und der Legalisierung von Abtreibungen das Verhältnis zwischen Eltern und ihren Kindern neu konstituierte. Die Rechte der Eltern wurden zugunsten von Aufzugspflichten eingeschränkt. Sie durften ihre Kinder erziehen, wenn sie dazu in der Lage waren, hatten aber kein unveräußerliches Recht dazu. Adoptionen wurden verboten, da eine staatliche Erziehung als vorteilhafter angesehen wurde und in Erwartung der anstehenden vollständigen Entfernung der Kinder aus der Familie bei den Waisen gleichsam vorgegriffen werden konnte.[218] Parallel zu der Reformierung der Familiengesetzgebung betrieb das neu eingerichtete Volkskommissariat für Aufklärung (*Narkompros*) unter Anatolij Lunačarskij[219] den Ausbau staatlicher Erziehungsanstalten, in denen geschultes Personal die Heranwachsenden als Träger des zukünftigen Sowjetstaates heranbilden sollte. Sämtliche bestehenden Erziehungsinstitutionen wurden im Juni 1918 per Dekret verstaatlicht.[220]

---

on in den zwanziger Jahren bildet Donald O'Sullivan, *Furcht und Faszination. Deutsche und britische Rußlandbilder 1921–1933*, Köln 1996, ab.

[217] Einen gerafften Überblick über die verschiedenen Etappen der Erziehungspolitik bietet Judith Harwin, *Children of the Russian State 1917–1995*, Aldershot 1996, S. 3–24. Die Einteilung der Phasen Sowjetischer Geschichte bis zur NEP fällt unterschiedlich aus. Generell aber wird in „Bürgerkrieg" (1917–1922) und „NEP" (1921–1929) unterteilt. Eine Binnendifferenzierung der ersten Phase kann nach „Revolution" (1917–1918) und „Kriegskommunismus" (1918–1921) vorgenommen werden. Vgl. Hildermeier, *Sowjetunion*, S. 105–156. Ausführlich zu den Jahren des Kriegskommunismus, allerdings mit Fokus auf den wirtschaftlichen Entwicklungen: Silvana Malle, *The Economic Organisation of War Communism 1918–1921*, Cambride 1985; Donald J. Raleigh, *Experiencing Russia's civil war. Politics, Society, and Revolutionary Culture in Saratov 1917–1922*, Princeton 2002, S. 140–167.

[218] Wendy Z. Goldman, *Woman, the State and Revolution, Soviet Family Policy and Social Life 1917–1936*, Cambridge 1993, S. 48–53.

[219] Anatolij Vasil'evič Lunačarskij (* 23. 11. 1875, † 28. 12. 1933), 1917–1929 Kommissar für Volksbildung.

[220] *Ordnung für die Organisation des Volksbildungswesens in der russischen Republik. Dekret des Rates der Volkskommissare, veröffentlicht am 26. Juni 1918*, gedr. in: Oskar Anweiler/Klaus Meyer (Hgg.), Die Sowjetische Bildungspolitik 1917–1960. Dokumente und Texte, Wiesbaden 1979, S. 63f. Dem Dekret gingen seit Dezember 1917 verschiedene Einzelmaßnahmen zur Zusammenlegung der Kompetenzen im Volkskommissariat für Aufklärung voraus. Vgl. zu den Vorgängen ab 1917

Zeitgleich mit der Veränderung des Familienrechts begann die Reform des Schulwesens. Dabei waren die theoretischen Einflüsse für die führenden Köpfe, von denen im pädagogischen Bereich neben Lenin und Lunačarskij Lenins Lebensgefährtin Nadežda Krupskaja[221], Pawel Blonskij[222] und Stanislaw Šackij[223] aktiv waren, nicht nur marxistisch, sondern auch von russischen reformpädagogischen Ideen der *freien Schule* und dem amerikanischen Schulwesen geprägt.[224] Entsprechend heterogen waren trotz des ideologischen Korsetts in dieser Phase die einzelnen Versuche zur Umsetzung der Ideen einer Gemeinschaftsschule, die Lernen und Arbeiten verband. Ein erstes offizielles Konzept wurde 1917 in dem *Munizipalprogramm* der Russischen Kommunistischen Partei (Bolschewiki) vorgestellt. Das Ziel war die Schaffung „einer einzigen Schule für alle Klassen der Bevölkerung", in der „der Unterricht eng mit der Produktion" verflochten werden sollte, „damit die Selbsttätigkeit des Kindes entwickelt wird und seine individuellen Neigungen und Talente auf den verschiedenen Arbeitsgebieten Anwendung finden."[225] In dem Parteiprogramm der RKP (B) wurden 1919 neben der polytechnischen Erziehung die Schaffung von Vorschulen, der Ausbau der beruflichen Bildung und die Öffnung des Hochschulzuganges propagiert. Präzise Handlungsanweisungen zur inneren Reform indes gab es nicht.[226]

Zudem musste Lenin schon bald erkennen, dass in Anbetracht der ökonomischen Rückständigkeit des Landes und der extrem hohen Analphabetenquote die Errichtung der Arbeitsschule nur ein Fernziel bleiben konnte. Mit der Einführung der *Neuen Ökonomischen Politik* (NEP) reduzierte er die auf dem Parteitag von 1919 beschlossenen Bildungsziele zugunsten einer möglichst zügigen Ausbildung von Handwerkern auf ein Mindestmaß an polytechnischer Erziehung: „Wir sind bettelarm. Wir brauchen Tischler, Schlosser,

---

Oskar Anweiler, *Geschichte der Schule und Pädagogik in Rußland vom Ende des Zarenreiches bis zum Beginn der Stalin-Ära*, Heidelberg 1964, S. 75–92.

[221] Nadežda Konstantinovna Krupskaja (* 26. 2. 1869, † 27. 2. 1939), Revolutionärin, Mitherausgeberin der revolutionären Zeitschrift Iskra, ab 1929 stellvertretende Volksbildungskommissarin.

[222] Pawel Petrovič Blonskij (* 1884, † 1941), 1919–1931 Direktor der Akademie für kommunistische Erziehung, 1921 Mitbegründer der pädagogischen Sektion des Volkskommissariats für Aufklärung, Verfasser diverser pädagogischer Schriften. Hauptwerk: *Die Arbeitsschule* (1918).

[223] Stanislaw Teofilovič Šacki (* 1878, † 1934), Musikpädagoge.

[224] Zu den verschiedenartigen Einflüssen vgl. Anweiler, *Schule und Pädagogik*, S. 75–92.

[225] *Munizipalprogramm vom April/Mai 1917*, zit. nach: ebd., S. 90.

[226] *Programm der Russischen Kommunistischen Partei (Bolschewiki), angenommen auf dem VIII. Kongreß der RKB (B) vom 18.–23. März 1919*, Auszüge gedr. in: Anweiler/Meyer, Sowjetische Bildungspolitik, S. 91f.

sofort. Unbedingt. Alle müssen Tischler, Schlosser, usw. werden, aber sie müssen darüber hinaus ein Minimum an Allgemeinbildung und polytechnischer Bildung besitzen."[227]

Ein großes Hindernis für die inhaltliche Umsetzung der kommunistischen Konzeption stellten die Erzieher dar. Die nun als „Bildungsarbeiter" titulierten und ausgesprochen schlecht bezahlten Lehrer waren mit den veränderten Erziehungsmethoden und Zielen häufig überfordert oder schlicht nicht willens, sie umzusetzen.[228] Die Herausbildung einer systematischen marxistischen Erziehungswissenschaft, wie sie unter anderem von Blonskij und Albert Petrovič Pinkevič[229] in Ansätzen betrieben wurde, konnte daran nur wenig ändern. Die als Pflichtlektüre für russische Lehramtsstudenten eingeführten und auch international von linken Erziehern rezipierten Werke wandten die marxistische Methodik auf den pädagogischen Bereich an. Die Ansätze waren aufgrund ihres Pioniercharakters durchaus heterogen und zeigten noch kein geschlossenes, parteiautorisiertes Erziehungssystem. Einigkeit herrschte entsprechend des Marxschen Diktums, das Sein bestimme das Bewusstsein, über den Einfluss des Milieus auf die Erziehung. Wesentliche Vorraussetzung für eine gelungene Sozialisation sei die Organisation und Gestaltung des Lernumfeldes der Kinder. Über den Grad und die Form der Intervention in den Prozess des Aufwachsens herrschte allerdings noch Unklarheit. In den ersten Jahren vertrauten die Erzieher darauf, dass die „natürliche" Entwicklung des Kindes lediglich ein wenig begleitet und Erziehung als weiterer „Umwelteinfluss" hinzufügt werden müsse.[230] In der Folge blieben die Handlungsanwei-

---

[227] Vladimir Illjitsch Lenin, *Über polytechnischen Unterricht* (1920), in: Ders., Werke, besorgt vom Institut für Marxismus-Leninismus beim ZK der der SED, Berlin (Ost) 1975, Bd. 36, S. 523. Vgl. zur Entwicklung der Schulformen Anweiler, *Schule und Pädagogik*, S. 198f. Zur NEP vgl. Alan Ball: *Building a new state and society: NEP, 1921–1928*, in: Ronald G. Sunny (Hg.), The Cambridge History of Russia, Bd. 3: The Twentieth Century, Camebridge 2006, S. 168–191; Hildermeier, *Sowjetunion*, S. 157–366.

[228] Vgl. Larry E. Holmes, *The Kremlin and the Schoolhouse. Reforming Education in Soviet Russia 1917–1931*, Bloomington 1991, S. 44–55.

[229] Albert Petrovič Pinkevič (* 1889, † 1939), sowjetischer Lehrer, Universitätsdirektor und Bildungspolitiker.

[230] Zu der Theoriebildung vgl. Anweiler, *Schule und Pädagogik*, S. 303ff. Siehe auch Marianne Krüger-Potratz, *Absterben der Schule oder Verschulung der Gesellschaft? Die sowjetische Pädagogik in der Zeit der Zweiten Kulturrevolution 1928–1931*, München 1987, S. 110. Krüger-Potratz sieht die Theoriediskussion erst um 1928 einsetzen, während vorher (1921–23) lediglich über „die Notwendigkeit einer marxistischen Pädagogik" diskutiert worden sei. Diese frühe Diskussion sei aber später (ab 1928) nicht mehr rezipiert worden. Insbesondere vor dem Hintergrund der Beendigung der Theoriebildung mit der Wiedereinführung der Lernschule im

sungen für die im Zarenreich ausgebildeten Lehrer allerdings unklar. Materialien für den veränderten Unterricht gab es nicht. Teilweise wurde weiter unterrichtet wie zuvor, teilweise versuchten Pädagogen wie Blonskij ihr Glück mit Reformschulsystemen. Bereits 1920 musste Lunačarskij allerdings zugeben, dass die bürgerliche Schule voreilig zerschlagen worden sei, da die entstandene Lücke noch nicht kompensiert werden könne. So wurde auf Veranlassung Lenins wieder verstärkt auf die Hilfe der zuvor diskreditierten „bürgerlichen" Lehrer und Wissenschaftler zurückgegriffen, um den katastrophalen Zustand des Schulwesens zu verbessern.[231]

Ein weiteres Problem bestand in der ausreichenden Finanzierung des neuen umfassenden Bildungssystems. Da neben den schon im Zarenreich staatlichen Schulen nun die ehemals kirchlichen und privaten Einrichtungen ebenfalls unterhalten werden mussten, sank der Unterrichtsstandard teilweise unter den status quo ante. Im Endeffekt ging damit eher Bildungsniveau verloren, als dass im sozialistischen Sinne eine progressive, umfassende Volksbildung aufgebaut werden konnte. Das mit den Schulreformen verbundene Ziel der vollständigen Alphabetisierung der russischen Bevölkerung blieb hinter den Erwartungen zurück. Zudem gab es große Probleme mit der Erfassung aller Kinder in der vierjährigen Grundschule. Noch 1928 hatte die Hälfte der 8–11jährigen Kinder keinen Unterricht.[232]

Während der in dieser Zeit vom Narkompros offiziell initiierten theoretischen Diskussion erkannten die Pädagogen zudem, dass die selbstständige Entwicklung des Kindes nicht allein zielführend sei und argumentierten zugunsten „des Rechts der Erziehung auf einen planmäßigen Eingriff und zu einer Pädagogik als Führungslehre".[233] Mit dem Dekret des ZK vom 25. August 1931 wurden unter Stalin die verschiedenen reformpädagogischen Ansätze und Projekte zugunsten einer Lernschule beendet, mit der sowohl die kulturelle Rückständigkeit beendet als auch die ideologische Systemstabilisierung gewährleistet werden sollte.[234]

Im außerschulischen Bereich erweiterten und reformierten die Bolschewiki zum einen das Kindergartenwesen, das insbesondere die Frauen entlas-

---

Jahre 1931 erscheinen diese pädagogischen Anfänge trotz einer mangelnden Systematik vielleicht nicht für den Verlauf der Erziehung in der UdSSR als wesentlich, wohl aber für die marxistische Pädagogik insgesamt.

[231] Anweiler, *Schule und Pädagogik*, S. 153f; 187f. Zu den Äußerungen Lunarčarskijs ebd.

[232] Hildermeier, *Sowjetunion*, S. 306.

[233] Anweiler, *Schule und Pädagogik*, S. 311; Krüger-Potratz, *Absterben der Schule*, S. 53–143.

[234] *Beschluss des Zentralkomitees der KPdSU (B) vom 25. 8. 1931*, veröffentlicht am 5. 9. 1931, gedr. in: Anweiler/Meyer, Sowjetische Bildungspolitik, S. 178–186. Zum Schulwesen in der Stalinära vgl. Helmert, *Schule unter Stalin*.

ten und einen weiteren Schritt zur staatlichen Kinderversorgung bedeuten sollte.[235] Zum anderen begann die Herausbildung einer Kinderorganisation. In den Anfängen besaßen die „Jungkommunisten" keine nationalen Führungskader und entwickelten sich, oftmals im Rahmen bereits bestehender Pfadfindergruppen, mit regional unterschiedlichem Charakter insbesondere in städtischen Gebieten.[236] Mit dem Gründungsbeschluss der allrussischen Komsomolkonferenz vom 19. Mai 1922 begann der Aufbau einer Pionierorganisation, die das Konzept der Pfadfinder nach kommunistischen Erfordernissen umgestaltete. Im Jahr der Gründung zählte die Pionierorganisation, deren Mitglieder zwischen 9 und 15 Jahre alt waren, noch 4.000 Mitglieder, im Jahr 1924 waren es bereits 170.000, 1926 2 Millionen und 1934 3,3 Millionen.[237] Nach dem Tode Lenins wurde dessen Name in den Titel des Verbandes aufgenommen, der fortan *Pionierorganisation Vladimir I. Lenin* hieß[238]. Der Aufbau, der später von den deutschen Kommunisten adaptiert werden sollte, war zentralistisch und folgte der Logik einer generationalen Abstufung, nach der die Jugendlichen aufgrund der altersmäßigen Nähe zu den Kindern deren Führung übernehmen sollten. Entsprechend unterstand das Zentralkomitee der Pionierorganisation dem ZK des Komsomol.[239]

Die Pioniere traten in einheitlicher Kleidung, weißes Hemd oder Bluse, schwarze Hose oder Rock und dreieckiges rotes Halstuch, auf. Der Pioniergruß „Seid bereit!" und die Antwort „Immer bereit!" wurden den russischen Pfadfindern entlehnt. Auf dem Abzeichen waren fünf Holzscheite und drei Flammen abgebildet. Die Holzscheite symbolisierten die Kontinente, die Flammen die Kommunistische (dritte) Internationale. Der Pionierorganisation vorangestellt wurde die Gruppe der *Oktoberkinder*, in der die sieben- bis neun-

---

[235] Vgl. Catriona Kelly, *Children's World. Growing up in Russia 1890–1991*, New Haven 2007, S. 70f.

[236] Peter Kenez, *The Birth of the Propaganda State. Sovjet Methods of Mass Mobilization, 1917–1929*, Cambridge 1985, S. 190f.

[237] Die Mitgliederzahlen stiegen nach sowjetischen Quellen kontinuierlich weiter bis auf angebliche 20.000.000 im Jahr 1955. Vgl. Bruno Kalins, *Der Sowjetische Propagandastaat. Das System und die Mittel der Massenbeeinflussung in der Sowjetunion*, Stockholm 1956, S. 99.

[238] Demselben Muster folgend hieß das spätere Äquivalent in der DDR in Bezug auf den von den Nationalsozialisten ermordeten KPD-Führer der Weimarer Republik „Pionierorganisation Ernst Thälmann". Vgl. zur Entwicklung der Organisation in der DDR jüngst Alexander Bolz/Jörgpeter Lund/Wilfried Possner, *Die Pionierorganisation „Ernst Thälmann" in der DDR. Historische und theoretische Reminiszenzen*, Berlin 2009. Zur Namensgebung des „Jung-Spartakus-Bundes" in der Weimarer Republik vgl. u. Kap. II.2.1.

[239] Kenez, *Propaganda State*, S. 194. Zum Aufbau der kommunistischen Kinder- und Jugendverbände und der pädagogischen Begründung s. ausführlich das folgende Kapitel und Kap. II.2.

jährigen organisiert waren. Die Freizeitgestaltung bestand aus einer Mischung aus politischer Bildung und spielerischen Elementen, wobei eine anhaltende Diskussion um deren Verhältnis entstand. Der Kern der Kontroverse war die Frage um die Aufnahmefähigkeit der Kinder für politische Inhalte. Die ersten Erhebungen in Bezug auf die politischen Einstellungen und das Wissen der Kinder fielen aufgrund der nach wie vor desolaten Begleitumstände für die sowjetischen Pädagogen eher enttäuschend aus. Dabei gab es, wie Kenez formuliert, „never the slightest doubt that the primary purpose of this organisation was political indoctrination." Allerdings betont er, und dies ist ein wesentlicher Aspekt zum Verständnis der Frühphase der marxistischen Pädagogik, dass dies eine positive Konnotation hatte. Die Erziehung des *Neuen Menschen* war ein Schritt zu seiner Befreiung und notwendig für die Schaffung der kommunistischen (und noch keiner totalitären) Gesellschaft. Dies beinhaltete die entsprechende politische Grundbildung. Zusammen mit dem entstehenden Krippensystem und dem Komsomol wurden so die Grundsteine zu der späteren vollständigen Abdeckung der Kinder- und Jugenderziehung im außerschulischen Bereich gelegt.[240]

Eines der drängendsten Probleme russischer Kinder- und Jugendpolitik der Nachkriegszeit war allerdings ein anderes und blieb ungelöst. Der Erste Weltkrieg, der Bürgerkrieg und die damit einhergehende Hungersnot hatten eine ungeheure Zahl, geschätzte sieben Millionen, verwaister und verwahrloster Kinder (*Besprizornye*) zurückgelassen, die die sowjetische Regierung bis in die dreißiger Jahre nur unzureichend versorgen konnte. Zwar wurden zügig Heime eingerichtet, die die in der Regel obdachlosen Waisen aufnehmen sollten. Aber diese waren nicht annährend in ausreichender Zahl vorhanden und glichen eher Gefängnissen als Erziehungsheimen.[241] Einzig die Kolonien von Anton Makarenko[242] erregten mit progressiven Erziehungsmethoden internationales Aufsehen. In der Gorki-Kolonie versuchte er, seine pädagogische Vision einer kollektiven Erziehung zu verwirklichen, die durch die Veränderung des sozialen Umfeldes Wirkung entfalten sollte. Da das Modell im Sinne einer „Pädagogik vom Kinde aus" von der gemäßigten Reformpädagogik beeinflusst war und zudem „bürgerliche" Elemente des Wettbewerbs der Kinder untereinander beinhaltete, geriet es in die Kritik der staatlichen Behörden.[243]

---

[240] Kenez, *Propaganda State*, S. 192. Dort auch das Zitat.

[241] Eine umfassende Analyse der Lebenswelt der „Besprizornye" und des staatlichen Umgangs mit ihnen bietet Alan M. Ball, *And now my soul is hardened. Abandoned children in Soviet russia 1918–1930*, Berkeley 1994. Ein Überblick findet sich bei Kelly, *Children's world*, S. 193–220, und Harwin, *Children*, S. 9–12.

[242] Anton Semënovič Makarenko (* 13. 3. 1888, † 1. 4. 1939), sowjetischer Pädagoge, beschäftigte sich hauptsächlich mit verwahrlosten Kindern und Jugendlichen.

[243] Makarenko scheint 1927 zwischenzeitlich als Leiter abgelöst worden zu sein, was allerdings nichts an seiner späteren Verklärung änderte. Die Gorki-Kolonie be-

Gleichwohl sollte es aufgrund des andererseits militärischen Charakters des Zusammenlebens in einem, bezeichnenderweise nach „Derzhinsky", dem Gründer des sowjetischen Staatssicherheitsdienstes Tscheka, benannten, ebenfalls von Makarenko geleiteten autoritäreren Folgemodell unter stalinistischen Implikationen ein Erfolg der Sowjetpädagogik werden.[244]

Die Entwicklung des russischen Bildungs- und Sozialsystems insgesamt war in den ersten Jahren eher von Rückschritten geprägt, als dass dem sozialistischen Erziehungsideal näher gekommen wurde. Zudem wurde der Umbau zunehmend von den Notwendigkeiten einer autoritären Staatsführung und der Herausbildung einer kollektiven Identität bestimmt, die die (ur)marxistischen Vorstellungen schließlich gänzlich in den Hintergrund treten ließen. Die Reaktionen der deutschen Kommunisten auf die „Fortschritte" im Bildungs- und Sozialsystem fielen trotzdem einhellig positiv aus. Insbesondere die theoretischen Schriften und der Aufbau des Kinder- und Jugendverbandes fanden größte Beachtung. Dies lag zum einen an den selektiven „Modellvorführungen" der sowjetischen Reiseplaner, zum anderen an der ideologischen Volte, Rückschläge und Unzulänglichkeiten als Folge des zaristischen Systems oder von Angriffen der Feinde des Kommunismus darzustellen. So urteilt Brahm zu Recht über die deutschen Kommunisten: Die „Fata Morgana einer idealen Sowjetunion [...] ging auf Kosten ihrer Wahrnehmungsfähigkeit."[245]

---

schreibt Friedemann Lüpke, *Pädagogische Provinzen für verwahrloste Kinder und Jugendliche. Eine systematisch vergleichende Studie zu Problemstrukturen des offenen Anfangs der Erziehung. Die Beispiele Stans, Junior Republic und Gorki-Kolonie*, Würzburg 2004, S. 140–243.

[244] Zum weiteren Werdegang Makarenkos vgl. Karl Kobelt, *Anton Makarenko – ein stalinistischer Pädagoge. Interpretationen auf dem Hintergrund der russisch-sowjetischen Bildungspolitik*, Frankfurt a. M. et al. 1996.

[245] Brahm, *Meinungsbilder*, S. 248.

3 DAS KONZEPT: KOMMUNISTISCHE ERZIEHUNG IN DER WEIMARER REPUBLIK

Kommunistische Erziehung bestand in der Weimarer Republik nicht nur in einer Erziehung zu einem bestimmten Menschenbild, sondern stellte wesentlich eine Erziehung gegen die als schädlich wahrgenommene bürgerliche Pädagogik dar. Das Dilemma der Weimarer Pädagogen resultierte daraus, dass die eigentlich als sinnvoll erachtete polytechnische Erziehung, wie sie von Marx und Engels konzipiert worden war und die Kommunisten sie in der Sowjetunion trotz einiger Anfangsschwierigkeiten umgesetzt zu sehen glaubten, nur nach einer revolutionären Zerstörung des Systems aufgebaut werden konnte. Eine kommunistische Pädagogik für die Arbeiterkinder der Weimarer Republik musste sich also mit den als arbeiterfeindlich eingeschätzten Lebens- und Sozialisationsbedingungen des kapitalistischen Systems auseinandersetzen und entsprechende Gegenkonzeptionen vorlegen. Die Radikalität, mit der das kommunistische Weltbild in den Bereich der Erziehung eingebracht wurde, bedingte eine scharfe Abgrenzung nicht nur von der bürgerlichen, sondern auch von der sozialdemokratischen Pädagogik.

3.1 Der Unvollendete: Edwin Hoernle und die Erziehung im kapitalistischen System

Die kommunistische Pädagogik der Weimarer Republik ist untrennbar verbunden mit dem Namen Edwin Hoernle. Er setzte sich das Ziel, die „Revolution der Köpfe" herbeizuführen und die Erziehung nach marxistischen Prinzipien neu zu gestalten.[246] Hoernle wurde am 11. Dezember 1883 in Cannstatt/Württemberg als Sohn eines Pfarrers in ein bürgerliches Umfeld hinein geboren.[247] Unter dem Einfluss seiner Eltern begann er nach Abitur und Militärdienst 1904 ein Theologiestudium in Tübingen, das er 1909 abschloss. Die prägenden Eindrücke von der Lebenswelt der Arbeiter, die schließlich zum Bruch mit seinem „gutbürgerlichen" Lebensweg und damit auch mit seinem Elternhaus führten, erhielt er während eines Berlin-Aufenthaltes im Winter 1907/08. Noch 1909 siedelte er nach Berlin über, um sich der Verelendungsproblematik zu widmen.

„Wie im Rausch" begann er das Studium marxistischer Literatur. 1910 wurde er Mitglied der SPD und macht die Bekanntschaft führender linker So-

---

[246] Edwin Hoernle, *Grundfragen* (wie Anm. 207), S. 327.

[247] Zu den biographischen Daten vgl. Wolfgang Mehnert, *Persönlichkeit und pädagogisches Werk Edwin Hoernles*. Einführung zu: Edwin Hoernle, Grundfragen, S. 30ff.

zialdemokraten wie Rosa Luxemburg, Karl Liebknecht und Clara Zetkin[248]. Die redaktionelle Arbeit als Leiter der Kinderbeilage der von Zetkin geleiteten Frauenzeitschrift *Die Gleichheit*[249] begründete seinen Werdegang als Pädagoge. 1919 trat er der neu gegründeten KPD bei und veröffentlichte noch im selben Jahr seine erste längere pädagogische Schrift[250]. 1921 wurde er Schriftleiter der pädagogischen Zeitschrift *Das proletarische Kind* und blieb dies bis 1923. Zudem war er Herausgeber und Schriftleiter der kommunistischen Kinderzeitschrift *Der Junge Genosse*. Ab 1925 widmete sich Hoernle als Reichstagsabgeordneter der KPD verstärkt agrarpolitischen Fragen, veröffentlichte aber weiterhin auch pädagogische Schriften. 1929 erschien sein pädagogisches Hauptwerk *Grundfragen der proletarischen Erziehung*, mit dem er die erste geschlossene Darstellung kommunistischer Erziehungstheorie vorlegte.[251] In zahlreichen Artikeln und Reden nahm er zudem Stellung zu Detailfragen proletarischer Pädagogik und tagespolitischen Aufgaben kommunistischer Kinderbetreuung.

Hoernles pädagogische Theorie und ihre Herleitung blieben dabei streng an den großen Vordenkern orientiert. Die im Rahmen der *objektiven* marxistischen Analyse gesellschaftlicher Zustände gewonnenen Erkenntnisse über den Charakter der Erziehung ergaben einen *objektiv* richtigen Weg der Erziehung. Diesem konnte anders als bei den bürgerlichen Pädagogen kein durch einen humanistischen Wertkanon homogenisiertes gesellschaftliches Umfeld zugrunde gelegt werden, das unabhängig von der individuellen sozialen Situation und von politischen Inhalten konsensfähige Ziele gehabt hätte.[252] „Wir können deshalb das Kind nicht allgemein ,menschlich' erziehen. Eine harmonische menschliche Gesellschaft existiert nicht. Konkret existieren nur die sich bekämpfenden Klassen. Das Kind kann also nur klassenmäßig erzogen werden."[253] Eine Pädagogik, die nicht einer derart segregierten Gesellschaft Rechnung trug und klassenunabhängige Ziele verfolgte, verfehlte demnach ihr Ziel.

---

[248] Clara Zetkin (* 5. 7. 1857, † 20. 6. 1933), Politikerin und Frauenrechtlerin, zunächst Mitglied der SPD, dann der USPD und schließlich der KPD. 1920–1932 Reichstagsabgeordnete für die KPD.

[249] *Die Gleichheit. Zeitschrift für die Interessen der Arbeiterinnen*, Jg. 2 (1898) bis Jg. 33. (1923), Bibliographischer Nachweis in: Eberlein, Bibliographie, Nr. 11876.

[250] Edwin Hoernle, *Sozialistische Jugenderziehung und sozialistische Jugendbewegung*, Berlin 1919.

[251] Mehnert, *Persönlichkeit*, S. 16.

[252] Dies bezieht sich auf das Selbstverständnis bürgerlicher Erziehung. Nach marxistischer Interpretation freilich kann es sich, wie dargestellt, auch dort nicht um eine allgemeine Zielsetzung handeln.

[253] Hoernle, *Das Kind im Klassenkampf* (1922), in: Flach, Schulpolitik und Pädagogik, S. 47.

Grundsätzlich gaben die Pädagogen den antizipierten Klasseninteressen Vorrang vor generationalen Abstufungen in der Wahrnehmung und Verfechtung derselben. Kindliche Schonräume oder Erwägungen über die kognitiven Möglichkeiten der Kinder zur Verfechtung des Klassenkampfes traten vor den durch die Generationen konsistenten *objektiven* Zielen der Arbeiterklasse in den Hintergrund.[254] Den nicht nur von bürgerlichen Pädagogen, sondern auch von der kommunistischen Klientel vorgebrachten Vorwurf, dass eine solche Erziehung überhaupt nicht dem Kinde entspreche, es überfordere und fanatisiere, wies Hoernle dabei zurück. Dies sei eine durchaus kindgemäße Erziehung, da geweckt würde, „was schon keimhaft in ihm schlummert". Die Erziehung war demnach nicht suggestiv auf ideologische Indoktrination ausgerichtet, sondern begleitete die natürliche Entwicklung des Kindes. Im Gegenteil hielt Hoernle die bürgerlich-kapitalistische und die reformpädagogische Erziehung für die eigentliche Misserziehung. Diese Pädagogik, die nicht der Herkunft Rechnung trage, sei die eigentliche „Vergewaltigung des Arbeiterkindes, das man mit Gewalt aus dem Boden seiner Klasse entwurzeln möchte, das man damit untauglich und unglücklich machen würde für das spätere, rauhe Kampfdasein." Der Akt der Politisierung wurde so zum eigentlichen Erziehungsziel, das Schlagwort „Politische Kampferziehung" zum Programm, bei dem Nah- und Fernziele ideologisch kombiniert und gerechtfertigt werden konnten.[255]

Auch Hoernle, dies wird hier deutlich, war vom marxistischen Klassendeterminismus überzeugt. Das einer Proletarierfamilie entstammende Kind blieb immer Proletarier und musste deswegen innerhalb dieser Klasse und durch die Klassenantagonismen sozialisiert werden. Es war zwingend notwendig, das Kind so früh wie möglich auf den Kampf vorzubreiten. Nur im Kontext der Prämisse menschlicher und gesellschaftlicher Entwicklung in Klassengegensätzen gleichsam als Naturgesetz lässt sich verstehen, warum die proletarische Pädagogik *richtig* und kindgemäß gegenüber der *falschen* bürgerlichen Pädagogik war. Aus marxistischer Perspektive war Hoernle überzeugt, dass die Bourgeoisie die Pädagogik zu ihrem Vorteil im Klassenkampf nutzte und versuchte, die Kinder nach kommunistischen Maßstäben deviant zu erziehen und das Klassenbewusstsein zu schwächen. Da aber eben dieses im Kind verankert sei, konnte jedwede andersgeartete Erziehung, die dem nicht Rechnung trug, nur schädlich sein.

Aus diesen grundsätzlichen Erkenntnissen heraus ergab sich die Notwendigkeit einer systematischen „Gegenerziehung". Die Weimarer Pädagogen teilten das Misstrauen gegenüber der Erziehungsfähigkeit von proletarischen Eltern, das schon Marx und Engels von der Familienerziehung hatte

---

[254] Andresen, *Kindheitskonzepte*, S. 73f.
[255] Hoernle, *Klassenkampf* (wie Anm. 253), S. 48. Dort auch die Zitate.

Abstand nehmen lassen. „Der Durchschnittsproletarier", so Hoernle, habe „weder die Kenntnisse noch den Willen, noch die Selbstbeherrschung, um systematische Erziehungsarbeit zu leisten. Wo aber ‚Erziehung' im Proletarierhause vorhanden ist, besteht sie zum größten Teil im gedankenlosen Nachplappern von bürgerlichen Grundsätzen (sei fleißig, artig, bescheiden, sieh zu, dass du es im Leben zu etwas bringst!)."[256]

Die Erziehung erforderte vielmehr geschultes Personal. Hier waren weniger pädagogische Kenntnisse, die ohnehin aus der als „bürgerlich" herabqualifizierten Wissenschaft resultierten, gefragt, sondern marxistische Theoriefestigkeit. Deshalb plädierte Hoernle für die Einrichtung von kommunistischen Kindergruppen, in denen dann die „revolutionäre Kampforganisation", die KPD, die planmäßige Ertüchtigung der Kinder zu kommunistischen Kampfgenossen durchführen konnte. Bevorzugt sollte dies nach seiner Auffassung von jungen Genossen durchgeführt werden, die weniger Altersabstand zu den Kindern hatten und selber noch in Lernprozessen und Pubertätskrisen steckten. So werde der „Typus [...] des *mit dem Kinde lernenden Lehrers*" mit den Kindern eine Gemeinschaft bilden, deren Entwicklung ohne bürgerliche Beeinflussung vonstatten gehen konnte. Zudem konnten mit dem Einsatz jugendlicher Gruppenleiter am effektivsten das bürgerliche und reformistische Gedankengut umgangen werden, dass Hoernle in den Köpfen vieler älterer proletarischer Genossen zu erkennen meinte, die den „neuen" Methoden eher skeptisch gegenüberstanden.[257]

Das Ziel der Erziehung in diesen Gruppen bestand zunächst in der Stärkung des proletarischen Bewusstseins. Die Sozialisation innerhalb des städtischen proletarischen Milieus erschien für die kommunistischen Pädagogen als wesentlich für die von klassenfremden Elementen befreite und somit ungehemmte Entwicklung des Arbeiterkindes. Hoernle ging davon aus, dass das Kind in seinem Alltag in der Schule und in den Gesprächen der Eltern die Klassengegensätze erfahre, und konzipierte Erziehung als eine Begleitung dieser Bewusstseinswerdung. Im Kern war damit die Aufgabe der Erzieher ein Aufzeigen der Ursachen der erlebten Klassenunterschiede. Die Kinder sollten zudem ihren Lebensraum erschließen, Fabriken und Straßen kennenlernen und so Zugang zu ihren späteren Kampfplätzen bekommen. Eine Erziehung des Kindes außerhalb seines urbanen Lebensraumes sowie das Einbringen ästhetischer Elemente lehnte der Pädagoge ab.[258] Die kindgemäßen Elemente dieser Pädagogik offenbarten sich in den Augen der kommunistischen Erzie-

---

[256] Edwin Hoernle, *Die Arbeit in den Kommunistischen Kindergruppen* (1923), in: Ders., Grundfragen, S. 113.

[257] Zur Argumentation vgl. ebd., S. 113–117. Das Zitat befindet sich auf S. 117, Hervorhebung i. Orig.

[258] Zur inhaltlichen Arbeit vgl. zusammengefasst Edwin Hoernle, *Referat über die Arbeit in den Kindergruppen* (1921), in: Ders., Grundfragen, S. 59–63.

her weniger in dem Erziehungsinhalt als in der Haltung der Erzieher, die selbst „zum Kinde" werden sollten, um die Entwicklung nicht aus der Erwachsenenperspektive zu lenken. Erst mit den anhaltenden Problemen der Mitgliederbindung wurden Ende der zwanziger Jahre „kindgemäßere" Methoden erprobt, die verstärkt Spiel, Basteln und Ausflüge integrierten.[259]

Da neben der kognitiven Schulung der Erwerb von Wissen durch eigenes Handeln von den kommunistischen Theoretikern als wesentlich erachtet wurde, sollten die Kinder folglich den Klassenkampf im Rahmen ihrer Möglichkeiten selbst führen. „Die Achse aller proletarischen Erziehung", so formulierte Hoernle, „ist die Verbindung von Denken und Handeln, von Lernen und Kämpfen."[260] So verschränkten sich innerhalb der KPD die erziehungstheoretischen Überlegungen mit tagespolitischen Erwägungen zur Herbeiführung eines Umsturzes. Die Erziehung der Arbeiterkinder wurde zum Politikum und damit auch zum Instrument des Klassenkampfes.

Die Volksschule rückte dadurch als Äquivalent zu den Betrieben der Erwachsenen ins Zentrum der Betrachtungen der Pädagogen über mögliche Aktivitäten der Kinder.[261] In der Schule, so die Überlegung, bildeten die Schüler eine „kompakte Masse". Damit war die Grundvoraussetzung proletarisch-revolutionären Handelns erfüllt und die Möglichkeit zur Durchführung kollektiver Aktionen zumindest theoretisch gegeben. Wie auch bei den grundsätzlichen Betrachtungen über die Vorraussetzungen proletarischer Erziehung ging Hoernle in seinen anthropologischen Betrachtungen davon aus, dass die Kinder die Auseinandersetzung mit dem System in der Schule durch ihre proletarische Prägung ohnehin schon führten und nun eine Schulung zur Effektivierung der Auseinandersetzung notwendig sei: „Hier haben sie den Kampf von je her in ihrer primitiven, unorganisierten und unbewußten Weise geführt. Hier sollen sie nun lernen, einen organisierten, zielbewußten Kampf zu führen."[262]

Die von den Kommunisten antizipierten Angriffsmöglichkeiten erwiesen sich dabei als vielfältig. Sowohl die gesamte Konstruktion der autoritären Lernschule mit Frontalunterricht und Züchtigungsrecht als auch die vermittelten religiösen und patriotischen Werte wurden als potentielle Ziele für kindlichen Widerstand in Betracht gezogen. Durch eine systematische „Aufklärung" in den Kindergruppen anhand des Unterrichtsmaterials sollten im Vorfeld der Klassencharakter und die bürgerlichen Indoktrinationsinhalte der Lehrer of-

---

[259] Vgl. unten, Kap. III.2.4.

[260] Hoernle, *Kinder der Werktätigen* (wie Anm. 246), S. 327.

[261] Höhere Schulen wurden von Kindern aus den Arbeitervierteln aufgrund der mangelnden finanziellen Ressourcen für die Schulgeldzahlung kaum genutzt und rückten allenfalls als Beispiel für die bürgerliche Klassenerziehung ins Blickfeld der Kommunisten. Vgl. ebd., S. 248.

[262] Ders., *Kommunistische Kindergruppen* (wie Anm. 256), S. 167f.

fengelegt werden. Dies sollte die Kinder befähigen, gezielt Fragen zu stellen, um die Lehrer zu irritieren und das bürgerliche Weltbild empfindlich zu stören. Hoernle gab als Beispiel an, während des Geschichtsunterrichtes über Martin Luther nach Thomas Müntzer und den Bauernkriegen zu fragen. Wichtig sei, dass die Kinder lernen, „der autoritativ von oben oktroyierten Meinung eine andere, eigne entgegenzustellen und dadurch überhaupt erst Diskussion und Kritik in der Klasse zu entfesseln." Zudem konnten mit Aktionen wie der Gegenwehr bei Züchtigung oder dem Singen der Internationale statt des Deutschlandliedes Akte des Widerstandes durchgeführt und erste Momente der Klassensolidarität erfahren werden.[263]

So wurden die Jungkommunisten in die ab dem Ende der 1920er Jahre als „Front der drei Generationen" bezeichnete Phalanx der Klassenkämpfer jeden Alters eingegliedert, um die Delegitimation des kapitalistischen Systems in dem für sie relevanten Bereich voranzutreiben. Damit war die für die Kommunisten wichtige Brücke zwischen Lernen und Handeln im kapitalistischen System bestmöglich geschlagen.

Der fundamentale Widerspruch, dass die Kinder das marxistische Weltbild mit einem ähnlichen Wahrheitsanspruch gelehrt wurde wie der, den man der Erziehungsarbeit des bürgerlichen Lagers vorwarf, löste sich in der Hoernleschen Anthropologie vom Kinde und in der, seinem Duktus nach „gesunden", proletarischen Erziehung auf, indem sich die Sozialisation der Kinder durch das Fernhalten klassenfremder Einflüsse gleichsam automatisch vollzog und lediglich begleitet werden musste.[264] Da das Kind leicht beeinflussbar sei, konnten Verhaltensweisen, die nicht dem marxistischen Erziehungsbild entsprachen, auf bürgerliche oder reformpädagogische Einflüsse zurückgeführt werden, die von der Erziehungsarbeit der Lehrer oder Eltern herrührten. Das ähnlich indoktrinierende Vorgehen von Seiten der Kommunisten relativierten die Pädagogen mit dem Hinweis auf die Anlagen in der Natur des Kindes und auf die marxistische Geschichtsauffassung.

Proletarische Kinderarbeit verfolgte in der Weimarer Republik somit zwei Ziele. Erstens sollte eine klassengemäße Pädagogik die Kinder zu disziplinierten Kämpfern für die Arbeiterschaft heranziehen. Zweitens sollten die Kinder in ihren Lebensbereichen den Klassenkampf aufnehmen und zum Zusammenbruch des Systems beitragen.

Die in dieser Hinsicht von Andresen implizit konstruierte Trennung von „Erziehung" und „politischer Instrumentalisierung" der Kinder in der kommunistischen Pädagogik ist aus heutiger Perspektive nachvollziehbar und in Hinblick auf das Ergebnis kommunistischer Kinderarbeit durchaus berechtigt.[265] Dieser schon von Zeitgenossen angebrachte Vorwurf an die Kommunis-

---

[263] Ebd. S. 168. Dort auch das Zitat.

[264] Hoernle, *Klassenkampf* (wie Anm. 253), S. 48.

[265] Andresen, *Kindheitskonzepte*, S. 72f.

ten, eben nur letzteres zu wollen, verkennt aber das Selbstverständnis ihrer Pädagogen, die in ihrer Perspektive die Kinder nicht vorsätzlich verhetzten, sondern klassengemäß sozialisierten.

Ein weiteres Problem der revolutionären Erzieher in nichtrevolutionärer Zeit war die pädagogische Betreuung der Jugendlichen nach ihrer Schulentlassung. Das Berufsschulwesen der Weimarer Republik wurde als Mittel zur Schaffung einer Arbeiteraristokratie abgelehnt. Die alternative polytechnische Erziehung bis zum 17. Lebensjahr konnte allerdings allein als Fernziel gefordert werden. Im Endeffekt ergab sich so aus dem dualen Ausbildungssystem eine nicht explizit hergeleitete methodische Trennung von Schul- und Betriebsarbeit. Während in der Berufsschule weiterhin Zellenarbeit nach den Aspekten der Volksschularbeit betrieben werden sollte, wurde auf der betrieblichen Seite, idealtypischerweise an eine KPD-Zelle angegliedert, nach Aspekten der Erwachsenenagitation gearbeitet.[266] In diesem Altersabschnitt wird der Mangel an entwicklungspsychologischen Abstufungen innerhalb der kommunistischen Ideologie besonders deutlich. Mit dem Eintritt in das Erwerbsleben begann ungeachtet des Alters der wirtschaftliche Klassenkampf. Einer pädagogischen Begleitung oder Rechtfertigung bedurfte es dort nicht mehr.

3.2 Kommunistische Schulforderungen

Die Forderung nach einer radikalen Neuordnung des Schulsystems war zunächst nur ein Punkt unter vielen auf der revolutionären Agenda der deutschen Kommunisten. Mit der Erkenntnis, dass mit dem Weimarer Schulkompromiss nicht einmal das Minimalziel einer Trennung von Schule und Kirche erreicht werden konnte, gewann dieser allerdings an Bedeutung und bot eine Fläche zur ideologischen Profilierung insbesondere gegenüber der Sozialdemokratie.

Die programmatische Entwicklung der KPD lässt sich dabei in zwei Phasen einteilen. Von der Parteigründung bis zum Scheitern des Hamburger Aufstandes blieben die Forderungen genuin revolutionär und zielten auf eine Umsetzung nach der gelungenen kommunistischen Revolution ab.[267] Trotz der bis 1924 anhaltenden Radikalisierung der Mitglieder setzte mit dem Scheitern des Aufstandes und ab 1925 mit der Umbesetzung der KPD-Spitze allerdings eine strategische Veränderung ein, die eine Ausweitung der Handlungsoptionen über genuin revolutionäre Tätigkeit hinaus beinhaltete. Der Schwerpunkt wurde nun auf die Organisation der Kommunisten sowie deren Schulung ge-

---

[266] Köster, *Avantgarde*, S. 195–206.

[267] Zum Fehlen einer Sozialpolitik bis 1924 vgl. Clemens Klockner, *Die ARSO in der Weimarer Republik*, Einleitung zu: Proletarische Sozialpolitik. Organ der Arbeitsgemeinschaft sozialpolitischer Organisationen (ARSO), unveränderter Nachdruck in fünf Bänden, Darmstadt 1987, S. 14.

legt und agitatorisch verstärkt auf tagespolitische Probleme Bezug genommen. Die revolutionären Forderungen blieben jedoch als kommunistische Fernziele erhalten. Das trotz der vielen taktischen Wendungen der KPD in der Zeit der Weimarer Republik konsistente Agitationsschema seit ungefähr 1925 bestand also aus utopisch-revolutionären Elementen und Einlassungen auf aktuelle Fragestellungen.[268] Die Mitglieder der KPD machten keinen Hehl daraus, dass ihr Engagement im parlamentarischen System lediglich „zur Agitation und zur Desorganisation der bürgerlichen Staats- und Gemeindeapparate" diene und die Tagespolitik so zur Destabilisierung des Systems und keineswegs zu dessen Verbesserung beitragen sollte.[269]

Auf Reichsebene war die schulpolitische Diskussion auch auf Seiten der Kommunisten von dem mehrere Jahre währenden Ringen um das zu schaffende Reichsschulgesetz beherrscht. In diesem Kontext formulierte Clara Zetkin 1922 in einer Reichstagsrede die Ziele der kommunistischen Partei im Bereich der Schule, die bis zum Ende der Weimarer Republik verfolgt wurden. Die zentrale Forderung blieb auch nach dem Weimarer Schulkompromiss die der Weltlichkeit aller Schulen. Religion, so Zetkin, gehöre in die Privatsphäre. Es sei nicht die Aufgabe des Staates, die Kinder in diesem Bereich zu unterweisen. Das Bestehen der Bekenntnisschulen über die Kaiserzeit hinaus habe seine Ursache in der mit der Weimarer Verfassung festgeschriebenen Konstruktion des „Willens der Erziehungsberechtigten", in der Regel also der Eltern, als maßgebliche Instanz für die Erziehung. Somit werde den Kindern die weltanschauliche oder religiöse Einstellung der Eltern aufoktroyiert, was zu einer weiteren Zersplitterung der Gesellschaft führe: Neben der durch den Klassengegensatz in horizontaler Richtung erfolge sie zudem durch Konfession in vertikaler Richtung.[270]

Erziehungsberechtigt nach kommunistischer Lesart war aber vielmehr „das Kind, das ein Recht darauf hat, erzogen zu werden; erziehungsverpflichtet ist der Staat als Vertreter der Gesellschaft [...], die ausschlaggebende Pflicht zur Gestaltung der Volkserziehung steht dem Staat zu. Er darf sich deshalb in

---

[268] Weber, *Stalinisierung, Bd. 1*, S. 319. In diesem Kapitel soll die pädagogische Konzeption beleuchtet werden. Auf die tagespolitische Programmatik wird im Kontext der Aktivitäten einzugehen sein.

[269] *Bericht über die Verhandlungen des IX. Parteitages der Kommunistischen Partei Deutschlands, abgehalten in Frankfurt am Main vom 7. bis 10. April 1924*, Berlin 1924, S. 386. Entsprechend sah ein Großteil der Kommunisten in den Parlamenten als Hauptaufgabe zunächst die Störung des Sitzungsverlaufs an. Den linken Antiparlamentarismus der KPD analysiert Riccardo Bavaj, *Von links gegen Weimar. Linkes antiparlamentarisches Denken in der Weimarer Republik*, Bonn 2005, vgl. insbesondere S. 71–108.

[270] *Die Schulforderungen der Kommunistischen Partei Deutschlands. Rede Clara Zetkins im Reichstag am 24. Januar 1922*, abgedruckt in: Flach, Schulpolitik und Pädagogik, S. 130–143.

der Gestaltung des Volksschulwesens nicht durch das religiöse oder nichtreligiöse Bekenntnis der Eltern bestimmen lassen." Die verfassungsmäßige Trennung von Staat und Kirche müsse sich auch im Bereich des Schulwesens niederschlagen. Zudem sei der Religionsunterricht nach wie vor „vom pädagogischen Standpunkt aus eines der rückständigsten Unterrichtsfächer im Schulbetrieb." Es sei ein Dogmenunterricht, der das Kind an seiner freien geistigen Entwicklung hindere und die „Abdankung des selbständigen, freien Denkens vor dem Glauben" lehre. Eine Substitution des Religionsunterrichts durch einen Moral- oder Weltanschauungsunterricht wurde von den Kommunisten abgelehnt. Vielmehr sollte innerhalb des gesamten Unterrichts eine „soziale Atmosphäre" geschaffen werden, mit der die Weltanschauung gleichsam als „glühende Seele" verabreicht und ein starkes Gemeinschaftsgefühl vermittelt werde.[271]

Das zweite, inhaltlich weiterreichende Ziel war die Umgestaltung der Volksschule von einer „Drillanstalt" zu einer Arbeitsschule nach marxistischem Vorbild. In der Verbindung von Lernen und Arbeiten werde das Kind wesentlich zweckdienlicher erzogen und darin unterstützt, „alle seelischen Kräfte und Begabungen [...] voll zu entfalten."[272]

In Bezug auf eine solche Schulgestaltung deutlich präziser wurde die KPD 1925 in einem Antrag der Reichstagsfraktion, der 1928/29 fast identisch im preußischen Landtag erneut eingebracht wurde. Hier wurde in einem 15 Punkte umfassenden Programm detailliert der Aufbau der von den Kommunisten favorisierten Schule beschrieben. Die „weltliche Einheits- und Arbeits-(Produktions-)Schule" sollte sich in vier Stufen von der „Spielschule" bis zur „Produktionshochschule" untergliedern und im Gegensatz zur „Unterrichtsanstalt" als Schulheim aufgebaut werden. Somit würde sie die gesamte Lebenswelt der Kinder umfassen. Anstelle der Jahresklassen traten in diesem Modell „elastische Arbeitsgruppen", die den Übergang von einer Gruppe in die andere erleichtern und den individuellen Lernfähigkeiten Rechnung tragen sollten.[273] Die „Spielschule", das Äquivalent zum Kindergarten, sollte die Altersklassen von 3 bis 8 Jahren umfassen, jüngere Kinder würden in Horten untergebracht. Von 9 bis 14 Jahren gingen die Schüler dann auf die „allgemeine Schule" (im Landtagsantrag als „Produktionsgrundschule" bezeichnet), an die die Fachschule anschloss, deren Besuch bis zum 16. Lebensjahr ebenfalls obligatorisch war. Nach einem praktischen Jahr konnte dann bis zum 22. Le-

---

[271] Ebd., S. 138.

[272] Ebd., S. 139.

[273] *Die Schulforderungen der Kommunistischen Partei*, Preußischer Landtag, 3. Wahlperiode, 1. Tagung 1928/29, Drucksache Nr. 2142, gedr. in: Flach, Schulpolitik und Pädagogik, S. 219–222. Dort auch der Hinweis auf den Antrag *Die deutsche Schule* der Reichstagsfraktion von 1925. Das erneute Einbringen des Antrages verdeutlicht die Kontinuität der kommunistischen Schulpolitik.

bensjahr weiterhin die in einzelne Arbeitszweige unterteilte Fachschule besucht und schließlich ein Studium aufgenommen werden.[274]

Die materielle Existenz der Schüler und der Schulen gleichermaßen sollte seitens des Staates gesichert werden. Die „weltanschauliche und soziologische Grundlage" des Unterrichts bildete der Marxismus, Grundlage der gesamten theoretischen und praktischen Erziehung sollte die vergesellschaftete Produktion sein.[275] Hier wird die ideologische Grundausrichtung deutlicher als bei der Rede Zetkins, die mit der Forderung nach einer neuen „sozialen Atmosphäre" eher im Diffusen blieb.[276]

In dem Bewusstsein, dieses Schulsystem vor einem Systemwechsel nicht durchsetzen zu können, entwickelten die Kommunisten einen Forderungskatalog für die politische Auseinandersetzung um das Schulwesen in der Weimarer Republik. Charakteristisch war auch hier die relative Konsistenz der Forderungen für den gesamten Zeitraum der Weimarer Republik, da sich nach 1920 daran konzeptionell nur noch wenig änderte und die Streitpunkte aus der Anfangsphase so nicht an Bedeutung verloren.

Die wichtigste Forderung der Kommunisten beinhaltete die Abschaffung des Züchtigungsrechtes, das Hoernle bereits als wesentlichen Aspekt bürgerlicher Misserziehung gegeißelt hatte. Die gesetzliche Grundlage, auf der die Lehrer zum Rohrstock griffen, war fragil. Eine Regelung des Züchtigungsrechtes gab es nicht. Im Zweifelsfall musste jeder Meldung staatsanwaltschaftlich nachgegangen und wegen Körperverletzung ermittelt werden.[277] Gleichwohl war den Lehrern die Möglichkeit zur Züchtigung ihrer Schüler gegeben. Sie wurde oftmals auch genutzt und staatlicherseits sowie von der Seite der Eltern in der Regel geduldet. Die Hervorhebung der Züchtigungsproblematik war aufgrund der Anwendung von physischer Gewalt naheliegend. Neben der pädagogisch verständlichen und aus heutiger Perspektive konsensualen Ablehnung einer solchen Maßregelung bot sich diese für die Kommunisten darüber hinaus als Symbol für die Rückständigkeit eines gesamten Systems an, das nicht in der Lage war, zeitgemäße pädagogische Elemente für die Erziehung der Kinder zu entwickeln. Die Forderung „Nieder mit den Prügelpädagogen!" blieb eine Konstante in der Weimarer Republik.[278]

---

[274] Ebd. Zum Schulaufbau vgl. auch *Die Schule für die wir kämpfen* (1927), gedr. in: ebd., S. 203–207.

[275] *Die Schulforderungen der Kommunistischen Partei* (wie Anm. 273).

[276] Allerdings räumte sie bei jener Rede nach einem Einwurf der Deutschnationalen ein, dass Klassenkampf zur Gemeinschaft der Unterdrückten gehöre. Vgl. Zetkin (wie Anm. 270), S. 138.

[277] Fritz Lange, Die Furcht der Prügelpädagogen vor den Gerichten und der aktiven Gegenwehr der Arbeiterkinder (1923), in: Flach, Schulpolitik und Pädagogik, S. 175f.

[278] Vgl. auch Kap. III.1.

Ein weiterer Punkt harter Kritik waren die jüngst eingeführten Versuchsschulen. Der umstrittene Kompromiss ihrer Einrichtung, mit dem die Sozialdemokraten die Hoffnung auf eine spätere flächendeckende Durchsetzung ihrer Schulziele verbanden, wurde von Hoernle – entgegen der positiven Lesart vieler Arbeitereltern als Teilerfolg – ablehnend beurteilt: „Die scheinbare Konzession aber der ‚Weimarer' in punkto weltliche Schulen entpuppt sich als ein gediegenes Mittel, um die Arbeiterschaft von ihrem *politischen* Ziel: Trennung von Staat und Kirche abzudrängen und sie mit einigen schulreformerischen Brosamen zufriedenzustellen."[279]

Dieser Kritikpunkt rührt wiederum von der antizipierten Reformunfähigkeit des kapitalistischen Staates und seiner Gesellschaft her. Hoernle erkannte in der Einrichtung von Reformanstalten den Versuch, den Kampf des Proletariates um die kommunistische Schule auf Nebenkriegsschauplätze umzuleiten. Durch diese weltlichen Schulen, so Hoernles Argumentation, würden die Kräfte des Proletariates auf wenige Punkte gebündelt, an denen die proletarischen Eltern glaubten, ihre Ziele verwirklichen zu können. Damit verhindere die Bourgeoisie den Kampf gegen das gesamte Schulsystem. „Die wenigen ‚weltlichen' Schulen entheben sie [die Schulbürokraten – Anm. d. Verf.] der unangenehmen Pflicht, sich mit der revolutionären Vorhut des Proletariats auseinandersetzen zu müssen; sie brauchen die Ansteckung der Kindermassen durch einzelne von Haus aus aufgeklärte Kinder nicht zu fürchten. In den Elternräten sind keine Störenfriede, die durch Kritik, Anklagen und Anträge der Schulbürokratie das Leben versauern. Man hat sie alle hübsch säuberlich auf einen Isolierschemel gesetzt [...]."[280] Auch wenn Hoernle einräumte, dass in einigen wenigen Gemeinden mit sozialistischer Mehrheit und starker kommunistischer Partei „Pionierleistungen" auf dem Gebiete sozialistischer Pädagogik geleistet würden, lehnte er es ab, „ein bis zwei pädagogische Experimente zu unterstützen." Die Folge sei, dass ein paar Kinder nach fortschrittlichster Pädagogik unterrichtet würden, während der weit überwiegende Teil weiterhin verprügelt und in Unwissen gehalten werde.[281]

3.3 Der Feind im eigenen Bett:
Löwenstein und die Pädagogik der „Kinderfreunde"

Die Kommunisten befanden sich im Kampf um „die Seele des proletarischen Kindes" nicht allein an der Front gegen die bürgerliche Erziehung. Auch die Sozialdemokraten konzipierten eine proletarische Pädagogik und waren damit zum Ärger der Kommunisten deutlich erfolgreicher. Die Ursprünge der

---

[279] Hoernle, *Anmerkungen zum Schulkampf* (1922), in: Ders., Grundfragen, S. 84.

[280] Ebd, S. 85.

[281] Hoernle, *Elternbeiräte und Versuchsschulen* (1922), in: Flach, Schulpolitik und Pädagogik, S. 171.

Konzeption des Kinderverbandes lagen dabei in dem 1908 im österreichischen Graz gegründeten „Arbeiterverein der Kinderfreunde". Die ersten Jahre des Vereines standen im Kontext der Lebensreformbewegung, von der der Gründer Anton Afritsch[282] stark beeinflusst war. Die im zweiten Paragraphen der Satzung festgeschriebene Charakterisierung des Vereins als ein „unpolitischer" war nicht nur der Notwendigkeit geschuldet, sozialistische Anschauungen in der k. u. k.-Monarchie verbergen zu müssen, sondern entsprach ein Stück weit dem Selbstverständnis der Gründerväter, die sich zunächst um eine unmittelbare Verbesserung der Lebensumstände von Kindern in den Ballungszentren bemühten. Obwohl die Konzeption – bewusst oder unbewusst – als arbeiterspezifische Organisation gegen die katholische Caritas immanent politisch war, formulierte Afritsch als Ziel, „die Kinder empfänglich zu machen für alles Schöne und Gute, veredelnd auf sie einzuwirken" und vermied jedwede parteipolitische Konnotation.[283]

Der Charakter einer rein pädagogisch orientierten Fürsorgegemeinschaft, der sich während des Ersten Weltkrieges aufgrund der zunehmenden Verelendung der Kinder verstärkte, ließ andererseits die österreichischen Sozialisten zunächst ebenfalls wenig Notiz von den Kinderfreunden nehmen. Dies änderte sich erst mit der Republikgründung im Jahre 1918. Auf der einen Seite hatten die Sozialdemokraten starke Wahlerfolge, auf der anderen die Kinderfreunde enorme Zuwächse, wodurch beiden Seiten in der veränderten politischen Situation eine Annäherung als sinnvoll erschien. Die Kinderfreunde änderten in diesen Jahren den organisatorischen Charakter von einem eher losen Verband einzelner Gruppen mit unterschiedlichen Konzepten und Schwerpunkten zu einem klar strukturierten, allerdings noch an der bürgerlichen Jugendpflege orientierten Verband und traten in dem Bewusstsein auf, eine sozialistische Erziehungsgemeinschaft zu sein.[284] Aufgrund des Zusammenschlusses mit dem Verein „Freie Schule" des sozialdemokratischen Schulpolitikers Otto Glöckel[285], durch den eine konsistente kinderpolitische Positionierung erreicht werden sollte, etablierten sich die Kinderfreunde endgültig als sozialdemokratische Organisation. Parallel zu dieser organisatorischen Festigung begannen um 1920 neben Glöckel, der Schulreform-Programme schrieb,

---

[282] Anton Afritsch (* 8. 12. 1873, † 7. 7. 1924), SPÖ, gelernter Tischler, Redakteur der Zeitung „Arbeiterwille", Gründer der österreichischen Kinderfreunde.

[283] Zit. nach: Helmut Uitz, *Die österreichischen Kinderfreunde und Roten Falken 1908–1938*, Wien, Salzburg 1975, S. 104. Vgl. ebd., S. 98–107 zur Gründung der Kinderfreunde in Österreich.

[284] Ebd., S. 224–240.

[285] Otto Glöckel (* 8. 2. 1874, † 23. 7. 1935), SPÖ, Schulpolitiker, Nationalratsabgeordneter, 1919–1920 Unterstaatssekretär für Unterricht, 1922–1934 Präsident des Wiener Stadtschulrates.

die sozialdemokratischen Pädagogen um Anton Tesarek[286], Max Adler[287] und Otto Felix Kanitz[288], die Arbeit der Kinderfreunde theoretisch zu unterfüttern und zu strukturieren.[289]

Auf deutscher Seite ist die Entwicklung der „Kinderfreunde" untrennbar mit dem Namen Kurt Löwenstein verbunden. Löwenstein wurde am 18. Mai 1885 in Bleckede an der Elbe geboren. Der Sohn einer jüdischen Kleinbürgerfamilie begann ein Theologiestudium. Er nahm allerdings schnell von seinem Vorhaben Abstand, Rabbiner zu werden, widmete sich der Philosophie, Pädagogik und den Sozialwissenschaften und wurde 1910 promoviert. Im Jahr 1917 trat er aufgrund seiner Kriegserlebnisse als Pfleger der USPD bei und wurde 1920 Reichstagsabgeordneter. Von 1921 bis 1933 bekleidete der im Jahr 1922 zur Mehrheits-SPD übergetretene Pädagoge das Amt des Stadtschulrats in Berlin-Neukölln. In zahlreichen Schriften widmete er sich der Reformpädagogik im Schulbereich und dem Aufbau und der inhaltlichen Ausrichtung der Kinderfreunde.[290]

Da sich aufgrund der ideologischen Differenzen von SPD, USPD und KPD auch in dem Bereich der Kinderarbeit eine Kooperation als illusorisch erwies, gründete Löwenstein im Jahr 1923 die „Reichsarbeitsgemeinschaft der deutschen Kinderfreunde" in Anlehnung an das österreichische Konzept als eine den Sozialdemokraten nahestehende Organisation, die sich ähnlich wie das österreichische Pendant rasant entwickelte.[291] Trotz der teilweise unterschiedlichen Praxis und Differenzen im Detail hatten deutsche und österreichische Kinderfreunde eine in den wesentlichen Punkten übereinstimmende theoretische Grundlage, die sich in verschiedenartigen Gemeinschaftsprojek-

---

[286] Anton Tesarek (* 1. 9. 1896, † 20. 11. 1977), SPÖ, Sozialistischer Erziehungstheoretiker, 1925 Mitbegründer der „Roten Falken".

[287] Max Adler (* 15. 1. 1873, † 28. 7. 1934), Philosoph und Pädagoge, maßgeblicher Theoretiker des „Austromarxismus".

[288] Otto Felix Kanitz (* 5. 2. 1894, † 29. 3. 1940), Reformpädagoge, Mitarbeiter der Kinderfreunde und 1919 Leiter der ersten „Kinderrepublik" in Österreich, 1921–1934 Redakteur der Zeitschrift *Die sozialistische Erziehung*.

[289] Die Theoretiker, insbesondere Adler, waren schon vorher aktiv, allerdings nicht explizit für den Verband. Zu den Austromarxisten vgl. Henriette Kotlan-Werner, *Otto Felix Kanitz und der Schönbrunner Kreis. Die Arbeitsgemeinschaft sozialistischer Erzieher 1923–1934*, Wien 1982.

[290] Vgl. Andreas Paetz, *Kurt Löwenstein – Erziehung für die Zukunft. Pädagoge – Bildungspolitiker – Kinderfreund*, in: Gröschel (Hg.), Wege zu einer sozialistischen Erziehung, S. 97–120. Vgl. auch Günther Rütz/Wolfgang Uellenberg, *80 Jahre Arbeiterjugendbewegung in Deutschland 1904–1984. Jugendpflege, sozialistische Erziehung, politischer Kampf*, Bonn 1984, S. 30f.

[291] Zu der langwierigen Gründung vgl. Roland Gröschel, *Einheit in der Vielfalt. Über die Gründung der Reichsarbeitsgemeinschaft der Kinderfreunde: Eine lange Reise in sieben Stationen*, in: Ders. (Hg.), Wege zu einer sozialistischen Erziehung, S. 55–92.

ten wie der Tagung des Bundes freier Schulgesellschaften am 17. und 18. Oktober 1925 in Dortmund manifestierte.[292]

Im Gegensatz zu den kommunistischen Konkurrenten um Hoernle nutzten sie dabei eine flexiblere Auffassung von der marxistischen Theorie, die unter der Fremdzuschreibung „Austromarxismus" eine von Adler entwickelte Interpretationsweise der Schriften von Marx und Engels anbot, die für den Bereich der Erziehung weniger radikale Maßnahmen als die von Hoernle ermöglichte.[293]

Dabei war die Analyse der gesellschaftlichen Entwicklung im kapitalistischen System und deren Auswirkungen auf die Erziehungsinstrumente im Ergebnis nahezu übereinstimmend mit dem von den Weimarer Kommunisten getätigten Befund: Erstens sei die Erziehung als gesellschaftliche Funktion abhängig von der Gesellschaftsstruktur und in der Klassengesellschaft Instrument der herrschenden Klasse. Entsprechend wurde die „Lernschule" analog zu Marx als Instrument der Obrigkeit abgelehnt, das lediglich auf die spätere „Funktionsfähigkeit" des Proletarierkindes innerhalb des Systems ausgerichtet sei. Zweitens konnte und wollte die aufgrund fortschreitender naturwissenschaftlicher Erkenntnisse in ihrer Deutungshoheit im Rückzug befindliche Kirche Erziehung lediglich im Rahmen konservativer Gehorsamsdogmen leisten. Drittens wurde die Pathogenese der Familie als ein Erziehungshindernis begriffen, das notwendig eine außerfamiliäre Erziehung erforderte.[294]

Die Abweichungen gegenüber den Kommunisten lagen in den Folgerungen für die „richtige" Erziehung der Kinder. Der Kerndissens mit der KPD bestand dabei in der Frage nach dem Maße ihrer Politisierung und Einbeziehung in den Klassenkampf. Erziehung wurde aufgrund der genannten Punkte auch von den Sozialdemokraten als „politisch" eingestuft. Sie verblieben dabei allerdings auf der Metaebene im Sinne einer Einordnung von Erziehung per se als Politikum und der klassengemäßen Inhalte als politisch, wobei nicht zwangsläufig die Erziehungsmethoden genuin politischer Natur sein mussten. Das dezidierte Erlernen von Kampfmethoden hielten sie für verfrüht und erst den Erwachsenen zumutbar. Hier verarbeiteten die Kinderfreunde Erkenntnisse der noch jungen Disziplinen der Individual- und Entwicklungspsychologie. Das Kind, so ihre Argumentation, sei kognitiv noch nicht in der Lage, aktiv in den Kampf einzugreifen. Sie zielten stärker auf eine zunächst emotionale und mit zunehmendem Alter auch verstandesmäßige Bindung an die Ar-

---

[292] Sowohl Adler als auch Löwenstein hielten dort Vorträge über das Verhältnis der Sozialisten zum Schulwesen. Die Vorträge befinden sich gedr. in: Bund der freien Schulgesellschaften (Hg.), *Soziologische und schulpolitische Grundfragen der weltlichen Schule*, Magdeburg 1925.

[293] Richartz, *Kinderfreunde*, S. 62–109.

[294] Kurt Löwenstein, *Sozialistische Schul- und Erziehungsfragen* (1919), in: Ders., Sozialismus und Erziehung, S. 25–27.

beiterklasse. Die Arbeiterkinder seien durch die kleinbürgerliche Zersplitterung des Familienwesens und die unzureichende Betreuung in der Schule zu Egoisten verzogen und bildeten aufgrund des Erlebens ihrer Ohnmacht als Einzelexistenzen zudem Minderwertigkeitskomplexe heraus. Dies verhindere, später solidarisch Klasseninteressen zu vertreten und befördere im Gegenteil das kleinbürgerliche Aufstiegsstreben. Im Vordergrund stand daher das Gruppenerleben, in dem solidarisches Handeln erlernt werden sollte. Dies sollte in den Kinderfreundegruppen geschehen und durch eine starke Symbolpolitik mit Gruppenkennzeichen wie Wimpeln und der Betonung gemeinsamer Feiertage wie dem 1. Mai zunächst unterbewusst festgesetzt und später intellektuell mit Sinn gefüllt werden.[295]

Die gesellschaftlichen Umstände innerhalb des kapitalistischen Systems fanden in dem Erziehungskontext der Kinderfreunde stärkere Berücksichtigung als bei den Kommunisten. Da unmittelbar keine Revolution erwartet wurde, konnte auch nicht auf eine radikal andere Erziehungskonzeption gesetzt werden, die zunächst eine grundsätzliche Veränderung der Gesellschaft erforderte. Vielmehr musste mit den aktuellen Gegebenheiten umgegangen werden. Diese Grundhaltung wird an der ambivalenten Auffassung der Familienfunktion deutlich. Trotz der an sich kritischen Einschätzung der Erziehungsfähigkeit der Eltern betonte Löwenstein ihren pädagogischen Nutzen, wenn diese über ein proletarisches Klassenbewusstsein verfügten und in der Lage waren, damit das gemeinschaftliche Erleben von Klassensolidarität im Kleinen zu reproduzieren. Diese auf austromarxistischer Seite nicht von allen Theoretikern geteilte Sichtweise erwies sich in der Praxis als ausgesprochen hilfreich, da die Eltern in stärkerem Maße in der Kinderfreundebewegung einbezogen werden konnten.[296] Dies brachte die benötigten Hilfskräfte für die mitgliederstarke Bewegung hervor und erhöhte die Akzeptanz des Verbandes von Seiten der Eltern.

Die Kinderfreunde bewegten sich zudem in einem an die gesamte pädagogische Forschung angelehnten Umfeld und versuchten, diese in ihrem Erziehungskontext zu nutzen.[297] Insbesondere auf die Unterscheidung verschiedener Entwicklungsstufen wurde Wert gelegt und diese am Ende der zwanziger Jahre praktisch umgesetzt. Auch die Reformpädagogen bekannten sich damit faktisch zu der „bürgerlichen" Moratoriumskonzeption, die die Kinder mit Rücksicht auf ihren Entwicklungsstand politisch entpflichtete. Deswegen wandte sich Löwenstein mit Hinblick auf die KPD im Namen der deutschen Kinderfreunde gegen eine Instrumentalisierung der Kinder für den aktiven Kampf. Dies sei ein Missbrauch der Schule und der Kinder gleichermaßen für

---

[295] Ders., *Die Aufgaben der Kinderfreunde* (1931), in: ebd., S. 119f.

[296] Ders., *Freie Bahn den Kinderfreunden* (1930), in: ebd., S. 249–255.

[297] Vgl. Richartz, *Kinderfreunde*.

parteipolitische Zwecke. Löwenstein wollte verhindern, dass die Kinder „Gläubiger eines Parteidogmas werden."[298] Er fürchtete um die freie Entwicklung des Kindes, das in diesem Alter eben nicht in der Lage sei, sich aus einer eigenständig gefassten Entscheidung heraus an dem Klassenkampf zu beteiligen und zudem völlig überfordert werde. Es handele sich bei der Erziehung zum Klassenbewusstsein nicht um „jenen politischen und wirtschaftlichen Klassenkampf, den wir meistens meinen, wenn wir von Klassenkampf sprechen. Es handelt sich nicht darum, daß man mit den Kindern einen solchen Klassenkampf führt. Das wäre töricht, denn die Kinder stehen noch nicht aktiv in den großen politischen Organisationen, und sie sind keine wirtschaftlichen Potenzen, um in dem wirtschaftlichen Klassenkampf eine Bedeutung zu haben."[299]

Noch deutlichere Kritik an der kommunistischeren Konzeption äußerte Kanitz: „Die Kommunisten erziehen ihre Kinder nicht zum Klassengefühl, sondern zum Parteigefühl. Sie begehen den schweren Fehler, schon in die Herzen der Kinder Hass gegen alle andersdenkenden Proletarier, Hass vor allem gegen die Sozialdemokraten zu säen. Damit aber erziehen sie sie auch nicht zur proletarischen Solidarität."[300]

Eben diesen zentralen Aspekt der Unmündigkeit des Kindes lehnten die Kommunisten radikal ab. Hoernle warf den Kinderfreunden die Trennung von Erziehung und Klassenkampf vor. Diese gründe in dem „falschen Begriff der Klasse von Max Adler". Mit der Annahme eines Gegensatzes von Kind und Erwachsenem hatten die Sozialdemokraten seiner Ansicht nach die marxistische Klassenkonzeption verlassen und bewegten sich „in der blauen Luft idealistischer Konstruktionen." Aus diesem Gegensatz, so Hoernles Argumentationslogik, würde sich ergeben, dass die Erziehung neben den Klassengegensätzen einen weiteren Faktor besitze, der das Aufwachsen der Kinder beeinflusse. Dadurch konzentrierten sich die Kinderfreunde auf eine moralische Beeinflussung der Eltern, anstatt die Klassengesellschaft zu bekämpfen und durch die Errichtung des kommunistischen Systems die Erziehungsproblematik obsolet werden zu lassen, deren Existenz allein aufgrund der bourgeoisen Vorherrschaft existiere.[301]

Dies bedeutete eine deutliche Absage an die bürgerliche Konstruktion des kindlichen Schonraums, der nach der Auffassung Hoernles ein weiterer Aspekt der Verschleierung des Klassengegensatzes war. Seine orthodoxe Marxismusinterpretation folgte der Lehre des historischen Materialismus, die

---

[298] Löwenstein, *Aufgaben* (wie Anm. 295), S. 116.

[299] Ders./Max Adler, *Soziologische und Schulpolitische Grundfragen* (wie Anm. 292), S. 41.

[300] Otto Felix Kanitz, *Das proletarische Kind in der bürgerlichen Gesellschaft* (1925), zit. nach Richartz, *Kinderfreunde*, S. 180.

[301] Hörnle, *Grundfragen* (wie Anm. 207), S. 317.

in ihrer Argumentationslogik oftmals unfähig war, weitere Ansätze zu integrieren. So brauche er zum Beispiel „wahrlich nicht [...] ergänzt zu werden durch die Psychologie", sondern könne diese lediglich als Instrument innerhalb der materialistischen Konzeption nutzen.[302] In der Folge konnte auch in der Schule nur der aktive Klassenkampf propagiert werden. Bei den Sozialdemokraten würde demnach keine Klassenerziehung durchgeführt, sondern lediglich eine „Fortsetzung des alten Auseinanderklaffens von Theorie und Praxis" stattfinden. Die Kinder solle der Klassenkampf unter sterilen Bedingungen gelehrt und ein „geeignetes Exemplärchen [des Klassenkampfes – d. Verf.] [...] präpariert in der Klasse" gezeigt werden. Ihre Beteiligung aber sei zu vermeiden. Damit waren nach Ansicht Hoernles Löwenstein und die Austromarxisten „glücklich genau dort angelangt, von wo die bürgerliche Klassenpädagogik ausgeht: Das Kind hat in der Schule auswendig zu lernen, Lehren anzunehmen, das für wahr zu halten, was ihm vom Herrn Lehrer mitgeteilt wird."[303]

In der Tat hatten die Sozialdemokraten in der doppelten Frontstellung gegen bürgerliche Pädagogen auf der einen und kommunistische auf der anderen Seite bisweilen ihre liebe Not, den eigenen Standpunkt zu politischer Erziehung konsistent zu formulieren. Dies lag allerdings weniger an einer inhaltlichen Ambivalenz als an der je nach Lager unterschiedlichen semantischen Belegung der Zuschreibung „politisch". In der Abgrenzung gegen das Bürgertum – und auch nach eigenem Selbstverständnis – war die Erziehungs*konzeption* politisch. Gegenüber der kommunistischen Partei wiederum musste der politische Kampf als Erziehungs*methode* abgelehnt werden, was wiederum Hoernle veranlasste, die Konzeption selbst als „neutral" einzustufen. Auch auf Seiten der Kommunisten verschwimmen in diesem Dissens pädagogische und politisch-ideologische Überlegungen. Neben der in der eigenen Wahrnehmung klar als pädagogisch angesehenen Verbindung von Kampf und Lernen war es notwendig, das Klassensystem und damit auch das bürgerliche Bildungssystem zu zerstören. Da die generationsübergreifenden Ziele gegenüber entwicklungspsychologischen Überlegungen vorgezogen wurden, konnte und musste das Kind in den Umsturz mit einbezogen werden.

Bei den Kinderfreunden hingegen werden neben den pädagogischen Einwänden gegen die Kampfkonzeption die sozialdemokratisch konnotierten politisch-ideologischen Diskrepanzen gegenüber den Kommunisten in Bezug auf die Art und Weise der Gesellschaftsveränderung im Spannungsfeld von Reform und Revolution deutlich. Die Sozialdemokraten – auch ihre Erziehungstheoretiker – setzten auf systemimmanente Entwicklung und nicht auf eine Sprengung der bestehenden Ordnung. So formulierte Löwenstein, die

---

[302] Ebd., S. 318.
[303] Ebd., S. 322.

Kinder sollen nicht „*Gesellschaftszertrümmerer sondern Aufbauer der Gesellschaft sein.*"[304] Der bekennende Demokrat befürwortete also eine evolutionäre Entwicklung innerhalb der Weimarer Republik, die schließlich zu einer sozialistischen Gesellschaftsverfassung führen werde. Diese sei „*unser* Staat insofern geworden, als sich in den verschiedensten Formen staatlichen Lebens unser Klassenkampf um die künftige Gestaltung abspielt. Daraus folgt mit Notwendigkeit, daß wir eine Erziehung für *unseren Staat* brauchen."[305]

Eben dies wurde von Hoernle als „sozialdemokratische Form der Machteroberung mit dem Stimmzettel" abgelehnt Der Klassenkampf spiele sich nur in den gesetzlich erlaubten, „von der Bourgeoisie als harmlos" erkannten Rahmen ab und werde somit nie zum Ziel der klassenlosen Gesellschaft führen.[306] Die anhaltende Regierungsbeteiligung der Sozialdemokraten tat ein Übriges, diese aggressive Abgrenzungsstrategie aus einem politischen Impetus heraus weiterzuverfolgen und die Kinderfreunde als „Reformisten" zu diskreditieren.

---

[304] Löwenstein, *Erziehungsfragen* (wie Anm. 294), S. 27.

[305] Ders./Max Adler, *Soziologische und schulpolitische Grundfragen* (wie Anm. 292), S. 36.

[306] Hoernle, *Grundfragen* (wie Anm. 207), S. 320.

4 ZWISCHENERGEBNIS

Die marxistische Gesellschaftsanalyse stellte das Instrumentarium zur Verfügung, mit dem die kommunistischen Pädagogen das zeitgenössische Erziehungssystem untersuchten und eigene Entwürfe erarbeiteten. Innerhalb von kapitalistischen Staaten wurde das Schulsystem als Herrschaftsinstrument identifiziert, welches die ungehinderte, mithin revolutionäre Entwicklung der Arbeiterklasse verhindern sollte und aus der Perspektive der Arbeiter im Wesentlichen Wissen vorenthielt, anstatt es zu vermitteln. Die Art der staatlichen Verfasstheit – Monarchie oder bürgerliche Demokratie – änderte aufgrund der identischen Wirtschaftsordnung nichts an diesem Befund.

Daraus ergeben sich zwei wesentliche Punkte: *Erstens* konnte Erziehung unter dieser Prämisse nur als Politikum behandelt werden. Nach kommunistischer Lesart betraf dies nicht nur die Debatte über das Erziehungssystem, sondern auch die Inhalte, die den Kindern beigebracht werden sollten. Wenn die Kinder systematisch „reaktionär verdummt" wurden, so mussten dieser Praxis aufklärende Elemente entgegengesetzt werden, die den Klassencharakter der Erziehung entlarvten, und eine eigene Erziehung erfolgen, die an den Bedürfnissen der Arbeiterkinder und ihrer Klasse ausgerichtet war. Die Ausbildung für den revolutionären Kampf als primäres Sozialisationsziel in einem arbeiterfeindlichen Staat war die nächste logische Konsequenz dieser Analyse. Der für bürgerliche und auch sozialdemokratische Erzieher offensichtliche Tabubruch in Form einer Missachtung des kindlichen Schonraumes, der aufgrund des Entwicklungsstadiums der Kinder politikfrei zu sein hatte, wurde von Seiten der Kommunisten durch die generationsübergreifenden Klassenziele gerechtfertigt. Dies brachte die deutschen Kommunisten in heillose Opposition zu den weiteren Parteien der Weimarer Republik.

Zweitens resultierte aus der Analyse eine kategorische Ablehnung der bürgerlich-kapitalistischen Erziehungsinstitutionen. Der Familie wurde schlicht die Erziehungsfähigkeit abgesprochen. Der Schule wurde darüber hinaus eine bewusste „Misserziehung" unterstellt. In der Konsequenz konnte eine kommunistische Sozialisation nur in einem kommunistischen Gesellschaftssystem verwirklicht werden. Entsprechend groß war die Vorbildfunktion der Sowjetunion, deren gesellschaftlicher Umbau gleichsam zum Erfolg verdammt war, um die Attraktivität des Modells auch in den anderen Ländern zu erhalten. Die tatsächlichen oder vermeintlichen Errungenschaften des ersten sozialistischen Staates wurden von den deutschen Kommunisten zumeist programmatisch übernommen.

Jedwede Reform innerhalb des Weimarer Systems hingegen konnte nur systemerhaltend sein und musste abgelehnt werden. Insbesondere die Reformschulen wurden verdächtigt, zur Isolierung des fortgeschrittenen Teils der Arbeiterschaft konzipiert worden zu sein, und kategorisch abgelehnt. Für die KPD stellte sich die Frage nach systemimmanenten schulischen Alternativen nicht, da sie Bemühungen abseits eines kompletten Systemwechsels ohnehin für fruchtlos hielt. In der Folge versteiften die Kommunisten sich auf die Propagierung des Fernzieles – der sozialistischen Einheitsschule – und versuchten den Sinn eines Umsturzes anhand der Systemmängel zu illustrieren. Die Topoi der Agitation glichen dabei denen der Kaiserzeit.

Gleichwohl blieb für die kommunistischen Pädagogen das Problem bestehen, die Kinder bis zur erwarteten Revolution nicht einfach den bürgerlichen Erziehern überlassen zu können. Also wurde ein Kindergruppensystem entwickelt, das eine kommunistische Erziehung in der kapitalistischen Gesellschaft ermöglichen sollte. Dieses System und seine Arbeitsweise gilt es im Folgenden darzustellen.

TEIL II: „ORGANISATIONSFRAGEN SIND FÜR UNS ERZIEHUNGSFRAGEN"[307]: DER VERBAND

Unter dem Einfluss der auf allen Ebenen der kommunistischen Partei geführten Theoriedebatten wurde der Kinderverband in der kurzen Zeit seines Bestehens in drei verschiedenen Formen geführt. Von 1920 bis 1923 existierten die Kindergruppen in einer relativ offenen Struktur, organisierten sich aber auf der internationalen Ebene. Von 1924 bis 1930 vollzog der Verband die „Bolschewisierung" der Mutterpartei nach, und von 1930 bis 1933 versuchten die Kommunisten, mit den „Roten Jungpionieren" eine verstärkte Öffnung zu den Massen der proletarischen Kinder zu bewirken.

In den folgenden Kapiteln erfolgt eine Rekonstruktion dieser Verbandsstrukturen. Dabei werden für jede der genannten Phasen in einem ersten Abschnitt die Entwicklungen und Diskussionen dargestellt, die zu der Ausprägung der jeweiligen Organisationsform führten. In einem weiteren Kapitel werden die so gefundenen Arbeitsstrukturen und die Maßnahmen zu ihrer Umsetzung beleuchtet. Die anschließenden Kapitel sind dem Verlauf der organisatorischen Entwicklung vorbehalten. In diesen wird auch auf die Kernprobleme der Verbandsarbeit im organisatorischen Bereich einzugehen sein. Ein Exkurskapitel beleuchtet die weiteren möglichen Akteure im Bereich Schule: die Lehrer und die Eltern.

---

[307] Hoernle, *Kommunistische Kindergruppen* (wie Anm. 256), S. 129.

1 PÄDAGOGISCHE ANARCHIE: KOMMUNISTISCHE KINDERGRUPPEN 1920–1923

Auf einem Parteitag am 31. Dezember 1918 und 1. Januar 1919 fand die Gründung der KPD statt. Ihre Gründungsmitglieder konnten zumeist auf eine Vorgeschichte im Spartakusbund oder der USPD und oftmals auch innerhalb der SPD zurückblicken.[308] Es bestand also ein gewisses Maß an Erfahrung bei der Organisation einer Partei und in der (sozialistischen) politischen Betätigung. Im Bereich der Kindergruppen stellte sich die Situation anders dar. Die Kinderarbeit konstituierte sich in den ersten Jahren ex negativo. Sie sollte keine bürgerliche Klassenerziehung sein, auch sollte sie keine sozialdemokratische, als unpolitisch empfundene Jugendpflege sein. Wie sich aber die kommunistische Erziehung praktisch ausgestalten sollte, war trotz expliziter Anleihen aus der sozialistischen Kinder- und Jugendforschung der Vorkriegszeit und dezidierter Vorstellungen über die Natur der proletarische Klassenerziehung zunächst eine offene Frage. Nach der Ansicht der kommunistischen Pädagogen sollte sie sich durch die gesammelten Erfahrungen in der Praxis herausbilden. So zeichneten sich diese ersten Jahre des Bestehens der Kindergruppen durch eine relativ heterogene und dynamische Entwicklung aus, die erst 1924 beendet wurde.

1.1 Die Konstituierung des Verbandes

Die Konstituierungsphase der Kommunistischen Kindergruppen als Verband reichte von der ersten Reichskonferenz der Kindergruppenleiter im Dezember 1920 bis zu dem 2. Weltkongress der Kommunistischen Jugendinternationale im Juli 1921. Auf den in diesem Zeitraum stattfindenden Konferenzen wurde die Struktur des Verbandes im nationalen und internationalen Kontext festgelegt. Die Konstituierung ist dabei in engem Zusammenhang mit der Gründung der Kommunistischen (dritten) Internationale sowie der Kommunistischen Jugendinternationale und deren Zentralisierungsbemühungen zu sehen, die unmittelbare Wirkung auch auf die Genese der Kindergruppenverbände hatte.

Das innerparteiliche Organisationsprinzip dieser Internationalen war das explizit anhand der russischen Partei- und Staatsstruktur entwickelte Modell des „Demokratischen Zentralismus", das Lenin 1920 in den „21 Bedingungen" für die Aufnahme in die Komintern formuliert hatte. Nach diesem Prinzip

---

[308] Zum Gründungsparteitag vgl. Hermann Weber, *Die Gründung der KPD. Protokoll und Materialien des Gründungsparteitages der Kommunistischen Partei Deutschlands 1918/1919*. Mit einer Einführung, Berlin 1993. Zur Entwicklung des Spartakusbundes vgl. William A. Pelz, *The Spartakusbund and the German Working Class Movement 1914–1919*, Lewiston 1988.

wählte jede Gliederung das übergeordnete Leitungsgremium, musste dann aber dessen Beschlüsse bedingungslos akzeptieren. „In der gegenwärtigen Epoche des verschärften Bürgerkrieges", so argumentierte Lenin, „wird die kommunistische Partei nur dann imstande sein, ihrer Pflicht zu genügen, wenn sie auf möglichst zentralistische Weise organisiert ist, wenn eiserne Disziplin in ihr herrscht und ihr Parteizentrum, getragen von dem Vertrauen der Parteimitglieder, mit der Fülle der Macht, Autorität, und den weitestgehenden Befugnissen ausgestattet wird."[309]

Ein Teil der deutschen Spartakisten hatte dieses Prinzip sowie die überstürzte Gründung einer neuen Internationale aus einer kategorischen Ablehnung gegen jedwede Form innerparteilicher Bürokratisierung zunächst abgelehnt. Mit dem Tode der Hauptgegner, Rosa Luxemburg und Leo Jogiches[310], erodierte diese Position allerdings, und die Befürworter des Demokratischen Zentralismus setzten sich durch. Die deutsche KP trat als erste Partei der dritten Internationale bei und verlor künftig als Sektion der Komintern mehr und mehr ihre Unabhängigkeit.[311]

Eine ähnliche Diskussion um den Standort der kommunistischen Jugend entspannte sich auf dem Gründungsparteitag der Kommunistischen Jugendinternationale vom 20. bis 26. November 1919. Dabei ging es nicht nur um den Zusammenschluss der kommunistischen Jugendverbände als Sektionen der KJI, sondern auch um deren Unterordnung unter die Komintern. Hier konnte sich der bolschewistische Flügel um den unter dem Pseudonym „Reinhard Ziegler" agierenden Alfred Kurella[312] und Lasar Abramowitsch Schatzkin[313]

---

[309] *Der zweite Kongreß der Kommunistischen Internationale, Protokoll der Verhandlungen am 19. Juli in Petrograd und vom 23. Juli bis 7. August 1920 in Moskau*, Hamburg 1920, S. 601f.

[310] Leo Jogiches (* 17. 7. 1867, † 10. 3. 1919), als Sozialist in Litauen aktiv, später Mitbegründer des Spartakusbundes und der KPD, 1919 in Berlin im Untersuchungsgefängnis ermordet.

[311] Weber, *Stalinisierung*, Bd. 1, S. 28f. Auch wenn Mallmann, *Kommunisten*, argumentiert, dass die „Basis" der Leitung wenig Gefolgschaft leistete, so ist doch im Bereich der KPD-Führung die spätestens ab 1924 einsetzende Einflussnahme der KPdSU auf die Personalpolitik und die programmatische Ausrichtung der Kader nicht von der Hand zu weisen. Zur dieser Entwicklung vgl. Weber, *Stalinisierung, Bd. 1*, S. 300–312. Zur Geschichte der Komintern vgl. Alexandr Vatlin, *Die Komintern: Gründung, Programmatik, Akteure*, Berlin 2009. Die Ambivalenz dieser Unterordnung, die von den deutschen Kommunisten oftmals nicht allein negativ als „Machtverlust", sondern auch als Chance der Partizipation an den fortschrittlichen russischen Entwicklungen gesehen wurde, beschreibt Ders., *Zur Frage der „Russifizierung" der Komintern*, in: Michael Buckmiller/Klaus Meschkat (Hg.), Biographisches Handbuch zur Geschichte der Kommunistischen Internationale, Berlin 2007, S. 329–345.

[312] Alfred Kurella (Pseudonym: Bernhard Ziegler) (* 2. 5. 1895, † 12. 6. 1975), Mitglied der KPD u. der KPdSU, 1919 wegen eines Desertionsverfahrens in die

mit 17 zu 8 Stimmen gegen die um Willi Münzenberg[314] gruppierten Befürworter einer eigenständigen, von der Komintern unabhängigen „Schwesterorganisation" durchsetzen. Im Ergebnis legten die Delegierten in dem ersten Programm zwar die „Selbständigkeit der Jugend" fest. Jedoch stellte sich der Kongress zudem auf den „Boden der Entschließungen der 3. Internationale und bildet einen Teil dieser Kommunistischen Internationale." Dadurch wurde die Eigenständigkeit der Jugend stark eingeschränkt.[315] Die deutschen Jungkommunisten erkannten das KJI-Statut nach der Beseitigung einiger innerorganisatorischer Widerstände ein knappes Jahr später im September 1920 an.[316]

Unter diesen Vorraussetzungen begannen die Vorbereitungen zur Organisierung der bislang ohne reichsweite Zentrale arbeitenden Kindergruppen. Seit dem Jahr 1919 bildeten sich die Gruppen unabhängig voneinander in verschiedenen Ortsgruppen und wurden „teils von der Kommunistischen Jugend, teils von der Partei ins Leben gerufen."[317] Die Leitung der Kommunisti-

UdSSR geflüchtet, 1919–1921 Vertreter des Komsomol in der KJI, Zeitweise 1. Sekretär des EK KJI, bis 1924 im ZK des Komsomol, 1929–1932 Rückkehr nach Deutschland, dort Schriftsteller, danach Übersiedelung in die UdSSR, sowjetischer Staatsbürger seit 1937. Dort verschiedene, zumeist journalistische Tätigkeiten. 1954 Übersiedelung in die DDR, dort 1955-57 erster Leiter des Instituts für Literatur, 1958-1963 Mitglied im ZK.

[313] Lazar Abramowič Šackin (* 1902, † 1937), sowjetischer kommunistischer Parteifunktionär, Anfang der 1920er Jahre Mitglied des Zentralbüros der KJI.

[314] Wilhelm Münzenberg (* 14. 8. 1889, † 1940), Verleger, Mitglied der KPD, bis 1921 Sekretär der KJI, danach Gründer der Internationalen Arbeiterhilfe, Verleger verschiedener Arbeiterzeitungen und Zeitschriften, 1933 Emigration nach Paris, 1940 in Frankreich vermutlich ermordet.

[315] Alfred Kurella, *Die Geschichte der Kommunistischen Jugendinternationale, Bd. 2: Gründung und Aufbau der kommunistischen Jugendinternationale*, München 1970 (¹1929), S. 36–38. Bezeichnenderweise wird die Debatte in dem publizierten Protokoll des Kongresses unter „zum Teil sehr ins Einzelne gehende Besprechungen" subsumiert und im Gegensatz zu den weiteren Debatten nicht geschildert. Der Entwurf erhielt dann die durch „eine Reihe größerer oder kleinerer Abänderungen" entstandene, endgültige und einstimmig angenommene Form. Vgl. *Unter dem roten Banner. Bericht über den ersten Weltkongress der Kommunistischen Jugendinternationale vom 20.–26. 11. 1919 in Berlin*, Berlin 1920, S. 58.

[316] Allerdings spalteten sich vorher Jugendliche der Kommunistischen Arbeiterpartei Deutschlands und der Sozialistischen Jugend, die das Statut nicht anerkennen wollten, von der Freien Sozialistischen Jugend, dem Vorläufer der Kommunistischen Jugend, ab. Vgl. Köster, *Avantgarde*, S. 38–40.

[317] *Die Reichskonferenz der kommunistischen Kindergruppenleiter Deutschlands*, DPK, Jg. 1 (1921), Nr. 1, S. 9. Das von Hoernle redaktionell betreute „Mitteilungsblatt für Leiter und Freunde kommunistischer Kindergruppen" bietet für die Jahre bis 1923 das umfangreichste Material und bildet die Diskussionen um die „richti-

schen Jugend nahm dabei die Position ein, dass „die Gründung von Kindergruppen grundsätzlich zu bejahen und praktisch nur eine Frage der Kräfte" sei. Diese allerdings seien, wie in einem in der *Jungen Garde* zu diesem Thema publizierten Artikel angemerkt wurde, „in der jetzigen Situation wohl kaum vorhanden", da sie für den „revolutionären Kampf" gebraucht würden. Es gäbe aber in seltenen Fällen „Jugendliche, öfters Mädels, die sich wirklich nur zu dieser Arbeit eignen." Unter derartigen Umständen könne mit der Gründung von Kindergruppen begonnen werden.[318]

Die ersten Bemühungen, diese für die kommunistischen Pädagogen unbefriedigende Situation zu ändern und die kommunistische Kinderarbeit in der Weimarer Republik systematisch zu organisieren, datierten in das Jahr 1920. Am 27. Dezember fand mit der *Reichskonferenz der kommunistischen Kindergruppenleiter Deutschlands* in Berlin die erste überregionale Zusammenkunft statt. Aufgrund der bis dahin fehlenden Gesamtkoordination bot die Konferenz, wie ein Berichterstatter vermerkte, „weniger einen Überblick über das, was bisher auf dem Gebiet der Kindergruppenarbeit geleistet oder verabsäumt wurde, als vielmehr einen Ausblick auf das, was künftig zu geschehen hat."[319] Das einleitende Referat wurde von Edwin Hoernle gehalten und legte „in großen Zügen die theoretischen und praktischen Aufgaben der Kindergruppen dar." Dabei stellte er ausweislich der kurzen Zusammenfassung im *Proletarischen Kind* die oben ausgeführte sozialistische Herleitung der kapitalistischen Klassenerziehung und die Elemente der notwendigen proletarischen Gegenerziehung dar.

Die angestrebte Ausrichtung der Kindergruppen wurde in den *Thesen zur Schaffung der kommunistischen Kindergruppen* festgelegt, die zusammen mit den *organisatorischen Richtlinien für die Kindergruppen* einstimmige Billigung fanden. Die beiden vermutlich kurz vor der Konferenz von Hoernle zusammen mit dem künftigen ersten Reichsvorsitzenden Erich Wiesner[320] konzipierten Do-

---

gen" Methoden genauso ab, wie sich aus den Hinweisen auf „falsche" Methoden die Probleme der Anfangsphase herleiten lassen. Das weitere Quellenmaterial ist für diese Zeit spärlich gesät. Die ersten zwei Jahre des Bestehens der Kindergruppen können en detail kaum rekonstruiert werden, da die parteiinterne Überlieferung erst ab dem Jahr 1921 einsetzte.

[318] *Sozialistische Kindergruppen*, Junge Garde, Jg. 3 (1920), Nr. 4, S. 30.

[319] *Reichskonferenz* (wie Anm. 317), S. 10. Auch für das Folgende.

[320] Erich Wiesner, (* 17. 3. 1897, † 16. 10. 1968), gelernter Buchbinder, Journalist und KPD-Funktionär, erster Vorsitzender der Kommunistischen Kindergruppen, 1920–1927 Mitglied im ZK der KJVD, 1927–1930 im Büro der KJI in Moskau tätig, ab 1930 wieder in Deutschland, zwischen 1933 und 1945 mehrfache und mehrjährige KZ-Aufenthalte, 1945 zeitweise Bürgermeister von Stettin und Schwerin, 1946–1949 Vorsitzender der KPD (SED) Mecklenburg-Vorpommern.

kumente[321] bildeten die künftige Arbeitsgrundlage. Die ersten Thesen zur Kindergruppenarbeit waren inhaltlicher Art und konstatieren die Auflösung der Familie im Kapitalismus (1.), die „geistige Verkrüppelung" der Kinder (2.) und die Verschlechterung ihres gesundheitlichen Zustandes in der „Phase der Auflösung des Kapitalismus" (3.). Nach der daraus resultierenden Erkenntnis des kommunistischen Handlungsbedarfs (4.) und der Aufgabenzuteilung an den kommunistischen Jugendverband (5.) wurde in der sechsten These der künftige Charakter der Kinderorganisation dargelegt: „Die Aufgabe der kommunistischen Kindergruppen ist die Sammlung der proletarischen Kinder unter kommunistischer Führung, die Weckung des Klassenbewußtseins im proletarischen Kinde, seine Erziehung zur proletarischen Solidarität und zum Kampf gegen die Ausbeuter. Die gesamte Tätigkeit der Kindergruppen muss gipfeln in der Eingliederung des proletarischen Kindes in die Gesamtfront des kämpfenden Proletariats. Die kommunistische Kindergruppe wird dadurch zur Vorstufe der kommunistischen Jugendorganisation."[322]

So schlossen die Kommunisten formal die Lücke der institutionellen Begleitung des Proletariers von der Wiege bis zur Bahre und bekräftigten den Anspruch auf die alleinige ideologische Vertretung der Arbeiterklasse.

Mit den *organisatorischen Richtlinien* legten die Delegierten anschließend den formalen Rahmen der Kindergruppenarbeit fest. Die terminliche Anlehnung an den Reichskongress der Kommunistischen Jugend – die Kindergruppenleiterkonferenz fand am Vortag statt – dokumentierte bereits die künftige enge Zusammenarbeit mit dem Jugendverband der KPD. Bereits auf einer ersten „Vorkonferenz" am 5. Dezember erachteten die Teilnehmer „die organisatorische Zusammenfassung und Bearbeitung der Gruppen durch die Kommunistische Jugend erforderlich [sic]".[323] Dieser Grundsatz wurde mit der Annahme der beiden Schriftstücke festgeschrieben. Neben der Zuordnung zur Jugend in den *Thesen* wurde die „Schaffung von Kindergruppen" als „Aufga-

---

[321] Wiesner berichtet in seinen Erinnerungen von einer Zusammenkunft in der Wohnung Hoernles. Demnach „steckte in meiner [Wiesners – Anm. d. Verf.] Tasche der Entwurf der ersten Richtlinien über sozialistische Erziehungsarbeit." In welchem Maße Wiesener bei der Gestaltung prägend war, bleibt offen. Da er „auf diesem Gebiete kaum Erfahrungen hatte", werden die Thesen wesentlich von Hoernle formuliert worden sein. Vgl. Erich Wiesner, *Man nannte mich Ernst. Erlebnisse und Episoden aus der Geschichte der Arbeiterjugendbewegung*, Berlin ⁴1978 (¹1958), S. 79f. Dort auch die Zitate.

[322] *Thesen zur Schaffung der kommunistischen Kindergruppen*, DPK, Jg. 1 (1921), Nr. 1, S. 10f.

[323] Von der ersten Konferenz sowie der Vorkonferenz existieren keine Protokolle. Allerdings wurden die Inhalte ausführlich im DPK, *Reichskonferenz* (wie Anm. 317) wiedergegeben. Dort auch das Zitat.

be der kommunistischen Jugendorganisationen" definiert.[324] Dies lag zum einen in der ideologischen Herleitung der Vorteile generationaler Nähe für den Erziehungszusammenhang. Zum anderen wurden innerhalb der Führungsgremien der kommunistischen Jugend die Kindergruppen als Teil der Jugendbewegung insgesamt angesehen. Aus diesem Selbstverständnis der Kinder- und Jugendphase als einem zusammenhängenden Lebensabschnitt ergab sich logisch die allerdings nicht unumstrittene Angliederung an die KJ.[325]

Im Rahmen der organisatorischen Zusammenfassung der bestehenden Gruppen beschlossen die Delegierten weiterhin die Schaffung einer landesweiten Leitung. In der Weimarer Republik hieß diese zunächst nicht einheitlich „Reichszentrale der kommunistischen Kindergruppen", „Reichskindergruppenzentrale" oder „Kindergruppensekretariat". Die Mitglieder wurden von der Landeszentrale der Kommunistischen Jugend ernannt und hatten die Aufgabe, die Schaffung von Kindergruppen zu unterstützen, Leiter auszubilden und durch Rundschreiben und Mitteilungsblätter die reichsweite Kommunikation herzustellen. Für organisatorische und erzieherische Fragen wurde eine Landeskonferenz einberufen. Deren Beschlüsse mussten allerdings von der Landeszentrale oder dem Landeskongress der Jugendorganisation bestätigt werden. Damit war der Kinderverband formal vom Jugendverband abhängig. Seine Beschlüsse hatten lediglich empfehlenden Charakter.[326] In der Praxis allerdings wurden die „Empfehlungen" in der Regel berücksichtigt und so der Kindergruppenleitung die den Kinderverband betreffenden Entscheidungen überlassen.[327]

Die Bedeutung der Konferenz und ihrer Entscheidungen reichte über die nationale Ebene hinaus. Gerade in den ersten Jahren des Bestehens der Komintern und der Kommunistischen Jugendinternationale war der deutsche kommunistische Verband aufgrund der Erwartung einer Verlagerung des Revolutionszentrums nach Mitteleuropa von hervorragender Bedeutung und hatte zusammen mit seinen Unter-, Hilfs- und Nebenorganisationen gleichsam Vorbildcharakter. Die KJI hatte ihre Zentrale in Berlin installiert. Die ersten Weltkongresse wurden in deutscher Sprache abgehalten.[328] Diese Sonderstellung wurde auch im Kindergruppenbereich deutlich. Das ab 1921 unter der Schriftleitung von Hoernle in deutscher Sprache erscheinende *Proletarische Kind*

---

[324] *Organisatorische Richtlinien für Kommunistische Kindergruppen*, DPK, Jg. 1 (1921) Nr. 1, S. 11f.

[325] Vgl. das folgende Kapitel.

[326] *Organisatorische Richtlinien* (wie Anm. 324). Ähnlich war der KJV der KPD faktisch untergeordnet. Der formale Anschluss erfolgte allerdings erst 1921. Vgl. Köster, *Avantgarde*, S. 42f.

[327] Zum Beispiel die genaue Formulierung der Richtlinien zur Organisationsstruktur von 1922. Vgl. Kap. II.1.2.

[328] Vgl. Kurella, *Jugendinternationale* (wie Anm. 315), S. 79.

wurde vom Exekutivkomitee der Jugendinternationale herausgegeben. Hoernle konnte so in hohem Maße die internationale Theoriediskussion beeinflussen und sollte auf dem 2. Weltkongress der KJI das Hauptreferat zum Thema „Kindergruppen" abhalten. Auch die organisatorische Ausrichtung war offensichtlich mit dem Exekutivkomitee abgestimmt und hatte international richtungweisenden Charakter. Die Richtlinien zur Arbeit in den Kindergruppen konzipierten Hoernle und Wiesner unabhängig von der formalen Reichweite des Mandates der deutschen Leiterkonferenz für die internationale Anwendbarkeit. So wurde die Schaffung von Kindergruppen als „eine Aufgabe der kommunistischen Jugendorganisation*en*" formuliert. Ferner beschlossen die Delegierten die Schaffung einer *Landes*zentrale und eines *Landes*ausschusses, anstatt naheliegenderweise *Reichs*gremien einzusetzen. Weiterhin wurde die Schaffung eines an das Exekutivkomitee der Kommunistischen Jugendinternationale angegliederten Komitees für die internationale Arbeit „beschlossen" und dessen Aufgaben unter anderem mit der „Aufstellung einheitlicher Richtlinien für die erzieherische Arbeit, […] der Herausgabe einer internationalen Zeitung" und der „Organisation internationaler Zusammenkünfte" definiert.[329] Außerdem, und dies zeigt den Pioniercharakter, wurden beide Anträge im Wortlaut als Anträge des Exekutivkomitees der KJI und der Reichskonferenz der Kommunistischen Jugend für den 2. Weltkongress der KJI eingebracht.[330]

Die Frage nach der Position der Kindergruppen im internationalen Gefüge der kommunistischen Organisationen wurde so in den Kontext der laufenden Auseinandersetzungen um die zentrale Unterordnung der kommunistischen Jugendverbände unter die Komintern behandelt. Da das Verhältnis nach der Gründung der KJI noch nicht abschließend im Sinne des bolschewistischen Flügels geklärt war, warf der russische Komsomol die Frage nach dem Verhältnis von Jugend und Partei als Schwerpunkt für diesen Kongress auf.[331] Der Antrag zugunsten einer Einordnung der Kindergruppen in die Jugendinternationale bildete so klar die Präferenz des Exekutivkomitees zugunsten einer Zentralisierung ab.

Innerhalb der Berichterstattung des *Proletarischen Kindes* wurde sich dann entsprechend kontrovers mit den Gegnern dieser Zusammenfassung ausei-

---

[329] *Organisatorische Richtlinien* (wie Anm. 324).

[330] Abdruck der Anträge, die mit denen der Reichskonferenz im Wortlaut übereinstimmen, in: *Zum II. Weltkongreß. Anträge und Leitsätze*, Jugendinternationale, Jg. 2 (1921), S. 152–153.

[331] Zur Entwicklung dieser Frage seit dem ersten Weltkongress vgl. Kurella, *Jugendinternationale* (wie Anm. 315), S. 170f. Die Debatte um das Verhältnis von Partei und Jugend ist protokolliert in: *Zu neuer Arbeit. Bericht vom II. Kongress der Kommunistischen Jugendinternationale vom 14.–21. 7. 1921 in Moskau*, Berlin 1922, S. 39–48.

nandergesetzt. Es war wiederum Kurella, der gegen die Leitsätze des Schweizer Schulvereines wetterte und diese als „reformistisch" geißelte, da in deren Programm nicht dargelegt worden sei, „dass und wie die Kindergruppenarbeit als ein Teilgebiet des Gesamtklassenkampfes des Proletariats aufzufassen und durchzuführen ist." Den Hintergrund dieses Angriffes bildete die Ablehnung der Bemühungen der Schweizer, entgegen der Intention der *organisatorischen Leitsätze* ein vom Exekutivkomitee der KJI unabhängiges Büro zu schaffen. Kurella formulierte dies ganz offen: „Diese kritische Zerpflückung der Thesen des schweizer Schulvereines war notwendig auch zur Kritik der Pläne unserer schweizer Freunde auf internationalem Gebiet. [...] Wie wir die Frage der kommunistischen Kindererziehung in unseren Thesen im Rahmen der proletarischen Gesamtbewegung dargestellt und unsere Aufgaben daraus abgeleitet haben, so müssen wir auch die Frage der internationalen Verbrüderung der kommunistischen Kindergruppen als Teil der Arbeiterinternationale betrachten."[332]

Auf dem Weltkongress selbst wandte sich Hoernle dann gegen die Auffassung, die Kindergruppen könnten unabhängig von der Partei und der Jugend arbeiten: „Das darf es unter keinen Umständen geben, denn für uns ist die ganze Kindergruppenarbeit eine Vorschule für die kommunistische Jugendbewegung. [...] Also grundsätzliche straffe Unterordnung unter die kommunistischen Jugendorganisationen; nur so werden sie ihren Zweck erreichen: in der frühesten Zeit den Keim des revolutionären Kämpfertums in das weiche Gemüt der Kinder hineinzulegen."[333]

Das Referat selbst wurde bezeichnenderweise nicht diskutiert und die vorgelegten Thesen einstimmig angenommen. Diese stimmten in der Form nicht mehr mit denen des EK/KJD- Vorschlages überein, hatten allerdings auch keine wesentlichen inhaltlichen Abweichungen. Die Einordnung unter die Jugend wurde einstimmig anerkannt.[334] Der organisatorische Antrag zur Einrichtung eines internationalen Kinderbüros allerdings wurde, vermutlich aufgrund der als unsicher eingeschätzten Position der Exekutive der KJI, schon im Vorfeld von der Tagesordnung genommen. Das Gremium wurde zunächst nicht eingerichtet. Die Kindergruppenarbeit blieb so ein Teilaufgabenbereich des Exekutivkomitees der KJI. Die Unterordnung der Kindergruppen unter die Jugendverbände und dieser wiederum unter die Kommunistische Jugendinternationale sowie letztinstanzlich unter die Komintern war mit den angenommenen Thesen allerdings geklärt und wurde nicht mehr verändert. Damit war die vertikale Struktur festgeschrieben. Die deutschen Kinder-

---

[332] Bernhard Ziegler (A. Kurella), *Wie Leitsätze zur kommunistischen Kindererziehung nicht sein sollen*, DPK, Jg. 1 (1921) Nr. 1, S. 5–9 (gesperrt i. Orig.).

[333] *Referat über die Arbeit in den Kindergruppen, gehalten auf dem II. Weltkongress der KJI am 21. 7. 1921*, gedr. in: Zu neuer Arbeit (wie Anm. 331), S. 77.

[334] *Ebd.*, S. 78.

gruppen begaben sich wie auch die Partei und die Jugend unter die Gesamtführung der Komintern, deren Stellung unter sowjetischer Führung in den folgenden Jahren immer dominanter werden sollte.

1.2 Die Struktur: Kindergruppen

Während auf der internationalen Ebene die Unterordnung des Kinderverbandes unter die Kommunistische Jugendinternationale betrieben wurde, rangen die Reichszentrale, die KJD und die Kindergruppenleiter auf nationaler Ebene um die Ausformung einer strukturell relativ einheitlichen Kindergruppenbewegung. Dabei ging es zunächst weniger um geeignete methodische Elemente als um eine funktionierende Gruppenstruktur. Der erste Reichskongress hatte in Erwartung der folgenden praktischen Erfahrungen noch keine Beschlüsse zur Binnenstruktur der Gruppen gefasst, und auch im gesamtorganisatorischen Bereich befand sich der Verband in einer Findungsphase. Zur Diskussion standen dabei neben diversen methodischen Problemen, auf die noch einzugehen sein wird, immer wieder organisatorische Fragen, die nicht selten das gesamte bislang beschlossene Regelwerk in Frage stellten.

Ein erster kontrovers diskutierter Aspekt war die Unterstellung der Kindergruppen unter den Jugendverband. Zwar blieb ungeachtet dieses formalen Anschlusses allen Interessierten die Möglichkeit zur Mitarbeit in den Kindergruppen grundsätzlich offen. In der zweiten organisatorischen Richtlinie von 1920 wurde den leitenden Jugendausschüssen aufgetragen, „zur Erledigung ihrer Arbeiten […] Pädagogen, Eltern, Parteigenossen und andere befähigte Kräfte" zu gewinnen.[335] Trotz dieser Möglichkeit für Erwachsene, die Gruppenarbeit mitzugestalten, blieb aber die Frage nach der pädagogischen Eignung von Jugendlichen für diese Aufgabe bestehen. Die Redaktion des *Proletarischen Kindes* rechtfertigte nach der Konferenz in einem Beitrag die Vergabe der Leitungsfunktion an die Mitglieder der KJD. Da sich für die Leitung „bisher weder unter den kommunistischen Frauen, noch im Kreise der kommunistischen Elternräte jemand bereit gefunden hat", sei diese Regelung offensichtlich sinnvoll. Weiterhin sei aufgrund mangelnder Erfahrungen in dem Bereich der proletarischen Erziehung das Vorhandensein einer dezidierten pädagogischen Vorbildung ohnehin nicht möglich. Probleme ergäben sich eher aus diesem Mangel als aus der Unfähigkeit der jugendlichen Leiter. Zudem wurde angedeutet, wie die Kindergruppenleitung in Zukunft die Prioritäten setzen wollte: Die Gründung der Kindergruppen sei „gar nicht in erster Linie ein Problem der Pädagogik, sondern des proletarischen Klassenkampfes. Es ist eine politische Aufgabe […]. Und Kommunisten im besten Sinne des Wortes

---

[335] *Organisatorische Richtlinien* (wie Anm. 324).

haben wir – wir bekennen das stolz – gerade in der kommunistischen Jugend."[336]

Die kommunistischen Pädagogen formulierten so erneut ihre Überzeugung, die älteren Proletarier seien durch das bürgerliche System so stark geprägt, dass sie eine reaktionäre Weltanschauung an die Kinder weitergeben würden. Hoernle brachte diese Position zu Beginn des Jahres 1922 in aller Deutlichkeit zum Ausdruck: „Es ist nun einmal eine unbestreitbare Tatsache, dass die Mehrzahl der Parteigenossen in Erziehungsfragen noch stark rückständig ist." Die „zweite Generation" der Kommunisten, die Jugendlichen, seien hingegen „weniger traditionell gebunden, weniger abgestumpft und weniger verkleinbürgerlicht."[337]

Diese elitäre Einstellung gegenüber den Erziehungsfähigkeiten der Erwachsenen wurde von jenen freilich nicht geteilt. Im Gegenteil: Bei ihnen blieb ein Misstrauen gegenüber den Kommunistischen Kindergruppen bestehen, das sich zum Beispiel in der geringen Bereitschaft äußerte, die eigenen Kinder dort hinein zu schicken.[338] Auch die erwachsenen Kindergruppenleiter nahmen wenig überraschend ebenfalls eine andere Position ein. Zu einer grundsätzlichen Auseinandersetzung kam es während der 1. Kinderkonferenz und der parallel tagenden 2. Reichskonferenz[339] der kommunistischen Kindergruppenleiter Deutschlands am Wochenende vom 22. bis 24. Juli 1922 in Suhl. Der Leiter der Kindergruppe Halle hatte für seine delegierten Kinder einen Antrag formuliert, nach dem die Kindergruppen der Kommunistischen Partei und nicht dem Jugendverband unterstellt werden sollten. Während der Diskussion klagten diverse Kinder über die mangelnde Aufmerksamkeit der Leiter und die Hemmung ihres Tatendranges. In der anschließenden Leitersitzung bemerkte der verantwortliche Hallesche Genosse Groh, seine Erfahrung zeige, „dass die Jugend unfähig ist, so wie die Kinder verlangen, zu arbeiten." Zustimmung fand er bei einem Hamburger Genossen, der Jugendliche im Alter von 16 bis 20 Jahren für ungeeignet hielt, da sie zu „unbeständig" seien, während ein Erfurter Genosse deren „zu gefühlsmäßige Einstellung" bemängelte.[340] Durchsetzen allerdings konnten sie sich nicht. Auch wenn während

---

[336] *Die Personenfrage*, DPK, Jg. 1 (1921), Nr. 1, S. 4.

[337] Edwin Hoernle, *Jugend und Partei in der Kindergruppenarbeit*, DPK, Jg. 2 (1922), Nr. 4, S. 5.

[338] Vgl. das folgende Kapitel.

[339] Tatsächlich war dies die dritte. Sowohl die Konferenz in Leipzig vom Vorjahr als auch die in Suhl wurden als „2. Reichskonferenz" tituliert. Vermutlich aufgrund des Gründungscharakters der ersten Konferenz in Berlin, in deren Vorfeld es keine Gesamtorganisation gab, wurde die Leipziger Konferenz im Nachhinein an die Stelle einer 1. Konferenz gesetzt.

[340] *Bericht über die Kinderkonferenz der kommunistischen Kindergruppen Deutschlands in Suhl vom 22.–24. Juli 1922*, SAPMO-BArch RY 1, I/4/80, Bl. 1–14.

der Diskussion keine offensive Gegenposition vertreten wurde, blieb es bei der Angliederung an den Jugendverband. Bezeichnenderweise wurde der Antrag aus Halle in der Berichterstattung des *Proletarischen Kindes* nicht erwähnt und die Kritik in eine generelle an den Gruppenleitern unformuliert, die sich „anstatt den Kindern voraus zu sein, gegenüber den Kindern reaktionär" verhielten. Dies bezog sich allein auf eine bevormundende Haltung, mit der die Kinder nicht ernst genommen wurden. An der prinzipiellen Richtigkeit des Organisationsaufbaus wurde, wenn auch stillschweigend, festgehalten.[341]

Auf der 3. Leiterkonferenz in Gotha vom 21. bis 23. Juli 1923 stand mit der „Bedeutung der Kindergruppen in der kommunistischen Bewegung" erneut „das Verhältnis der Kindergruppen zur Partei- und Jugendorganisation" auf dem Programm. Obwohl nach der Auffassung Karl Sothmanns, der wenige Jahre später Wiesner als Leiter der Kommunistischen Kindergruppen ablösen sollte, aus der Sicht der Reichszentrale „grundsätzlich hier nichts neues zu sagen sein dürfte", läge „aus der Praxis soviel Material an Klagen über pädagogische Mängel und damit im Zusammenhang über organisatorisches und pädagogisches Versagen von Erwachsenen und Jugendgenossen vor, daß eine gründliche Aussprache notwendig" sei.[342] In dem Eingangsreferat betonte Franz Jahnke stellvertretend für die Kindergruppenzentrale die Wichtigkeit einer Leitung durch die KJ für den Klassenkampf der Arbeiterkinder und hob die Erfolge der jugendlichen Gruppenleiter hervor. Die von älteren Genossen gegründeten jugendpflegerischen „kommunistischen Kindergärten" hingegen seien angeblich „zusammengebrochen". In der anschließenden Diskussion warnte ein Genosse aus Berlin, „daß die Leitung der Kindergruppen auf die Partei übergehen kann, wenn die Jugend nicht auf dem Posten ist", und abschließend erinnerte erneut Jahnke daran, dass die Leitungsfunktion der KJ „auf dessen letztem Reichskongress festgelegt" worden sei. Kritische Stimmen hingegen fehlten, wobei allerdings an den Konferenzen im Wesentlichen keine älteren Genossen, sondern Jugendliche teilgenommen haben dürften, die eher die Position der Zentrale geteilt haben.[343]

Damit war die Diskussion beendet und im Sinne der kommunistischen Pädagogen sowie der Kommunistischen Jugend und der Jugendinternationale

---

[341] Edwin Hoernle, *Die Bedeutung der Kindergruppenkonferenz in Suhl*, DPK, Jg. 2 (1922), Nr. 9, S. 2–4.

[342] Karl Sothmann, *Die zweite Reichskonferenz der Kommunistischen Kindergruppen Deutschlands. Die 3. Reichskonferenz der Kindergruppenleiter*, DPK, Jg. 3 (1923), Nr. 7, S. 3.

[343] *Der Verlauf der Kindergruppenleiterkonferenz in Gotha*, DPK, Jg. 3 (1923), Nr. 9, S. 1–6. Da die Originalprotokolle fehlen, kann nicht festgestellt werden, ob die Berichterstattung in Bezug auf kritische Stimmen manipuliert wurde. Informationen über die Zusammensetzung der Konferenzen gibt es nur für spätere Jahre und auch dort nur vereinzelt. Vgl. Kap. II.2.3.

gelöst. Die Unterscheidung einer „guten", von der Jugend angeleiteten revolutionären Kampferziehung und einer „schlechten", reaktionär an Jugendpflegeaspekten orientierten Erziehung durch die älteren Parteigenossen wird an dem Referatsbeitrag von Jahnke mit dem Hinweis auf die „kommunistischen Kindergärten" deutlich. Ging es den Pädagogen nach wie vor um die generationale Nähe der Kinder zu den Jugendlichen und die damit verbundenen erhofften pädagogischen Vorteile, so wird für die Jugendlichen der Zentralen die Leitungsfunktion über den Gesamtverband reizvoll gewesen und zudem die Umsetzung von KJI-Direktiven als „kommunistische Pflicht" begriffen worden sein. Auf der Ebene der Kindergruppen blieb der Leitungsposten allerdings anhaltend unpopulär, was die Klagen der Erwachsenen und der Kinder eher untermauerte.[344]

Auch die Frage der Binnenorganisationsform wurde nach der ersten Konferenz der Reichskindergruppenleiter immer drängender und schließlich, wie Fritz Lange[345] im September 1921 in einem Beitrag für das *Proletarische Kind* konstatierte, „eine der häufigsten, die in der praktischen Arbeit auftaucht." Allerdings sei, so Lange weiter, „trotz allen Suchens noch keine einheitliche Form gefunden worden, die überall anwendbar wäre". Das Ergebnis der Unsicherheit war nicht selten die Übertragung der Parteiorganisation auf die Kindergruppen und „also ein glatter Abklatsch des Parteiapparates".[346] Eben dieses hielten die Pädagogen für wenig kindgemäß und überfordernd. Die Kinder würden lediglich die Form kopieren, ohne die Inhalte zu verstehen. Entsprechend wenig Ausdauer hätten sie zum Beispiel beim Erlernen von Organisationsmethoden.[347] Folglich erschien eine Festlegung auf einen grundlegenden organisatorischen Rahmen als dringend geboten. Erstmalig stellte die KJD im September 1921 auf dem 6. Reichskongress in Halle eine Beschlusslage zu den grundlegenden Organisationsfragen her. Der für die Strukturfragen wesentliche erste Absatz der Richtlinien sollte allerdings dem 2. Reichskongress der Kindergruppenleiter zur endgültigen Formulierung vorgelegt werden. Die erneute Bekräftigung des Jugendauftrages zur Kindergruppenarbeit und die bereits 1920 proklamierte Schaffung von Kinderressorts bei den Be-

---

[344] Vgl. das folgende Kapitel.

[345] Fritz Lange (* 23. 11. 1898, † 16. 9. 1981), Volksschullehrer, Mitglied der USPD, dann der KPD, 1921–1924 Angehöriger der Reichszentrale der Kindergruppen, 1924 IAH-Sekretär, 1925–1927 Redakteur beim KPD-Pressedienst, 1927–33 Mitglied der Agitprop-Abteilung des ZK der KPD, ab 1933 Bauarbeiter und kaufmännischer Angestellter, 1941 Inhaftierung und Zuchthaus, 1945 Oberbürgermeister von Brandenburg/Havel. 1954–1958 Minister für Volksbildung der DDR.

[346] Fritz Lange, *Die Organisation der Kindergruppen*, DPK, Jg. 1 (1921), Nr. 8, S. 7f.

[347] Edwin Hoernle, *Erziehung zur Organisation*, DPK, Jg. 1 (1921), Nr. 10, S. 4f.

zirksleitungen wurden entweder als konsensual vorausgesetzt oder zur Vermeidung einer erneuten Diskussion ohne Vorbehalt beschlossen.[348]

Der von der Kommunistischen Jugend formulierte Absatz mit den Vorschlägen zur Organisation allerdings wurde von der Reichszentrale der Kindergruppenleiter vor der erneuten Abstimmung auf der folgenden Konferenz deutlich ergänzt. Bei der Frage nach der zu betreuenden Altersgruppe herrschte Einmütigkeit. Sie sollte „hauptsächlich auf die Kinder über 10 Jahre" konzentriert werden. Jüngere konnten nach Auffassung der Reichskindergruppenzentrale zugelassen werden, wenn sie sich beteiligten, „ohne zu stören". Die „besonders Interessierten" sollten in Arbeitsgemeinschaften zusammengefasst werden und „die Funktionäre der Kindergruppen" stellen. Welche Funktionen besetzt werden sollten, blieb dabei offen. Die einzige Ausnahme bildete das Amt des „Vorstehers" der Kindergruppe. Einigkeit herrschte ebenfalls über die zentrale Zusammenfassung mehrerer Kindergruppen „an einem Orte" mit einer „Leitung der Kinder" und einer regelmäßigen Abhaltung gemeinsamer Veranstaltungen. Eine wesentliche Erweiterung, die die spätere Marschrichtung schon beinhaltete, bestand in der örtlichen Zusammensetzung der Gruppen. Die Konferenz des KJD schlug vor, die Kindergruppen „nach Möglichkeit zwecks besserer Arbeit in Unterabteilungen von 10–15 Mitgliedern zu organisieren, die in ihrer Zusammensetzung dem Willen der Kinder und den örtlichen Verhältnissen entsprechen sollen (je nach Stadtbezirken, Schulen oder freier Wahl)." Die Version wurde nun durch einen Beschluss der Reichskindergruppenleiterkonferenz wie folgt ergänzt: „Das Hauptbetätigungsfeld der Kommunistischen Kindergruppen ist die Schule, und es muss infolgedessen auch eine klassenweise Zusammenfassung stattfinden. Dieses geschieht durch die Wahl von Klassenobleuten, welche sich dann einen Vertrauensmann für die gesamte Schule wählen."[349] Dieses, wie sich zeigen wird, optimistische Postulat, in einzelnen, möglichst allen Klassen Gruppen zu installieren, markierte den ersten von der Zentrale eingeleiteten Schritt zur Erfassung der Kinder an ihrem antizipierten Kampfplatz. Allerdings war diese noch weit von der späteren Form der „Zelle" entfernt.

Ohnehin war mit diesen Richtlinien in Bezug auf eine reichsweit einheitliche Organisation zunächst wenig gewonnen und auch den Gruppenleitern nur bedingt geholfen. Die Gruppen konnten sich aufgrund der Formulierung „den örtlichen Verhältnissen angepasst" und der vagen Bezeichnung der Funktionäre weiterhin nach Gutdünken organisieren. Gleichwohl hatte dies

---

[348] *Richtlinien zur Kindergruppenarbeit*, angenommen auf dem 6. Reichskongress der KJD vom 10.–12. 9. 1921 in Halle, gedr. in: *Resolutionen und Richtlinien des 6. Reichskongresses der Kommunistischen Jugend Deutschlands*, Berlin 1921, S. 12f.

[349] Die überarbeiteten Richtlinien finden sich in vollständigem Wortlaut in: *Rundschreiben der Zentrale der Kommunistischen Kindergruppen vom Oktober 1921*, SAPMO-BArch, RY 1, I4/1/80, Bl. 136f.

insofern Methode, als dass nach Ansicht der Zentrale eine brauchbare Form nur an den regionalen Gegebenheiten entwickelt werden könne. In einer Referentendisposition zu der Kindergruppenarbeit formulierte der Autor als Resultat der bisherigen Erfahrungen: „Ablehnung jeder starren Festlegung auf eine Form."[350]

Neben der Kopie des Parteiapparates stand zudem der „Vereinscharakter" der Kindergruppen in der Kritik, aus dem sich „unüberwindliche Schwierigkeiten" ergaben. Diese Schwierigkeiten bestanden in der Öffnung zur proletarischen Massenorganisation, da die Gruppen offensichtlich in Vereinsmanier eher mitgliederorientiert arbeiteten und sich so der Zustrom von den als „indifferent" bezeichneten unorganisierten Kindern nicht in erwartetem Maße einstellte. Nach Auffassung der Zentrale sollten die Kindergruppen lediglich „Zentralpunkte" bilden, von denen aus die „Anregungen in den verschiedenen Lebensbereichen zu verwirklichen seien". Eben diese Aufgabe bereitete den Erziehern zunächst nachhaltige Schwierigkeiten. Ausweislich verschiedener Berichte innerhalb des *Proletarischen Kindes* blieb es in den ersten Jahren bei eher gruppeninternen Veranstaltungen, die zwar öffentlich abgehalten wurden, aber nicht an den Orten stattfanden, an denen sich Öffentlichkeit befand, wie zum Beispiel auf Spielplätzen, sondern in angemieteten Gruppenräumen.[351] Interessierte waren also genötigt, bei den Gruppensitzungen zu erscheinen. Sie wurden nicht, wie es die Zentrale forderte, gleichsam „abgeholt", obwohl dieses umso notwendiger erschien, als dass nach kommunistischer Auffassung die Eltern selber reaktionär waren und nicht von sich aus die Kinder kommunistisch erziehen lassen würden. Änderungen dieser Praxis blieben allerdings zunächst aus.

Auf der am 24. und 25. September 1921 stattfindenden Tagung bemühte sich die Reichszentrale abseits der methodischen Probleme um eine weitere formale Vereinheitlichung und brachte den einstimmig angenommenen Antrag ein, „Kommunistische Kindergruppe" als Name für alle an die Reichszentrale angeschlossenen Gruppen zu verwenden und Ausnahmen genehmigungspflichtig zu machen. In einem Antrag von Ostpreußen und Südbayern wurde die erste Korrektur der Richtlinien von 1920 vorgenommen und entgegen der Empfehlung der Zentrale beantragt, die Mitglieder der Reichszentrale von der Konferenz der Kindergruppenleiter vorschlagen zu lassen und nicht wie bisher von der Zentrale der Kommunistischen Jugend. Diese sollten zudem mit der gesamten Organisation betraut werden. Dieser Antrag wurde,

---

[350] *Die Methodik der Kinderarbeit*, o. D. (ca. 1922), ebd., Bl. 97–99. Auch für das Folgende.

[351] In Hamburg waren dies zum Beispiel Schulräume. Vgl. *Protokollauszug der Sitzung der Oberschulbehörde am 19. 4. 1923*, StAHH, 361-2 V, 154a, Bd. 1. (Die Akten des StAHH sind zum überwiegenden Teil nicht paginiert. Daher muss auf Blattangaben verzichtet werden.)

allerdings knapp, mit 57 gegen 54 Stimmen angenommen. Ebenfalls kontrovers wurde die Einführung einer Mitgliedskarte für die Kinder diskutiert und mit 66 gegen 59 Stimmen angenommen.[352] Die beiden letztgenannten Abstimmungen sind Indizien für die noch relativ ungesicherte Position der Zentrale. Die Stärkung der Reichskonferenz der Kindergruppenleiter war nicht im Sinne der um Zentralisierung und Kontrolle bemühten Leitung. Gegen die Mitgliedskarten hatte sich das Leitungsmitglied Fritz Lange bereits im *Proletarischen Kind* ausgesprochen, da vermieden werden sollte, die Kinder zu „Prahlhänsen zu erziehen", die mit ihrer Mitgliedskarte angaben. Auch hier fiel das Votum der Leiter anders aus, die offensichtlich die integrative Wirkung für schwerwiegender erachteten. Der zusätzliche Wunsch nach einheitlicher Kleidung hatte im Vorfeld abgewandt werden können. Die Kommunisten befürchteten, dass die vereinsartige Abgeschlossenheit dadurch noch verstärkt werden würde.[353] Es blieb also bei der einheitlichen Namensgebung und der Mitgliedskennzeichnung durch eine zu schaffende Mitgliedskarte. Auf dieser Ende des Jahres im Format A6 eingeführten Karte war auf der Frontseite neben dem Schriftzug „Kommunistische Kindergruppe – Mitgliedskarte" ein Stern abgebildet, in dem sich das sowjetische „Hammer und Sichel" -Emblem befand. Handschriftlich konnte in dem Vordruck neben einer Mitgliedsnummer der Name und die Adresse eingetragen werden, auf der Rückseite befand sich Raum für Marken.[354]

Nachdem auf der Konferenz zudem verstärkt methodische Probleme erörtert worden waren, erschien am Anfang des Jahres 1923 im *Proletarischen Kind* der lang erwartete, auf den Diskussionsergebnissen basierende „Leitfaden" für die Struktur der Kindergruppen. Im Gegensatz zu den Ausführungen von Lange aus dem Jahr 1921 regte der Verfasser Jahnke nun an, den Vorstand „ähnlich [...] wie die Vorstände in Jugend- und Parteiorganisationen zu besetzen." Es sollte allerdings beachtet werden, „keine unnötigen Funktionen" zu schaffen. Damit setzte sich die Aufgabe der Kindergruppen, als „Vorschule für den revolutionären Klassenkampf" zu dienen, als oberste Priorität durch. Mit der Spiegelung des Parteiapparates, gleichwohl unter der pädagogischen Prämisse eines anwendungsbezogenen Lernens, schien die Vorbereitung auf den späteren Klassenkampf der Erwachsenen sinnvoll durchführbar zu sein, die Vorbehalte gegenüber einer Erziehung zu „Parteipralhänsen" traten dahinter zurück.[355]

---

352 *Die zweite Reichskonferenz der kommunistischen Kindergruppenleiter Deutschlands*, gedruckt in: DPK, Jg. 1 (1921), Nr. 9, S. 7f.

353 Fritz Lange, *Organisationsfragen der Kindergruppen*, DPK, Jg. 1 (1921), Nr. 8, S. 8.

354 Exemplar in: SAPMO-BArch, RY 1, I4/1/80, Bl. 244.

355 Franz Jahnke, *Plan für den Aufbau und die Organisierung der Kindergruppen*, DPK, Jg. 3 (1923), Nr. 7, S. 10f.

Auch wenn seit der Konferenz in Suhl die Schule als Hauptkampfgebiet der Kinder identifiziert wurde, hatte dies abseits der postulierten Einrichtung von Schulobleuten zunächst keine weiteren organisatorischen Konsequenzen. In dem Organisationsleitfaden von 1923 wurden sie nicht erwähnt. Statt eines systematisierten Schulkampfes und der Öffnung zu den Massen wurde vielmehr auf die Funktion einzelner „Propagandaveranstaltungen" hingewiesen, um indifferente Kinder anzuwerben.[356] Auch die nachfolgende 3. Reichskonferenz der Kindergruppenleiter rekurrierte auf diesen Artikel und beschäftigte sich zwar inhaltlich mit dem Schulkampf, zog aber keine organisatorischen Konsequenzen.[357] Vielmehr blieb die Ortsorganisation „vorläufig" die Grundeinheit.[358] Erst im Oktober des Jahres 1923 schließlich proklamierte Hoernle in einem Artikel „die organisatorische Umstellung unserer Kindergruppen auf ihren Kampf in der Schule." Dabei verwandte er analog zu den Grundeinheiten der KPD und der Kommunistischen Jugend erstmals den Begriff der „Schulzelle". Obwohl er einräumte, dass dieser Begriff „vielleicht [...] zu weitgehend" sei, da „die Schule dem Betrieb nicht gleichgesetzt" werden könne, warb er vehement für die Zusammenfassung der Kinder an den Schulen. Auch die augenscheinlich geringe Anzahl von Mitgliedern, die einzelne Zellen haben würden, stellte nach Hoernle kein Hindernis dar, sondern eher einen Ansporn, weitere Mitglieder zu werben und zu einer Massenorganisation zu werden.[359]

Die kurz darauf mit dem „Hamburger Aufstand" der KPD folgenden politischen Ereignisse allerdings sollten die Pläne für eine organisatorische Neuordnung vorläufig zunichte machen und die Kindergruppenarbeit bis zur Mitte des Jahres 1924 bestimmen. In der Nacht zum 24. Oktober bewaffneten sich 300 Kommunisten mit Gewehren, die sie bei Angriffen auf 24 Polizeireviere in Hamburg und Schleswig Holstein erbeuteten. In den folgenden Auseinandersetzungen starben rund 100 Personen, der Großteil von ihnen waren Zivilisten. Der Sinn einer solchen Aktion in der Krisensituation des Oktobers 1923, dem die Ruhrbesetzung und ein Generalstreik sowie die Hyperinflation vorangegangen waren,[360] war in der KPD-Führung umstritten. Vermutlich blieb es deshalb bei der isolierten Aktion. Ob dabei ein Übermittlungsfehler der

---

[356] Ebd.

[357] *Kindergruppenleiterkonferenz in Gotha,* (wie Anm. 343), S. 3f.

[358] Hoernle, *Kommunistische Kindergruppen* (wie Anm. 256), S. 128.

[359] Ders., *Einige der nächsten Aufgaben der Kindergruppen Deutschlands,* DPK, Jg. 3 (1923), Nr. 10, S. 4f.

[360] Winkler, *Revolution,* S. 553–669. Zu den Ereignissen im Ruhrgebiet vgl. auch Gerd Krumeich/Joachim Schröder (Hgg.), *Der Schatten des Weltkriegs. Die Ruhrbesetzung 1923,* Essen 2004. Den Verlauf der Inflationskrise behandelt Carl-Ludwig Holtfrerich, *Die deutsche Inflation 1914–1923. Ursachen und Folgen in internationaler Perspektive,* Berlin/New York 1980.

Zentrale an die Hamburger Genossen den Aufstand auslöste oder aber umgekehrt die Hamburger eine reichsweite Erhebung erzwingen wollten, ist ungeklärt.[361]

Mit dem gescheiterten Aufstand und dem in der Folge am 23. November 1923 ausgesprochenen Parteiverbot änderte sich die Situation für die KPD dramatisch. Auch die Kommunistische Jugend und die Kindergruppenleitung wurden bereits Anfang Oktober von einem revolutionären Aktionismus gepackt und begannen eifrig, die Kindergruppen auf die erwarteten Ereignisse vorzubereiten. „Auch im kommenden Bürgerkrieg", so formulierte die Reichszentrale in einem Rundschreiben in den ersten Oktobertagen euphorisch, „werden sie nicht abseits stehen. [...] Selbst wenn auch die Kindergruppen durch die politischen Umstände illegal werden sollten, müssen sie weiterbestehen und gerade im illegalen Dasein zu der revolutionären Schulung und zur Schärfung der wertvollsten Eigenschaften eines Revolutionärs in den Arbeiterkindern beitragen."[362] Im gleichen Monat sollte mit einem zweiten Rundschreiben die „Umstellung der kommunistischen Kindergruppen" eingeleitet werden. Neben einer revolutionären Zuspitzung der Inhalte des jüngst postulierten Schulkampfes sollten im organisatorischen Bereich sofort fünfköpfige Pioniergruppen geschaffen werden. Diese aus zwölf- bis fünfzehnjährigen Kindern bestehenden Einheiten sollten von der Partei und der Jugend für „Kurier-, Nachrichten- und Beobachtungsdienste" eingesetzt werden können. In umfangreichem Material wurde der Aufbau von der „Kampfleitung der Partei und Jugend" über die Pionierleiter bis hin zur Pioniergruppe beschrieben sowie Verhaltensmaßregeln bei der Beobachtung verdächtiger Personen und bei Verhaftung(!) ausgegeben. Weiterhin wurden die „Gesetze der Pioniere" formuliert, in denen es unter anderem hieß: „Der Pionier ist schweigsam wie ein Fisch [...], gewandt wie ein Wiesel im Kampfe. [...] Niemals verrät er seine Freunde, auch wenn er selbst in Gefahr ist."[363]

Außer bei dem Bemühen, mit den Tierallegorien für die Pionierregeln eine halbwegs kindgerechte Sprache zu nutzen, hatte die Reichszentrale hier

---

[361] Vgl. Harald Jentsch, *Die KPD und der „Deutsche Oktober" 1923*, Rostock 2005; Angelika Voß, *Der „Hamburger Aufstand" im Jahr 1923*, in: Dies./Ursula Büttner/Hermann Weber (Hg.), *Vom Hamburger Aufstand zur politischen Isolierung. Kommunistische Politik 1923–1933 in Hamburg und im Deutschen Reich*, Hamburg 1983, S. 9–43. Eine Sammlung zentraler Dokumente zu dem Thema bietet Bernhard H. Bayerlein, *Deutscher Oktober 1923. Ein Revolutionsplan und sein Scheitern*, Berlin 2003. Zu dem Verbot der KPD und den rechtlichen Vorraussetzungen vgl. Katrin Stein, *Parteiverbote in der Weimarer Republik*, Berlin 1999, S. 169–179.

[362] *Rundschreiben der Zentrale der kommunistischen Kindergruppen Nr. 1*, Oktober 1923, SAPMO-BArch, RY 1, I4/1/80, Bl. 196.

[363] *Rundschreiben der Zentrale der kommunistischen Kindergruppen Nr. 2*, Oktober 1923, ebd., Bl. 198f.

offensichtlich weniger die Erziehung der Kinder im Sinn als eine Schützenhilfe für die KPD in der kommenden Revolution, zu deren Gelingen sie auf diese Weise durch die revolutionäre Führung der Kindergruppen beitragen wollte. Das Rundschreiben blieb allerdings Episode. So wie die Partei während der Verbotsphase nahezu vollständig zusammenbrach, wurde auch die Kindergruppenarbeit nicht weitergeführt oder gar zum revolutionären Nutzen der Partei umgestellt. Ein neuer Versuch der Kinderarbeit, diesmal mit einem deutlich stärker auf die Destabilisierung des Weimarer politischen und gesellschaftlichen Systems ausgerichteten Impetus konnte erst nach der Aufhebung des Parteiverbots im Jahr 1924 unternommen werden.

1.3 Die Organisatorische Entwicklung von 1920 bis 1923

Nach der Reichskonferenz der Kindergruppenleiter im Jahre 1920 begann ausweislich des parteieigenen Materials eine rasche Zunahme der Mitglieder- und Gruppenzahlen. Das jüngst gegründete Reichskindersekretariat meldete im März 1921 „nach der Arbeit von zwei Monaten" das Bestehen von Kindergruppen in über 60 Orten.[364] Da bereits vor der Konferenz Gruppen existierten, war der Erfolg allerdings nicht allein auf die seit Dezember 1920 währenden Bemühungen zurückzuführen, sondern repräsentierte die ungefähre Ausgangslage, unter der der systematische Verbandsaufbau begonnen wurde. Genaueres Datenmaterial lieferte der Bericht indes nicht. Erste Daten über die Mitglieder- und Gruppenstärke legten die Bezirke für den September des Jahres 1921 vor. Demnach bestanden reichsweit 220 Kindergruppen mit 14.045 Mitgliedern. Der stärkste Verband bestand in Rheinland-Westfalen mit gemeldeten 2.770 Mitgliedern in 42 Gruppen. Da dieser das gesamte Ruhrgebiet umfasste, ist dies wenig überraschend. Die Bezirke Groß-Berlin und Wasserkante befanden sich mit 1.300 beziehungsweise 1.200 Mitgliedern ebenfalls an der Spitze. Die kleinsten Gruppen existierten mit jeweils unter 50 Mitgliedern erwartungsgemäß in den ländlichen Regionen von Pommern und Mecklenburg, und auch die kleine Region Kassel konnte lediglich eine Gruppe mit 30 Mitgliedern melden.[365]

Generell ist allerdings bei diesen Angaben, wie auch in anderen Bereichen der kommunistischen Statistik, Vorsicht geboten. Nicht nur aufgrund des Drucks, Erfolgsmeldungen ausgeben zu müssen, waren die Mitgliederbestände oftmals eher zu hoch gegriffen. Die durch die Weimarer Republik hindurch chaotisch geführte Mitgliederregistratur erschwerte eine systematische Erfassung. Eine zentrale Mitgliederkartei existierte zu keiner Zeit, auch die Bezirke

---

[364] *Mitteilungen des Reichskindersekretariats*, DPK, Jg. 1 (1921), Nr. 2, S. 15.

[365] *Rundschreiben der Zentrale der Kommunistischen Kindergruppen*, September 1921 (Nr. 1), SAPMO-BArch, RY 1, I4/1/80, Bl. 135.

registrierten in der Regel nachlässig.[366] Insbesondere in der Anfangsphase stellte sich zudem die Frage, wer als Mitglied zu zählen sei. Neben tatsächlich abgerechneten Mitgliedern werden teilweise auch Kinder, die nur sporadisch auftauchten, mitgeschätzt worden sein. Hinzu kamen Karteileichen. Insbesondere während der Internationalen Kinderwochen gab es ausweislich der kommunistischen Berichterstattung größere Schübe von Neumitgliedern. Bei vielen blieb es aber bei dem einmaligen Aufnahmeakt. Tätig wurden sie nicht. Eine hohe Fluktuation der Mitglieder erschwerte zudem eine genaue Erfassung des aktuellen Bestandes. Insgesamt sind die Zahlenangaben an die Reichszentrale so in der Regel eher zu hoch gegriffen.[367]

Deutlich wird die Problematik der zahlenmäßigen Erfassung der Mitglieder an der Berichterstattung Groß-Hamburgs. Nachdem es dort aufgrund von Parteivorbehalten zunächst einen eher schleppenden Start für die Kindergruppen gab, meldete ein führender Genosse für Ende Mai des Jahres 1921 sechs Gruppen. Im Juli seien es schon „13 Gruppen mit 1.000 Mitgliedern und ebenso vielen Mitläufern" gewesen.[368] Neben der auffällig gerundeten Zahl, die auf eine eher grobe Schätzung hindeutet, verwundert die explosionsartige Zunahme innerhalb von zwei Monaten, die auch mit der in dem Zeitraum stattfindenden ersten Internationalen Arbeiterkinderwoche kaum zu erklären ist.[369] In der Tat ergab sich ein gutes halbes Jahr später aus dem nächsten Bericht ein deutlich anderes Bild. Demnach umfassten die Kommunistischen Kindergruppen in Hamburg „400 Mitglieder in sieben Gruppen", also weniger als die Hälfte der im Vorjahr genannten Zahlen. Davon würden lediglich vier Gruppen – Barmbek, Eppendorf-Hoheluft, Neustadt und Hammerbrook – gute Arbeit verrichten. Die anderen drei ließen „noch viel zu wünschen übrig, da es hier an Führern und Leitern fehlt."[370]

Dieser Mangel an geeigneten Gruppenleitern blieb anhaltend problematisch für die Entwicklung der Kindergruppen. Im September 1921 konstatierte wiederum jener Hamburger Genosse: „Zur selben Zeit, wo immer noch neue Scharen proletarischer Kinder begeistert zu uns strömen, haben wir die Tatsache zu verzeichnen, daß verschiedene Jugendgenossen mit allerlei Begründungen der Kindergruppenarbeit Valet sagen." Dies sei verständlich, wenn selbige „ihre Unfähigkeit erkannt haben" und auf andere Arbeitsgebiete aus-

---

[366] Dies galt auch für die anderen Parteigliederungen. Vgl. Eumann, *Kohorten*, S. 60ff. Zum KJVD vgl. Köster, *Avantgarde*, S. 131.

[367] Aufgrund des relativ knappen Materials für die Anfangsphase sei für eine genauere Analyse der Mitgliederbewegung auf das Kapitel II.2.3 verwiesen, das die Entwicklung für die Jahre 1924–30 beinhaltet.

[368] Th. Th., *Groß-Hamburg*, DPK, Jg. 1 (1921), Nr. 6/7, S. 23.

[369] Zu den Internationalen Arbeiterkinderwochen vgl. Kap. III.2.3.

[370] *Die kommunistischen Kindergruppen Groß-Hamburg*, DPK, Jg. 2 (1922), Nr. 4, S. 24f.

wichen. Insgesamt aber werde zu wenig für die Kinderarbeit mobilisiert.[371] Diese war für die Jugend ungeachtet der Direktiven der KJD und der Kommunistischen Jugendinternationale auf der unteren Leitungsebene offensichtlich nicht attraktiv genug, um in ausreichendem Maße zur Mithilfe zu motivieren. Die Gruppen wurden darüber hinaus von Seiten der Bezirksleitungen bei der Besetzung mit qualifiziertem Personal eher stiefmütterlich bedacht. Rückblickend konstatierte die Reichszentrale am Ende des Jahres 1921 in Bezug auf dieses Thema „die Einstellung […], daß alle jene Genossen, die zu keiner anderen Arbeit taugen, in die Kindergruppen abgeschoben" worden seien[372]. Dies sei nun „erfreulicherweise fast vollkommen überwunden und überall hat sich die Erkenntnis Bahn gebrochen, daß nur solche Genossen als Leiter in die Kindergruppen gehen sollen, die im revolutionären Kampfe bereits ihre volle Pflicht getan haben, die ein hohes Maß von Verantwortungsgefühl besitzen."[373] Quantitativ änderte dies allerdings zunächst wenig, und ausweislich der anhaltenden Klagen über die Fähigkeit der Jugend zur Kindergruppenleitung erscheint auch die Annahme einer qualitativen Verbesserung der Personalsituation als sehr optimistisch.

Zudem bestimmte die Personaldichte die Gruppengröße. Notgedrungen werden sich die Gruppenstärken nach den vorhandenen Leitungskapazitäten gerichtet haben und weniger nach pädagogisch sinnvollen Größen oder Vorgaben der Reichszentrale wie zum Beispiel der Bildung von Untergruppen aus 10–15 Mitgliedern. So erklärt sich die reichsweit stark divergierende Gruppenstärke von durchschnittlich 17 Mitgliedern (Pommern) bis zu 250 Mitgliedern (Bayern) pro Gruppe in der ersten Mitgliederstatistik. Im Schnitt hatten 1921 Wasserkante 80 und Berlin 46 Mitglieder pro Gruppe.[374] Hamburg gibt für selbiges Jahr eine Anzahl von 40 Helfern an, was einem Schnitt von knapp drei Helfern pro Gruppe und einen auf 30 Kinder entspräche.[375] Tatsächlich aber, der Bericht der Hamburger Genossen deutet es an, war die Verteilung eher unregelmäßig und somit die Gruppenbetreuung von stark unterschiedlicher Qualität. Über die reichsweite Anzahl von Helfern gibt es für die gesamte Zeit der Weimarer Republik keine Auskünfte. Ein Indiz für die ersten Jahre mag die Auflage des *Proletarischen Kindes* sein. Die erste Ausgabe von 1921 wurde in einer Auflage von 5.000. Stück vertrieben. Dies sei aber „zu hoch gegriffen" gewesen. Außer einer weiteren Ausgabe mit einer 6.000er Auflage „zu Propa-

[371] Th. Th., *Helfermangel*, DPK, Jg. 1 (1921), Nr. 8, S. 16.

[372] Freilich ohne darauf einzugehen, dass die KJ dies 1919 noch genau so gewünscht hatte.

[373] *Rundschreiben Nr. 2 vom Oktober 1921*, SAPMO-BArch, RY 1, I4/1/80, Bl. 137.

[374] *Rundschreiben* (wie Anm. 365).

[375] *Groß-Hamburg* (wie Anm. 368). Entsprechende Zahlen für Berlin sind für den Zeitraum nicht zu ermitteln.

gandazwecken" lag die Auflage bei 3.500 Stück, Ende 1922 stieg sie auf 4.500. Dies habe auch der Abnehmerzahl entsprochen.[376] Wird dazu berücksichtigt, dass die Zeitschrift internationalen Charakter hatte, war die Verbreitung eher gering.

Ein weiteres Hindernis stellte die hohe Fluktuation unter den aktiven Leitern dar. Bei einer statistischen Erhebung über die 139 Delegierten der Leiterkonferenz von Gotha gaben 44 (31,7%) an, erst seit einem halben Jahr Kindergruppenleiter zu sein. Weitere 22 (15,8%) waren zwischen sechs und zwölf Monaten Mitglied. Diesen annährend 50% standen lediglich 29,5% (41) Leiter gegenüber, die mehr als zwei Jahre in den Gruppen tätig waren. Weiterhin waren 88% der Teilnehmer auf der Konferenz in Leipzig nicht anwesend, 77% hatten an der Konferenz in Suhl nicht teilgenommen.[377] Obwohl sich die Kindergruppen aufgrund der kurzen Zeit ihres Bestehens in einer Aufbauphase befanden und langjährig erfahrene Betreuer schlicht nicht vorhanden sein konnten, ist die Kürze der Tätigkeit vieler Gruppenleiter auffällig. Auch in den nächsten Jahren sollte sich dieses Bild nicht verändern.[378] Unter der Vorraussetzung, ständig neue Gruppenleiter anlernen zu müssen oder, was aufgrund der Gesamtsituation wahrscheinlicher war, diese bei der Aneignung der notwendigen Kenntnisse auf sich selbst gestellt lassen zu müssen, wurde eine systematische und kontinuierliche Gruppenentwicklung zweifellos stark erschwert.

Die Zentralisierung und Vereinheitlichung des Verbandes erwies sich unter solchen Bedingungen als eher schwierig. Die Reichszentrale nahm zunächst unter der Leitung von Erich Wiesner die Arbeit auf. Die erste gewählte vierköpfige Leitung bestand aus Fritz Lange, Friedrich Neumann, Ernst Schulz und Gertrud Müller. Alle vier entstammten dem Bereich Groß-Berlin. Aufgrund der durch die chronische Finanznot der Partei und ihrer Mitglieder eingeschränkten Mobilität ist eine solche Besetzung zwar folgerichtig, sie barg aber auch eines der Probleme gerade in der Anfangsphase: die mangelnde personelle Vernetzung mit den Bezirken. Erst auf der Konferenz in Suhl wurde mit Franz Jahnke immerhin ein Hamburger Genosse in die Leitung berufen.[379]

Die Reichszentrale hatte so zunächst Mühe, ihrem Leitungsauftrag gerecht zu werden und funktionierende Kommunikationsstrukturen aufzubauen. In einem Rundschreiben vom Dezember 1921 beschwerte sich die Zentrale

---

[376] *Schreiben des Verlags der Jugendinternationale an die KPD vom 30. 8. 1922*, SAPMO-BArch, RY 1, I4/1/80, Bl. 259.

[377] *Zusammensetzung der der Delegierten zur 3. Leiterkonferenz nach Alter, sozialer Stellung und Funktion*, DPK, Jg. 3 (1923), Nr. 9, S. 16f.

[378] Vgl. Kap. II.3.3.

[379] Außerdem Friedrich Richter. Neumann und Schulz schieden aus. *Kinderkonferenz in Suhl* (wie Anm. 340).

bei den Kindergruppenleitern, dass diese „viel zu isoliert" arbeiteten und kaum mit der Zentrale kooperieren würden.[380] Auch die von den Genossen in Kampfabstimmung eingeforderten Mitgliedskarten wurden, als sie fertiggestellt waren, von „vielen Bezirken" zunächst nicht bestellt.[381] Die Organisation der Kinderkonferenz in Suhl bereitete ebenfalls Probleme. Zwei Wochen vor dem Beginn fehlten von einigen Bezirksleitungen die Meldungen für die Teilnehmer der Konferenz. Dies beeinträchtigte die Planung insofern, als dass eine Beschränkung auf zwei delegierte Kinder pro Gruppe erhoben wurde, um den Rahmen nicht zu sprengen. Ohne das Wissen um die gesamte Teilnehmerzahl blieb außerdem die Logistik, insbesondere für die Unterbringung der zumeist mittellosen Kinder, schwierig.[382]

Weitaus schwerwiegender für die reichsweite Arbeit wog allerdings der Umgang mit den von der Zentrale im Vorfeld versandten Berichtsbögen, in denen die Anzahl der Gruppen, die Gruppenstärke, die Anzahl der Kindergruppenleiter und der Name des Ressortleiters angegeben werden sollte. Diese Bögen wurden „von den meisten Bezirken" nicht zurückgeschickt.[383] Die Reichszentrale tappte damit über die Gesamtentwicklung im Dunklen. Ohne die Namensangabe des jeweiligen bezirklichen Ressortleiters fehlte zudem ein Ansprechpartner für die Beseitigung dieser Probleme innerhalb der Kinderorganisation. Die Kommunikation konnte nur über den Jugendverband oder die KP in der Hoffnung abgewickelt werden, dass die Schreiben an die richtige Stelle weitergeleitet wurden.

In Anbetracht dieser Situation durchaus überraschend galt die Kindergruppenarbeit im internationalen Vergleich allerdings als vorbildlich. Sowohl das Exekutivkomitee der Kommunistischen Jugendinternationale als auch das der Komintern wandten den Kindergruppen nach der Konstituierungsphase im Jahre 1922 verstärkte Aufmerksamkeit zu und bemühten sich um einen Ausbau der Arbeit. Mit der Internationalen (kommunistischen) Kinderwoche initiierte die Komintern erstmals eine internationale Propagandaveranstaltung. In diesem Zusammenhang betonte das EK in einem Rundschreiben die Wichtigkeit der Arbeit und forderte zur stärkeren Unterstützung der Bewegung auf.[384] Das Exekutivkomitee der KJI wies erneut alle Jugendverbände an, an die Landeszentralen angebundene Ressorts oder Kommissionen zu schaffen. Zudem wurde für den 16. bis 19. September 1922 zu der ersten internationalen Kindergruppenressortleiter-Konferenz nach Berlin eingeladen. Den Hin-

---

[380] *Rundschreiben der Zentrale der KKG Nr. 3*, Dezember 1921, SAPMO-BArch, RY 1, I4/1/80, Bl. 140.

[381] *Mitteilungen an die Bezirke Nr. 11*, 22. 11. 1921, ebd., Bl. 139.

[382] *Mitteilungen an die Bezirke Nr. 18*, 1. 7. 1922, ebd., Bl. 161f.

[383] *Bericht über Suhl*, Exemplar der Berichtsbögen ebd., Bl. 172.

[384] *Rundschreiben des EK der Komintern*, DPK, Jg. 2 (1922), Nr. 8, S. 2.

tergrund dieser Konferenz bildete nicht nur die Notwendigkeit eines internationalen Erfahrungsaustausches, sondern der Versuch der Schaffung eines linken Kontrapunktes gegen die gleichzeitig stattfindende Konferenz der österreichischen Kinderfreunde in Salzburg. Die kommunistische Konferenz habe „die klare Trennung in der Auffassung der kommunistischen und bürgerlich-sozialdemokratischen Erziehungsgrundsätze festzustellen."[385]

Schon in einem in der Septemberausgabe des *Proletarischen Kindes* erschienenen Artikel über die Bedeutung dieser Konferenz hob Kurella die besondere Stellung der deutschen Kinderarbeit hervor. „Nur in einem Lande jedoch, in Deutschland, war es dem Kommunistischen Jugendverband möglich, diese Entwicklung fest in der Hand zu halten, sie ständig zu beeinflussen und auf diese Weise systematische Erfahrungen für die weitere Ausgestaltung zu sammeln."[386] Einen Aufschluss, warum gerade Deutschland so hervorgehoben wurde, geben die Kritikpunkte an den anderen Mitgliedsstaaten. In „einigen Ländern" gebe es „eine starke, aber sehr ungleichartige, zerstreute und nicht unter dem zentral leitenden Einfluß der KJO. stehende Bewegung."[387] Wesentlich ging es also um die organisatorische Anwendung der von der Kommunistischen Jugendinternationale beschlossenen Linie, die zwar auch in Deutschland weder kritiklos noch effektiv umgesetzt werden konnte, aber den Grundprinzipien der Zentralisierung und der Leitung durch die Kommunistische Jugend immerhin zumindest formal entsprach. Die deutsche Sektion hatte schließlich bereits seit 1920 ein eigenes Ressort eingerichtet und die Angliederung an den Jugendverband verteidigen können.

Entsprechend positiv war auch die Erwähnung des deutschen Verbandes auf dem 3. Weltkongress der Kommunistischen Jugendinternationale, der vom 4. bis 16. Dezember 1922 in Moskau stattfand. Wiederum war es Kurella, der in dem Bericht des EK hervorhob, dass nur in Deutschland „in vollem Umfange die Arbeit aufgenommen werden konnte, weil der deutsche Verband so viele Kräfte aufgebracht hat und der Kinderarbeit gründliche Aufmerksamkeit schenkte."[388] Auch hier enthält die Begründung das Gegenteil der innerdeutschen Analyse der ersten Jahre. Dies mag auch an den desolaten Leistungen anderer Verbände liegen, ist aber in Hinblick auf den wesentlichen Kritik-

---

[385] *Einberufung einer internationalen Kindergruppenressortleiter-Konferenz,* DPK, Jg. 2 (1922), Nr. 8, S. 2.

[386] Auf der Konferenz selbst wurde zudem Norwegen eine „Kindergruppenbewegung größeren Stils" zugesprochen. Bruno Ziegler (Alfred Kurella), *Die erste internationale Konferenz der kommunistischen Kinderbewegung,* DPK, Jg. 2 (1922), Nr. 9, S. 1.

[387] *Die erste internationale Konferenz für die kommunistische Kinderbewegung,* DPK, Jg. 2 (1922), Nr. 10, S. 4.

[388] *Bericht vom 3. Weltkongress der kommunistischen Jugendinternationale vom 4.–16. 12. 1922 in Moskau,* Berlin 1923, S. 222f.

punkt, den Mangel an einer einheitlichen Leitung, als strategisches Argument zur Fortsetzung des Organisationsaufbaus im Sinne der KJI zu bewerten. In der angenommenen Resolution hieß es entsprechend, dass durch die mangelnde Aufmerksamkeit von Seiten der kommunistischen Jugend in einigen Ländern „eine Dezentralisation und zum Teil eine nachteilige Beeinflussung bestehender Kindergruppen durch ungeeignete Elemente oder falsche Theorien" eingetreten sei.[389]

Ungeachtet dieses für den deutschen Verband günstigen Zeugnisses hielten die Probleme in Bezug auf die Systematik und den Leitermangel an und wurden als zentrales Hemmnis für eine erfolgreiche Weiterentwicklung der Kindergruppen, auch und gerade in Hinblick auf ihre Mitgliederstärke, angesehen, obwohl die Mitgliederentwicklung ungeachtet statistischer Spekulationen von 1920 bis Anfang 1923 tendenziell ansteigend war. Reichsweit berichtete Wiesner auf der Leiterkonferenz in Suhl von 30.000 Kindern in 300 Gruppen, aufgrund der fehlenden Berichtsbögen allerdings ohne genaue Kenntnis der Situation.[390] Demnach wären seit der ersten Erhebung von 1921 80 Gruppen hinzugekommen. Die Kinderzahl hätte sich mehr als verdoppelt. In Berlin und Hamburg existieren für diesen Zeitraum nur Hinweise auf die Gruppenzahlen, Mitgliederstatistiken fehlen vollständig. Nach Aussagen der Berliner Bezirksleitung auf der Reichskonferenz in Weißenfels bestanden bis Ende 1923 50 Kindergruppen.[391] Aufgrund der starken Schwankungen der Gruppenstärken lässt sich hier allerdings keine Mitgliederzahl ableiten. Ähnlich verhält es sich mit den Hamburger Kennzahlen. Die Oberschulbehörde registrierte an 14 Schulen Aktivitäten von Kindergruppen, die die Schulräume als Tagungsorte nutzten.[392] Da es unwahrscheinlich ist, dass eine Gruppe an zwei Schulen Tagungsorte hatte und andere Treffpunkte zunächst eher unüblich waren, wird diese Angabe der ungefähren Gruppenzahl entsprochen haben. Auch hier gestaltet sich ein Rückschluss auf die Mitgliederstärke als schwierig.

Trotz der aufsteigenden Tendenz konstatierte Kurella am Ende des Jahres 1922 allerdings „große Schwankungen" innerhalb des Verbandes. Eine Ursache sei die einseitige Ausrichtung der Gruppen auf die Leiter, an denen das Wohl und Wehe des Fortbestandes hänge: „Wo der Leiter versagte, ging die Gruppe ein." Das Hauptmanko aber sei der Mangel an Ideen, um die Kinder längerfristig zu begeistern. Dem sollte nun methodisch durch eine verstärkte Selbsttätigkeit der Kinder entgegengetreten werden. Ein weiterer Grund für die Schwankungen sei die hohe Fluktuation innerhalb der Gruppen, die in en-

---

[389] *Resolution zur Arbeit unter den Kindern*, ebd., S. 282.

[390] Erich Wiesner, *Die I. Reichskonferenz der Kommunistischen Kindergruppen Deutschlands*, Jugend-Internationale, Jg. 4 (1922), S. 79.

[391] *Protokoll der Leiterkonferenz in Weissenfels vom 5. Oktober 1924*, SAPMO-BArch, RY 1, I4/1/81, Bl. 13.

[392] *Protokoll der Oberschulbehörde* (wie Anm. 351).

gem Zusammenhang mit dem vorgenannten Problem gesehen wurde: Die Aktivitäten der Kindergruppen waren schlicht zu langweilig.[393] Zudem waren die Leiter mit der Aktivität insbesondere von Kindern kommunistischer Eltern offenbar unzufrieden. Vor dem Hintergrund der Mitgliederentwicklung der KPD seit dem Zusammenschluss mit der USPD musste die Größe des Kinderverbandes ernüchternd wirken. 1921 zählte die KPD 359.000 abgerechnete Mitglieder, 1922 immerhin 224.689. Zumal darüber hinaus das Wahlpotential der KPD in dem Zeitraum bei bis zu 3 Millionen Stimmen lag[394] und reichsweit rund 6 Millionen Arbeiterkinder und Jugendliche potentiell zu organisieren waren, bedeuteten die rund 30.000 Kinder – wenn es denn so viele waren – in dem Verhältnis eine eher geringe Menge. Zudem waren die Konkurrenzorganisationen der Kirchen und die Kinderfreunde deutlich erfolgreicher.[395] Entsprechend wurde für die Organisation der am nächsten liegenden Klientel auf der Konferenz von Suhl ein Antrag auf Pflichtmitgliedschaft von Kindern kommunistischer Eltern eingebracht, der allerdings abgelehnt wurde.[396]

Nachdem 1923 auf der Konferenz in Gotha ein „Stagnieren" der Entwicklung festgestellt wurde, plädierte Edwin Hoernle, wie oben dargestellt, vehement für eine funktionierende, zentralisierte Organisation und geißelte, dem Bericht Kurellas auf dem internationalen Kongress entgegengesetzt, in deutlichen Worten die bisherige fehlende Systematik in der Kindergruppenarbeit: „Sie ist unzulänglich organisiert, sie ist im Reichsmaßstabe überhaupt nicht organisiert. Wir haben eine Anzahl mehr oder weniger loser Vereine, eine Anzahl von Lehr-, Unterhaltungs- und Propagandazirkeln, aber keinen geschlossenen Kampfkörper, weder lokal noch im Reichsmaßstabe. Schon der Name, den wir unserer Kinderbewegung geben, drückt das aus: Kommunistische Kindergruppen. Wir haben viele Gruppen, aber keinen Verband."[397]

Wie oben dargestellt, folgte aufgrund des Parteiverbotes von 1923, das auch die Arbeit der Kindergruppen stark beeinträchtigte, zunächst keine systematische Reorganisation. Zwar sprach Erich Wiesner Anfang des Jahres 1924 davon, dass „die KKG in ziemlich weitgehendem Maße ihre Tätigkeit und ihren organisatorischen Aufbau verändert, oder besser gesagt, verbessert" hätten und lobte unter dem Hinweis auf die oben dargestellten Organisations- und Arbeitsanweisungen, „wie die deutschen kommunistischen Kindergruppen ihre ganze Tätigkeit und ihre Organisation an die Verhältnisse des Landes

---

[393] Bruno Ziegler (Alfred Kurella), *Methoden der Arbeit in den Kommunistischen Kindergruppen*, DPK, Jg. 2 (1922), Nr. 10, S. 7.

[394] Bei der Reichstagswahl 1920 errang die KPD 589.000 Stimmen, 1924 waren es 3.746.643. Diese und die Mitgliederzahlen bei Weber, *Stalinisierung, Bd. 1*, S. 361f.

[395] Genaues Zahlenmaterial liegt allerdings erst für das Ende der zwanziger Jahre vor. Vgl. u. Kap. II.2.3.

[396] *Bericht über die Kinderkonferenz in Suhl* (wie Anm. 340).

[397] Hoernle, *nächste Aufgaben* (wie Anm. 359), S. 2.

angepasst haben."[398] Entgegen dieser Darstellung einer faktisch funktionierenden Umstellung sah es zu Beginn des Jahres allerdings finster aus. Mit dem Verbot geriet die KPD trotz anhaltender Wahlerfolge nach der schnellen Aufhebung des Verbots am 1. März 1924 verbandsintern in eine Krisensituation. Es zeigte sich, dass die Genossen wenig gewillt waren, in der Illegalität Parteiarbeit zu leisten. Die Zahl der KPD-Mitglieder sank um die Hälfte.[399] Der Jugendverband wurde von dem Mitgliederschwund deutlich stärker getroffen. Der KJV schrumpfte von 70.000 auf 20.000 Mitglieder im Jahre 1925. Von diesem Rückgang konnte sich der Verband bis 1933 trotz einiger Mobilisierungserfolge in der Endphase der Weimarer Republik nicht mehr erholen.[400]

Am dramatischsten aber entwickelte sich der Kinderverband, dessen Arbeit in dem halben Jahr der Illegalität nahezu vollständig zum Erliegen kam. Nach der Interpretation der Reichsleitung betraf das Verbot zwar nur die KPD und die Kommunistische Jugend, nicht aber die Kindergruppen. Trotzdem tauchte die Zentrale, alles Mitglieder der aufgelösten KJD, geschlossen unter. Und auch die Gruppenleiter, die in der Regel der KPD oder dem KJV – und damit einer der verbotenen Organisationen – angehörten, ließen ihre Arbeit ruhen.[401] In der Tat war die Auffassung der Reichszentrale fragwürdig. Das Verbot betraf „sämtliche Organisationen der Kommunistischen Partei Deutschlands, der Kommunistischen Jugend und der Kommunistischen 3. Internationale."[402] Als qua Statut an die KJ angegliederter Verband fielen die Kindergruppen damit formal unter das Verbot. In Bayern wurde nach der Angabe von Gruppenleitern Anfang des Jahres 1924 ein Leiter verhaftet, der eine Sitzung einberufen hatte.[403] Ihr Verhalten war in dieser Situation also durchaus nachvollziehbar.

Ein weiterer Grund für die Auflösung der Kindergruppen bestand nach Angaben der Reichsleitung in der Konzentration der Leiter auf ihre Arbeiten

---

[398] Erich Wiesner, *Die KKG-Bewegung in Deutschland* (1924), gedr. in: Flach, Schulpolitik und Pädagogik, S. 277–279.

[399] Weber, *Stalinisierung, Bd. 1*, S. 54f.

[400] Mallmann, *Kommunisten*, S. 182; Köster, *Avantgarde*, S. 134.

[401] *Protokoll der Leiterkonferenz vom 4. Oktober 1924*, SAPMO-BArch, RY 1, I4/1/81, Bl. 30f.

[402] *Verordnung des Chefs der Heeresleitung General von Seeckt betreffend das Verbot der KPD und der NSDAP vom 23. 11. 1923*, gedr. in: Ernst Rudolph Huber (Hg.), *Dokumente zur deutschen Verfassungsgeschichte, Bd. 3: Dokumente der Novemberrevolution und der Weimarer Republik*, Stuttgart 1966, S. 337.

[403] *Protokoll der Leiterkonferenz* (wie Anm. 401), Bl. 34. In Bayern gab es einen gesonderten Verbotserlass, der die Kindergruppen allerdings ebenfalls nicht explizit einschloss. Gerade in Bayern gingen die Behörden 1923 aber rigoros gegen Kommunisten vor. Vgl. Klaus Petersen, *Zensur in der Weimarer Republik*, Stuttgart 1995, S. 92.

in der KJD, die, wie sie im März 1924 retrospektiv konstatierte, „in der damaligen Situation weit wichtiger waren." Dies könne allerdings „kein Grund" gewesen sein, „die KKG. einfach fallen zu lassen."[404]

Die bis dahin tätigen Gruppenleiter und die zentrale Führung hatten offensichtlich deutlich andere Vorstellungen über die Art und Weise der Arbeit in den Kindergruppen an sich und in den verschiedenen Führungsebenen. Virulent wurde dies in dieser Phase der Illegalität. Während die Zentrale nun gerade revolutionäre Tätigkeit erwartete, wurde die Kinderarbeit von den Leitern offensichtlich nicht als revolutionär notwendig oder zumindest als in keinem Verhältnis zu einer möglichen Inhaftierung stehend erachtet. Das niederschmetternde Ergebnis konstatierte die Kindergruppenführung auf der Reorganisationskonferenz in Weißenfels im Oktober 1924: „Die Tatsache besteht, dass unsere Kindergruppen mit einemmal verschwanden, aus der Öffentlichkeit verschwanden."[405]

---

[404] *Rundschreiben der Zentrale der KKG Nr. 1 vom März 1924*, SAPMO-BArch, RY 1, I4/1/80, Bl. 262.

[405] *Protokoll der Leiterkonferenz* (wie Anm. 401), Bl. 32f.

2 DIE BOLSCHEWISIERUNG DER KINDERARBEIT: DER JUNG-SPARTAKUS-BUND 1924–1930

Neben der faktischen Auflösung der Kindergruppen, welche zur Verhinderung eines ähnlichen Malheurs bei einem erneuten Verbot auch strukturell einen Neuanfang notwendig erscheinen lies, beeinflussten die Überlegungen innerhalb der Komintern und der KPD über die effektivste Strukturierung eines kommunistischen Verbandes zunehmend auch die Organisationsvorstellungen in Bezug auf die Kindergruppen. Ein halbes Jahr nach dem Ende der Illegalität wurde ein Organisationsumbau eingeleitet, mit dessen Umsetzung sich der Kinderverband bis zu einer weiteren Reform im Jahre 1930 beschäftigen sollte. Im Kern ging es dabei um die Durchsetzung der zentralisierten Struktur, die bislang nicht in dem Maße funktionierte, wie es den Kommunisten wünschenswert erschien. Zudem sollte die Organisation an der Basis effektiver und auch attraktiver gestaltet werden, um den Ausbau zur Massenbewegung zu vollenden. Der Schlüssel dafür schien den Kommunisten eine verstärkte Politisierung des Verbandes zu sein, durch die die als verstärkt an politischen Inhalten interessiert wahrgenommene Arbeiterschaft von der Sinnhaftigkeit der kommunistischen Kinderarbeit überzeugt werden sollte.

2.1 Die Weißenfelser Konferenz und die „Gründung" des JSB

Die Reorganisation der Kinderarbeit wurde durch die 3. Konferenz der Kommunistischen Kindergruppen vom 4. bis 6. Oktober 1924 in Weißenfels eingeleitet. Dies war die erste reichsweite Zusammenkunft nach der Aufhebung des Verbots der KPD vom April des Jahres. Am selben Ort tagte die 4. Konferenz der Kindergruppenleiter jeweils im Anschluss an die Kindergruppen. Die Kindertagung dauerte Samstag und Sonntag jeweils vier Stunden von 8 bis 12 Uhr. Während der Leitertagungen am Nachmittag standen für die Kinder „Wanderungen und Spiele" auf dem Programm. Am Freitag veranstaltete die Weißenfelser Kindergruppe eine Begrüßungsfeier, am Sonntag wurde die Konferenz mit einer „Revolutionäre(n) Feier unter Mitwirkung der Kindergruppen aus den einzelnen Bezirken" geschlossen.[406] Auf der Tagesordnung der eigentlichen Konferenz verbarg sich hinter den Punkten „Namensänderung", „Stand der komm. Kindergruppen" und „nächste Aufgaben" die vollständige Neuausrichtung der Kindergruppen zu einem nach sowjetischem Vorbild geprägten, zentralisierten und hierarchisierten Kaderverband.[407]

---

[406] *Rundschreiben der Kindergruppen vom 12. 9. 1924*, SAPMO-BArch, RY 1, I4/1/80, Bl. 242.

[407] Die Tagesordnung befindet sich im *Protokoll der 4. Kindergruppenkonferenz vom 4.–6. Oktober 1924 in Weissenfels*, SAPMO-BArch, RY 1, I4/1/81, Bl. 1.

Die ersten theoretischen Überlegungen zu der Umstrukturierung des Verbandes begannen noch vor dem Parteiverbot mit dem oben vorgestellten Artikel Hoernles aus dem Herbst 1923. Den strukturell wichtigsten Punkt bildete die Umstellung auf Schulzellen. Zudem sollte endlich „der feste Rahmen einer eigenen einheitlichen und zentralisierten Organisation" geschaffen werden, um einen systematischen Schulkampf zu gewährleisten und die Effektivität der Kindergruppenarbeit zu erhöhen.[408] Die Vorbereitungen der Konferenz und damit der offiziellen Verbandsumstellung begannen in der Mitte des Jahres 1924. Das wesentliche Symbol für den Neuanfang sollte eine Namensänderung darstellen. Wie Fritz Lange auf der Konferenz im Auftrag der Zentrale erläuterte, war der Grund für diese Änderung kein Missfallen an dem bestehenden Namen „Kommunistische Kindergruppen". Vielmehr sollte so der Lern- und Entwicklungsprozess der ersten Jahre abgeschlossen und nach Außen durch eine Streichung des Plurals die in der Vergangenheit fehlende Geschlossenheit der Gruppen als *ein* Verband unterstrichen werden. „Unsere Gruppen hatten bisher untereinander schlechte Verbindung, jede Gruppe sprach von sich, aber nicht von den Kindergruppen Deutschlands. Wir waren kein fester Bund, der zusammenzustehen hat. [...] Wir können unsere Feinde nur besiegen, wenn wir ein fester Bund sind."[409]

Schon Hoernle hatte „das Wort Bund" als „eine Verpflichtung" bezeichnet und auf die Integrationskraft eines Namens verwiesen, der „etwas Begeisterndes, Disziplinierendes, das Selbstbewußtsein der Arbeiterkinder Erhebendes an sich" trug. Er schlug beispielhaft den Namen „Liebknechtbund" als eine Variante vor.[410] Die Reichszentrale bevorzugte zunächst den Namen Jung-Lenin-Bund und forderte im Juni 1924 die Kindergruppen in einem Rundschreiben auf, ihre Meinungen zu dieser Variante zu äußern.[411] Schließlich setzte sich unter den Funktionären allerdings der Name Jung-Spartakus-Bund durch. In der ebenfalls von Lange vorgetragenen Begründung der Namenswahl wurde die Ähnlichkeit der Situation der deutschen Kindergruppen zu der von Spartakus und seiner Gefolgschaft herangezogen. Sie seien ebenfalls eine Minderheit und müssten wie seinerzeit Spartakus die Sklaven ihrerseits die Arbeiterkinder hinter sich vereinen, um die Kapitalisten zu bekämpfen. Ebenso erkläre sich aus der Situation des deutschen Kinderverbandes der Verzicht auf den ersten Vorschlag. Einen Jung-Lenin-Bund könne es nur in einer Situation geben, in der dieser Bund die große Mehrheit der Kinder einschließe.

---

[408] Hoernle, *Nächste Aufgaben* (wie Anm. 359), S. 3.

[409] *4. Kindergruppenkonferenz* (wie Anm. 407), Bl. 1.

[410] Hoernle, *Nächste Aufgaben* (wie Anm. 359), S. 3.

[411] Die Änderung sollte dann auf einer besonderen Kundgebung oder auf der Reichskonferenz der Kindergruppen vorgenommen werden. *Rundschreiben der Kindergruppen vom 27. 6. 1924*, SAPMO-BArch, RY 1, I4/1/80, Bl. 230. Zur Strukturdiskussion vgl. das folgende Kapitel.

In Russland sei dies der Fall, in Deutschland bislang jedoch nicht. Daher sei eine solche Namensgebung ungerechtfertigt.[412]

Dass die im Wesentlichen von den KJVD-Funktionären der späteren JSB-Führung inszenierte Konferenz nicht als basisdemokratischer Meinungsbildungsprozess verstanden wurde, bei dem die Neuausrichtung diskutiert werden konnte, sondern als Vollzugs- und Verkündigungsveranstaltung, die einen starken Impuls an die Bezirks- und Ortsverbände senden sollte, wird an dem „Eklat" um die Beschlussfassung für diese Namensänderung deutlich. Die fünfzehnköpfige Württembergische Kinderdelegation lehnte die Namensänderung ab. Es gäbe die Kommunistische Jugend Deutschlands und die Kommunistische Partei, also müsse es analog auch die Kommunistischen Kindergruppen geben. Ein anderer Name käme einer „Spaltung" gleich. Zudem wurde die „Führerverherrlichung" abgelehnt. Aus diesem Grunde wurde die Beschlussfassung über die Namensänderung nach einer kurzen Diskussion auf den nächsten Tag verschoben.[413]

In der anschließenden Leitersitzung tat sich insbesondere der Genosse „Rudolph" als Wortführer des Präsidiums hervor. Hinter diesem Decknamen verbarg sich der Russe Raphael Chitarow, der später die Kommunistische Jugendinternationale leitete. Der hoch ideologisierte moskautreue Funktionär war von November 1921 bis April 1925 in der KJD tätig und sollte auch in der Zentrale des JSB in dem halben Jahr seiner Tätigkeit bis zu seiner Rückkehr in die Sowjetunion eine führende Rolle einnehmen.[414] Chitarow warf den Leitern vor, sie hätten „nicht verstanden, um was es ging", und erklärte: „Hier wird keine Abstimmung veranstaltet. Wir stimmen hier nicht darüber ab, die Sache ist beschlossen und wird durchgeführt." Das erneut vor allem in Bezug auf eine antiautoritäre Namensgebung vorgebrachte Argument und die gleichzeitige Kritik an der Führungsspitze, die Kindergruppen „haben keine Autorität wie Lenin, nur eine schlechte Zentrale", verfing erneut nicht. Nachdem durch das Beharren der Leitung auch weitere Kritiker ihre Positionen geräumt hatten, wies Chitarow abschließend darauf hin, „dass am folgenden Tag Einstimmigkeit hergestellt werden muss."[415] Entsprechend vermeldete das Protokoll der Kindergruppenkonferenz für den 5. Oktober Vollzug und den Zusatz

---

[412] 4. Kindergruppenkonferenz (wie Anm. 407), Bl. 1–3. Zur exponierten Position des Spartakus in der russischen Geschichtsanalyse vgl. Wolfgang Zeev Rubinsohn, Der Spartakusaufstand und die sowjetische Geschichtsschreibung, Konstanz 1983.

[413] 4. Kindergruppenkonferenz (wie Anm. 407), Bl. 3.

[414] Zum Wirken Chitarovs aus marxistischer Perspektive vgl. Wofgang Döke, Zur brüderlichen Zusammenarbeit des Leninschen Komsomol mit dem Kommunistischen Jugendverband Deutschlands bei der Erziehung der Jugend im Geist des Marxismus-Leninismus (1924–1928), in: Wissenschaftliche Zeitschrift der Wilhelm-Pieck-Universität Rostock, Jg. 25 (1976), S. 677–686.

[415] Protokoll der Leiterkonferenz (wie Anm. 401), Bl. 79–93.

der abtrünnigen Württemberger Delegation: „Wir Stuttgarter versprechen, dass wir tapfere Kämpfer des Jung-Spartakus-Bundes werden wollen."[416] Damit war ein wesentlicher Punkt der Konferenz erledigt, der nach der Ansicht der Teilnehmer weit über einen symbolischen Akt hinausging: „Der Beschluß über den Jung-Spartakus-Bund ist keine bloße Namensänderung. Er bedeutet Schaffung [sic!] einer zentralisierten *Kampforganisation* der Proletarierkinder in Deutschland."[417] Entsprechend aggressiv fiel dann auch die Resolution der Konferenz aus, die in kaum kindlich formulierter Sprache die ideologischen Grundlagen darstellte und die künftige Ausrichtung vorgab: „Wir jungen Kämpfer des Spartakusbundes wissen, dass die heutige Schulerziehung nur eine Erziehung zum kapitalistischen Denken, zum Schaden der proletarischen Klasse ist. Die kapitalistische Klasse will uns zu Sklaven erziehen, die ruhig und geduldig schuften, damit die Kapitalisten schlemmen und prassen können. Wir Arbeiterkinder brauchen keine solche Schule, die uns gegen die Arbeiterklasse erzieht. Wir sagen dieser Schule den schärfsten Kampf an."[418]

Abseits der mit der oben geschilderten Ausnahme reibungslos abgelaufenen Kindergruppenkonferenz wurden auf der Leitertagung allerdings starke Differenzen zwischen den Gruppenleitern und der Reichsleitung deutlich, die sich an der Arbeitsweise in der Illegalität entzündeten. Die Mitglieder der Berliner Zentrale warfen den Gruppenleitern vor, an der nahezu vollständigen Auflösung der Kindergruppen zwischen dem Oktober 1923 und Ende 1924 die Verantwortung zu tragen. Zur Begründung wurde die umstrittene Legalitätsargumentation angeführt. Sie werteten dies als Beweis der Unselbstständigkeit der Kindergruppen und betonten folgerichtig die Notwendigkeit einer straffen, zentralistischen Organisation und einer „Militarisierung" des JSB. Die Tatsache, dass die Zentrale selbst in der Zeit untergetaucht war, änderte genauso wenig an der Schärfe ihrer Vorwürfe, wie der Hinweis auf die Verhaftung des Leiters in Bayern. Die Gruppenleiter hingegen wiesen die Vorwürfe unisono zurück und betonten, dass die Zentrale „auch nicht gearbeitet" habe, während die Basis hingegen im Rahmen ihrer Möglichkeiten agiert habe.[419]

Die Schärfe dieses Disputs offenbart die Kernproblematik des JSB, die ihn über die Phase des Neuanfangs im Oktober 1924 begleiten sollte. Die Direktiven der Reichszentrale wurden oftmals nicht in der von ihr geforderten Bedingungslosigkeit umgesetzt. Ein Teil der Leiter sah die Vehemenz des Vorgehens auf der Ebene der Kinderarbeit und die starke Politisierung offensichtlich als unverhältnismäßig an. Der zuweilen arrogante Tonfall der Leitung

---

[416] 4. *Kindergruppenkonferenz* (wie Anm. 407), Bl. 15.

[417] *Neue Epoche der KKG Deutschlands – Gründung des Jung-Spartakus-Bundes* (1924), gedr. in: Flach, Schulpolitik und Pädagogik, S. 284.

[418] *Resolution des JSB, Anlage 14c zum Lagebericht des RMI vom 1. 12. 1924*, BArch, R 1507/2025, Bl. 96.

[419] *Protokoll der Leiterkonferenz* (wie Anm. 401), Bl. 30–48.

trug dabei nicht zur Besserung des Verhältnisses bei. Nach den Vorstellungen der Zentrale sollte nun aber durch die Organisationsreform genau diese Hierarchisierung und Politisierung verstärkt stattfinden. Es war wiederum Chitarow, der auf der anschließenden Leitersitzung in einem Referat über die bevorstehende Reorganisation unmissverständlich verdeutlichte, welchen Charakter der Kinderverband von nun an haben sollte. Im Vordergrund stand die Ausweitung zur Massenorganisation, die durch eine straffe Organisation zentral angesetzte Aktionen durchführen können sollte. Diese grundsätzliche Ausrichtung unterstrich der Referent mit den Worten: „Wir sind keine Erzieher, wir sind revolutionäre Kommunisten."[420]

Bezeichnenderweise wurde eben dieses Referat über Lage und Aufgaben des JSB im *Proletarischen Kind* nur deutlich entschärft gedruckt. Offensichtlich war die Redaktion über die Frage, inwieweit die Gruppenleiter „auch" Erzieher seien, anderer Ansicht oder wollte zumindest deren Befindlichkeit schonen. Oben zitierter Satz beginnt in nämlicher Ausgabe mit „Wir sind revolutionäre Kommunisten […]" und verdeutlicht so ebenfalls das Dilemma zwischen Pädagogik und Politik, in dem sich der JSB in dieser Umbruchphase befand.[421] Auf der Konferenz behielten die „Politiker" gegenüber den Pädagogen zumindest insoweit die Oberhand, als dass sie nun mit der Umstellung des Verbandes nach ihren Vorstellungen beginnen und über das *Proletarische Kind* verkünden konnten: „Der JSB wird seinem neuen Namen nach etwas völlig anderes sein als die bisherigen Kindergruppen."[422]

2.2 Die Struktur: Schulzellen

Der von der JSB-Führung in Anlehnung an die Termini der Mutterpartei als „Bolschewisierung" titulierte Prozess der Umgestaltung des Verbandes umfasste zwei Elemente: eine straffe Hierarchisierung von der Ebene der Kommunistischen Jugendinternationale abwärts und den Aufbau einer „kampffähigen", am Ort der Konfrontation mit dem Klassenfeind zusammengefassten Basisstruktur.

Um den Verband konstitutionell nach diesen Vorstellungen umzustellen, wurden auf der Weißenfelser Konferenz *Richtlinien zur Organisation des Jung-Spartakus-Bundes* verabschiedet. Im Bereich des überregionalen Aufbaus gab es dabei wenige Änderungen. Die Probleme der reichsweiten Leitungsfähigkeit ergaben sich nicht aus formal fehlenden Strukturen, sondern aus ihrer mangelnden Ausfüllung. Der Gesamtverband war weiterhin nach den leninisti-

---

[420] Ebd., Bl. 50–59.

[421] „Rudolf" (Raphael Chitarow), *Die Reorganisation der KKG. Referat des Genossen Rudolf auf der Reichskonferenz der KG-Leiter in Weissenfels, 4.–6. 10. 1924*, DPK, Jg. 5 (1925), Nr. 1, S. 9–13.

[422] Ebd.

schen Organisationsprinzipien geformt. Der JSB blieb eine Untergliederung des Jugendverbandes, der die „politische Führung" übernahm. An der Spitze der Parteipyramide stand die Berliner Zentrale mit einer entsprechend ihrer Zuordnung lang gestalteten offiziellen Bezeichnung als „Zentralbüro des Jung-Spartakus-Bundes im Zentralkomitee des KJVD". Weiterhin gab es Bezirks- und Unterbezirksleitungen, die „den entsprechenden Instanzen der KJ unterstellt" waren. Ihre Mitglieder wurden auf den jeweiligen JSB-Konferenzen gewählt, mussten aber von den KJVD-Gremien bestätigt werden. Zudem oblag dem Ressortleiter der KJ die Leitung dieser Gremien. Neu war die Bestimmung, im Sinne der Selbsterziehung Kinder mit in die Leitung aufzunehmen, wobei allerdings „die Leiter in der Mehrzahl" bleiben sollten.[423]

Das erste Zentralbüro (ZB) besetzte neben den obligatorischen Ressorts „Organisation" (Org), „Politische Leitung" (Pol) und „Presse" noch „Kinderarbeit, Kinderelend", „Schulkampf" und „Bildungsarbeit". Zudem wurde entsprechend des Prinzips der Selbstverwaltung beabsichtigt, in verschiedenen Ressorts Pioniere in die Arbeit einzubinden. Für die Bereiche Pol und Org und damit für den eigentlichen Leitungsbereich wurde keine Beteiligung vorgesehen. Aufgrund der technischen Schwierigkeiten, Kinder aus verschiedenen Bezirken einzubinden, wurde die Mehrzahl aus Berlin rekrutiert.[424] Inwieweit sie tatsächlich in die Arbeitsstrukturen eingebunden wurden, kann nur schwer festgestellt werden. Die erste „Plenarzentralsitzung" des JSB am 24. und 25. Januar 1925 wurde von einer 13jährigen Genossin geleitet. Zudem gab es eine „lebendige Teilnahme" der jungen Delegierten.[425] In den Protokollen der ZK-Sitzungen allerdings finden die Mitglieder keine weitere Erwähnung. Ihre Tätigkeit scheint sich so außerhalb der für die Kinder konzipierten Konferenzen und Veranstaltungen in äußerst geringem Umfang gehalten zu haben und ist für die folgenden Jahre nicht dokumentiert. Mit einiger Wahrscheinlichkeit blieb die Einbeziehung der Kinder in die Reichsleitung ein einmaliger Versuch.

Das formal höchste beschlussfassende Gremium blieb der Reichskongress des JSB. Aus jeder Zelle beziehungsweise Ortsgruppe wurden Delegierte mit vollem Stimmrecht gewählt. In der Praxis aber oblag, wie für den Reichskongress in Weißenfels dargelegt, den Gruppenleitern die Lenkung des Abstimmungsverhaltens der Kinder, die oftmals sehr jung und entsprechend überfordert waren. Die Reichsleiterkonferenz besaß ein gleichwertiges Beschluss-

---

[423] *Richtlinien zur Organisation des Jungspartakusbundes, angenommen auf der Konferenz in Weissenfels vom 4.–6. 10. 1924*, gedr. in: Neue Epoche der KKG (wie Anm. 417), S. 291.

[424] *Protokoll der Zentrale des JSB vom 21. 10. 1925*, SAPMO-BArch, RY 1, I4/1/81, Bl. 140f.

[425] M. Weißenborn, *Die kommunistische Kinderbewegung in Deutschland*, Internationale Pressekorrespondenz (InPrekorr), Jg. 5 (1925), S. 340.

recht, da die Kommunisten den Kindern nicht in letzter Instanz die richtungweisenden Entscheidungen überlassen wollten. Das Organisationsstatut wurde in diesem Punkt vage formuliert. Zudem bleib es bei dem Bestätigungsrecht des KJVD-Reichskongresses.[426] Faktisch wurden die Kongresse, auch das zeigte bereits der Kongress in Weißenfels, zum Akklamationsorgan für die in Abstimmung mit der KPD und der Kommunistischen Jugend festgelegten politischen Linie des Zentralbüros, dessen Kernaufgabe zwischen den Konferenzen ohnehin in der Vorgabe der politischen und organisatorischen Ausrichtung des Verbandes bestand. Wie auch in den anderen kommunistischen Organisationen waren beim JSB die Rundschreiben das wesentliche Medium der Zentrale für die Kommunikation mit den Bezirksleitungen und Ortsgruppen. Sie erschienen nach Bedarf, in der Regel zwei bis dreimal im Monat. Die Kampagnenplanung fand im Wesentlichen in Berlin statt. Das Agitations- und Schulungsmaterial sowie Rededispositionen wurden zentral erstellt.[427] So konnte formal gewährleistet werden, dass die politische Linie entsprechend der KPD-Ausrichtung auf Kurs blieb.

Auch im Rahmen der Kommunistischen Jugendinternationale wurde versucht, die Unterstützung der Landesverbände zu verbessern und gleichzeitig deren Kontrolle zu verstärken. Die schon 1920 angedachte Konstituierung eines Internationalen Kinderbüros nahm nun konkrete Formen an. Im September 1925 forderten in Moskau die Leiter der kommunistischen Kindergruppen auf ihrer 2. Internationalen Konferenz „ein starkes Kinderbüro […], welches unter der Leitung des EK. die Erfahrungen der einzelnen Verbände nutzbar macht und die Arbeit der KKV. vereinheitlicht und leitet."[428] Das Exekutivkomitee der Kommunistischen Jugendinternationale setzte diesen Beschluss nun zügig um und bildete ein Kinderbüro, das wie auch die weiteren internationalen Leitungen in einer „engeren" und einer „erweiterten" Konstellation tagen konnte. Das Büro hatte seinen ständigen Sitz in Moskau und bestand neben dem Vorsitzenden und zwei ständigen Sekretären aus vier Vertretern der Jugendinternationale, einem der Komintern und zwei des Zentralbüros der russischen Pioniere. In die erweiterte Runde wurden Krupskaja, Hoernle und ein Vertreter des russischen Ministeriums für Volksbildung als Experten für kommunistische Pädagogik berufen sowie fünf Vertreter der verschiedenen Landesverbände der KJ eingeladen.[429]

---

[426] *Organisatorische Richtlinien* (wie Anm. 423).

[427] Zu den Materialien vgl. u. Kap. III.1.

[428] *Die politische Lage und Aufgaben der kommunistischen Kinderbewegung*, DPK, Jg. 5 (1925), Nr. 8, S. 8–11.

[429] Pekka Paasonen, *Neuregelung der internationalen Leitung der kommunistischen Kinderbewegung*, DPK, Jg. 5. (1925), Nr. 12, S. 1. Die Ländervertreter verteilten sich wie folgt: je einer für den KJV Deutschlands, Englands, Frankreichs und Finnlands sowie einer für die skandinavischen Länder insgesamt.

Dies bedeutete eine deutliche Verstärkung der internationalen Leitung, die bislang lediglich von einer Kommission des Exekutivkomitees der KJI ausgeübt wurde. Gleichzeitig wird auch die Dominanz des russischen Verbandes deutlich, der als einziger Jugendverband in der engeren Leitung repräsentiert war und mit Krupskaja sowie dem Abgesandten des Ministeriums zwei gewichtige Vertreter in die erweiterte Runde schickte. Der Kommentator des *Proletarischen Kindes* sah dies durchaus positiv, da „jetzt die zahlreichen und nützlichen Erfahrungen sowohl der Pionierbewegung wie der proletarischen Schulpolitik und Pädagogik in der UdSSR fortlaufend international ausgenutzt und verbreitet werden" konnten.[430] Dass die Bürogründung von der internationalen Gruppenleiterkonferenz forciert wurde, zeigt ebenfalls den Glauben der Funktionäre in den kapitalistischen Ländern an die Vorbildfunktion der UdSSR und deren durch praktische Erfahrung erlangte Überlegenheit im organisatorischen Bereich.

Der eigentliche Kern der Organisationsreform bestand aber in der Umstellung des Verbandes auf die Basis von Schulzellen. Die strukturelle Entwicklung wurde dabei von der Theoriediskussion der KPD und der Komintern bestimmt. Die ersten Überlegungen zu einer Umstellung auf Betriebszellen datierten in das Jahr 1923. Den Hintergrund bildete die Idee einer Zusammenfassung der Kräfte am Orte des Kampfes, um einen revolutionären Umsturz zu forcieren. Mit dem 1925 in Kraft getretenen Organisationsstatut wurde in der deutschen KP gemäß des Musterstatuts der Komintern nach russischem Vorbild die Betriebszelle als kleinste organisatorische Einheit eingeführt und so die 1923 begonnene Strukturreform festgeschrieben. Auf diese Weise versuchte die kommunistische Führung, die seit der Gründung der Partei zur Diskussion stehende, sozialdemokratisch geprägte Wohnbezirksorganisation zu beenden. Hier setzten sich die Befürworter der „Bolschewisierung" der KPD durch, nachdem sich der Versuch einer Mischform aus Wohn- und Betriebszellen als nicht praktikabel erwiesen hatte. Faktisch gelang diese Umstrukturierung allerdings nur in den wenigsten Fällen. Ende der zwanziger Jahre war die ohnehin geringe Zahl von in Zellen organisierten Arbeitern sogar rückläufig, da sich ein erheblicher Teil der KPD-Anhängerschaft aus Arbeitslosen rekrutierte. So existierten weiterhin sowohl nach Wohngebieten organisierte Gruppen als auch Betriebszellen.[431]

Der KJVD orientierte sich am Aufbau der KPD und übernahm deren Organisationsprinzipien. Die vorhandenen bündischen beziehungsweise „vereinsmäßigen" Einflüsse sollten zugunsten einer durchschlagkräftigen Kampforganisation mit militärischen Elementen zurückgedrängt werden. Der Kommunistische Jugendverband wurde so nach und nach zu einer „Miniaturaus-

---

[430] Ebd., S. 2.
[431] Weber, *Wandlung, Bd. 1*, S. 268ff. Zu den Versuchen der Umstellung auf Zellen vgl. ausführlich Eumann, *Kohorten*, S. 258–273.

gabe" der KPD, die allerdings mit denselben Reorganisationsproblemen zu kämpfen hatte. Die Umstellungsversuche im Jahr 1924 erwiesen sich als Desaster, und auch bei allen folgenden Versuchen konnten in keiner Weise befriedigende Ergebnisse erzielt werden. Jugendbetriebszellen blieben die Ausnahme. Bei aller, oftmals deutlichen Selbstkritik an den Mängeln der Umstellung stand die stark hierarchisierte Struktur mit dem Zellensystem seit 1924 allerdings niemals als solche zur Debatte. Im Gegenteil, mangelnde Erfolge wurden immer auch der fehlenden „restlosen" Organisation in Betriebszellen zugeschrieben.[432]

Auch im Bereich der Kinderarbeit wurde dieser Organisationsaufbau adaptiert. Die grundsätzliche Idee, die Mitglieder und deren Kampfkraft an dem primären Ort proletarischer Auseinandersetzung mit dem kapitalistischen System zu bündeln, wurde auf den Kinderverband übertragen. Da die Schule als das Zentrum der Konfrontation von Arbeiterkindern mit der Klassenherrschaft der Bourgeoisie angesehen wurde, erschien eine den Betriebszellen analoge Organisation in Schulzellen als sinnvoll, um den JSB verstärkt in den Klassenkampf einzubinden. „Die Schule", so führte Hoernle aus, „bedeutet für unsere Kinder in mancherlei Hinsicht etwas Ähnliches wie der Betrieb für die erwachsene Arbeiterschaft. […] Nur in der Schule finden wir die Proletarierkinder als eine organisierte Masse, die unter denselben Bedingungen leidet und mit derselben Arbeit beschäftigt ist. […] In der Schule treten die Proletarierkinder zum ersten Male Auge in Auge dem im Durchschnittslehrer personifizierten Klassenfeinde entgegen."[433]

Bereits in dem ersten Rundschreiben nach der Aufhebung des Ausnahmezustandes im März des Jahres 1924 verfügte die Zentrale die „Zusammenfassung aller Kinder nach Schulzellen." Zunächst wurden mit einem Verweis auf folgende Rundschreiben keine genaueren Angaben zu dem Aufbau der Zellen gemacht.[434] Wie diese gestaltet werden sollten, wurde sechs Monate später auf der Weißenfelser Konferenz in den *Organisatorischen Richtlinien* festgelegt und durch ein Referat Chitarows auf der Leiterkonferenz in Weißenfels ausgeführt. Die Schulzellen stellten demnach die kleinsten Organisationseinheiten dar. Sie sollten in Ortsgruppen zusammengefasst werden. Dem Referenten erschien eine Anzahl von zwei bis drei Mitgliedern als hinreichend, um eine Zelle zu gründen, die schließlich auf 10 bis 15 Mitglieder ausgebaut werden sollte. Zudem sollten „nach Möglichkeit" untergeordnete Klassenzel-

---

[432] Zur Problematik der Umstellung auf Betriebszellen im KJVD vgl. Köster, *Avantgarde* S. 53f; 197f. Die Titulierung des Jugendverbandes als „Miniaturausgabe" stammt von Mallmann, *Kommunisten*, S. 182.

[433] Obwohl Hoernle in demselben Artikel zugibt, dass eine Gleichsetzung problematisch sei, hatte diese Erkenntnis wenig Einfluss auf die organisatorische und inhaltliche Ausgestaltung. Hoernle, *Nächste Aufgaben* (wie Anm. 359), S. 4f.

[434] *Rundschreiben der Zentrale der KKG*, (wie Anm. 404).

len geschaffen werden. Diese wählten jeweils einen Obmann und die Schulzelle eine Leitung von drei bis fünf Genossen. Kinder von 10 bis 15 Jahren konnten laut Statut Mitglied werden, jüngere im Gegensatz zu der bisherigen Regelung nicht mehr. Da die Arbeit entsprechend den pädagogischen Vorgaben stärker von Kindern getragen werden sollte, sei es im Gegenteil notwendig, den Schwerpunkt auf die älteren Mitglieder zu legen: „Die Bewegung kann aber nicht von Kindern getragen werden, wenn das Gros unserer Kinder aus 10- und 11jährigen besteht. Der JSB muss zum grössten Teil Kinder von 12 bis 14 Jahren umfassen." Die Frage, was mit den Jüngeren geschehe, so Chitarow in dem Referat weiter, sei „nur vom Standpunkt der revolutionären Zweckmässigkeit" zu betrachten: „wir stehen hier in Deutschland unmittelbar vor der Machteroberung." Daher könne auf deren Betreuung verzichtet werden.[435]

Auch von der Kommunistischen Jugendinternationale wurde die Schulzelle wenig später als Grundeinheit festgelegt. Außer der Beschränkung auf ein Alter zwischen 9 Jahren und dem Ende der Schulpflicht wurden dort allerdings keine weiteren Angaben zur Organisation gemacht.[436]

Der Auf- und Umbau der Gruppen zu Schulzellen gestaltete sich in Deutschland zunächst uneinheitlich. Nach den Angaben einer im November 1924 in Thüringen erschienenen Schulzellenzeitung sollten sich die kommunistischen Kinder jeder Klasse zu einer „Zelle" zusammenschließen. Die gesamten kommunistischen Schüler bildeten die „Schulzelle" und deren gewählte Klassenzellenleiter den Schulvorstand.[437] Eine andere Variante erschien im Juni 1925 in der *Jung-Spartakus Zeitschrift für Arbeiterkinder*, dem Zentralorgan des JSB, nach der es keine Klassenzellen geben sollte und die Führung von fünf gewählten „Obmännern" vorzunehmen war, die analoge Aufgabengebiete zu den Ressortleitern des KJVD wahrzunehmen hatten.[438] Da die Zeitschrift von der Reichsleitung redaktionell betreut wurde, verwundert die Veränderung des Aufbaus im Gegensatz zu den neun Monate zuvor verabschiedeten organisatorischen Richtlinien.

Zudem hatte der gewählte Weg der Verbreitung offensichtlich nicht den gewünschten Erfolg. Im Juli des folgenden Jahres mussten die Mitglieder der

---

[435] *Protokoll der Leiterkonferenz* (wie Anm. 401), Bl. 50–52; *Organisatorische Richtlinien* (wie Anm. 423), S. 289f. Zur Problematik der Kleinkinderbetreuung vgl. Hilmar Hoffmann, *Sozialdemokratische und kommunistische Kindergartenpolitik und -pädagogik in Deutschland. Eine Untersuchung zur Theorie und Realpolitik der KPD, SED und SPD im Bereich institutionalisierter Früherziehung*, Bochum 1994, S. 96–112.

[436] Pekka Paasonen, *Die Frage der kommunistischen Kinderbewegung auf der erweiterten Exekutive der KJI*, DPK, Jg. 5 (1925), Nr. 5, S. 1f.

[437] *Schulzellenzeitung*, o. Nr., Nov. 1924, StAHH, 361-2 V, 154e, Bd. 1.

[438] Dies waren: ein Zellenobmann, ein Kassierer, ein Literaturobmann, ein Berichterstatter und ein Gegner-Obmann. Vgl. *Jetzt erst Recht Schulkampf!*, Jung-Spartakus-Zeitschrift für Arbeiterkinder, Jg. 5 (1925), Nr. 6.

Zentrale zugeben, dass es ein „grosser Mangel" war, „dass wir keine ganz konkreten Organisationsrichtlinien für unseren Kinderverband besaßen." Dem sollte künftig mit auf zwei Reichskursen entwickelten Organisations- und Arbeitsrichtlinien Abhilfe geschaffen werden. Diese wurden im Anschluss an die Kurse als Entwurf präsentiert und stellten sich inhaltlich als teilweise nicht konsistent dar. Kinder von 9 bis 14 Jahren konnten demnach Mitglied werden. Die Schulzelle wurde als Grundeinheit statuiert. In dem vorläufigen Organisationsstatut bestand sie aus mindestens fünf Mitgliedern und einer Leitung von mindestens drei Mitgliedern. Gruppen mit weniger als fünf Mitgliedern bildeten an ihrer Schule einen „Pioniervorposten" ohne eigene Struktur. Dieser sollte an eine Schulzelle angeschlossen werden.[439]

Nach dem in demselben Rundschreiben enthaltenen Entwurf der Arbeitsrichtlinien sollten allerdings nur Gruppen mit mindestens zehn Mitgliedern, also doppelt so vielen wie in dem vorläufigen Statut, eine eigenständige Zelle bilden. Weniger Schüler wurden in einen „Pioniervorposten" zusammengefasst. Die Leitung setzte sich in dieser Variante aus insgesamt fünf Personen zusammen: dem Vorsitzenden, dem Schriftführer, dem Kassierer, dem Zeitungsobmann und dem Agitprop-Obmann. Nur Zellen mit mehr als 10 Mitgliedern sollten sich selbstständig treffen, kleinere innerhalb des Bezirks zu „Gruppenzellen" mit nicht mehr als 20 Kindern zusammengeschlossen werden.

Der Grundgedanke einer Einteilung nach Pioniervorposten und eigenständigen Zellen wird bei beiden Varianten offensichtlich, eine exakte Angabe der jeweiligen Mindestgrößen ließ sich aus dem vorgelegten Entwurf allerdings nicht erschließen.

Die nächste Ebene stellte die Ortsgruppe dar, die alle hiesigen Schulzellen umfasste. Faktisch war dies die Organisationsebene, die bis 1924 durch die Kindergruppen abgebildet wurde und so die Basis darstellte, die es zu reorganisieren galt. In der Praxis sollte sie die bestimmende Struktur bleiben, da, wie noch zu zeigen sein wird, an vielen Schulen nicht genügend kommunistische Kinder zur Bildung einer Zelle vorhanden waren. Die Binnenstruktur blieb so ein eher theoretisches Problem.

Da auch in anderen Landesverbänden eine teilweise deutlich größere Unklarheit über die Ausgestaltung des neuen Organisationsaufbaus herrschte, wurden die deutschen Bemühungen um das Statut im Jahr 1927 schließlich von übergeordneter Instanz auf der 3. Internationalen Konferenz der Kindergruppenleiter in Berlin mit der Verabschiedung eines Musterstatuts beendet, deren „praktische Durchführung […] für obligatorisch" erachtet wurde.[440]

---

[439] *Informationsbrief Nr. 12 an alle Bezirke und Unterbezirke des JSB vom 19. Juli 1926*, SAPMO-BArch, RY 1, I4/1/81, Bl. 305–308. Auch für das Folgende.

[440] *Resolution zu den Organisationsfragen der kommunistischen Kinderbewegung*, gedr. in: Beilage zu DPK, Jg. 7 (1927), Nr. 4, S. 6f.

Bereits die in der Präambel dieses Statuts gewählte Beschreibung der Kinderverbände als „politische, aus eigener Initiative handelnde Klassenorganisation" verdeutlichte die seit 1923 währende Entwicklung zu einer Organisation, die den Begriff „Pädagogik" nur noch am Rande benötigte. Die Hauptaufgabe der Erziehung bestand nun darin, „einen guten Nachwuchs für den KJV" zu schaffen. Erreicht werden sollte dies „durch die entsprechende Beteiligung der Kinder an der Arbeit der Partei und des KJV.; durch den Kampf gegen Ausbeutung und Kinderlohnarbeit; durch den Kampf gegen die bürgerliche Schule." Die Ausrichtung auf die im kommunistischen Duktus als „Kampferziehung" titulierte Arbeit trat in dieser Aufgabenbeschreibung klar hervor und unterstützte so den in Deutschland eingeschlagenen Weg.[441]

Auch in dem Verbandsaufbau unterschied sich das Statut nur wenig von den Vorschlägen der deutschen Kindergruppenführung. Die Stellung des Zentralbüros als Abteilung des Zentralkomitees der kommunistischen Jugendverbände wurde in der Form festgelegt, die in Deutschland schon seit mehreren Jahren praktiziert wurde. Die personelle Besetzung des ZB, die neben dem Vorsitzenden und diversen „praktischen Funktionären" für die anfallende Arbeit je einen Vertreter der kommunistischen Lehrerfraktion, der Abteilung für Agitprop des KJVD und der für Arbeiterinnen im Zentralkomitee der KPD sowie ein weiteres ZK-Mitglied umfassen sollte, blieb allerdings ausweislich der wenigen erhaltenen Vorstandsprotokolle eine Idealvorstellung. Im Wesentlichen wurde der Verband von den abgestellten KJV-Funktionären geleitet. Auch die gewünschte Beteiligung der Massenorganisationen wie zum Beispiel der Gewerkschaften blieb in der Regel aus.[442]

Das Mitgliedsalter der Pioniere wurde auf 10 bis 14 Jahre festgelegt. Schulzellen mit einer Größe von 5 bis 50 Mitgliedern bildeten die Basiseinheit, die wiederum je nach Größe in Klassenzüge unterteilt werden sollte. Bei weniger als fünf Mitgliedern erfolgte eine Angliederung an eine größere Schulzelle. Als „Führer" wurde ein Mitglied des KJV eingesetzt, ein Angehöriger der Schulzelle bekam das Amt des „Unterführers". Weitere Angaben zur Ausgestaltung wurden nicht gemacht. Mit diesem Statut war die Debatte um die Struktur des Kinderverbandes beendet.[443]

Bei der inneren Ausgestaltung des Verbandslebens begann unter dem Einfluss der Entwicklungen des russischen Kinderverbandes eine verstärkte Adaption von militaristischen Elementen aus der seit 1922 organisierten russischen Pionierorganisation. In Anlehnung an das russische Vorbild wurde in Deutschland im Jahr 1926 offiziell die in der Anfangsphase vehement abge-

---

[441] *Organisatorisches Musterstatut der kommunistischen Kinderorganisationen in den kapitalistischen Ländern*, ebd., S. 8–12.

[442] Vgl. das folgende Kapitel.

[443] *Organisatorisches Musterstatut* (wie Anm. 441), S. 8–12.

lehnte aber seit 1924 praktizierte Uniformierung eingeführt. Sie bestand aus einem Abzeichen, dem roten Pioniertuch und einem einheitlichen weißen Kittel.[444] Der Anfangs befürchteten optischen Separation von den Massen der Arbeiterkinder stand nun der Bundescharakter mit einem entsprechend einheitlichem Auftreten entgegen und überwog die Bedenken. Mit dem Musterstatut des Jahres 1927 wurde zudem ein feierlicher Aufnahmeritus nach sowjetischem Vorbild eingeführt. Das „Gelöbnis" lautete wie folgt:

„Ich Jungspartakist verspreche feierlich vor meinen Genossen, daß ich

1. fest für die Sache der Arbeiterklasse und ihren Kampf um die Befreiung der Arbeiter und Bauern sowie der unterdrückten Völker der ganzen Welt eintreten werde;

2. daß ich ehrlich und unerschütterlich das Vermächtnis Lenins, die Gesetze und Bestimmungen des Jung-Spartakus-Bundes erfüllen und einhalten werde."

Die Losung der Pioniere sollte lauten: „‚Zum Kampf für die Sache der Arbeiterklasse – Sei bereit' – ‚Immer bereit'".[445] Bei dem Gruß wurde die geschlossene Faust erhoben. Die Finger der Hand symbolisierten die fünf Kontinente, auf denen es „unterdrückte Arbeiter" gab. Da die Interessen der Arbeiterklasse über den individuellen der Pioniere standen, wurde die Faust über den Kopf erhoben.[446]

Mit der Änderung des Organisationsaufbaus und der Adaption sowjetischer Riten und Losungen wurde die 1924 eingeleitete „Bolschewisierung" der Kinderverbände formal abgeschlossen und, soweit es in kapitalistischen Ländern möglich war, nach dem russischen Vorbild ausgerichtet. Die Schulzelle stellte formal die Basiseinheit dar, innerhalb der die Kinder ihren Kampf gegen das System aktiv aufnehmen sollten. Mit der eingeführten Uniformierung wurde der Bundescharakter verstärkt und der Verband als geschlossene Einheit präsentiert. Die Ausrichtung nach Klassenkampfkriterien war dabei ein offensichtlicher Bruch mit „klassischen" Kinder- und Jugendverbandsstrukturen, der einen weit stärkeren Einschnitt in den Charakter der Arbeit forderte als es bei anderen Verbänden im Spannungsfeld von bündischer und eher vereinsorientierter Arbeit der Fall war.[447] So wurde der Bruch eingeleitet, der die

---

[444] *Informationsbrief* (wie Anm. 439). In den Erinnerungen Wiesners bestand diese Uniformierung seit 1920. Dies ist nicht korrekt. Vgl. Wiesner, *Ernst*, S. 81.

[445] Alle Zitate aus: *Organisatorisches Musterstatut* (wie Anm. 441), S. 8–12. Die Organisationsbezeichnung in dem Gelöbnis wurde vom Verfasser eingesetzt, in dem Musterstatut befindet sich lediglich der Hinweis, dass der jeweilige Organisationsname eingefügt werden solle.

[446] ZK der KPD, *Arbeiterkinder müssen Klassenkämpfer werden.* (= *Kampf um die Massen,* Bd. 10), o. D. (1930), S. 9. Exemplar in: SAPMO-BArch, RY 1/I4/1/83, Bl. 47–54.

[447] Lothar Böhnisch, Hans Gängler, *Jugendverbände in der Weimarer Zeit*, in: Lothar Böhnisch/Hans Gängler/Thomas Rauschenbach (Hgg.), Handbuch Jugendver-

Kinderverbände fortan auch in der Praxis von allen anderen Gruppen trennen sollte. Wurde schon seit dem Beginn der Weimarer Zeit die ideale Kindererziehung als Klassenerziehung gesehen – und dies durchaus in ähnlicher Form von den Kinderfreunden praktiziert – so manifestierte sie sich jetzt als Klassen*kampf*erziehung. Wenn der Vorwurf der politischen Beeinflussung für die Nachwuchsrekrutierung in gewissen Maße auch gegen die Kinderfreunde erhoben und den Kirchen ebenfalls ein Eigeninteresse unterstellt werden konnte, so war dieser offensive Umgang mit einer pädagogischen Kampfkonzeption, bei der das „Learning by doing" zugleich einen wesentlich staatszersetzenden Aspekt haben sollte, ein Tabubruch, der bis weit ins sozialistische Lager auf Unverständnis stieß und mit den zeitgenössischen Vorstellungen über die Form und den Inhalt von Kinder- und Jugendarbeit kaum noch zu vereinbaren war.

2.3 Die Organisatorische Entwicklung von 1924 bis 1930

Bald nach dem Ende des Parteiverbotes von 1923 tauchten die Mitglieder der Reichszentrale aus dem Untergrund auf und bemühten sich um die Reorganisation der vollständig zum Erliegen gekommenen Kinderarbeit. „Der schlechte Stand", so die Zentrale in ihrem ersten Rundschreiben, mache es „jetzt zur erhöhten Pflicht, sich mit der besten Kraft einzusetzen für Aufbau und Festigung der Kinderbewegung." Jede Ortsgruppe der Kommunistischen Jugend wurde aufgefordert, einen Kindergruppenleiter zu stellen und mit dem Gruppenaufbau anzufangen. Ein Teil der alten Mitglieder hatte sich „anderen proletarischen Organisationen angeschlossen". Es war zunächst Aufgabe der Leiter und der verbliebenen Pioniere, diese „herauszuziehen und den KKG. wieder zuzuführen." Zudem sollte „schnellstens" beim Jugendpflegeamt beantragt werden, die „durch das Verbot abgenommenen Schulräume resp. Heime" wieder nutzen zu können.[448] In den Sommermonaten wurden in allen Bezirken Reorganisationskonferenzen abgehalten, bei denen ein Referent der Reichszentrale den Aufbau nach dem Schulzellensystem und die künftige Arbeitweise erklärte.[449] Nach der Weißenfelser Konferenz begann ein gut ein Jahr lang währender Aufschwung. Dabei bestanden die Mitglieder des Berliner Hauptquartiers von Beginn ihrer Arbeit an auf einem rigorosen Zentralismus. So wurde zum Beispiel das Vorhaben eines Genossen, einen „Roten Fridolin" als Konkurrenzzeitung zum bürgerlichen „Heiteren Fridolin" herauszugeben, mit deutlichen Worten abgelehnt: „Das ZK ist einstimmig dagegen,

---

bände. Eine Ortsbestimmung der Jugendverbandsarbeit in Analysen und Selbstdarstellungen, Weinheim 1991, S. 51.

[448] *Rundschreiben Nr. 1 für die Leiter von Mitte März 1923*, SAPMO-BArch, RY 1/ I4/1/80, Bl. 262.

[449] *Rundschreiben der Kindergruppen Nr. 1 vom 19. 5. 1924*, ebd., Bl. 221.

dass eine besondere neutrale Kinderzeitung herauskommt und spricht betr. Genossen das Recht ab eine eigene Kinderzeitung privat herauszugeben." Vielmehr sollte dieser die Gelder dem verbandseigenen *Jungspartakus* zur Verfügung stellen.[450]

Auf einer anderen Sitzung, am 9. März 1925, wurde der Bezirk Wasserkante gerügt, weil dort die reichsweit angesetzte „Organisationswoche" zur Bekanntmachung und Durchführung der Reorganisationsmaßnahmen statt vom 24. bis 30. November 1924 eine Woche vorher stattfand.[451] Da dies eine wesentlich innerhalb des Verbandes durchgeführte Maßnahme und keine auf politische Außenwirkung abzielende inhaltliche Propagandaveranstaltung war, blieb hier eine synchrone Durchführung nebensächlich. Die Zentrale zeigte sich allerdings nicht gewillt, derartige Planabweichungen zu tolerieren. Da die Probleme der Umsetzung von oftmals umfangreichen und Personal- sowie zeitaufwändigen Arbeitsanweisungen anhalten sollten, waren diese „Undiszipliniertheiten" der Basis ein ständiger Reibungspunkt. Im März 1925 wurde beispielsweise seitens der Zentrale die besondere Berliner Kreiseinteilung der Kindergruppen aufgehoben und festgelegt, dass sich der JSB in Berlin so aufbauen solle „wie Partei und Jugend". Der neu zu bildende Zentralvorstand sollte vierzehntägig tagen und ein Sondergremium für Organisationsfragen geschaffen werden.[452] Erst im Jahr 1927 wurde aber gemeldet, dass die Kreise „faktisch" nicht mehr bestünden. Der Grund lag allerdings nicht in der verspätet vollzogenen Umstellung, sondern in den fehlenden Kräften für die Besetzung der Kreisleitungen.[453] Die Parteibasis erwies sich auch im Kindergruppenbereich als relativ renitent gegenüber den Anordnungen der Parteispitze.

Auf Bezirksebene begann ungeachtet dieser Kommunikationsprobleme eine teilweise hektische Aktivität, die das Reichsministerium des Innern bereits im März 1925 besorgt zu der Feststellung veranlasste, die Agitation habe „seit der im Oktober v. Jrs. abgehaltenen Weissenfelser Kinderkonferenz erheblich zugenommen."[454] Die kurz nach der Konferenz von den Beamten ermittelte Mitgliederzahl von „angeblich bereits 150.000" Kindern war allerdings phantastisch überhöht.[455] Die JSB-Führung dokumentierte im Februar 1925 für den 1. Oktober des Vorjahres, also knapp vor der Konferenz, einen

---

[450] Vgl. *Protokoll* (wie Anm. 424).

[451] *Protokoll der Zentrale des JSB vom 1. 12. 1924*, SAPMO-BArch, RY 1, I4/1/81, Bl. 105–106. Zur Organisationswoche vgl. *Rundschreiben Nr. 2 an alle Gruppen des JSB vom November 1924*, ebd., Bl. 174–175.

[452] *Protokoll der Zentrale des JSB vom 9. 3. 1925*, SAPMO-BArch, RY 1, I4/1/81, Bl. 120.

[453] *Bericht des Kinderbüros K. J. V. D. (JSB.) vom 1. 3.–1. 11. 1927*, SAPMO-BArch, RY 1, I4/1/72, Bl. 186.

[454] *Lagebericht des RMI Nr. 110 vom 16. 3. 1925*, BArch, R 1507/2026, Bl. 39f.

[455] *Lagebericht des RMI Nr. 108 vom 1. 12. 1924*, ebd., Bl. 21.

Stand von reichsweit 5.985 Mitgliedern in 187 Gruppen, der sich bis zum 1. Januar 1925 angeblich auf 8.712 Mitglieder in 253 Gruppen erhöht hatte.[456] Insbesondere die Thüringer Genossen entwickelten an Schulen eine starke Aktivität, die seitens des Thüringischen Kultusministeriums eines der ersten Verbote schulischer Präsenz des JSB nach sich zog.[457]

Die Aufwärtsbewegung verstärkte sich mit beachtenswerter Geschwindigkeit. Im März 1925 meldete die Reichszentrale „zur Zeit 250 Gruppen mit 10.000 Mitgliedern".[458] Im Mai waren es bei gleichbleibender Mitgliederzahl 300 Gruppen.[459] Die Berliner Polizeibehörde ging im Januar 1926 von „angeblich 12.500 Mitgliedern" aus.[460] Dies war allerdings erneut überzogen. Der rasante Anstieg, so musste die Leitung des JSB retrospektiv konstatieren, war zu dem Zeitpunkt beendet. Am 1. Januar 1926 wurden nur noch 8.246 Mitglieder in 275 Gruppen registriert.[461] Es bleibt fragwürdig, ob es vorher tatsächlich mehr waren.

In den beiden Bezirken Berlin-Brandenburg und Wasserkante verlief die Entwicklung dem Trend entsprechend. Die Berliner begannen zügig mit der Neubelebung der Gruppen. Schon im Vorfeld der Konferenz hatten sich die Berliner Genossen um neuen Schwung bemüht und einen Raum im „Internationale Arbeiterhilfe"-Heim gemietet sowie einen „Abziehapparat" angeschafft. Die Durchführung eines „bunten Abends" hatte neue Mitglieder gebracht und die Hochburg Neukölln konnte „7 Schulzellen und eine Schulzellenzentrale" vermelden.[462] Nach der Statistik des JSB bestand Berlin-Brandenburg zum Zeitpunkt der Reorganisation aus 20 Gruppen mit 400 Mitgliedern. Für den Januar 1925 wurden 800 Mitglieder in 26 Gruppen aufgelistet.[463] Trotz der allgemein steigenden Aktivität überrascht es allerdings, dass die Berliner Bezirksleitung schon drei Monate später einen um weitere 500 Kinder erhöhten Mitgliederbestand mit nun ca. 1.300 Jungspartakisten meldete. In der Mitte des Jahres 1926 waren nach Angaben der Zentrale mit 2.300 Kindern in 62 Gruppen weitere 1.000 Mitglieder hinzugekommen.[464] Die Ber-

---

[456] *Organisatorischer Stand des JSB*, DPK, Jg. 5 (1925), Nr. 2, S. 25.

[457] Vgl. Kap. III.3.1.

[458] *Information Nr. 1 vom 29. 5. 1925*, SAPMO-BArch, RY 1/I4/1/81, Bl. 229f.

[459] Schreiben der *Zentrale des JSB an das Pol.-Büro der KPD vom 14. 5. 1925*, ebd., Bl. 261.

[460] Polizeipräsidium Berlin, *Lagebericht aus Berlin vom Januar 1926*, BArch, R 1507/1055c, Bl. 204.

[461] Karl Sothmann, *Zur 8. Reichskonferenz des JSB*, DPK, Jg. 9 (1929), S. 7.

[462] *Protokoll* (wie Anm. 413).

[463] *Organisatorischer Stand des JSB* (wie Anm. 456).

[464] 25 Gruppen mit nicht genannter Mitgliederstärke entfielen allerdings auf die Provinz Brandenburg und Lausitz. *Protokoll vom 9. 3. 1925* (wie Anm. 452).

liner Behörden hingegen gingen von einer Gesamtzahl von 800 bis 1.000 JSB-Angehörigen im Bereich Groß-Berlin aus.[465] Diese Schätzung dürfte der Realität auch näher kommen als die Zahl des JSB-Büros. War das Jahr 1926 zumindest auf dem Papier noch recht erfolgreich, so erfolgte nämlich 1927 ein Einbruch. Bereits im Januar berichtete das Berliner Kinderbüro von lediglich 1.800 Mitgliedern in 68 Gruppen. Im November wurden nur noch 1.600 Kinder in 50 Gruppen gelistet.[466]

Ein Beispiel für das Zustandekommen dieses Zahlenmaterials und die damit verbundenen Schwankungen liefern die Kindergruppen des 15. Berliner Verwaltungsbezirks Treptow für das Jahr 1927. Demnach betrug „die Durchschnittszahl der letzten 6 Monate […] 50 Mitglieder. Die einzelnen Gruppen wiesen ungefähr folgendes Bild auf: Baumschulenweg ca. 10–15 Mitglieder, Oberschöneweide ca. 15–20 Mitglieder, Johannisthal ca. 10–15 Mitglieder, Treptow unter 10 Mitglieder."[467] Schon bei dieser überschaubaren Gruppen- und Mitgliederzahl konnten also Divergenzen von bis zu 30% auftreten. Auf den Gesamtverband übertragen waren entsprechend schätzungsbedingte Abweichungen von mehreren tausend Mitgliedern im Rahmen des Möglichen.

Die einzige relativ genaue Aufstellung der Gruppenstärken für Berlin findet sich in einem Rundscheiben des Kinderbüros vom Ende des Jahres 1928, in dem die angegebene Mitgliederzahl von 812 insgesamt auf die einzelnen Bezirke und deren Gruppen aufgeschlüsselt wurde. Die meisten Mitglieder befanden sich in Wedding (116), Prenzlauer Berg (71), Friedrichshain (71), Neukölln (64) und Treptow (60) und damit in den Arbeiterbezirken. Die kleinsten Gruppen kamen erwartungsgemäß aus den bürgerlichen Randbezirken Steglitz (12), Wilmersdorf (17) und Reinickendorf (15). Zehlendorf besaß „seit Jahren" weder eine Kinder- noch eine Jugendgruppe. Die Verteilung korrelierte damit mit den traditionellen Berliner Hochburgen der KPD.[468]

Ähnlich verlief die Mitgliederbewegung auch in Hamburg. Wasserkante meldete im September 1924 den ersten Bestand nach der Illegalität mit 300 Mitgliedern in 14 Gruppen.[469] Die Reichszentrale notierte im Oktober 500 Mitglieder, und für den Januar 1925 800 Mitglieder in 15 Gruppen.[470] Den Höchststand meldete Hamburg ein Jahr später mit 1.000 Mitgliedern in 24 Ortsgrup-

[465] *Lagebericht aus Berlin* (wie Anm. 460).

[466] *Bericht des Kinderbüros K. J. V. D.* (wie Anm. 453), Bl. 180.

[467] *Org.-Bericht des 15. Verwaltungsbezirks*, o. D. (1928), SAPMO-BArch, RY 1, I4/1/72, Bl. 261.

[468] *Rundschreiben des Kinderbüros des KJVD-Berlin-Brandenburg*, Abschrift o. D. (1928), GStA, Rep. 77, tit4043, Nr. 414, Bl. 68f.

[469] *Protokoll der Sitzung der Reichszentrale der KKG vom 16. 9. 1924*, SAPMO-BArch, RY 1, I4/1/80, Bl. 300.

[470] *Organisatorischer Stand des JSB* (wie Anm. 456).

pen.[471] Dieses Ergebnis sollte erst nach der erneuten organisatorischen Umstellung auf die Roten Jungpioniere erneut erreicht werden.

Dieser Mitgliederzuwachs erscheint ebenfalls als relativ hoch, in der Tat hatten aber auch die weiteren Bezirke im ersten Jahr starke Anstiege, welche von den Behörden mit Sorge beobachtet wurden. Seit der Konferenz von Weißenfels, so befand die Senatskommission für Reichs- und Auswärtige Angelegenheiten im Jahr 1925, erfolge die Erziehung zum „Klassenkampf" und „Klassenhass" in „systematischer Weise".[472] Der Reichsinnenminister erklärte sich den großen Zulauf damit, dass die Partei bei der „andauernden Lauheit der älteren Mitgliedschaft sich gezwungen sieht, sich in wachsendem Masse der Jugendlichen zu bedienen."[473]

Das quantitative Niveau des Mitgliederanstiegs, der die zuständigen Stellen zu obigen Feststellungen veranlasste, ist allerdings kaum valide zu rekonstruieren. Die tatsächliche Zahl der Aufnahmen lässt sich insgesamt lediglich schätzen, die starke Fluktuation und die Karteileichen allerdings korrigierten das Ergebnis signifikant nach unten. Die Menge an Aktiven oder denjenigen, die sich zumindest als Mitglieder „fühlten", war deutlich geringer.

Dies wurde bei den sukzessive einsetzenden Bemühungen um eine systematische Erfassung der Mitglieder deutlich. Der Rückgang von 700 Mitgliedern in Berlin innerhalb des Jahres 1927 kann nicht allein durch Austritte und altersbedingte Abtritte erklärt werden. Die Aussortierung von Karteileichen ist hier sehr wahrscheinlich. Auch die Hamburger Organisation führte offensichtlich eine Organisationskontrolle durch. Schon auf dem Bezirksparteitag im März des gleichen Jahres wurde die Mitgliederzahl auf nunmehr 800 nach unten korrigiert. Trotzdem wurde seitens der KPD eine starke Zunahme agitatorischer Tätigkeit festgestellt, was sich aus der Diskrepanz von aktiven und passiven Mitgliedern erklären mag. Allerdings traf der Verfasser des Polizeiberichtes über den Parteitag den Kern, als er anmerkte, dass die angegebene Zahl von Mitgliedern des JSB in Groß-Hamburg „im Verhältnis zur Schülerzahl nicht beträchtlich ist."[474]

Insgesamt lässt sich so ungeachtet der statistischen Schwankungen bis Ende 1926 eine Zunahme der Mitglieder feststellen, die eine Folge der nach der Weißenfelser Konferenz entwickelten Aktivitäten sein dürfte. Allerdings befand sich der kommunistische Kinderverband keinesfalls auf dem Weg zu einer Massenbewegung. Dies entging auch den permanent beobachtenden Be-

---

[471]   Auch diese Zahl stammt wiederum aus späteren Berichten. Vgl. in diesem Fall den *Bericht über die Lage des JSB Wasserkante*, o. D. (1930), SAPMO-BArch, RY 1, I4/1/83, Bl. 503–505.

[472]   *Bericht der Senatskommission für Reichs- und Auswärtige Angelegenheiten vom 21. 3. 1925*, BArch, R 1507/1055 b, Bl. 155–159.

[473]   *Lagebericht Nr. 112 vom 1. 12. 1924*, BArch, R 1507/2025, Bl. 21.

[474]   *Bericht der Polizeibehörde Hamburg* (wie Anm. 453).

hörden nicht. Diese konstatierten 1926 anders als noch ein Jahr zuvor, die Gefahr, die von dem JSB ausginge, sei „momentan nicht allzu hoch." Trotzdem wurde das Bemühen der Kommunisten um die Kinder als besorgniserregend eingestuft, da sich „auf lange Sicht" negative Folgen aufgrund des „systematisch ausgebildeten Nachwuchs[es] aktiver Parteiarbeiter" ergeben würden.[475] Für die Mitglieder der Zentrale des Kinderverbandes hingegen blieb diese Situation unbefriedigend.

Einen ähnlichen Kampf gegen Windmühlen stellte der Versuch der Zentrale zur Reorganisation des Verbandes auf Basis der Schulzellen dar. Mit den sich personell und quantitativ permanent verändernden Gruppen erwies sich eine Zellenumstellung als ausgesprochen schwierig. Nach den Statuten des JSB wäre trotz unterschiedlicher Umsetzungsanweisungen zu erwarten gewesen, dass es mehr Schulzellen als Ortsvereine gäbe, da diese insbesondere in den Städten in der Regel ein Gebiet mit mehreren Schulen umfassten. Tatsächlich blieb die Anzahl der Schulzellen immer deutlich geringer. Die Reichsleitung meldete als ersten Erfolg der Organisationsumstellung im Januar 1925 111 Schulzellen.[476] 1926 seien es 147 gewesen, die allerdings auf 58 im Jahre 1928 zurückgingen.[477] Zum einen begründete sich der starke Rückgang in den Verboten des JSB in Bayern und in Württemberg.[478] Zum anderen seien „sehr viele durch mechanische Reorganisation auf dem Papier entstanden."[479] Es wurden also lediglich die Kinder einer Schule als „Zelle" gemeldet. Nach Erkenntnissen der Reichsbehörden aus dem Jahr 1925 umfasste „eine Schulzelle […] in der Regel mehrere Schulen."[480] Es dürfte sich bei diesen „Zellen" also um die Ortsgruppen gehandelt haben. In Hamburg schwankten die Zahlen seit 1926 mit rückläufiger Tendenz. Im Jahr 1925 gab es lediglich fünf Zellen. Auf dem Parteitag 1927 wurden „48 gut arbeitende Schulzellen" gemeldet, die im nachhinein allerdings auf nur 30 zurückkorrigiert wurden. Für 1926 wurden retrospektiv 26 Zellen vermerkt. 1928 wurden 19 erfasst und 1930 noch 13. Für das Jahr 1929 wurde mit einem Fragezeichen versehen nur eine Zelle ausgewiesen.[481]

In Berlin schwankte die Schulzellenanzahl ebenfalls massiv. Nach 16 Zellen zu Beginn des Jahres 1925 wurden im Januar 1926 10 Zellen ausgewiesen,

---

[475] *Lagebericht Nr. 117 vom 1. 4. 1926*, BArch, R 1507/2029, Bl. 75.

[476] *Organisatorischer Stand des JSB* (wie Anm. 456).

[477] *Zur 8. Reichskonferenz* (wie Anm. 461).

[478] Vgl. Kap. III.3.1.

[479] *Zur 8. Reichskonferenz* (wie Anm. 461).

[480] Reichskommissar der öffentlichen Ordnung, *Kurze zusammenfassende Darstellung der kommunistischen Agitation unter Kindern,* o. D. (1925), BArch, R 1507/1055b, Bl. 177.

[481] *Bericht des JSB Wasserkante* (wie Anm. 471).

im November dagegen erneut 16.[482] 1928 wurden acht Schulzellen gezählt, davon befanden sich allein sechs im Verwaltungsbezirk Spandau, der sich mit 49 Kindern eher im Mittelfeld der Berliner Gruppenstärken befand. Auch die Polizei musste sich mit Mutmaßungen begnügen, die allerdings wiederum weit an der Realität vorbeigingen. Ausweislich des Berichtes des Berliner Polizeipräsidiums bestanden im Januar 1926 Schulzellen „bereits in den meisten Gemeindeschulen Berlins, ohne dass sie jedoch bisher besonders hervorgetreten sind."[483] Wahrscheinlicher ist, dass in den Bereichen, wo keine Aktivitäten beobachtet wurden, schlicht keine Zellen vorhanden waren.

Selbst bei gutem Willen und Erfassung der organisatorischen Erfordernisse konnten die Leiter nicht einfach eine Umstellung einleiten. Die Zahl der kommunistisch organisierten Schüler an einer Schule war in den meisten Bezirken zu gering, als dass eine Schulzelle hätte gegründet werden können. Eine Momentaufnahme bietet der Bericht der Bezirksleitung Wasserkante von 1930. Die 187 Hamburger Pioniere verteilten sich auf 65 verschiedene Schulen.[484]

Der Reichsleitung war dieses Problem durchaus bewusst. In den Reorganisationsanweisungen von 1926 konstatierten sie „eine Reihe von Fällen, und dies ist in allen Grossstädten der Fall, wo auf 5, 10 und 20 Schulen eine Gruppe kommt." Allerdings sei auch in Bereichen, „wo die Umstellung auf Schulzellen eine Leichtigkeit sein würde, [...] die Schulzelle noch nicht [...] die wirkliche Grundlage und Grundeinheit" des JSB.[485] Um den Genossen diese Arbeit zu erleichtern, gab die Reichsleitung noch vor dem Musterstatut der KJI für jede denkbare Kombination der Pionier- und Schulanzahl genaue Anweisungen heraus. An Orten mit nur einer Schule bildete die Gruppe gleichsam automatisch eine Schulzelle. Es sollten zudem Klassenobleute gewählt und bei Gruppen von mehr als 50 Mitgliedern Klassenzellen gebildet werden. Bei mehreren Schulen sollten Gruppen von über zehn Mitgliedern Zellen bilden, solche mit darunter liegender Mitgliederzahl Vorposten, die an die Zellen anzuschließen waren. Für die hauptsächlich in Großstädten vorkommende Problematik von mehreren Schulen mit weniger als zehn Mitgliedern sollten Sammelzellen geschaffen werden, die dieselben Aufgaben wie die Schulzellen wahrzunehmen hatten.[486] An dezidierten Anweisungen mangelte es also nicht. Die Rezeption allerdings blieb offensichtlich begrenzt. Noch 1929 beklagte

---

[482] *Organisatorischer Stand des JSB* (wie Anm. 456); Bericht des Kinderbüros des KJVD (wie Anm. 453).

[483] *Lagebericht des Polizeipräsidiums Berlin vom Januar 1926*, BArch, R1501/20122, Bl. 204.

[484] *Bericht des JSB Wasserkante* (wie Anm. 471).

[485] *Informationsbrief* (wie Anm. 439).

[486] Ebd.

Sothmann „große Unklarheiten", die „über die Aufgaben der Schulzelle herrschten und herrschen. [...] Von vielen Genossen wurde die Zelle als Organ der Gruppe aufgefaßt, das den Schulkampf als Teil des Gesamtkampfes durchzuführen hätte. So wurde die Zelle nicht zu einem lebendigen, selbständigen Organismus ausgebaut."[487] Im Ergebnis stellten die Schulzellen im JSB eine Ausnahme dar, die nur bei entsprechenden organisatorischen und personellen Vorraussetzungen gebildet werden konnten.

Weiterhin behindert wurde die Arbeit durch das ungelöste Leiterproblem. Das Interesse der Jugendlichen, Kindergruppen zu führen, war ausgesprochen gering. Dies manifestierte sich nicht nur in Form von fehlenden Leitern, sondern auch in der mäßigen Beteiligung der Gruppenführer an den Konferenzen. So wurde eine Berliner Leiterkonferenz am Ende des Jahres 1924 schlecht besucht, und auch bei der Bezirkskonferenz des JSB in Berlin wenige Monate später war die Beteiligung der Leiter nach Angaben der Reichszentrale im Gegensatz zu der der Kinder enttäuschend. Gleiches berichteten die Abgesandten der Zentrale von den Konferenzen im Bezirk Wasserkante.[488]

Selbst die Besetzung von Bezirksleitungen konnte nicht befriedigend gelöst werden. In der Regel wurden Funktionäre für die Kinderarbeit nicht in ausreichendem Maße freigestellt. In Hamburg führte dies dazu, dass das Kinderbüro im Jahr 1926 aufgrund der Erkrankung der leitenden Genossin zwei Monate praktisch nicht existent war, da die Bezirksleitung keinen anderen Leiter einsetzte. Selbst mit Besetzung, so ein Berichterstatter, könne „man [...] von einem eigentlichen Kinderbüro nicht sprechen, da erst zwei Genossen für diese Arbeit freigestellt sind, also unmöglich in der Lage sein können, die zu leistenden Arbeiten zu organisieren und zu leiten."[489]

In einem der wenigen detaillierten Berichte über die Gruppen in Berlin notierte das Kinderbüro im Jahr 1927 für den größeren Teil der Bezirke „Leitermangel", „Jugend versagt", oder „Jugend kümmert sich nicht um JSB." Aufgrund des Mangels waren „3 Genossen verpflichtet, alle notwendigen Arbeiten in ihrer kurzen freien Zeit nach Geschäftsschluss zu erledigen." Der „eigentlichen politischen Arbeit" und „der Frage des Schulzellenaufbaus" konnte so nicht „die notwendige Aufmerksamkeit" gewidmet werden. Dem Versuch, Nachwuchs heranzubilden, war ebenfalls kein Erfolg beschieden. Zum einen fehlte für Schulungen ebenfalls das erforderliche Personal. Zum anderen nutzte auch eine erfolgte Schulung nicht unbedingt. Von den vier Genossen, die eine Reichsleiterschule in Hamburg absolvierten, „haben zwei vollkommen versagt."[490]

---

[487] *Zur 8. Reichskonferenz* (wie Anm. 461).

[488] *Protokolle der Zentrale des JSB vom 3. 11. 1924 und vom 16. 1. 1925*, SAPMO-BArch, RY 1, I4/1/81, Bl. 101 und 113.

[489] *Bericht des JSB Wasserkante* (wie Anm. 471).

[490] *Bericht des Kinderbüros* (wie Anm. 453).

Der überwiegende Teil der Leiter war ausweislich einiger statistischer Erhebungen wie auch in der Anfangsphase der Kindergruppen nicht länger als ein oder maximal zwei Jahre tätig. Auf der Leiterschulung in Brieselang im Dezember 1927 arbeiteten von 39 Leitern 22 erst seit jenem Jahr im JSB, weitere elf seit zwei und entsprechend lediglich sechs seit drei Jahren oder länger. Nur vier waren selber Mitglied im JSB gewesen.[491] Auf der 8. Reichskonferenz der JSB-Leiter im Februar 1929 waren von 61 Delegierten vier erst seit jenem Jahr tätig, 29 seit dem Vorjahr und zehn seit 1927. Diesen 44 Genossen standen 16 gegenüber, von denen sieben seit 1926, also seit zwei Jahren, und neun länger tätig waren.[492]

Dieses organisatorische Problem wurde unter den Verantwortlichen schließlich als das Hauptproblem des JSB definiert. In einer Resolution im Jahr 1928 hieß es: „Die Krise des JSB ist eine Krise der Leitungen des JSB. Es gibt keine arbeitsfähigen Leitungen des Kinderverbandes und die Führung des Jugendverbandes fehlt vollkommen."[493] Das Konzept aus dem Jahre 1923, die Gruppen stärker von den Kindern leiten zu lassen, scheiterte im Ansatz und wurde nach 1924 kaum noch verfolgt. Eine Selbstverwaltung war in der Altersgruppe noch nicht oder nur in den seltensten Fällen möglich. Wo der Leiter fernblieb gingen die Gruppen auch weiterhin ein. Wo allerdings anders gewendet eine Leitung kontinuierlich arbeitete, konnte auch eine gute Gruppenaktivität vorgewiesen werden. So notierten die Berliner für Charlottenburg: „Stabiler Bezirk, weil stabile Leitung", während in Kreuzberg eine Gruppe wegen Leitermangels „eingegangen" war und die Gruppe des 3. Verwaltungsbezirks (Westen) vor der Auflösung stand, weil die Leiterin „niedergelegt" hatte und kein Ersatz gefunden werden konnte.[494] Zudem blieb ein praktisches Problem bei der Abstinenz des Leiters: Die städtischen Jugendheime gaben die Räume für die Kinder nicht frei, wenn sie keine Begleitung hatten.[495]

Trotz dieser für den JSB dramatischen Situation bestand das Plenum des Exekutivkomitees der Kommunistischen Jugendinternationale im November 1926 auf einer „Revision" des Führungskaders, bei der die „ihrem Alter (über 23 bis 25 Jahre) sowie ihrer Aktivität nach ihrer Bestimmung wenig entsprechenden Leiter" entfernt und „durch jüngere (nicht unter 16 Jahren)" ersetzt

---

[491] *Zwei Reichsleiterschulen des JSB*, DPK, Jg. 8 (1928), S. 24.

[492] *Die Zusammensetzung der 8. Reichskonferenz der JSB-Leiter*, DPK, Jg. 9 (1929), S. 82f.

[493] *Resolution über Lage und Aufgaben des JSB*, o. D. (1928), SAPMO-BArch, RY 1, I4/1/81, Bl. 334.

[494] *Bericht des Kinderbüros* (wie Anm. 453).

[495] *Org.-Bericht des 15. Verwaltungsbezirks* (wie Anm. 467).

werden sollten.[496] Diese Anordnung dokumentiert wie auch der fehlgelaufene Schulzellenumbau die theoretisch-dogmatischen Lösungsvorschläge der Kindergruppenführungen, die an den Problemen der Kinderarbeit vorbeiliefen. Denn eben dieses Konzept, Kinder von Jugendlichen anleiten zu lassen, funktionierte nur in den wenigsten Fällen. Dies lag nicht nur an den mangelnden personellen Ressourcen des KJVD insgesamt. Dieser besaß in der Tat schon zu wenig fähige Funktionäre, um die Jugendarbeit und insbesondere Schulungen durchzuführen. Die aktiven Jugendlichen hatten eine andere Vorstellung von kommunistischer Parteiarbeit und engagierten sich innerhalb der männerbündisch geprägten Jugendkultur eher zusätzlich im Roten Frontkämpferbund, als sich pädagogisch mit dem proletarischen Nachwuchs zu befassen.[497] Anstatt sich diesem Problem mit einer alternativen Konzeption zu widmen, wurde mit konstanter Wiederholung der theoretischen Grundlagen und Appellen an die Leitungskader versucht, der misslichen Situation im Sinne der kommunistischen Ideallösung Herr zu werden.

Es gelang so allerdings nicht, für einen erneuten Aufschwung zu sorgen. Reichsweit stagnierte die Entwicklung bei 7.000 bis 8.000 Mitgliedern. Im Jahr 1927 wurden 7.646 Jungspartakisten in 269 Ortsgruppen gezählt.[498] Im Folgejahr konnten trotz einer Zunahme der Ortsgruppen auf 278 noch 7.039 gezählt werden.[499] 1929 befand sich der Verband zwar wieder bei 8.350 Mitgliedern, kam aber dem Ziel der Schaffung einer Massenbewegung kaum näher.[500]

Die Anzahl der Berliner JSB-Mitglieder blieb in den Berichten bis 1930 konstant bei 1.300. Bei einer reichsweiten Organisationskontrolle im Januar 1931 wurden allerdings lediglich 534 Kinder gezählt.[501] Die Grundlage bildete vermutlich die Zahl der abgerechneten Mitglieder, die immer deutlich geringer war als die Gesamtzahl, allerdings anders gewendet dichter an der tatsächlichen Stärke gelegen haben dürfte als die Schätzungen der Bezirksleitungen.

Die Anzahl der Hamburger Mitglieder ging im Jahr 1928 sogar noch zurück. Gegenüber den im Vorjahr angegebenen ca. 800 Mitgliedern waren es nur noch 600 bis 700 Kinder, die insgesamt im JSB organisiert waren. Die Zahl

---

[496] *Beschlüsse und Resolutionen des VI. Plenums des EK KJI in Moskau im November/Dezember 1926*, gedr. in: Beilage zur Jugendinternationale, Jg. 8 (1927), Nr. 5, S. 28.

[497] Köster, *Avantgarde*, S. 254f. Zur Genese des Roten Frontkämpferbundes vgl. Kurt Finker, *Geschichte des Roten Frontkämpferbundes*, Frankfurt a. M. 1981; Georg Paul Schuster, *Der Rote Frontkämpferbund 1924–1929. Beiträge zur Geschichte und Organisationsstruktur eines politischen Kampfbundes*, Düsseldorf 1975.

[498] *Organisatorischer Stand des JSB* (wie Anm. 456).

[499] Ebd.

[500] *Kommunistische Agitation unter den Schulkindern*, o. D. (1931), BArch, R 1501/20482.

[501] *Bericht über den Stand der Jungpioniere vom 29. 1. 1931*, ebd., Bl. 437–438.

der tatsächlich Aktiven wurde allerdings nur mit circa 305 beziffert, von denen sich circa 180 im Bereich Groß-Hamburg befanden. Diese Zahlen sollten sich ein halbes Jahr später bei einer bezirksinternen Organisationskontrolle bestätigen. Nach einer Zählung der aktiven Kinder in den vorhandenen Gruppen ergab sich eine Stärke von 310 Mitgliedern, 172 davon waren in Groß-Hamburg gemeldet, 93 von ihnen erst seit einem Vierteljahr organisiert.[502] Insgesamt lässt sich so sagen, dass die Anzahl der aktiven Mitglieder in Berlin bis 1930 in der Spitze kaum mehr als 800 und in Groß-Hamburg nicht mehr als 400 Kinder betragen haben dürfte.

Die Verschlechterung der ohnehin geringen Mitgliederzahlen am Ende der zwanziger Jahre wurde allerdings nicht nur auf eine bereinigte Statistik zurückgeführt. Als Hauptursache sah die Bezirksleitung Wasserkante weniger die statistischen Unsauberkeiten der Vorgänger an. Gleichwohl gab diese an anderer Stelle zu, dass zumindest die Mitgliederzahlen des KJV vom März 1928 „ungeheuer übertrieben" waren. Ein viel größeres Problem bestand in ihren Augen allerdings weiterhin in dem Mangel an Gruppenleitern, die die vermuteten 600 bis 700 „tatsächlich im JSB organisierten Kinder" zusammenfassen konnten. Einen weiteren Grund für den Rückgang stellte die Aussortierung von jüngeren Kindern dar, „da man sich bei der Durchführung eines auf politischer Grundlage stehenden Schulkampfes nicht mit dem „Ballast von 8–10jährigen Kindern abgeben" wollte.[503] Zumindest in Hamburg funktionierte diese Altersverschiebung teilweise. Von den 1930 gezählten 187 Kindern waren immerhin 112 über zwölf Jahre alt. Hier stellte sich nun allerdings ein weiteres Fluktuationsproblem. 34 Pioniere verließen wenige Monate später die Schule.[504] Schon 1928 hatten die Hamburger Genossen „einen Schlag durch die Schulentlassungen, bei denen der beste Teil der Pioniere in den KJV überging", erhalten.[505] Den Kommunisten gelang es aufgrund dieser permanenten Veränderungen der Gruppengrößen und des Wechsels ihrer Mitglieder nicht, konstante Strukturen zu schaffen, die die Lebensdauer von Gruppen über eine Generation von Mitgliedern hinweg erhalten konnte. Durch die Schwerpunktsetzung bei den älteren Mitgliedern kamen ohnehin nur drei Alterskohorten in Frage. So konnten fließende Übergänge innerhalb der Gruppen kaum gewährleistet werden. Nach den Abgängen mussten sie gleichsam neu gegründet werden. Dies stellte im Zusammenhang mit dem Leitermangel ein kaum zu überwindendes Hindernis dar.

Die Gesamtgröße des Verbandes musste für die Kommunisten vor dem Hintergrund der Entwicklung der konkurrierenden Organisationen noch er-

---

[502] *Organisatorischer Stand des JSB* (wie Anm. 456).

[503] *Bericht an die Reichszentrale*, o. J. (1928), SAPMO-BArch, RY 1, I4/1/77, Bl. 50–54.

[504] *Bericht des JSB Wasserkante* (wie Anm. 471).

[505] *Bericht an die Reichszentrale* (wie Anm. 503).

nüchterner wirken. Die sozialdemokratischen Kinderfreunde konnten bei einer kontinuierlichen Aufwärtsentwicklung um 1930 auf 120.000 „Rote Falken" in reichsweit 4.500 Gruppen verweisen.[506] Zwar blieben die Jugendorganisationen der bürgerlichen Parteien bedeutungslos. Aber die Jungscharorganisationen der evangelischen Verbände erfassten bereits 1926 um die 70–80.000 Mitglieder. Die katholischen Verbände organisierten die Mitglieder unter 14 Jahren nicht separat, erfassten bei einer Gesamtzahl von über 700.000 organisierten Jugendlichen deutlich mehr Kinder als die evangelischen Verbände, die mit insgesamt gut 400.000 Mitgliedern um ein Drittel kleiner waren. Bei einer Gesamtorganisation von fast 500.000 Kindern unter 14 Jahren, Sportvereine nicht mitgerechnet, blieb der Mobilisierungsgrad des JSB gering.[507]

---

[506] Reichsarbeitsgemeinschaft der Kinderfreunde Deutschlands (Hg.), *Vorwärts trotz alledem*, Berlin 1933, S. 12.

[507] Diese Zahlen finden sich in: Bernhard Mewes, *Die erwerbstätige Jugend. Eine statistische Untersuchung*, Berlin 1929, S. 157. Sie geben die Statistik des Reichsausschusses der deutschen Jugendverbände wieder. Allerdings liegen je nach hinzugezogener Quelle und Art der Erfassung unterschiedliche Zahlen vor. So werden bei Siemering die Jungscharmitglieder im Jahre 1927 auf 43.410 beziffert. Dies umfasst vermutlich nur die männlichen Mitglieder (bei Mewes 55.100). Hinzu kamen „Tausende von Kindern" in den Mädchen-Gruppen. Vgl. Hertha Siemering, *Die deutschen Jugendverbände. Teil 2: Ihre Ziele sowie ihre Entwicklung und Tätigkeit*, Berlin 1931, S. 125; 235.

3 AUF DEM WEG ZUR MASSENBEWEGUNG? DIE ROTEN JUNGPIONIERE 1930–1933

Da die Entwicklung der Kinderverbände weiterhin hinter den Erwartungen der Genossen der Kommunistischen Jugendinternationale zurückblieb, reagierten diese Ende 1930 mit der Aufforderung an die Sektionen, eine erneute Organisationsreform vorzunehmen, die den Weg zu den Massen ebnen sollte. Die Überlegungen zur Veränderung der Strukturen reichten allerdings schon zwei Jahre weiter zurück. Bei der stark von der taktischen Wendung der Komintern beeinflussten, an die „Einheitsfront von unten" angelehnten Konzeption ging es im Wesentlichen um flexiblere Strukturen zur Aufnahme der Arbeiterkinder auch außerhalb politischer Kontexte, um diese langsam an die Verbände heranzuführen.

3.1 Der Weg zur erneuten Reform

Die durch die anhaltende Schwäche der Kinderverbände, insbesondere in Deutschland, Frankreich und England, verursachten Überlegungen zur Veränderung der Kinderarbeit nahmen ab 1929 auch in Bezug auf den organisatorischen Rahmen konkretere Formen an. Die politische Ausgangslage erschien den Verantwortlichen gerade in den genannten Ländern als denkbar günstig. Der 6. Weltkongress der Komintern und der 5. Weltkongress der Kommunistischen Jugendinternationale hatten bereits den Eintritt in die 3. Periode der Entwicklung des Kapitalismus festgestellt, als deren Kennzeichen die zunehmende Rationalisierung und die damit einhergehende Verschärfung der Klassengegensätze angesehen wurden. Diese Analyse treffe insbesondere auf die Weimarer Republik zu.[508]

Auf der 8. Reichskonferenz der Kindergruppenleiter im Januar 1929 konstatierten die Teilnehmer in ihrer Resolution aufgrund der beginnenden Weltwirtschaftskrise eine „Verschärfung der Klassengegensätze im nationalen und internationalen Rahmen", die sich unmittelbar auf die Arbeiterkinder auswirke. Die „Verschlechterung der ökonomischen Lage" bilde „die Grundlage für ihre politische Aktivierung."[509] Umso erstaunlicher mutete es den Genossen auf der 4. Internationalen Leiterkonferenz an, „wenn wir feststellen, daß in einem Lande, wo wir soviel Kampferfahrungen haben, wie in Deutschland, eine äußerst schlechte Lage ist, und andererseits in Ländern wie Schweden und Finnland, wo unsere Organisationen noch einen lehrhaften, mit vielen sozialdemokratischen Tendenzen behafteten Charakter haben, sich vor-

---

[508] Hermann Weber, *Hauptfeind Sozialdemokratie. Strategie und Taktik der KPD 1929–1933*, Düsseldorf 1982, S. 17f.

[509] *Die Lage der proletarischen Kinder, Lage und Aufgaben des JSB*, DPK, Jg. 9 (1929), S. 119–128. Zitate S. 126; 119.

wärts entwickeln." Dies sei allerdings keinesfalls auf einen Fehler in der Theoriebildung zurückzuführen. Vielmehr habe der deutsche Verband eine zweite Stufe der Entwicklung erreicht, die „ganz andere Schwierigkeiten" mit sich bringe. Die konkrete Gestalt dieser Probleme im Gegensatz zu denen der auf der ersten Stufe verharrenden Verbände blieb allerdings im Dunkeln. Der propagierten Vorbildhaftigkeit des deutschen Verbandes „in der Frage der Methoden und Formen" im internationalen Vergleich tat dies keinen Abbruch.[510] Gleichwohl schien auch bei diesem Primus der Kinderarbeit eine Veränderung jener Formen notwendig, um die beabsichtigte Öffnung zu der großen Zahl von Proletarierkindern endlich vollziehen zu können. Von dem Aufbau einer Massen*organisation* hatten sich die Kommunisten aufgrund der anhaltenden Stagnation schon 1928 verabschiedet und sich die Massen*arbeit* zum Ziel gesetzt. Den Unterschied und die Konsequenzen erläuterte Sothmann im *Proletarischen Kind* folgendermaßen: „Wir müssen uns vollständig freimachen von der *vereinsmäßigen* Vorstellung über eine ‚Massenorganisation'. Nach dieser Vorstellung ist ein ‚*großer Verein*' eine Massenorganisation. Entscheidend bei dieser Auffassung ist die Mitgliederzahl. Für uns kommt es auf etwas anderes an und daß ist der *Einfluß auf die Masse, die noch nicht bei uns organisiert ist.*"[511] Dies änderte freilich nichts daran, dass die Mitgliederzahl auch weiterhin der maßgebliche Indikator für eine erfolgreiche Arbeit bleiben sollte, zeigt aber die Änderung in der strategischen Ausrichtung, die sich 1930 schließlich in einer weiteren Organisationsreform äußern sollte.

Nachdem der 5. Weltkongress der Kommunistischen Jugendinternationale für die Jugendverbände bereits mit der „Wendung zu den Massen" eine Kursänderung für die Jugendverbände beschlossen hatte, nahm diese Frage für die Kinderverbände auf der 4. Internationalen Leiterkonferenz im September und in dem Plenum der KJI im November 1929 konkretere Formen an. Auf der Leiterkonferenz stand die gesamte Organisationsform in der Kritik. Sothmann mokierte in seinem Bericht, die „heutige Organisationsstruktur" sei „nicht den Erfordernissen unserer Kampfarbeit angepaßt." Zudem fehlten nach seiner Auffassung die „tägliche Massen- und Kampfesarbeit" sowie die Unterstützung der weiteren kommunistischen Hilfsorganisationen. Weiterhin sei die „schlechte Leitung und Führung" für die desolate Situation verantwortlich. Dies führte zu der vernichtenden Erkenntnis, „daß unser heutiges Arbeitssystem falsch ist und einer grundsätzlichen Änderung bedarf." Über die Art und Weise dieser Änderung herrschte allerdings Ratlosigkeit. Ein neu-

---

[510] Ernst (Erich Wiesner), *Zum Ergebnis der IV. Internationalen Konferenz der Leiter der kommunistischen Kinderverbände*, ebd., S. 227.

[511] Karl Sothmann, *Zur Vorbereitung der 4. Reichstagung der Pioniere des JSB*, DPK, Jg. 8 (1928), S. 141. Kursivschreibung und Orthographie i. Orig.

es erfolgreicheres System falle „nicht vom Himmel", es müsse in der täglichen Massenarbeit kreiert werden.[512]

Im Plenum der KJI betrieb der Genosse Fürnberg von Seiten des Exekutivkomitees eine detaillierte Analyse. Zwar verwehrte er sich dagegen, „von einer internationalen Krise zu sprechen", da schließlich auch die sehr erfolgreichen Verbände der UdSSR und Chinas zu berücksichtigen seien, gab gleichwohl aber zu, dass die „Kinderorganisation in einer ganzen Reihe von Ländern sehr schlecht" sei. Neben den methodischen Schwächen sei dafür ein „völlig falsches Organisationssystem" verantwortlich, in dem die Verbände „nicht auf Schulzellen, sondern auf Wohnorganisationen" aufgebaut seien. Dies erschwere den Zugang zu den Massen. Zudem gebe es keine Hilfsorganisationen, die den Kinderverbänden die proletarischen Kinder zuführen können. Eine probate Lösung der organisatorischen Schwächen konnte allerdings auch Fürnberg noch nicht anbieten. Neben der Einrichtung entsprechender Gruppen in den kommunistischen Massenorganisationen propagierte er die Schaffung einer möglichst großen Anzahl von Schulvertrauensleuten, die in den Klassen die Verbindung zu den Schulzellen schaffen sollten.[513] Auch die anschließend verabschiedete Resolution blieb mit der Forderung, „daß die Basis der Organisation dort ist, wo sich die Mehrzahl der Kinder befindet", eher vage und bekräftigte erneut die Wichtigkeit der Schaffung von Schulzellen. Ein programmatischer Fortschritt konnte bei der Frage der Kinderarbeit in den weiteren Massenorganisationen verzeichnet werden. Um die Pionierorganisation sei „ein ganzer Ring von Hilfsorganisationen zu schaffen. Die Organisierung von Kinderabteilungen bei den Roten Sportorganisationen, den Freidenkern und anderen revolutionären Organisationen ist anzustreben."[514]

Da zunächst keine wesentlichen Änderungen erfolgten und der Mitgliederrückgang anhielt, sah sich das Präsidium der Jugendinternationale im Juni des Jahres 1930 zu einer Reaktion gezwungen und verurteilte in deutlichen Worten die bisherige Arbeit. In der Resolution fehlten euphemistische Interpretationen der internationalen Lage aufgrund der sowjetischen Entwicklungen. Der Kinderverband befinde sich „in einer ernsten Krise." Da diese in einer Situation eintrat, die durch „die Radikalisierung der arbeitenden Massen" und des „allgemeinen Wachstums des Einflusses der kommunistischen Bewegung" gekennzeichnet sei, der Kinderverband davon aber nicht habe profitieren können, müsse es offensichtlich fehlerhaftes Verhalten seitens der Leitungen der Kinderverbände gegeben haben. Das Wachstum der bürgerlichen und

---

[512] *Ergebnis der IV. Internationalen Konferenz* (wie Anm. 510), S. 228–230. Auch für das Folgende.

[513] *Fürnberg, Die Lage und die Aufgaben der kommunistischen Kinderbewegung*, gedr. in: InPrekorr, Jg. 10 (1930), S. 193ff.

[514] *Resolution über die Lage und die Aufgaben der kommunistischen Kinderbewegung*, ebd., S. 203f.

sozialdemokratischen Kinderorganisationen bestätige dies zusätzlich. Deshalb sei sofort eine Neuausrichtung der Verbandsarbeit vorzunehmen.[515]

Die Lageanalyse und die folgenden Verbesserungsmaßnahmen waren dabei in starkem Maße von einer taktischen Wende der Komintern beeinflusst, die Anfang des Jahres 1930 stattgefunden hatte und die Taktik des Kampfes gegen den „Sozialfaschismus" insgesamt zugunsten des Versuchs einer Lösung der SPD-Basis von der Führungsspitze beendete. Die parteiliche Abgeschlossenheit wurde nun als „linkes Sektierertum" abgelehnt, das den Einfluss auf die breite Masse der Arbeiterschaft hemme.[516] Diese Termini aus der Wendung der Komintern fanden Eingang in die Resolution, die die wenige Monate zuvor verabschiedete Forderung der Schaffung von Hilfsorganisationen nun als „Ausdruck des Sektierertums" geißelte. Die Beschlüsse zur Verhinderung der Krise seien einschließlich denen des Novemberplenums „ungenügend und in bedeutendem Maße sogar fehlerhaft" gewesen. Die Ursache der „falschen" Arbeitsmethoden sei im KJV ein „unverkennbares Nichtverstehen des Charakters der Aufgaben und konkreten Formen der Arbeit unter den Kindern." Die bislang genutzte Struktur sei zu statisch und zudem viel zu stark an der Organisation der Partei und des Jugendverbandes ausgerichtet. So sei eine Massenöffnung nicht möglich.[517]

Raphael Chitarow, mittlerweile im Büro der KJI tätig, fand bei der Interpretation der neuen Parteileitlinie wiederum die harscheste Tonart: „Das Ergebnis dieser falschen Einstellung war eben die Unfähigkeit der Kinderorganisationen, die breiten Kindermassen in ihrem Sinne zu beeinflussen, die Abstoßung der Kinder durch die unerträgliche Trockenheit ihrer Arbeitsmethoden und die Verwandlung der Organisationen in kleine, geschlossene Sekten." Auf seine eigene Rolle bei der Verfolgung des „falschen" Weges ging er freilich nicht ein.[518]

Folglich sollte nun eine Kindergruppenvariante der „Einheitsfronttaktik von unten" implementiert werden. Im Zentrum der Überlegungen stand dabei trotz der Problematik des „Sektierertums" zunächst die Ausweitung der Kinderarbeit auf die bereits bestehenden proletarischen Massenorganisationen im eigenen Lager, um die Basis zu verbreitern. Am Rande des II. Welttreffens der Arbeiter- und Bauernkinder im Juni 1930 einigten sich die KPD und der KJVD mit den Leitern der Kindersparten der Roten Hilfe und der Internationalen

---

[515] *Resolution des Präsidiums des EK. der KJI. über Fragen und Aufgaben der kommunistischen Kinderbewegung,* ebd., S. 1210.

[516] Weber, *Hauptfeind,* S. 26ff.

[517] *Resolution* (wie Anm. 515).

[518] Raphael Chitarow, *Die internationale kommunistische Kinderbewegung am Wendepunkt,* InPrekorr, Jg. 10 (1930), S. 1081.

Arbeiterhilfe, die revolutionäre Kinderarbeit zu vereinheitlichen. Die einzelnen Verbände sollten allerdings erhalten bleiben.[519]

Im Herbst 1930 beschloss schließlich das Zentralkomitee des KJVD auf den Grundlagen der Resolutionen des Internationalen Kinderbüros und des Exekutivkomitees der KJI die Umstellung des JSB und machte dies mit einer erneuten Namensänderung deutlich: Der Jung-Spartakus-Bund firmierte fortan unter dem Namen „Rote Jungpioniere". Die in den Vorjahren positiv konnotierte und durch den Namen symbolisierte Geschlossenheit sollte nun dem Charakter einer kommunistischen Vorhut unter den proletarischen Kindern weichen. Zudem verabschiedete das ZK die Richtlinien für den „Kampf um die Massen der Arbeiterkinder", die den Verband bis 1933 begleiten sollten. „Die Notwendigkeit der Schaffung einer breiten Massenkinderbewegung", so hieß es in der Einleitung, „ist klar. Die politischen und organisatorischen Vorraussetzungen sind vorhanden. [...] Jetzt gilt es zähe und planmäßige Arbeit zu leisten, um alle Energien, die in den Massen der Arbeiter und Arbeiterkinder stecken, zu erfassen.[520]

3.2 Die Struktur: Schulvorposten

Die erneute Organisationsreform war wesentlich durch zwei Maßnahmen gekennzeichnet. Zum einen wurde verordnet, in jeder der KPD nahestehenden Massenorganisation eine Pionierabteilung zu schaffen. Damit wurde die quantitative Basis auf dem Papier deutlich ausgeweitet. Die Roten Jungpioniere des ehemaligen JSB bildeten den eigentlichen Kernverband. Um die jüngeren Kinder adäquater betreuen zu können, als es bisher der Fall war, wurde die Einführung einer „Roten Jungschar" beschlossen, in der die sechs- bis zehnjährigen zusammengeführt werden sollten.[521]

Zum anderen wurde für den ehemaligen JSB bei unverändertem Überbau bis hin zur Bezirksleitung eine neue Basisstruktur konzipiert: die Pionierabteilung und die roten Schulvorposten. Die Pionierabteilung ersetzte die Ortsgruppen und war vom Prinzip her mit diesen deckungsgleich. Sie wurde anstatt der Schulzellen als „organisatorische Grundeinheit" statuiert. Damit reagierte die Leitung des JSB allerdings keineswegs auf die Probleme in der Organisationsumstellung, die bis dahin die Zellen eher in der Theorie hatte bestehen lassen denn als schlagkräftige Einheit im Schulkampf oder als flächendeckende Basisstruktur. Vielmehr sollte mit der Konzeption der aus den Pionierabteilungen gesteuerten Schulvorposten die seit Jahren beklagte vereins-

---

[519] *Resolution der Kinderleiter- und Helferkonferenz der KPD, des KJVD, der Rh, der IAH, und IG*, o. J. (1930), SAPMO-BArch, RY 1, I4/1/82, Bl. 21–25.

[520] *Arbeiterkinder müssen Klassenkämpfer werden* (wie Anm. 446), S. 3.

[521] *Richtlinien für die Kinderarbeit in Deutschland*, o. D. (1930), SAPMO-BArch, RY 1, I4/1/82, Bl. 2.

mäßige Abgeschlossenheit mit einer gegenüber den „indifferenten" Kindern offenen Konzeption überwunden werden. Zunächst wurden „die Pioniere aller revolutionären Organisationen einbezogen." Damit wurde eine Vergrößerung der Menge potentieller Mitglieder erreicht, durch die insbesondere in Schulen mit wenigen Pionieren die Schularbeit erleichtert werden konnte. Zudem sollten „Kinder aus den Roten Falken, bürgerlichen und christlichen Organisationen, unorganisierte Kinder" in den Schulvorposten integriert werden. Dieser stellte so gleichsam eine „offene" Schulzelle dar und konnte aufgrund der Beteiligung nichtkommunistischer Kinder nicht mehr als Basiseinheit fungieren.[522]

Die Aktivitäten der Pioniere an den Schulen änderten sich in dieser neuen Struktur wenig. Die Erstellung einer Schulzeitung und die Organisation von Versammlungen und Protestaktionen standen im Vordergrund. Zudem wurde der Verfassungstag am 11. August, der schon seit Mitte der zwanziger Jahre als Ziel kommunistischer Angriffe fungierte, zum offiziellen „Kampftag gegen den Verfassungsrummel" erhoben.[523]

Die mit der über den Kopf erhobenen Faust erbrachte Grußformel „Seid bereit" blieb ebenso erhalten wie der Aufnahmeritus. Die Einführung von Geboten und Gebräuchen komplettierte das ideologische Grundlagenmaterial. Der Pionier verpflichtete sich, „für die Sache der Arbeiterklasse immer bereit" zu sein, „alle Arbeiterkinder zum Kampf gegen Kinderelend" zu gewinnen und „mit seinen Eltern für höhere Löhne" zu kämpfen. Der Schutz der Sowjetunion und die Werbung für das „Vaterland aller Werktätigen" wurden ebenfalls in den Geboten verankert. Zudem wurde der Pionier über die „Gebräuche" des Verbandes aufgeklärt, zu denen neben der Befassung mit der „Geschichte des Kampfes der Arbeiterklasse und ihrer großen Führer" die Alkohol- und Nikotinabstinenz zählten. Des Weiteren „stählt[e]" der Pionier „seinen Körper durch Sport und Spiel."[524]

Der paramilitärische Charakter des Verbandes, der 1924 Einzug gehalten hatte, wird hier erneut deutlich. Die Form, so schreib das Zentralkomitee der KPD, sei „von wesentlicher Bedeutung für die revolutionäre Erziehung." Die Leiter und Helfer dienten dabei als Vorbild. „Ihre eigene straffe Disziplin, […] die systematische Pflege der Pionierbegrüßung ‚Seid bereit' und der Pioniergebote durch sie sind für die Pioniere in erzieherischer Beziehung von größtem Wert."[525]

Um trotz dieses Konzeptes auch „kindgemäßer" zu werden, wurde nun die Einrichtung von „Zirkeln" propagiert, die die unterschiedlichen Interessen

---

[522] Ebd., Bl. 4.

[523] Vgl. u. Teil III.

[524] *Arbeiterkinder müssen Klassenkämpfer werden* (wie Anm. 446), S. 9.

[525] *Richtlinien für die Kinderarbeit* (wie Anm. 521), Bl. 2.

der Kinder befriedigten. Dies konnten zum Beispiel Sport-, Spiel- oder Bastelzirkel sein. Wichtig war ein umfangreiches Angebot an Betätigungsfeldern, um diese Klientel nun endlich langfristig zu binden.[526] Die Reform sorgte für erneute Konfusion unter den Leitern der niederen Ebenen. Nach einem halben Jahr stellte der vermutlich unter einem Pseudonym schreibende Genosse „Michael" in einem Beitrag für das *Proletarische Kind* „zahlreiche Unklarheiten, Fehler und Unverständnis sowohl für die allgemeine Bedeutung und das Wesen der Wendung als auch in ihrer konkreten Durchführung durch die Ortsorganisationen und Gruppen" fest. Viele Leiter würden lediglich Zirkel in den bestehenden Abteilungen schaffen und keine umfassende Reorganisation vornehmen.[527]

Die Frage der Organisation an den Schulen bereitete auch bei dieser Umstellung die größten Schwierigkeiten. In den organisatorischen Richtlinien erklärte die Pionierleitung, dass sie nicht „die Schulzellen auflösen [...] und dadurch zum Kulturverein werden" wolle. Vielmehr solle mit den Schulvorposten die „Einheitsfront aller proletarischen Kinder" geschaffen werden.[528] Wie das Exekutivkomitee der KJI betonte, seien dies „keine Pionierorganisationen." Die Leitungen sollten von der Gruppe selbst gewählt werden und bestanden im Idealfall aus fünf Kindern, sie konnten allerdings auch kleiner gestaltet werden. Wichtig für die Ausgestaltung der neuen Struktur war die Beteiligung von Kindern in der Leitung, die noch nicht in den kommunistischen Gruppen tätig geworden waren. So erhofften sich die Verantwortlichen eine Einbindung, die zur Mitgliedschaft führen sollte. „Die allgemeine ideologische Leitung" allerdings gehöre „bei diesem System der kommunistischen Partei."[529] Nach dem Vorbild der betrieblichen Vertretung sollten in den einzelnen Klassen „Vertrauensleute" gewählt werden, die die dortige Verankerung des Schulvorpostens vornahmen. Der Schulvorposten unterschied sich so mit Ausnahme der Einbindung der noch nicht kommunistisch organisierten Kinder kaum von dem vorangegangen Modell der Schulzelle. Auch die inhaltliche Konzeption veränderte sich abgesehen von der Schaffung der Zirkel nicht.

Die proklamierte „Loslösung" von den Parteistrukturen blieb mit dieser Konzeption halbherzig. Zwar wurde den Interessen der Kinder mit der Schaffung von Zirkeln Rechnung getragen, die Erfordernisse der ideologischen Kampfkonzeption mit der Vorbreitung auf die revolutionäre Arbeit allerdings bedingten eine paramilitärische Konzeption, die eben doch Parteicharakter hatte. Zudem ging die veränderte Arbeitsweise auf eine ähnliche Wendung

---

[526] Vgl. Kap. III.2.1.

[527] M. Michael, *Für organisatorische Klarheit*, DPK, Jg. 11 (1931), S. 7–10.

[528] *Arbeiterkinder müssen Klassenkämpfer werden* (wie Anm. 446), S. 10.

[529] *Richtlinien des EK der KJI für die Roten Schulvorposten*, o. D. (1932?), BArch, R 58/2229, Bl. 207–218.

der Arbeit innerhalb der KP zurück. Sie blieb also ein Abbild des Parteilebens. Trotzdem erhofften sich die Kommunisten, nun den ausbleibenden Nachwuchs rekrutieren zu können.

3.3 Die Organisatorische Entwicklung von 1930 bis 1933

Der JSB befand sich zum Zeitpunkt der Umstellung auf dem Tiefpunkt seiner Mitgliederzahl. Chitarow bezifferte in dem genannten Artikel in der *Internationalen Pressekorrespondenz* den Stand im Sommer 1930 auf nur mehr 4.000 Mitglieder.[530] Die Reichsbehörden gingen für den März 1931von dann immerhin 6.000 Mitgliedern aus.[531] Weitaus günstiger dokumentierte die Reichsleitung die Entwicklung ab Dezember 1930. Demnach besaßen die Roten Jungpioniere bereits wieder 11.332 Mitglieder. Im März 1931 seien es statt der von dem Innenministerium vermuteten 6.000 bereits 16.640 Mitglieder gewesen.[532] Der Anstieg verlief weiter bis hin zu 22.537 Mitgliedern in ungefähr 600 Abteilungen im August des Jahres. Dies sollte der Höchststand bleiben. Hinzu kamen nun die Pioniere in den neu gegründeten Abteilungen der Massenorganisationen. Aus der IAH wurden im August 1931 18.050 Mitglieder gemeldet, die Freidenker hatten 2.000 und die Rote Hilfe 3.800 Pioniere. Am größten war die Abteilung der Sportpioniere mit 21.000 Mitgliedern.[533] Hier wurden allerdings noch weitere 10.000 nicht gemeldete Kinder vermutet.[534] Diese hohen Zahlen bei den Massenorganisationen sind insofern nicht verwunderlich, als dass hier weniger massenhafte Eintritte vonnöten waren als vielmehr die Erfassung bereits aktiver Kinder.

Fraglich allerdings sind wiederum die Erfolge der Roten Jungpioniere. Eine „regelmässige, feste Org-Bericht-Erstattung" gab es weiterhin nicht. Entsprechend wenig fundiert war das Zahlenmaterial. Für die Reichspionierleitung war die Registratur zu diesem Zeitpunkt aufgrund der erfolgreichen Arbeit eher ein Luxusproblem. Es werde „bei dem Wachstum unseres Pionierverbandes [...] immer schwieriger, alle neu aufgenommenen Pioniere auch wirklich zu erfassen."[535] Es war mit Hans Mahle ein Mitglied des Internationalen Kinderbüros, das am Beispiel Hamburgs auf die Problematik hinwies. Dort wurden alle Kinder als Vorposten-Mitglied eingestuft, die bei den Treffen erschienen. Registriert indes wurden sie nicht. In dem Ergebnis wussten die Ge-

---

[530] Chitarow, *Wendepunkt* (wie Anm. 518).

[531] *Agitation unter Schulkindern* (wie Anm. 500).

[532] *Stand der Pionierbewegung 1930/31*, SAPMO-BArch, RY 1, I4/1/54, Bl. 82.

[533] *Organisatorische Lage des Gesamtverbandes*, o. D. (1931), SAPMO-BArch, RY 1, I4/1/81, Bl. 397.

[534] *Stand der Pionierbewegung* (wie Anm. 532).

[535] *Entwurf zum Arbeitsplan der Reichspionierleitung* o. D. (1931?), SAPMO-BArch, RY 1, I4/1/82, BL. 338.

nossen nicht, ob diese „Mitglieder" erneut erschienen und konnten sie weder „bearbeiten" noch zur „Kommissionsarbeit" heranziehen. Einzig in Berlin begannen die Genossen, nummerierte Mitgliedskarten auszugeben und eine Kartothek anzulegen, allerdings blieb auch hier eine flächendeckende Erfassung eher eine Wunschvorstellung.[536]

Das Ergebnis war ein altbekanntes: ausufernde Spekulationen und sprunghafte Veränderungen der Mitgliedsbestände der einzelnen Bezirke. Aufgrund der ernüchternden Erfahrungen nach der Organisationskontrolle von 1930 wurde die Reichspionierleitung allerdings deutlich vorsichtiger in ihrer Berichterstattung und vermerkte es, wenn „für die Zahlen keinerlei Unterlagen vorhanden sind und [diese] nur auf unkontrollierbaren Angaben der Bezirksleitungen" beruhten.[537] Allerdings hatte auch die Leitung Mühe, mit ihren eigenen Zahlen eine über einen längeren Zeitraum konsistente statistische Erfassung zu tätigen. Deutlich wird dies am Beispiel Wasserkante. So war der Mitgliederbestand dieses Bezirkes von 1.100 Pionieren im Dezember und Januar 1930/31 in den Reichsunterlagen vom Juli 1931 mit einem Fragezeichen versehen. In der Tat hatten die norddeutschen Genossen, wie oben dargestellt, bereits 1929 lediglich 310 Mitglieder gemeldet.[538] Der Zuwachs war also eher unwahrscheinlich. Ein Blick in die eigenen Unterlagen hätte die Zweifel bestätigen können. In der Reichskontrolle vom Januar 1931 wurden lediglich 243 Mitglieder geführt.[539] Diese Zahl fügte sich auch eher in die Entwicklung seit 1929 ein. Für Mai und Juli 1931 notierte die Reichsleitung nämlich wiederum nur 625 bzw. 800 Mitglieder. Gleiches galt für Berlin. Statt der 543 während der Reichskontrolle festgestellten Mitglieder wurden im Januar 1.400 und im Juli sogar 2.000 Mitglieder geführt.[540] In der Statistik des nächsten Jahres sank diese Zahl im Januar 1932 plötzlich auf 800. Die Gesamtzahl der Mitglieder dürfte also 1931 allein aufgrund dieser zwei Bezirke um knapp 2.000 Mitglieder zu hoch gegriffen sein und die von den Reichsbehörden festgehaltene Zahl von 6.000 Mitgliedern der Wahrheit deutlich näher kommen.

Neben dem immer stärkeren Druck auf die Bezirksleitungen, Erfolge vermelden zu müssen, liegt als Begründung für die hoch gegriffenen Mitgliedszahlen die Vermutung nahe, dass im Rahmen der organisatorischen Umstellung und des Ausbaus der Schulvorposten die Mitglieder der Massenorganisationen zunächst schlicht eingerechnet und somit doppelt geführt

---

[536] Hans Mahle, *Massenschülerbewegung, die brennendste Aufgabe der deutschen Pionierbewegung*, o. D. (1931), SAPMO-BArch, RY 1, I4/1/83, Bl. 269–275.

[537] *Organisatorischer Bericht über die Entwicklung der Lage der Roten Jungpioniere*, o. D. (1932), SAPMO-BArch, RY 1, I4/1/82, Bl. 416.

[538] *Stand der Pionierbewegung* (wie Anm. 532).

[539] *Stand der Jungpioniere Ende Dezember 1930*, 29. 1. 1931, SAPMO-BArch, RY 1, I4/1/82, Bl. 437f.

[540] *Stand der Pionierbewegung* (wie Anm. 532).

wurden: einmal als Rote Jungpioniere und einmal als Mitglieder der jeweiligen „Hilfsorganisation". Inwieweit dies vorsätzlich oder in Unverständnis der Organisationsrichtlinien geschah, sei dahingestellt. Die oben erwähnte Hamburger Praxis, auch Kinder, die einmalig erschienen waren, als Mitglieder zu zählen, führte ebenfalls zu überhöhten Angaben.

Das Internationale Kinderbüro zeigte sich ansatzweise zufrieden: „In Deutschland konnte unter der Führung der KPD. und des KJVD. die Pionierorganisation die Krise überwinden und mit dem Umbau zu einer kommunistischen Massenorganisation, besonders durch die richtige Arbeit unter den Kinderorganisationen der proletarischen Massenorganisationen [...] beginnen." Allerdings entspreche auch hier „das Tempo der Entwicklung keinesfalls der objektiven Lage und dem Einfluss der KPD. und des KJVD."[541]

Um dies zu ändern, versuchte die Reichsleitung nach dem Vorbild des KJVD in „Sturmquartalen" die Mitgliedszahlen zu steigern. Dabei wurden fünfmonatige Arbeitspläne ausgearbeitet, in denen die zu erreichenden Mengen von Neumitgliedern, neuen Vorposten, Schulzeitungen, Streiks und ähnlichem festgelegt wurden. Gemessen an den phantastischen Vorstellungen der Reichsleitung mussten die Erfolge allerdings eher bescheiden bleiben. Zwischen Ende 1931 und Mai 1932 sollte die Mitgliederzahl von ohnehin zu hoch gegriffenen 67.000 in allen Organisationen auf insgesamt 140.000 mehr als verdoppelt werden.[542] Gemessen an den geringen Mitgliedszahlen konnten nach der Organisationsumstellung, wie gezeigt, leichte Erfolge erzielt werden. Die verhältnismäßig starke Vergrößerung ergab sich allerdings lediglich aus der Eingliederung der ohnehin in kommunistischen Organisationen aktiven Kinder, die weiterhin in ihren Abteilungen aktiv blieben und sich in der Regel nicht den Vorposten und der eigentlichen Jungpionierbewegung anschlossen.

Bei dem Anstieg der Mitgliederzahlen und der organisatorischen Ausweitung des Verbandes stellte sich die Leiterfrage mit erneuter Dringlichkeit. So bemängelte der Genosse Erich Jungmann 1930 in einem Referat vor dem ZK-Plenum, dass nicht die qualifiziertesten Kräfte des KJV herangezogen würden.[543] Entsprechend forderte das Zentralkomitee des KJVD in einem Arbeitsplan für die Zeit von Oktober bis Ende Dezember 1930 „80 führende Genossen" für die Kinderarbeit abzustellen und legte Bezirkskontingente fest, nach denen zum Beispiel Wasserkante sechs und Berlin zehn Leiter zu stellen hatten. Weiterhin sollten „500 Genossen für die Arbeit in der Kinderbewegung

---

[541] *Informatorischer Bericht über die Lage des Pionierverbandes*, o. D. (1931), SAPMO-BArch, RY 1, I4/1/82, Bl. 397–402.

[542] *Fünfmonatsplan der Jungen Pioniere, Dezember 31 bis Mai 32*, ebd., Bl. 325–331.

[543] *Referat von Erich Jungmann vor dem ZK-Plenum*, o. D. (1930), SAPMO-BArch, RY 1, I4/1/83, Bl. 258.

freigestellt werden."[544] Die KJ-Leitung des Bezirkes Wasserkante stellte im selben Jahr fest, dass „von der organisatorischen und politischen Führung der Pionierzellen und Abteilungen durch die Jugendzellen und Abteilungen [...] in unserem Bezirk bis heute keine Rede sein" könne.[545] Zudem seien die Leiter zu wenige und zu ungeeignet.[546] Berlin beklagte ebenfalls den Mangel an einer fähigen Leitung. Daran läge auch die unbefriedigende Entwicklung der Gruppenstärken.[547]

Dieses seit dem Beginn der organisierten Kindergruppenarbeit bekannte Problem konnte bis zum Ende der Weimarer Republik nicht gelöst werden. Zwar wurde eine anfänglich festgestellte Konkurrenzsituation unter den einzelnen Massenorganisationen beendet, allerdings existierten Ende des Jahres 1931 trotzdem „einheitliche, planmäßig arbeitende Leitungen [...] in keinem Bezirk".[548] Auch 1932 bemängelte die Reichspionierleitung noch das vollständige Fehlen einer Leitung in 30% aller Gruppen. Zudem gebe es „Abteilungen mit 9 Leitern im Jahr und solche, in denen die Pioniere gar nicht wissen, wer ihr Leiter ist, weil jedesmal jemand anderes erscheint."[549]

Weiterhin bescheiden blieben die Umstellungsversuche auf das Schulvorpostensystem, bei denen keine nennenswerten Erfolge erzielt werden konnten. Zwar konnte Hamburg 1932 auf immerhin 13 Schulvorposten verweisen und damit an die Zellenstärke in der Mitte der zwanziger Jahre anknüpfen. In Berlin allerdings existierten zum selben Zeitpunkt lediglich zwei Vorposten.[550] Die zwischenzeitlichen Schätzungen von reichsweit 600 Vorposten, von denen 150 auf Hamburg und 300 auf Berlin entfielen, waren wie auch die Gesamtmitgliedszahl eher eine Wunschvorstellung der Reichs- und Bezirksleitungen.[551] Die weitflächige Verankerung der Gruppen an den Schulen konnte auch nach der zweiten Organisationsreform kaum verwirklicht werden.

Mit dem Beginn des Jahres 1933 wurde den Bemühungen der Kommunisten im Bereich der Kinderarbeit durch die Machtübernahme der Nationalsozialisten und die Ernennung Hitlers zum Reichskanzler ein Ende gesetzt. Die

---

[544] *Arbeitsplan des ZK des KJVD für die Zeit vom 15. 10.–31. 12. 30*, GSta, Rep. 77, Abt. II, Sekt. 31, Nr. 415, Bl. 581–583.

[545] *Zur Lage des JSB* (wie Anm. 471).

[546] *Resolution zur Pionierfrage von der Landeskonferenz der IAH des LB Wasserkante vom 7. u. 8. 1. 1933*, BArch, R 1501/20489 Bl. 89f.

[547] *Entwurf einer Resolution über Lage und Aufgabe der Pioniere vom 10. 7. 1931*, SAPMO-BArch, RY 1, I4/1/82, Bl. 179.

[548] *Organisatorische Lage des Gesamtverbandes* (wie Anm. 533), Bl. 399.

[549] *Abschrift eines Berichtes der Reichspionierleitung*, Nachrichtenabteilung des RMI an Länder vom 18. 10. 1932, GStA, Rep. 77, tit4043, Nr. 241, Bl. 226–231.

[550] *Aufstellung der Bezirksstärken*, o. D. (1932), SAPMO-BArch, RY 1, I4/1/82, Bl. 434.

[551] *Fünfmonatsplan der Jungen Pioniere Dezember 31 bis Mai 32*, ebd., Bl. 325–331.

KPD war die von den repressiven Maßnahmen der NS-Regierung zunächst am stärksten betroffene Partei. Ähnlich wie nach dem Parteiverbot von 1923 gingen nach der „Verordnung zum Schutz von Volk und Staat" die von dem KJVD ohnehin wenig geliebten Kindergruppen zuerst und am vollständigsten ein, da sich der politische Fokus auf den Widerstand verschob und den wenigen Leitern die Weiterführung offensichtlich zu gefährlich war.[552] Zwar konnten im Februar des Jahres in Berlin noch vereinzelte Aktivitäten, wie zum Beispiel an der 4. Volksschule Tempelhof, festgestellt werden. Hier scheint allerdings der Eifer der Rektoren, der Gesinnung der neuen Machthaber zu entsprechen, größer gewesen zu sein als die tatsächliche Bedrohungslage durch eine Gruppe, die „vorher nicht aufgefallen war."[553] Auch die vom Oberpräsidenten des Provinzialschulkollegiums im April festgestellte „lebhaft" wieder einsetzende Agitation war allenfalls ein Strohfeuer.[554] Schon im Mai des Jahres konnte nach Angaben der Gestapo auch in der Reichshauptstadt „nicht beobachtet werden, dass die kommunistische Propaganda unter den Schulkindern wieder aufgelebt ist."[555]

---

[552] Zum kommunistischen Widerstand nach 1933 vgl. für Berlin: Hans-Rainer Sandvoß, *Die „andere" Reichshauptstadt. Widerstand aus der Arbeiterbewegung in Berlin von 1933–1945,* Berlin 2007, insbesondere S. 325–335 zum KJVD. Zu Hamburg vgl. Hans-Robert Buck, *Der kommunistische Widerstand gegen den Nationalsozialismus in Hamburg 1933–1945,* Augsburg 1969; Ursel Hochmuth/Gertrud Meyer, *Streiflichter aus dem Hamburger Widerstand 1933–1945. Berichte und Dokumente,* Frankfurt a. M. 1969, S. 33–43.

[553] *Schreiben des Rektors der 4. Volksschule an das PSK vom 24. 2. 33,* LHA, Rep34/3795, Bl. 231.

[554] *Schreiben des Oberpräsidenten des PSK an den Minister für Kunst, Wissenschaft und Volksbildung vom 12. 4. 1933,* ebd. Bl. 226.

[555] *Gestapo an den Oberpräsidenten des PSK vom 16. 5. 1933,* ebd. Bl. 232.

4 EXKURS: WEITERE AKTEURE IM SCHULBEREICH

Nicht nur die Schüler konnten als potentielle Träger des kommunistischen Gedankengutes in der Schule aktiv werden. Die KPD bemühte sich genauso um die beiden weiteren Gruppen, die im schulischen Umfeld verortet werden konnten: die Lehrer und die Eltern schulpflichtiger Kinder. Während die einen beruflich an der Schule tätig waren, erhofften die kommunistischen Funktionäre mit den anderen über die Selbstverwaltungsorgane Einfluss auf das Schulwesen nehmen zu können. Da sich die KPD insbesondere zum Ende der Weimarer Republik verstärkt um konzertierte Aktionen aller an der Schule beteiligter Akteure bemühte, wird hier im Rahmen der strukturellen Vorraussetzungen eine kurze Darstellung der Organisationsbemühungen kommunistischer Lehrer und Eltern gegeben sowie das Verhältnis zu den kommunistischen Kindergruppen beleuchtet.

4.1 Kommunistische Lehrer: die IOL

Den kommunistischen Lehrern kam aufgrund ihrer Stellung als „Bildungsarbeiter" innerhalb des Erziehungssystems in zweierlei Hinsicht Bedeutung zu. Zum einen konnten sie Einfluss auf die Art und Weise der Erziehung der Schüler nehmen. Zum anderen konnten sie gleich dem kommunistischen Arbeiter in den Betrieben unter ihren Kollegen für das kommunistische Programm werben und versuchen, diese zu organisieren.

In dieser doppelten Zwecksetzung formulierten die Teilnehmer der ersten Reichskonferenz der kommunistischen Lehrer am 7. Oktober 1921 in Braunschweig die Leitsätze für ihre Arbeit. Zunächst betonten sie die Notwendigkeit der Sozialisierung des Bildungssystems, insbesondere der Volksschule: „Erst deren Verwandlung aus einem Instrument kapitalistischer Klassenherrschaft und geistiger Verknechtung der Arbeiterklasse in eine geistige Werkstatt und Rüstkammer des revolutionären Proletariats wird auch die Masse der Lehrerschaft aus Prügelmeistern des Kapitalismus verwandeln in Träger und Vermittler höchster Kultur und Gesinnung." Um dieses Ziel zu erreichen sei eine enge Verflechtung mit dem „Befreiungskampfe der Arbeiterklasse" notwendig.[556]

Nach diesen eher grundsätzlichen Festlegungen folgte die Formulierung der konkreten Aufgaben. Erstens sollte die zum Teil kommunistisch, zum Teil sozialdemokratisch und unabhängig sozialdemokratisch besetzte „Freie Lehrergewerkschaft Deutschlands" (FLGD) „auf den Boden des entschiedenen Klassenkampfes gebracht werden." Diese Forderung aus der Frühphase er-

---

[556] *Leitsätze für die Arbeit der kommunistischen Lehrer, angenommen auf ihrer ersten Reichskonferenz in Braunschweig, 7. 10. 1921,* gedr. in: Dokumente zur Bildungspolitik, S. 176–178. Dort auch das folgende Zitat.

wies sich allerdings schnell als obsolet, da die FLDG, um eine Aufnahme in den „Algemeinen Deutschen Beamtenbund" (ADB) zu erreichen, 1923 mit der zahlenmäßig deutlich größeren bürgerlichen „Gewerkschaft deutscher Volkslehrer" (GDV) fusionierte.[557] Zudem erfolgten gerade im Bereich der Gewerkschaftsarbeit diverse taktische Änderungen im Rahmen der aktuellen kommunistischen Strategie.[558] Was allerdings in diesem Leitsatz angedeutet wurde, blieb ein programmatisches Ziel: die Werbung nichtkommunistischer Lehrer innerhalb der Gewerkschaften und in den Lehrerkollegien für den kommunistischen Klassenkampf. Forderungen wie die „Befreiung […] aus Amtssklaverei, Lohnknechtschaft und geistiger Erniedrigung", „gleicher Lohn für seminaristisch und akademisch vorgebildete Lehrer" und „die Abschaffung der Rangordnung" sollten helfen, die im Bereich der Finanzen und des Sozialprestiges den Lehren der Oberschulen deutlich nachstehenden Volksschullehrer auf die Seite der Kommunisten zu ziehen.[559]

Zweitens sollte innerhalb und außerhalb der Schule der „Kampf um die Seele des proletarischen Kindes" geführt werden. Die Lehrer wurden aufgefordert, innerhalb der Schule gegen reaktionäre Erziehungsmethoden vorzugehen. Die Abschaffung des Züchtigungsrechts und der Zeugnisse gehörte dabei genauso in den Forderungskatalog wie eine verbesserte Schulhygiene und unentgeltliche Lernmittel. Abseits der Schulklassen sollten sie in den kommunistischen Kindergruppen, Freidenkervereinen und Jugendgruppen wirken. „Wo immer proletarische Eltern, wo immer proletarische Kinder zusammenkommen, da hat der kommunistische Lehrer mitten unter ihnen zu sein."[560]

Dem ambitionierten Programm folgten allerdings zunächst nur wenige. Um 1925 befanden sich reichsweit etwa 180 Lehrer in der kommunistischen Fraktion.[561] In Berlin formierten sich die wenigen Gesinnungsgenossen um

---

[557] Wolfgang Stöhr, *Lehrer und Arbeiterbewegung. Entstehung und Politik der ersten Gewerkschaftsorganisation der Lehrer in Deutschland 1920–1923, Bd. 1,* Marburg 1978, S. 409f. Zu den Beamtenverbänden vgl. Dieter Schütz, *Zwischen Standesbewußtsein und gesellschaftlicher Orientierung. Beamte und ihre Interessenverbände in der Weimarer Republik,* Baden-Baden 1992.

[558] Zur Gewerkschaftsarbeit vgl. insbesondere Werner Müller, *Lohnkampf, Massenstreik, Sowjetmacht. Ziele und Grenzen der „Revolutionären Gewerkschafts-Opposition" (RGO) in Deutschland 1928 bis 1933,* Köln 1988.

[559] *Leitsätze der kommunistischen Lehrer* (wie Anm. 556).

[560] Ebd.

[561] Stöhr, *Lehrer und Arbeiterbewegung, Bd. 1,* S. 249. Bölling begründet in seiner Studie zum DLV mit dieser geringen Zahl der Mitglieder deren Vernachlässigung in dem Kapitel „DLV und politische Parteien". Vgl. Rainer Bölling, *Volksschullehrer und Politik. Der deutsche Lehrerverein 1918–1933,* Göttingen 1978, S. 104.

den Landtagsabgeordneten und Studienrat Dr. Fritz Ausländer[562], der die Position der Führungsfigur innerhalb der kommunistischen Lehrerschaft einnahm und als Reichsfraktionsleiter den oppositionellen Lehrern vorstand. Im Raum Hamburg wiesen um den ab 1927 auch in der Bürgerschaft tätigen Hermann Hoefer[563] ungefähr 20 Lehrer KPD-nahe Positionen auf, organisiert waren sie nicht.[564]

Die Zusammenarbeit mit dem Kinderverband gestaltete sich nicht in der von der Reichszentrale des JSB erhofften Form. Obgleich diese seit 1921 auch von den Lehrern gefordert wurde, blieb die konkrete Unterstützung eher gering. Die mit der Organisationsreform von 1924 einsetzende konzeptionelle Ausrichtung auf einen von den Kindern aggressiv geführten Schulkampf stieß in Berlin gar auf die offene Ablehnung seitens der kommunistischen Lehrerschaft. Die Reichszentrale lud daher im Februar 1925 Ausländer zu ihrer Sitzung ein, um die Problematik zu diskutieren. Allerdings zeigte sich auch der Reichsfraktionsleiter Ausländer eher reserviert. Er willigte aber ein, mit Wiesner Leitsätze für die Zusammenarbeit zu entwickeln.[565]

Doch es gelang auch in der Folge nicht, die Diskrepanzen zu beheben. Auf der Reichskonferenz in Berlin vom 6. und 7. Juni 1925 wurde das Problem erneut aufgeworfen. Die Lehrer zeigten sich zwar grundsätzlich mit den Aktivitäten des JSB einverstanden, befanden den Schulkampf aber als zu „unpädagogisch" geführt. Die Kinder würden diesen „übertreiben" und in der Folge sei die Arbeit unter den nichtkommunistischen Lehrern, die diese Art der Agitation unisono ablehnten, deutlich erschwert.[566]

Die Leitung des JSB beurteilte den Verlauf der Konferenz entsprechend negativ. Wenn auch prinzipielles Einverständnis mit der organisatorischen Zusammenfassung der Kinder bestünde, „so beweist ihr Geschrei über unpädagogischen Kampf in der Schule und ihre geringe Mitarbeit an der Organisation, dass sie in Wirklichkeit von einem Schulkampf der Kinder selbst nicht viel wissen möchten."[567]

---

[562] Fritz Ausländer (* 24. 11. 1885, † 21. 5. 1943), Oberschullehrer, Mitglied der KPD, 1928–1932 Abgeordneter im preußischen Landtag, 1932 Austritt aus der KPD aus Protest gegen die ultralinke Linie, nach 1933 mehrfach Verhaftungen und mehrjährige Zuchthausaufenthalte, 1943 Selbstmord aus Angst vor erneuter Verhaftung.

[563] Hermann Hoefer (* 21. 8. 1868, † 13. 12. 1945), Volksschullehrer, Mitglied der KPD, 1927–1933 Bürgerschaftsabgeordneter, nach 1933 mehrfach verhaftet, 1944 Verurteilung wegen Hochverrat, 1945 an den Folgen der Haft verstorben.

[564] *Bericht von der Reichskonferenz kommunistischer Lehrer in Berlin am 6. und 7. Juni 1925*, SAPMO-BArch, RY 1, I2/707/115, Bl. 53–73.

[565] *Protokoll der Zentrale des JSB vom 7. 2. 1925*, SAPMO-BArch, RY 1, I4/1/81, Bl. 116.

[566] *Information Nr. 2 an alle Bezirke und Ub vom 30. 6. 1925*, ebd., Bl. 235–240.

[567] *Protokoll der Zentrale des JSB vom 12. 6. 1925*, ebd., Bl. 132.

Das Problem lag auch in der verschiedenen Kernklientel der beiden Gruppierungen begründet. Der JSB war für den Kinderbereich zuständig. Die Lehrer sahen sich in erster Linie nicht als Hilfskräfte des JSB, sondern als Fraktion innerhalb der Lehrerschaft, die zuvorderst unter diesen zu wirken habe. Entsprechend hinderlich war für sie die Agitation der Schulkinder, deren pädagogischen Wert sie selbst für zweifelhaft hielten. Dies erkannte die Führung des JSB durchaus und legte danach die Argumentationslinie gegenüber den Lehrern fest: Bei ständiger Überprüfung des pädagogischen Gehalts der Aktionen würde der Schulkampf komplett einschlafen und der JSB damit „zu einer Kinderfreundebewegung" werden. „Wir wollen unseren Lehrern natürlich keine Schwierigkeiten bereiten. Aber an erster Stelle unserer Arbeit kommt der Kampf unserer Kinder gegen Prügellehrer und Reaktionäre und erst dann die Frage der Agitation unter der Lehrerschaft." Dieser Standpunkt sei von allen JSB-Leitern zu vertreten. Zudem wurde die Bildung von Dreiergruppen, die aus einem JSB-Leiter, einem Lehrer und einem Elternteil bestehen sollten, angeordnet, um die Zusammenarbeit im Bereich der Schule zu verbessern.[568]

Bis zum Ende der zwanziger Jahre gab es in diesem Bereich allerdings keine signifikanten Fortschritte. Die kommunistischen Lehrer und der JSB arbeiteten nebeneinander her. Den Lehrern waren für die Unterstützung der proletarischen Kinder und die Durchsetzung kommunistischer Pädagogik durch die Schulgesetzgebung außerhalb der Reformschulen enge Grenzen gesetzt. Alternative Konzepte konnten nur in diesen „Inseln der Modernität" umgesetzt werden. Innerhalb des Gros der Volksschulen ging dies nicht. Dort hatten die Lehrer lediglich die Möglichkeit, ihre eigenen Unterrichtskonzeptionen ein wenig freier zu gestalten oder die Verwendung des Rohrstockes zu vermeiden.[569] In der logischen Konsequenz konzentrierte sich die kommunistische oder mit den Kommunisten sympathisierende Lehrerschaft entgegen der parteipolitischen Richtlinie wie auch die gemäßigten Reformer auf die Versuchsschulen.[570] Allein an der Hamburger Schule Telemannstraße waren Ende der zwanziger Jahre drei kommunistische Lehrer tätig.[571]

Auch wenn in der Phase der Konstituierung der Versuchsschulen und ihrer Kollegien zu Beginn der 1920er Jahre außerhalb revolutionärer Forderungen zunächst keine stringente schulpolitische Linie der KPD vorgegeben wurde, die die Lehrer zu befolgen hatten, zeigt sich hier doch eine von der späteren Parteidoktrin abweichende Praxis, die bis zum Ende der Weimarer Republik währte: Entgegen der Anfang der zwanziger Jahre von der KPD-Führung

---

[568] *Information Nr. 2 an alle Bezirke und Unterbezirke vom 30. 6. 1925*, ebd., Bl. 235–240.

[569] Solche persönlichen Spielräume sind allerdings nicht aktenkundig geworden.

[570] Ewald Fabry, *Die Schulpolitik der Linken in der ersten Phase der Weimarer Republik*, in: Lorent/Ullrich, *Traum*, S. 66f.

[571] Lehberger, *Telemannstraße*, S. 284.

entwickelten Position radikaler Ablehnung „reformistischer" Projekte war den direkt von der Schulpolitik betroffenen Anhängern gleichsam der Spatz in der Hand in Form einer Versuchschule lieber als die Taube auf dem Dach in der Gestalt eines neu geordneten, postrevolutionären Schulwesens in unbestimmter Zukunft. Sie sammelten sich verstärkt in den Versuchsschulen. Der Aktionsradius der wenigen kommunistischen Volksschullehrer außerhalb der Reformschulen blieb gering.

Aufgrund der Ablehnung der kommunistischen Kinderpolitik konzentrierten sich die Lehrer entsprechend stärker auf die Gewerkschaftsarbeit und die Agitation unter den Lehrern. Blieb ihr Einfluss auch gering, so erzielten sie am Anfang der dreißiger Jahre doch lokale Achtungserfolge. Die neue Qualität war auf die Gründung der *Interessengemeinschaft oppositioneller Lehrer* (IOL) im Jahr 1931 zurückzuführen, mit der die Lehrer einen verstärkten Impuls an die von der Wirtschaftskrise stark betroffenen Kollegen aussenden wollten. Der Nährboden für eine linke Agitation erschien als günstig. In Hamburg musste die Oberschulbehörde ihren Etat 1931 aufgrund des Einbruches der staatlichen Einnahmen um 550.000 Reichsmark kürzen. Zusätzlich zu dem schon 1930 unter dem Eindruck der Krise beschlossenen Abbau von 18 Stellen wurde die Pflichtstundenzahl heraufgesetzt, um weitere 20 Stellen einzusparen. Das Pensionsalter wurde von 65 auf 63 Jahre herabgesetzt, frei gewordene Stellen blieben vakant. Die Oberschulbehörde errechnete mit dieser Gesamtfreisetzung von 151 Stellen, von denen mit 101 zwei Drittel auf die Volksschulen entfielen, ein Einsparvolumen von rund 200.000 RM.[572] Die fehlenden 350.000 RM sollten durch einen „freiwilligen" Gehaltsverzicht der zunächst ausnahmslos gekündigten Hilfslehrerschaft eingebracht werden. Unter dem Schlagwort des „Doppelverdienertums" versuchte die Oberschulbehörde zudem, verheiratete Lehrerinnen zur Aufgabe ihres Berufs oder zumindest zur Herabsetzung der Stundenzahl zu bewegen. Hintergrund dieser Argumentation war die Annahme, die Lehrerinnen könnten von ihren Ehemännern versorgt werden und benötigten diese Stellen nicht.[573] Nachdem dieser Aufruf allerdings kaum befolgt worden war, wurde 1932 mit Hilfe eines Gesetzes der Reichsregierung allen tariflich angestellten verheirateten Lehrerinnen zum 1. 1. 1933 gekün-

---

[572] *Halbamtliche Stellungnahme der OSB zu den Sparmaßnahmen*, gedr. in: Hamburger Lehrerzeitung (HLZ), Jg. 10 (1931), S. 469f. Zunächst wurde 151 Lehrern vorsorglich gekündigt, da die OSB über die tatsächliche Menge der freiwerdenden Stellen kein genaue Angaben machen konnte. Zum Verlauf der Wirtschaftskrise in Hamburg vgl. Büttner, *Staats- und Wirtschaftskrise*. Pointiert Dies., *Politische Gerechtigkeit und Sozialer Geist. Hamburg zur Zeit der Weimarer Republik*, Hamburg 1985, S. 233–252.

[573] *Halbamtliche Stellungnahme der OSB* (wie Anm. 572).

digt.[574] Die Lehrer und Lehrerinnen, die von diesen Maßnahmen noch nicht betroffen waren, mussten wiederholte Gehaltskürzungen hinnehmen.[575]

In dem 1930 annährend zahlungsunfähigen Berlin wurden im Schulbereich ebenfalls massive Kürzungen durchgeführt.[576] Durch eine Erhöhung der Klassenfrequenzen und die Schließung von Schulen mussten in Preußen 1930 700 Lehrer wirtschaftliche Einschränkungen hinnehmen. Auch hier waren in besonderem Maße die verheirateten Frauen betroffen. Im Februar des Jahres wurden 39 von ihnen „in der Annahme, daß ihre wirtschaftliche Versorgung gesichert sei", zu Mitte März gekündigt.[577] Aber auch auf die männlichen Angestellten, insbesondere die mit wenigen Arbeitnehmerrechten ausgestatteten „Junglehrer", wurde der Druck enorm.[578]

Mit ihrem Kampf gegen den Schulabbau wurde die IOL – wie auch die KPD an sich – in der Endphase der Republik zum Auffangbecken für die frustrierten Opfer der Weltwirtschaftskrise. Nach Angaben der Polizei handelte es sich „bei ihren Angehörigen […] fast ausschließlich um verärgerte Junglehrer, die schon in der Nachkriegszeit durch die Ungunst der Verhältnisse den älteren Kollegen gegenüber zurückgestellt wurden und durch die Notverordnung nun besonders betroffen sind."[579] In Berlin zählte ein Spitzel der Polizeibehörde auf einer Versammlung der IOL im Jahr 1932 56 Teilnehmer. 22 von ihnen waren erwerbslos.[580] Der Gruppe gelang allerdings die Organisation einer Lehrerversammlung mit 150 Teilnehmern, unter denen sich auch nichtkommunistische Lehrer befanden.[581] Trotzdem stellte die Berliner Polizei am Ende des Jahres 1932 fest, dass die Bewegung „nach anfänglichem Wachsen und starker Aktivität insbesondere in Berlin nachgelassen hat."[582] Dies lag auch an Meinungsverschiedenheiten innerhalb der IOL, zum Beispiel über die Beteili-

---

[574] Zu der Kampagne gegen verheiratete Lehrerinnen vgl. Jenspeter Rosenfeldt, *Lehrerarbeitslosigkeit in Hamburg während der Weimarer Republik*, in: Lorent/Ullrich, *Traum*, S. 175f.

[575] Das Gehalt für einen Lehrer mit zwei Kindern verringerte sich von 538,70 RM (1930) auf 417,84 RM (Ende 1932). Vgl. Dietrich Rothenberg, *Oppositionelle Lehrer. Die Bedeutung der IOL im Kampf gegen Notverordnungen, schulpolitischen Abbau und drohenden Faschismus*, in: Hans-Peter de Lorent/Reiner Lehberger (Hgg.), „Die Fahne hoch!" Schulpolitik und Schulalltag unter dem Hakenkreuz, Hamburg 1986, S. 146f.

[576] Zum Krisenverlauf vgl. Köhler, *Berlin*, S. 898–909.

[577] *Schreiben des Magistrats an das PSK vom 13. 3. 1930*, zit. nach: Schuppan, *Hauptstadtgoismus*, S. 139. Vgl. ebd., S. 137f. zu den o. g. Sparmaßnahmen.

[578] Ebd.

[579] *Bericht der Abt. I a vom 4. 2. 1932*, BArch, R 58/2229, Bl. 104.

[580] *Bericht der Abt. I a über die Sitzung IOL am 11. 2. 1932*, 13. 2. 1932, ebd., Bl. 105.

[581] *Bericht der Abt. I a vom 5. 3. 1932*, ebd., Bl. 109.

[582] *Bericht der Abt. I a, Betrifft: IOL, 14. u. 17. 12. 1932*, ebd., Bl. 44–46.

gung angestellter Lehrer bei der Verteilung von Flugschriften. Einige lehnten deren Mitarbeit ab, um keine Disziplinarverfahren zu provozieren, andere wiederum forderten deren Einbeziehung. Der Aufbau einer längerfristig agierenden Lehrergruppe gelang so nicht.[583]

In Hamburg organisierten sich ungefähr 20 Lehrer in der IOL Wasserkante.[584] Zwar waren dies nicht mehr als 1925, aber ihre Aktivität verstärkte sich deutlich. Im September 1932 wurde ein eigener Rundbrief herausgegeben. In diesem betonte die IOL Hamburg die Verantwortung der Volksschullehrer für die Arbeiterkinder, die „nicht im Interesse der Bourgeoisie, sondern nur im Interesse des Proletariats" erzogen werden könnten. Die Volksschullehrer sollten, da an den höheren Schulen die NSDAP und die reaktionäre SPD „am Werke" seien, „endlich ihre Aufgaben als Lehrer der proletarischen Klasse erkennen" und sich ihrer gesellschaftlichen Verantwortung stellen. Hierfür sollten die Lehrer innerhalb der GDF werben.[585] Zudem hoffte die IOL mit „Kampfforderungen" gegen Gehaltsabbau, Lehrerreduzierung, Schließung von Schulen und Anhebung der Pflichtstunden, die Lehrerschaft in der angespannten Situation der Weltwirtschaftskrise auf ihre Seite zu bringen. Diese Forderungen erwiesen sich allerdings, ihres marxistischen Vokabulars entkleidet, als nicht wesentlich von denen des „Deutschen Lehrervereins" (DLV) unterscheidbar. Ihre Zugkraft blieb damit gering.[586]

Das Ziel, die „Organisierung von einheitlichen Kämpfen" in „Verbindung [...] mit den Kämpfen der Arbeiterklasse" durchzuführen verfehlten die Lehrer auch in Hamburg.[587] Die IOL-Fraktion blieb trotz kleinerer Erfolge außerhalb des Bereichs signifikanter politischer Einflussmöglichkeiten. Mit der verstärkten Politisierung des Schulwesens ab dem Ende der zwanziger Jahre

---

[583] *Bericht über die Sitzung der IOL* (wie Anm. 580).

[584] Hans-Peter de Lorent, *Mitglieder der Interessengemeinschaft oppositioneller Lehrer. Portraits*, in: Lehberger/Lorent, Fahne hoch, S. 178. Namentlich festgestellt werden konnten vierzehn, nach Recherchen de Lorents müssen es, zumindest nach 1933, ungefähr doppelt so viele gewesen sein. Ob diese aber erst nach den veränderten Umständen 1933 in der IOL aktiv wurden oder schon vorher, ist nicht geklärt. Zumindest scheinen sie nicht zur Kerngruppe gehört zu haben.

[585] *1. Rundbrief der Interessengemeinschaft oppositioneller Lehrer. Ortsgruppe Groß-Hamburg und Umgebung*, StAHH, 361-2 V, 154a, Bd. 3.

[586] *Resolution der kommunistischen Lehrer, angenommen auf der Reichskonferenz kommunistischer Lehrer am 18. 8. 1932*, StAHH, 612-5/20, GDF 422. Zu den Protesten des DLV vgl. Bölling, *Volksschullehrer*, S. 195–203.

[587] *Resolution* (wie Anm. 586). Hier wird der gesamtgesellschaftliche und -politische Kontext deutlich, den die KPD verfolgte. Politik einzelner linker Interessengruppen galt nie nur der Abstellung von klientelbezogenen Missständen, sondern war immer Teil eines revolutionären Ganzen. So galt auch der Kampf der Lehrer in der Endphase der Republik nicht primär der Lehrerschaft, sondern sollte den revolutionären Druck insgesamt erhöhen.

stieg der Organisationsgrad und die planmäßige Arbeit in der GDF aber immerhin so weit, dass auf der Reichskonferenz kommunistischer Lehrer im Jahre 1932 der Ortsgruppe Hamburg ein „guter Ansatz" bescheinigt wurde. Der Gesamterfolg allerdings blieb marginal. Statt die „Massen der Lehrer in einen ernsthaften Kampf um ihre Interessen hineinzubringen, [...] stellt die Reichskonferenz fest, daß die Lehrerfraktion [...] gegenüber dieser revolutionären Weise [des Kampfes – Anm. d. Verf.] versagt hat, die durch keine noch so ungünstigen objektiven und subjektiven Faktoren entschuldigt werden kann."[588]

Am 24. August 1932 veranlasste die IOL in ihrer erfolgreichsten Mobilisierungsaktion in Hamburg durch die Sammlung von 62 Unterschriften die Einberufung einer außerordentlichen Hauptversammlung der GDF. In Hinblick auf Mittel- und Gehaltskürzungen, die Erhöhung der Klassenfrequenzen, die geplante Entlassung verheirateter Lehrerinnen und weitere Maßnahmen legte der Vorstand eine Protestnote gegen „die das Berufsbeamtentum untergrabende Politik zahlreicher Notverordnungen der Reichsregierung und des Senats" vor. Den Mitgliedern der IOL war diese Maßnahme aber nicht weit gehend genug. Sie forderten zudem die Wahl einer Delegation, die einen Protestgang zum Senat unternehmen sollte, und die Einberufung einer allgemeinen Beamtenversammlung, um über den Protest hinaus „weitere Schritte" zu unternehmen.[589]

Als die oppositionellen Lehrer so drohten, wirkungsmächtig zu werden, griff ein Redakteur der *Hamburger Lehrerzeitung* die IOL durch das Verlesen eines RGO-Rundschreibens über „planmäßige kommunistische Zersetzungsarbeit" an. Diese habe „nichts getan, als eine Parteifront gegen die Gewerkschaftsführung gebildet." Dieses Schreiben, das Handlungsanweisungen für die innergewerkschaftliche Oppositionsarbeit beinhaltete, brachte die Lehrerschaft nachhaltig gegen die Kommunisten auf. Sie glaubten zu erkennen, dass „nach ihm [dem Rundschreiben – Anm. d. Verf.] schon ein Jahr verfahren worden sei".[590] Die *Hamburger Lehrerzeitung* bezog in einem ausführlichen Artikel über dieses „höchst interessante Dokument" dezidiert Stellung gegen die angeblichen kommunistischen Zersetzungsaktivitäten: *„Ziel ist die Auflösung der Gewerkschaftsfront zugunsten der kommunistischen Parteifront. Auf diesen Leim, des dürfen die IOLer sicher sein, wird die Lehrerschaft ihnen nicht kriechen."*[591]

Diese Vorwürfe diskreditierten die IOL derart, dass ihren Forderungen keinerlei Beachtung mehr geschenkt wurde. Trotz mehrfacher Beteuerung der Unkenntnis dieses Schreibens und der Unabhängigkeit der IOL Hamburg von

---

[588] Ebd.

[589] *Protokoll der Sitzung der GDF*, gedr. in: HLZ, Jg. 11 (1932), S. 401f.

[590] Ebd.

[591] *Planmäßige kommunistische Zersetzungsarbeit in den Lehrervereinen*, ebd., S. 402f.

der RGO blieben Zweifel an dem Wahrheitsgehalt der Angaben der IOL-Mitglieder.[592] Die positive Erwähnung der Hamburger IOL sowohl in dem kommunistischen Informationsblatt *Der oppositionelle Lehrer*[593] als auch auf der Reichskonferenz kommunistischer Lehrer am 18. August 1932 – und somit *vor* dem Eklat – lassen auf ein relativ hohes Maß an Vernetzung schließen.[594] Da Höfer zudem schon 1925 an der Reichskonferenz der kommunistischen Lehrer teilgenommen und sich zur Gewerkschaftsarbeit positioniert hatte, lässt sich auch eine lediglich kurzfristige Zusammenarbeit ausschließen.[595] Zudem zeigte der erste Hamburger Rundbrief der IOL eine große ideologische Übereinstimmung mit der Kampflinie der KPD in Bezug auf die negative Beurteilung der Tätigkeit der SPD und damit auch eines nicht unerheblichen Teils der Lehrerschaft und des Vorstandes der Gesellschaft.[596] In der Folge dieses Skandals gelang es den Oppositionellen nicht, Wahlen in der GDF für ihre Kandidaten zu entscheiden.[597] Allerdings war dies auch im Vorfelde nicht der Fall, obwohl die Kommunisten im Verhältnis zu ihrer Zahl teilweise beachtliche Wahlerfolge erzielten.[598]

Die kommunistischen Lehrer standen vor dem Problem, dass die überwältigende Mehrheit der Lehrer den kommunistischen Ideologien im Allgemeinen und im Schulbereich im Speziellen ablehnend gegenüberstand.[599] Die geringe Zahl der Kommunisten unter ihnen vermochte dies weder durch innergewerkschaftliche Arbeit und die Vertretung von Lehrerinteressen noch durch alternative pädagogische Konzepte zu ändern. Eine Einschätzung der

---

[592] *Protokoll der Sitzung der GDF* (wie Anm. 589). Sowohl direkt auf der Versammlung als auch in der Gegendarstellung *Zu dieser Opposition* in der HLZ, Jg. 11 (1932), S. 434, stellt die IOL fest, dass „von einer Entsendung ‚zersetzender' Elemente in die ‚Gesellschaft' nicht gesprochen werden" könne.

[593] „In Hamburg kämpft seit einiger Zeit eine Gruppe oppositioneller Lehrer, die sich im dortigen Lehrerverband eine Position errungen hat." Zudem spricht der Autor des Artikels von *„unserer* Oppositionsgruppe" (Hervorhebung v. Verf.). Vgl. *Der oppositionelle Lehrer*, April 1932, zit. nach: Rothenberg (wie Anm. 575), S. 152.

[594] *Resolution* (wie Anm. 586).

[595] Von „Hoefer (Hamburg)" ist die Bemerkung protokolliert: „Viele Erfolge sind aber bei der Arbeit im DLV nicht zu verzeichnen. Trotzdem müssen wir drin bleiben." *Bericht von der Reichskonferenz der kommunistischen Lehrer* (wie Anm. 564), Bl. 57.

[596] So wurde im *1. Rundbrief der IOL* (wie Anm. 585) formuliert, zu den „Kasten der Bourgeoisie" seien „auch die heutige SPD und NSDAP zu rechnen".

[597] *Die Januarhauptversammlungen der „Gesellschaft"*, HLZ, Jg. 12 (1933), S. 61.

[598] Bei den Wahlen zum Gewerkschaftsausschuss Anfang 1932 vereinigte der Kandidat der IOL in der Stichwahl gegen 205 Stimmen immerhin 165 auf sich. Vgl. Rothenberg, *Oppositionelle Lehrer*, S. 152.

[599] Vgl. Kap. III.3.2.

Berliner Polizei aus dem Jahre 1932 sollte sich daher als zutreffend erweisen: Bei den kommunistischen Lehrern und der IOL handelte es sich „um eine zahlenmässig unbedeutende Gruppe, die kein festes Gebilde darstellt und die für die Gesamtlehrerschaft als ausschlaggebender Faktor nicht in Frage kommt."[600]

4.2 Kommunistische Eltern:
Elternräte und „Proletarische Schulkampfgemeinschaften"

Auch die Eltern der Arbeiterkinder hatten aufgrund ihres unmittelbaren Interesses an der Ausbildung ihrer Kinder und damit an dem Aufbau und den pädagogischen Inhalten der Schule eine Funktion in der Schulkampfkonzeption der KPD. Die mit der Schulreform in Hamburg und Preußen etablierten Selbstverwaltungsorgane boten mit der Elternkammer des Hamburger Schulrates und durch die Eltern(bei)räte an den einzelnen Schulen direkte Partizipationsmöglichkeiten bei der Entscheidungsfindung. Den Elternratswahlen wurde von nahezu allen politischen Gruppierungen große Aufmerksamkeit gewidmet.[601] Für die KPD bot sich, da es in der Lehrerschaft um Einfluss nicht gut bestellt stand, eine weitere Möglichkeit, erwachsene Interessenvertreter in dem Schulsystem zu installieren. „Der Kampf um die Schule", so formulierte die KPD in den *Richtlinien für die Praktische Tätigkeit der kommunistischen Elternbeiräte*, „muß durch die proletarischen Elternbeiräte [...] in die Schule selbst hineingetragen werden."[602]

In den ersten Jahren der Weimarer Republik stand so der Versuch einer Ausweitung des direkten Einflusses der Eltern in der Schulverwaltung auf der Agenda der Kommunisten, um nach dem Scheitern einer radikalen Schulreform auf der Reichsebene eben diese gleichsam „von unten" voranzutreiben.[603] Schon im Jahre 1922, als die KPD erstmalig[604] mit einer eigenen Liste unter dem Namen „Proletarischer Schulkampf" zur Wahl der Elternkammer antrat, war das Ergebnis allerdings ernüchternd. Die KPD-Liste konnte in Hamburg lediglich zwei von insgesamt 100 Sitzen gewinnen. Die direkte Konkurrenz, der SPD-nahe „Schulfortschritt", besetzte hingegen 47, der ideologisch diametral gegenüberliegende „Evangelische Elternbund" (DNVP) immerhin 25

---

[600] *Bericht der Abt. Ia* (wie Anm. 579).

[601] Wagner-Winterhager, *Elternbeiräte*, S. 127–154.

[602] *Richtlinien für die praktische Tätigkeit der Elterbeiräte* (1920), gedr. in: Dokumente zur Bildungspolitik, S. 147–149.

[603] Zum Beispiel mit der Forderung nach dem „Recht der proletarischen Elternräte, die Suspendierung bzw. Entlassung von Lehrkräften zu beschließen, die sich gegenrevolutionärer Agitation oder grober Mißhandlung der Kinder schuldig machen." Ebd.

[604] Zu den ersten Wahlen im Jahr 1920 trat die KPD noch nicht an.

Sitze.[605] Ein ähnliches Bild boten 1924 die Wahlen zu den Elternräten. Hier erhielt der „Proletarische Schulkampf" 83 von 1699 an den Volksschulen zu vergebenden Mandaten.[606] Dies dürfte für signifikante Beteiligung an einigen Schulen in den Arbeitervierteln gereicht haben, von einer flächendeckenden Besetzung dieser Gremien war die KPD allerdings weit entfernt.

Die Ergebnisse blieben auch während der beginnenden politischen Radikalisierung ab dem Jahr 1928 konstant niedrig. Zwar konnte die Zahl der Mandate in der Elternkammer in jenem Jahr verdoppelt werden.[607] Die kommunistische Beteiligung blieb aber mit vier Sitzen weiterhin verschwindend gering und sank nach den Wahlen 1930 sogar wieder auf drei ab. Der „Schulfortschritt" stellte von 1924 bis 1933 kontinuierlich über 50% der Mandatsträger und besaß seit 1926 zusammen mit seinen Stimmen in der Lehrerkammer eine ausreichende Mehrheit zur Unterstützung der Schulpolitik des Senats.[608] Im Gegensatz dazu befanden sich um 1930 lediglich 120 kommunistische Elternräte an den Volksschulen und eine Rätin an einer höheren Schule. Bei Insgesamt 2860 Mandaten machte dies 4,2% aus.[609] Die kommunistischen Elternräte blieben somit in Hamburg bis auf wenige Ausnahmen in einzelnen Schulen in den administrativen Gremien ohne Bedeutung und konnten die Schulpolitik nicht signifikant in ihrem Sinne beeinflussen.

In Berlin traten die Mitglieder des „Proletarischen Schulkampfes" 1922 bei ihrer ersten Kandidatur zusammen mit der USPD und der SPD in einer Einheitsliste zum „Kampf gegen die Schulreaktion" an. In diesem Zweckbündnis sollte neben einem abgestimmten Programm jede Partei ihre eigenen Forderungen entwickeln dürfen. Nach dem Abschluss der Wahlen erhielt zudem „jede Partei ihre volle Handlungsfreiheit wieder, namentlich das Recht zur Fraktionsbildung."[610] Eine Mehrheit erreichten die Sozialisten allerdings nicht. Im Gegensatz zu Hamburg, wo zumindest die SPD konstant über 50% der Sitze innehielt, erreichten in Berlin alle Partien zusammen lediglich 2350

---

[605]   Vgl. Milberg, *Schulpolitik*, S. 563, Tabelle 6b.

[606]   Schulfortschritt: 927, Ev. Elternbund: 404. Ebd., S. 564, Tabelle 7.

[607]   Den Höhepunkt bildeten die Wahlen im Jahr 1926 mit dem Gewinn von 5 Sitzen bei einer allerdings prozentual geringeren Menge an Elternratsmitgliedern gegenüber 1928. Ebd.

[608]   Ebd., S. 563, Tabelle 6c. Während des „restaurativen Rückstoßes" zwischen 1921 und 1924 hatten konservative Gruppen eine knappe Mehrheit (1922) beziehungsweise zusammen mit der KPD eine negative Mehrheit (1924), da sich mit 100 Sitzen der „Reformfeindlichen" inkl. der KPD zu 100 „Reformfreundlichen" eine Pattsituation ergab. Vgl. ebd. Aber auch in dieser Situation fand keine erkennbare Annäherung seitens der KPD an die SPD statt.

[609]   Ebd, S. 564, Tabelle 7.

[610]   Fritz Ausländer, *Einheitsliste KPD-USPD-SPD zu den Elternbeiratswahlen in Berlin* (1922), in: Flach, Proletarisches Kind, S. 153–155.

Sitze gegenüber 4256 Mandaten der „unpolitisch-christlichen" Liste.[611] Auch in den Folgejahren gelang es den Kommunisten nicht, mit Hilfe der Elternräte in den Berliner Schulen Fuß zu fassen. Zwar warb *Die Rote Fahne* pflichtbewusst vor jeder Wahl für die Aufstellung von Listen und erinnerte immer wieder an die Dringlichkeit eines Wahlerfolges, allerdings waren die Ergebnisse in der Regel so schlecht, dass sie in den Ausgaben nach den Wahlen keine Erwähnung mehr fanden.[612] Die ohnehin mit weniger Befugnissen als die Hamburger Elternräte ausgestatteten Beiräte verloren sich so in der politischen Bedeutungslosigkeit, da es den Sozialisten nicht gelang, ihre alternative Programmatik auf der Agenda dieser Gremien zu platzieren.[613]

Die Ergebnisse verdeutlichen die Skepsis großer Teile der Elternschaft gegenüber dem Versuch der vehementen Politisierung des Schulbereiches von Seiten der KPD. Die „unpolitischen" Listen christlich-konservativer Kreise und die ebenfalls für politische Neutralität stehende SPD-Liste trafen mit ihren Konzeptionen bei anhaltend geringer Wahlbeteiligung offensichtlich den Nerv der wählenden Eltern eher als die KPD mit ihrem radikalen Verständnis von Politik und Schule. Der Konsens von den reformfreundlichen SPD-Kreisen bis hin zu den Konservativen bestand darin, dass die Kinder abseits von staatsbürgerlicher Erziehung aufgrund ihrer Unmündigkeit nicht für politische Zwecke instrumentalisiert werden dürften. Die politische Dimension dieser keineswegs unpolitischen Listen beschränkte sich somit auf Politik *über* die Schule, nicht aber *in* ihr.[614] Die Eltern waren offensichtlich zum überwiegenden Teil gleicher Meinung.

Die KPD stand somit erneut vor dem Dilemma, innerhalb der Schulgremien nicht Fuß fassen zu können und für die Organisation der sympathisierenden Eltern auf Strukturen außerhalb der formalen Beteiligung ausweichen zu müssen. Die kommunistischen Schulpolitiker um Fritz Ausländer bemühten sich deshalb zunächst in Berlin um die Installation einer stärker basis- als mandatsorientierten Bewegung und initiierten im Jahr 1931 die „Proletarischen Schulkampfgemeinschaften". Wie auch die Volksschullehrer waren die Eltern durch die krisenbedingten massiven Sparmaßnahmen im Schulbereich politisch sensibilisiert und gewillt, sich für bessere schulische Verhältnisse einzusetzen. Für den Aufbau wurde wiederum die Zellentaktik gewählt und die Kampfwilligen angewiesen „streng darauf zu halten, dass sich die Vereinigungen der werktätigen Eltern nach Kampfgemeinschaften der einzelnen

---

[611] Ders., *Die Lehren der Elternbeiratswahl in Berlin*, DPK, Jg. 2 (1922), Nr. 7, S. 3–7. Nicht berücksichtigt sind allerdings die Sitze an den weltlichen Schulen, an denen die christlich-unpolitische Liste nicht antrat.

[612] Zur Berichterstattung vor den Wahlen vgl. zum Beispiel für das Jahr 1924 *die Rote Fahne vom* 15. 6., 18. 6., 20. 6., 21. 6. und 22. 6. 1924.

[613] Wagner-Winterhager, *Elternbeiräte*, S. 264f.

[614] Ebd., S. 281f.

Schule gliedern." Der Mitgliedsbeitrag sollte nicht mehr als 20 Pfennig monatlich betragen, da die Reichsleitung ansonsten eine „Hemmung zur Massenorganisation" befürchtete.

Die Elternbeiräte bildeten als „Kampforgane der Arbeiterklasse [...] das Sprachrohr der Klasseninteressen" und erhielten somit aufgrund ihres Mandates eine exponierte Funktion innerhalb dieser Gruppierungen.[615]

Nachdem bereits 1930 eine im Verlauf mehrerer Schulstreiks avisierte Konstituierung scheiterte,[616] fand die Gründungsveranstaltung am 19. April 1931 in Form einer Schuldelegiertenkonferenz statt. *Die Rote Fahne* mobilisierte die Eltern im Vorfelde zum „Kampf gegen Spardiktatur und Schulfaschismus" und forderte zur Veranstaltung von Elternversammlungen und der Wahl von Delegierten auf. Wie bei vielen dieser basisdemokratischen Veranstaltungen war die Legitimation der Delegierten aufgrund eines kaum zu kontrollierenden Wahlschlüssels ausgesprochen fragwürdig.[617]

In der angeblich zu 40% aus parteilosen und sozialdemokratischen Delegierten bestehenden Versammlung wurden „Kampfbeschlüsse" gefasst. Im Mittelpunkt stand die „Organisierung einer einheitlichen proletarischen Schulorganisation gegen alle Formen der Spardiktatur auf Kosten der Arbeiterkinder". Weiterhin sollten die Schulen mit dem „Geiste der kämpfenden Arbeiterschaft" durchdrungen und proletarische Kinder, Lehrer und Eltern nicht mehr „verfolgt" werden.[618]

Zunächst allerdings blieb es bei dieser programmatischen Willensbekundung. Mitte des Jahres attestierte die Polizeibehörde in einem Schreiben an das PSK, die Schulkampfbewegung sei „zur Zeit außerordentlich schwach." Mit einer verstärkten Betätigung sei „mit Rücksicht auf die im Juni nächsten Jahres stattfindenden Elternbeiratswahlen nicht vor dem nächsten Frühjahr zu rechnen."[619]

In der Tat mehrten sich die Aktivitäten in Berlin zu diesem Zeitpunkt spürbar. „Die Träger des Schulkampfes", so meldete die Polizeibehörde im April 1932, seien „im Besonderen die von [...] Dr. Fritz Ausländer ins Leben

---

[615] *Resolution der erweiterten Reichsleitung der proletarischen Schulkampfgemeinschaften vom 7. 9. 1932*, StAHH, 361-2 V, 154a, Bd. 3.

[616] Bei einer Schulversammlung wurden „Listen zur Gründung eines Kampfbundes" herumgegeben, in die sich allerdings „nur wenige eintrugen". *Bericht der Abt. Ia vom 8. 4. 1930*, LAB, A Pr.Br. Rep. 030/21723, Bl. 152.

[617] Es wurde jeweils ein Delegierter auf 50 Eltern gewählt. Ob es dabei um Anwesende ging oder um die Gesamtheit der Eltern an einer Schule, bleibt offen. Ebenso die Legitimation zur Verfassung allgemeiner Beschlüsse. *Rote Fahne vom 18. 4. 1931.*

[618] *Rote Fahne vom 21. 4. 1931.*

[619] *Schreiben der Polizeibehörde an das PSK vom 29. 7. 1931*, LHA, Rep. 34/3795, Bl. 155–157.

gerufenen Schulkampfgemeinschaften, die sich über den gesamten Stadtbezirk ausgebreitet haben." Insbesondere die Durchführung eines Schulstreiks im März des Jahres wurde den Schulkampfgemeinschaften angelastet, die so einige Achtungserfolge verbuchen konnten.[620]

In Hamburg bemühte sich die KPD ebenfalls ab Anfang des Jahres 1932 um die Aktivierung der „kampfgewillten Eltern an jeder Schule".[621] Im März forderte der Bezirk Wasserkante seine hierfür in Frage kommenden Mitglieder im Rahmen eines Rundschreibens zur Gründung solch einer Gemeinschaft auf. Dies geschah in dem Bewusstsein, dass „an vielen Schulen unsere Elternräte schwach sind, nicht arbeiten oder gar nicht vorhanden sind".[622] Hierfür war nicht ausschließlich die mangelnde Bereitschaft der Eltern zur Mitarbeit ursächlich. 1932 merkte die Reichspionierleitung in Hinblick auf die Parteiführung an, dass „die Bedeutung einer breiten Massenbewegung der proletarischen Eltern [...] durchaus unterschätzt" werde.[623] Und auch im Bezirk Wasserkante gab die Führung zu, durch Beschränkung auf die Veröffentlichung „papierener Resolutionen" statt „aktiver Betätigung" den „Schulkampf eine Zeit [...] vernachlässigt" zu haben.[624] So wurde zwar vor jeder Elternbeiratswahl (nicht nur von der KPD) „eine lebhafte politische Agitation entfaltet".[625] Aktionen außerhalb des Wahlkampfes, wie zum Beispiel des Proletarischen Schulkampfes Veddel „gegen die einseitige politische Beeinflussung der Schüler durch die SPD", die nach kommunistischer Lesart durch den Senat schulpolitisch bevorteilt wurde, blieben selten.[626] Dieses Bild änderte sich 1932 zumindest teilweise. Die Reichsleitung der proletarischen Schulkampfgemeinschaften konstatierte, dass „die Periode der halben und Scheinreformen in eine Periode des Schulverfalls und des Kulturfaschismus eingemündet" sei und forderte die Eltern auf, gegen die „faschistische Sklavenerziehung" aufzubegehren.[627] Das Informationsblatt *Proletarischer Schulkampf* rief in seiner fünften Ausgabe zum „Kampf gegen die Schleicher-Diktatur" auf und beschwor die Mitstreiter, „keine Illusionen aufkommen zu lassen, daß im kapitalistischen System ein Ausweg möglich sei."[628] Die Hamburger Schul-

---

[620] *Mitteilungen des Landeskriminalpolizeiamtes Berlin vom 15. 4. 1932*, GSta, Rep. 77, tit4043, Nr. 418, Bl. 2. Zu den Streiks vgl. Kap. III.2.1.

[621] *Resolution der proletarischen Schulkampfgemeinschaften* (wie Anm. 615).

[622] *Rundschreiben des Bezirks Wasserkante: Proletarischer Schulkampf*, StAHH, 361-2 V, 154a, Bd. 3.

[623] *Pionierbewegung und Elternbewegung*, o. J. (1932), ebd.

[624] *Rundschreiben Proletarischer Schulkampf* (wie Anm. 622).

[625] *Schreiben der Oberschulbehörde vom 19. 2. 1930*, StAHH, 361-2 V, 74b.

[626] *Protestnote des Proletarischen Schulkampfes Veddel vom 26. 8. 1929*, StaHH, 361-2 V, 154b, Bd. 1.

[627] *Resolution der Schulkampfgemeinschaften* (wie Anm. 615).

[628] *Proletarischer Schulkampf Nr. 5*, Dez. 1932, StAHH, 361-2 VI, 789.

kampfgemeinschaften traten verstärkt mit Flugblättern an die Öffentlichkeit.[629] So wurde Anfang 1933 ein von diversen Gruppen[630] unterzeichneter *Aufruf an alle werktätigen Eltern* verteilt, in dem „eine unentgeltliche warme Mahlzeit, winterfestes Schuhwerk und warmes Zeug" für die Schulkinder sowie die Beheizung der Schulräume und kostenloses Lernmaterial gefordert wurde.[631] Verschiedene politisch-programmatische Schriften wurden ebenfalls veröffentlicht. Der seit 1928 schärfer werdende Ton der politischen Auseinandersetzung schlug sich auch hier nieder. In einem Flugblatt des Bezirks Wasserkante zu den Elternratswahlen in Preußen wurde unter der Überschrift „Nazis und Sozialdemokraten sind Ausführungsorgane des Schulfaschismus!" das Sozialfaschismus-Theorem auch auf den Bereich der Schulpolitik übertragen und gegen die SPD agitiert. Der im selben Flugblatt befindliche Aufruf, die „rote Einheitsfront auch im Schulkampf" zu bilden, stellt hier insofern kein Widerspruch dar, als dass unter „Einheitsfront" die Sammlung aller Betroffener unter der Führung der KPD und keine Koalition der beiden Arbeiterparteien verstanden wurde.[632]

Mit dieser Mischung aus einem ideologischen Generalangriff auf das reaktionäre und arbeiterfeindliche Weimarer System und Forderungen, die die Eltern beziehungsweise deren Kinder direkt betrafen, versuchten die Kommunistischen Schulkampfgemeinschaften, die „indifferenten" oder SPD-treuen Eltern zweigleisig auf ihre Seite zu ziehen. Die steigende Zustimmung zur KPD, die bei den Reichstagswahlen 1930 zur drittstärksten Partei avancierte, konnten allerdings nicht auf das Wahlverhalten bei den Elternratswahlen übertragen werden. Die anhaltend schwachen Ergebnisse dort zeigen, dass die KPD im Bereich der Schulpolitik die Eltern trotz aller Bemühungen nicht zu überzeugen vermochte

---

[629] Allerdings ist nicht immer zu trennen, ob es sich um reine Elternverbände handelt oder um alle im Schulbereich tätigen Kommunisten.

[630] Dies waren die Schulkampfgruppen Altona, die Elterngemeinschaft Groß-Flottbek, der Proletarische Schulkampf Telemannstraße.

[631] *Aufruf an alle werktätigen Eltern*, StAHH, 361-2 VI, 789.

[632] Wie im Bereich der Gewerkschaftsarbeit und in politischen Gremien zeigte die KPD auch hier kein wirkliches Interesse an einer mit der SPD abgestimmten antifaschistischen Einheitsfront. Vgl. Flechtheim, *KPD*, S. 215–217. Vgl. zur ultralinken Taktik auch Siegfried Bahne, *Die KPD und das Ende von Weimar. Das Scheitern einer Politik 1932–1935*, Frankfurt a. M. 1976.

5 ZWISCHENERGEBNIS

Der Verbandsaufbau stellte innerhalb der kommunistischen Kinderarbeit mitnichten eine bloße Formalie dar. Innerhalb der in hohem Maße theoretisch durchdrungenen Konzeption kommunistischer Aktivitäten war der „richtige" Aufbau von Kampfstrukturen in der Perspektive der Kommunisten entscheidend für den Erfolg der ausgeführten Arbeit. Die Organisationsformen mussten so ständig reflektiert und die Ursachen für Misserfolge immer wieder auch in den Strukturen und deren Wirkung gesucht werden. Aufgrund der dialektischen Verknüpfung von Lernen und Handeln und der Suche nach einer für das Erlernen des revolutionären Kampfes geeigneten Form dokumentierte der jeweilige Verbandsaufbau den aktuellen Stand der Theoriedebatte auf nationaler und internationaler Ebene. Der deutsche Kinderverband entwickelte sich von Anbeginn seines Bestehens in enger Absprache mit der Kommunistischen Jugendinternationale, war dabei aber nicht allein Empfänger von Organisationsdirektiven, sondern bis in die Mitte der 1920er Jahre auch Impulsgeber und internationales Vorbild.

In der ersten Phase der kommunistischen Kinderarbeit wurde dabei aufgrund mangelnder Erfahrungen auf die Entwicklung geeigneter Strukturen durch die während der Arbeit gewonnenen Erkenntnisse vertraut. Dies führte zu regional stark unterschiedlichen Ausprägungen von Form und Arbeitsinhalten, die zunächst ausdrücklich gewünscht waren und aufgrund der vorhandenen Unterschiede vor Ort als notwendige Anpassung an die jeweiligen Verhältnisse angesehen wurden.

Mit der verstärkten Diskussion um die Ziele der Kinderarbeit und die damit verbundenen Methoden bemühten sich die Verantwortlichen zunehmend um eine zentralisierte Struktur und einen verbindlichen, einheitlichen Verbandsaufbau. Den Hintergrund stellte das Ziel eines Verbandes dar, in dem die Kinder lernen sollten, wie der Klassenkampf der Erwachsenen geführt wurde. Notwendig wurde dies durch die 1923 endgültig begrabenen Hoffnungen auf eine kommunistische Revolution. Die entsprechenden Strukturen aus der KPD wurden übernommen und mit der Propagierung von Zellengründungen an Schulen die Idee der Sammlung der Kräfte am Ort der politischen Auseinandersetzung mit dem Klassenfeind übernommen. Die erste Organisationsreform von 1924 legte dies auch formal fest. Die Basiseinheiten des Kinderverbandes stellten idealtypischerweise die Schulzellen dar. Diese wurden in den Ortsgruppen, die in den Vorjahren die unterste Organisationsstufe bildeten, zusammengefasst. Die veränderte Titulierung als „Jung-Spartakus-Bund" sollte nach Außen die neue Qualität des Verbandes als eine geschlossene Einheit dokumentieren.

Nachdem sich diese auf den Schulzellen basierende Struktur in ihrer mehrjährigen Erprobung aufgrund der fehlenden Anzahl an Mitgliedern und fähigen Leitern allerdings als nicht praktikabel erwiesen hatte, reagierte die

Führung im Kontext der internationalen, nicht nur auf der Ebene der Kinderverbände geführten Diskussion um die Hinwendung zu den Massen der Arbeiterschaft und in diesem Fall der Arbeiterkinder. Die angestrebte bündische Geschlossenheit wurde nun als Hindernis zur Öffnung zu den indifferenten Kindern identifiziert und um 1930 eine weitere Organisationsreform eingeleitet, die den neu gewonnenen Erkenntnissen Rechnung tragen sollte. Die nun als „Rote Jungpioniere" bezeichneten Mitglieder der Kindergruppen sollten Schulvorposten bilden, in denen verstärkt Nichtmitglieder in die Arbeit eingebunden werden sollten. Diese Inklusion stellte den wesentlichen Unterschied des Schulvorpostens zur Schulzelle dar. Die Arbeitsweise blieb unverändert. Die Grundeinheit bildete wie vor 1924 wiederum die Ortsgruppe, da dort nur reguläre Mitglieder einbezogen wurden. Eine formale Ausweitung der Mitgliedschaft bei den Roten Jungpionieren auf die Unter-, Hilfs- und Nebenorganisationen, insbesondere die kommunistischen Sportvereine, vergrößerte den Verband statistisch zudem um ein vielfaches.

Die Mobilisierung eines erheblichen Teils der Arbeiterkinder gelang in keiner dieser Organisationsformen. Während in der Anfangsphase einige Erfolge zu verzeichnen waren, blieben nach dem Zusammenbruch der Gruppen in der Verbotsphase von 1923 die Mitgliederzahlen konstant hinter den Erwartungen zurück. Mitte des Jahres 1925 erreichte der JSB einen Höchststand mit nach verbandseigenen Schätzungen um die 10.000 Mitgliedern. Abzüglich der statistischen Unsauberkeiten ist eine Anzahl von 8.000 realistisch. In den Folgejahren stagnierte die Mitgliederzahl und sank schließlich auf geschätzte 4.000 Mitglieder im Jahr 1930. Nach der Organisationsreform konnte ein Höchststand von 22.000 Mitgliedern verzeichnet werden, der aufgrund der statistischen Mängel aber wiederum nicht zu verifizieren ist. Zu den Roten Pionieren, die den eigentlichen Verband bildeten, kamen zudem ungefähr 40.000 Pioniere aus den weiteren Unter-, Hilfs- und Nebenorganisationen der KPD hinzu. Den größten Teil bildeten die Sportpioniere, die abseits ihrer sportlichen Aktivitäten in kommunistischen Sportvereinen, wie auch die übrigen Kinder der erweiterten Erfassung, in der Regel nicht aktiv wurden. Die von der Reichsleitung der Pioniere festgehaltene Zahl von über 60.000 Pionieren blieb also eine statistische Größe aufgrund der Einrechnung jener Kinder. Der Pionierverband blieb deutlich kleiner. So konnte dieser „Zuwachs" an Mitgliedern lediglich propagandistisch als Erfolg verwertet werden. Vor dem Hintergrund der Entwicklung der Kinderfreunde mit den dort organisierten 120.000 Kindern und den kirchlichen Verbänden mit 80.000 evangelisch organisierten Kindern und 700.000 katholischen Kindern und Jugendlichen blieb der kommunistische Kinderverband mit seinen 22.000 Mitgliedern selbst ohne die notwendigen statistischen Bereinigungen weit abseits des Ziels der Schaffung einer proletarischen Massenbewegung.

Als eine der wesentlichen Ursachen benannte die Leitung den Mangel an fähigen Gruppenleitern. Anstatt allerdings von der Methode der Anleitung durch offensichtlich wenig interessierte Jugendliche Abstand zu nehmen, reagierte der Verband mit einer dogmatischen Wiederholung der Organisationsprinzipien, deren mangelnde Durchführung die alleinige Ursache der Probleme gewesen sei. Gleiches gilt für die fehlende Umsetzung der Zellenorganisation, die, wie auch in Partei und Jugend, nicht realisiert werden konnte. Die folgende Organisationsumstellung ging, auch wenn dem Verein in der zunehmend aufgeheizten politischen Atmosphäre der beginnenden 1930er Jahre Zuwächse beschieden waren, am Kern des Problems vorbei, da auch sie im Wesentlichen auf das Konzept des politischen Kampfes der Kinder setzte. Dieser ließ zwar die Behörden aktiv werden, stieß aber bei den Eltern der Zielgruppe offenbar auf wenig Verständnis. Ihn gilt es im folgenden Teil genauer zu beleuchten.

TEIL III: DER KAMPF UM DIE SCHULE: FORMEN DER KOMMUNISTISCHEN KINDERARBEIT

Wenn auch in der Phase bis 1923 bei der inhaltlichen Konzeption des Kinderverbandes zum Teil noch Unklarheit über die Art und Weise und den Umfang der Betätigung in der Schule herrschte, so war diese doch schnell als zentraler Ort der Auseinandersetzung der Kinder mit der bürgerlichen Gesellschaft gefunden worden. Die Methodik in der Arbeit und die Aktivitäten der Kinder selbst sollten nach dem Willen der Verantwortlichen auf den „Schulkampf" ausgerichtet werden. Durch diesen Schwerpunkt wurde die kommunistische Kinderarbeit von der bürgerlichen und soziademokratischen Jugendpflege abgegrenzt.

In dem folgenden Teil werden die Aktivitäten der kommunistischen Kindergruppen dargestellt. Bedingt durch die Ausrichtung des Verbandes auf diesen „Schulkampf" bildet dieser den Schwerpunkt der Darstellung. Im Blickpunkt stehen nicht allein die Kinder, sondern auch ihre potentiellen Verbündeten, die Leiter aus dem Jugendverband sowie die kommunistischen Eltern und Lehrer. Außerdem werden die Aktivitäten der „Gegner" Berücksichtigung finden. Der polizeiliche Umgang und teilweise auch der der Schulbehörden mit den verschiedenartigen Aktivitäten wird in den jeweiligen Kapiteln mit dargestellt werden. Darüber hinaus versuchten die Schulbehörden Hamburgs, Preußens und Berlins abseits konkreter Angriffe, zur Verhinderung kommunistischer Agitation verschiedene Strategien bis hin zu Vereinsverboten zu entwickeln. Auch von Seiten der Lehrerschaft wurde die Auseinandersetzung immer wieder thematisiert. Diese beiden Aspekte werden in gesonderten Kapiteln behandelt, da sie sich mit dem Kinderverband an sich auseinandersetzen.

Vor der Rekonstruktion der Aktivitäten innerhalb der Schule in Form von Streiks und verschiedenen Kampagnen auf der einen, Verbotsversuchen und pädagogischen Maßnahmen auf der anderen Seite wird zunächst ausführlich auf die Publizistik der Kindergruppen und ihre Agitationsinhalte eingegangen, da die „Aufklärung" über die Klassenverhältnisse und die kapitalistischen Unterdrückungsstrukturen nicht nur im Bereich der Kinderarbeit das Rückgrat jedweder kommunistischer Betätigung bildeten.

1 MÄCHTIGER ALS DAS SCHWERT? DAS PUBLIKATIONSWESEN

Für die KPD kam jeder Form von Propaganda aufgrund der mit ihr verbundenen Möglichkeiten zur Aufklärung und Anleitung der Klassengenossen eine herausragende Funktion innerhalb der Parteitätigkeit zu. Lenin hatte ihre Bedeutung insbesondere für die Länder betont, in denen es noch keine kommunistische Regierung gab: „Solange es sich darum handelte (und insoweit es sich noch darum handelt), die Avantgarde des Proletariats für den Kommunismus zu gewinnen, solange und insoweit tritt die Propaganda an die erste Stelle."[633]

Auch im Bereich der Kinderarbeit wurde der Herausgabe von Zeitungen und Flugschriften eine besondere Bedeutung zugemessen. Zunächst wurde unter maßgeblicher Mitarbeit von Hoernle mit dem *Jungen Genossen*, aus dem *Die Trommel* hervorgehen sollte, ein reichsweit erscheinendes Zentralorgan entwickelt. Zudem sollten Flugblätter verteilt werden. In der Mitte der zwanziger Jahre entstanden im Rahmen der Fokussierung auf die Aktivitäten an Schulen die Schulzellenzeitungen, zudem wurden in den Tageszeitungen Jugend- und Kinderbeilagen veröffentlicht.[634] Gegen Ende des Jahrzehnts deckte der JSB so ein ähnliches publizistisches Spektrum wie die KPD und die KJ ab, welches es im Folgenden genauer darzustellen gilt.

1.1 Das Verbandsorgan: „Die Trommel"

Der deutsche kommunistische Kinderverband publizierte ein bis auf kurze Verbotsphasen kontinuierlich erschienenes Zentralblatt, das reichsweit und darüber hinaus im deutschsprachigen Raum in monatlicher und zeitweise vierzehntägiger Erscheinungsweise vertrieben wurde.[635] Die konzeptionellen

---

[633] Vladimir Illjitsch Lenin, *Der „linke Radikalismus", die Kinderkrankheit im Kommunismus*, Werke, Bd. 31, S. 212.

[634] Zum kommunistischen Pressewesen in der Weimarer Republik vgl. Kurt Koszyk, *Geschichte der deutschen Presse, Bd. 3: Deutsche Presse 1914–1945*, Berlin (West) 1972, S. 321–336; Christa Hempel-Küter, *Die kommunistische Presse und die Arbeiterkorrespondentenbewegung. Das Beispiel „Hamburger Volkszeitung"*, Frankfurt a. M. 1989, S. 79–149; Rolf Surmann, *Die Münzenberg-Legende. Zur Publizistik der revolutionären deutschen Arbeiterbewegung 1921–1933*, Köln 1983. Zu weiteren Formen der Publizistik vgl. Gerhard Friedrich, *Proletarische Literatur und politische Organisation. Die Literaturpolitik der KPD in der Weimarer Republik und die proletarisch-revolutionäre Literatur*, Frankfurt a. M. 1981.

[635] Es gab mehrere Namensänderungen, die allerdings anders als bei den Namensänderungen des Verbandes keine grundsätzlichen konzeptuellen Neuausrichtungen, sondern lediglich leichte inhaltliche Veränderungen bedeuteten. Dies wird auch an den durchgängig gezählten Jahrgängen 1 (1921) bis 12 (1932) deut-

Überlegungen für die Herausgabe einer solchen Kinderzeitung verliefen parallel zu den Vorbereitungen der ersten Konferenz der Kindergruppenleiter im Jahr 1920. Vermutlich wurde das didaktische Konzept der Zeitung auf dieser Konferenz vorgestellt und angenommen.[636] Am 10. Juli 1921 erschien erstmals der *Junge Genosse*. Der Untertitel „Internationale Zeitung für Arbeiterkinder" weist auf die länderübergreifende Konzeption hin, die im Gegensatz zum *Proletarischen Kind* allerdings inhaltlich keine Entsprechung fand. Die Beiträge bezogen sich, soweit sie nicht allgemeiner theoretischer Natur waren, auf die deutschen Kindergruppen.[637] Der *Junge Genosse* erschien in den ersten zwei Jahren vierzehntägig und ab 1923 monatlich. Bis zum Jahr 1923 hielt Hoernle die Schriftleitung inne. Die Zeitschrift wurde im Format A5 (13 × 19 cm) gedruckt und umfasste jeweils acht Seiten. Der Preis einer Ausgabe betrug zunächst 30 Pfennig, musste aber ab dem Ende des Jahres 1921 inflationsbedingt nahezu monatlich angehoben werden. Mit dem Parteiverbot vom November 1923 wurde auch der *Junge Genosse* eingestellt. Nach dem Ende des Verbotes bemühte sich die Zentrale der kommunistischen Kindergruppen um eine zügige Wiederaufnahme der Herausgabe. Nach der Publikation von drei Ausgaben entschloss sich die Redaktion im Oktober des Jahres 1924 aufgrund der Organisationsreform zu einer Umbenennung des Blattes und taufte es analog zu dem neuen Verbandsnamen *Jungspartakus*. Es wurde im Untertitel nun als „Zeitschrift für Arbeiterkinder. Zentralorgan des Jung-Spartakus-Bundes" ausgewiesen und so als deutsches Verbandsorgan ausgezeichnet. Der Jahrgang wurde beginnend mit dem vierten an den letzten des *Jungen Genossen* angeschlossen.

Nach einer kurz währenden Phase von 16 Ausgaben entschloss sich der Verband im Jahr 1926 zu einer weiteren Umbenennung in *Die Trommel. Zeitschrift für Arbeiter- und Bauernkinder* und verband damit den Anspruch, eine deutlich massenkompatiblere Zeitung herauszugeben.[638] Das Format wurde beibehalten, allerdings stieg der Umfang auf 16 Seiten. Deutlich umgestaltet wurde *Die Trommel* erst drei Jahre später im Rahmen der methodischen Reorganisationsbestrebungen im Kindergruppenbereich. Sie erschien nun bis zu ihrem Verbot im November 1932 monatlich zum Preis von 10 Pfennigen im Format A4.[639]

---

lich. Daher wird die Zeitung hier in einem Kapitel behandelt und nicht entsprechend den Änderungen in dreien.

[636] Jackstel, *Kinderzeitungen*, S. 95, behauptet dies, es findet sich allerdings kein entsprechender Beleg in den zur Konferenz vorliegenden Dokumenten.

[637] Vgl. Der Junge Genosse, Jg. 1 (1920) bis 3 (1923).

[638] Vgl. weiter unten in diesem Kapitel.

[639] Angeblich erschien sofort nach dem Verbot der vom letzten Redakteur Burchart redigierte *Arbeiterkinderclub* als „Ersatzzeitung". Diese sowie die „letzte legale Ausgabe" der Trommel vom Januar 1933 können allerdings nicht mehr nachge-

Für die pädagogische Konzeption der Kinderzeitung konnte Hoernle auf sozialdemokratische Konzepte der Vorkriegszeit zurückgreifen und diese im kommunistischen Sinne weiterentwickeln. Bereits um die Jahrhundertwende hatte sich innerhalb der Sozialdemokratie ein Konsens zur Schaffung von dezidiert sozialistischer Kinderliteratur gebildet. Die Argumente für die Herausgabe solcher Schriften besaßen im Wesentlichen auch in der Weimarer Zeit Gültigkeit und wurden von kommunistischer Seite in ähnlicher Weise hervorgebracht: *Erstens* verlangte der indoktrinierende Charakter der Schulbildung aus der sozialdemokratischen Perspektive einen Gegenpol. *Zweitens* sei die große Menge an inhaltlich minderwertiger „Schundliteratur", die allein von Kapitalinteressen geleitet an die mit wenig Kaufkraft ausgestatten Mitglieder der unteren sozialen Schichten vertrieben wurde, eine Gefahr für die Entwicklung der Kinder und Jugendlichen.[640] *Drittens* erhofften sich die Sozialdemokraten über eine geeignete Pressearbeit die Rekrutierung von Parteinachwuchs.[641] Die gleichen Grundsätze galten für die Herausgabe einer kommunistischen Kinderzeitung. Sie wurden allerdings in einem deutlich stärker politisierenden Duktus formuliert.

Hoernle, der aufgrund seiner Mitarbeit an der Kinderbeilage der Zeitschrift *Die Gleichheit. Für unsere Kinder*, auf eine fundierte Vorbildung in der redaktionellen Betreuung von Kinderzeitungen zurückblickte, brachte in einem Artikel aus dem Jahr 1924 die Ziele, die er mit der Herausgabe einer kommunistischen Kinderzeitung verband, prägnant zum Ausdruck. „Der Zweck einer kommunistischen Kinderzeitung ist, den Kampfgeist der Arbeiterkinder zu wecken und zu erhöhen, ihnen die Zugehörigkeit zur Klasse des Proletariats klar zu machen und sie in den Reihen der kommunistischen Kindergruppen zu organisieren."[642] So fügte sich die Kinderzeitung als Erziehungsmittel nahtlos in das pädagogische Gesamtkonzept, das im Kern diesel-

---

wiesen werden. Es ist fraglich, ob sie in hoher Auflage erschienen sind. Vgl. Jackstel, *Kinderzeitungen*, S. 202, Anm. 268. Zu den konzeptionellen Änderungen von 1929 s. u.

[640] Der schon im Kaiserreich geführte Kampf gegen die sogenannte „Schund- und Schmutzliteratur" wurde nicht nur von sozialdemokratischer, sondern auch von bürgerlicher Seite energisch geführt. Einen kurzen Überblick bietet Gideon Reuveni, *Der Aufstieg der Bürgerlichkeit und die bürgerliche Selbstauflösung. Die Bekämpfung der Schund- und Schmutzliteratur in Deutschland bis 1933 als Fallbeispiel*, in: Zeitschrift für Geschichtswissenschaft, Jg. 51 (2003), S. 131–143. Vgl. zum hier behandelten Zeitraum auch Klaus Petersen, *Literatur und Justiz in der Weimarer Republik*, Stuttgart 1988, S. 77–97; Ders., *Zensur*, S. 56–67.

[641] Valentin Marquardt, *Soziademokratische Jugendschriftendiskussion um die Jahrhundertwende. Ein Ansatz zur Erziehung von proletarischen Kindern und Jugendlichen mit Hilfe des Mediums „Literatur"*, Bielefeld 1986, S. 82.

[642] Edwin Hoernle, Artikel in DPK, Jg. 4 (1924), Nr. 1, zit. nach Jackstel, *Kinderzeitungen*, S. 104f.

ben Ziele verfolgte. Zudem wurde idealtypisch der inhaltliche Aufbau einer auf 12–16 Seiten konzipierten Kinderzeitung aufgezeigt:

„1. Politisch-erzieherischer Teil (2–3 S.)
2. Schönliterarischer Teil
   a) Kampferzählungen und revolutionäre Gedichte
   b) Schilderungen der Kinder über ihr Leben (4–5 S.)
3. Arbeit der KKG oder Aus der Internationale (2–4 S.)
4. Fragen und Wünsche der Kinder (Briefkasten) (1 S.)
5. Spiele und Beschäftigungen (2 S.)
6. Humoristischer Teil (1. S.)"[643]

Neben der kommunistischen Aufklärungsarbeit im ersten Teil erschien es den Pädagogen als notwendig, auch die „schöngeistigen", also eigentlich unterhaltenden Teile, mit einer kommunistischen Lehre zu versehen. Zudem sollten Geschichten aus dem Leben anderer Arbeiterkinder den Zusammenhalt untereinander und das Zugehörigkeitsgefühl zu der kommunistischen Bewegung stärken. Auch der sozialdemokratische *Kinderfreund* sollte sozialistische Wertvorstellungen wie Solidarität und im Sinne der Reformpädagogik das Konzept der sittlichen Erziehung, an die Bedürfnisse der Arbeiter angepasst, vermitteln. Einen dezidiert ideologischen „politisch-erzieherischen" Teil hingegen gab es nicht. Von den bürgerlichen Publikationen, die als reine Unterhaltungsmagazine konzipiert waren, unterschied sich das kommunistische Zentralorgan erwartungsgemäß deutlich.[644]

Dem Verbandsorgan kam so die Funktion eines ideologischen Schulungsblattes zu. Das zentrale Element bildete der „Leitartikel". Entgegen der herkömmlichen Definition des Leitartikels als besonders herausgestellte journalistische Meinungsäußerung verstand Hoernle als „Leitartikel" den auf der ersten Seite publizierten Beitrag.[645] Dieser konnte sowohl allgemeinpolitische Inhalte als auch Berichte aus den Kindergruppen oder in Einzelfällen Veranstaltungsaufrufe beinhalten. Er besaß stets eine ideologisch oder organisatorisch schulende Funktion.[646] Jackstel ermittelte bei der quantitativen Auswer-

---

[643] Ebd., auch für das Folgende.

[644] Die Einschätzung von bürgerlicher Kinderliteratur als Unterhaltungsliteratur findet sich bei Edelgard Spaude-Schulze, *Macht das Maul auf! Kinder und Jugendliteratur gegen den Krieg in der Weimarer Republik*, Würzburg 1990, S. 45. Obgleich die Kinder- und Jugendliteratur seit langem Gegenstand der Forschung ist, fehlt es bislang an einer Darstellung des Zeitschriftenwesens.

[645] In den ersten Jahrgängen erschien dieser Artikel auf der Titelseite. *Die Trommel* erhielt später ein zusätzliches Titelblatt.

[646] Edwin Hoernle, *Ein Protest*, DPK, Jg. 1 (1921), Nr. 10, S. 10–12. Auch bei den Veranstaltungsaufrufen wurde auf die politischen Hintergründe hingewiesen, die diese notwendig machten; es handelte sich in der Regel um die Internationale Kinderwoche oder die Demonstrationen zum 1. Mai. Vgl. exemplarisch: *1. Mai – Schulstreik*, Die Trommel, Jg. 9 (1929), Nr. 4/5, S. 3.

tung der Leitartikel für die Jahre 1921 bis 1923 sechs verschiedene Themenkomplexe, mit denen dieser Aufgabe Rechnung getragen wurde: „Kommunistische Kindergruppen (Aufgaben und spezielle Probleme)" (mit 20 Nennungen), „Direkte Reaktion auf politische und ökonomische Zeitfragen" (13 Nennungen), „Klassengegensätze und ihre Ursachen" (15 Nennungen), „Proletarischer Internationalismus" (14 Nennungen), „Geschichte, vor allem die von revolutionären Ereignissen" (acht Nennungen), „Die Aufgaben des *Jungen Genossen*" (vier Nennungen).[647] Die Deutungshoheit über gesellschaftliche Entwicklungen und schulpolitische Aspekte oblag so eindeutig der ans Zentralkomitee der Kommunistischen Jugend angegliederten Führung der Kindergruppen. Das ZK wiederum vertrat in der Regel die Strategie der Mutterpartei.[648] Mit der *Trommel* und den Vorgängerblättern bestand so für die Führung die Möglichkeit, auf die Parteilinie abgestimmte Inhalte zu verbreiten und durch das Redigieren der eingerechten Artikel sicherzustellen, dass keine ideologisch abweichenden Inhalte publiziert wurden.

Dabei stießen die Inhalte dieser politischen Artikel und deren Ausdrucksweise insbesondere in der Anfangsphase nicht immer auf Gegenliebe bei den Gruppenleitern. Bereits im Jahr 1921 kritisierten Thüringer Genossen, die Artikel seien teilweise „selbst für aufgeweckte Kinder zu hoch". Als Beispiel wurden der Artikel „Novemberstürme" und der Abdruck des Textes der „Warschawjanka", eines russischen Kampfliedes, aus der Ausgabe Nummer 22 des *Jungen Genossen* angeführt.[649] Der Artikel behandelte die russischen Revolutionen von 1905 und 1917. Der Beginn der Oktoberrevolution wurde aufgrund der Beteiligung der Menschewiki und deren „arbeiterfeindlicher" Verhaltensweise mit den Vorgängen der Novemberunruhen im Deutschen Reich verglichen: „Schon im Februar und März 1917 hatten sie [die Menschewiki – Anm. d. Verf.] die alte Zarenregierung gestürzt, hatten Arbeiter- und Soldatenräte gebildet und die Republik ausgerufen. Aber sie machten damals nur halbe Arbeit. An die Stelle des Zaren setzten sie, genau wie es später am 9. November 1918 in Deutschland geschah, eine Regierung von Bürgerlichen und Sozialdemokraten. Genau wie in Deutschland später, hat diese Regierung ihr Versprechen an die Arbeiter nicht gehalten, sondern im Gegenteil versucht, die Arbeiter- und Soldatenräte abzuschaffen und die Kapitalisten wieder zu Herren ihrer Fabriken und Landgüter zu machen."[650] Der insgesamt relativ komplexe Sprachstil und die fehlenden Erklärungen der politischen Begriffe wie „Arbeiter- und Soldatenrat", „Republik",

---

[647] Jackstel, *Kinderpresse*, S. 141.

[648] Mallmann, *Kommunisten*, S. 182f.

[649] *Novemberstürme*, Der Junge Genosse, Jg. 1 (1921), Nr. 22, S. 1–2, *Warschawjanka*, ebd., S. 2.

[650] *Novemberstürme* (wie Anm. 649), S. 1f.

„Bürgerliche" oder „Kapitalisten" erschwerten das Verständnis für die Kinder mit Sicherheit und stellten so kein gelungenes Beispiel für eine kindgerechte Schreibweise dar. Hoernle begegnete der Kritik allerdings ähnlich forsch wie den Zweifeln an der Leitungsfähigkeit der jugendlichen Gruppenleiter und erwies sich als wenig bereit, künftig an dem Aufbau und der Wortwahl der Artikel Änderungen vorzunehmen: „Eine kommunistische Kinderzeitung kann sich übrigens nicht darauf beschränken, nur das zu bringen, was den Kindern wie Butter und Brei eingeht! Unsere Kinder brauchen auch Brocken!" Bei Verständnisproblemen sollten die komplexeren Artikel die Grundlage für Gruppendiskussionen bilden, bei denen der Inhalt mit Hilfe der Leiter erarbeitet werden konnte.[651]

Gleichwohl blieb die sprachliche Gestaltung auch in den folgenden Jahren eines der großen Probleme, aufgrund derer das Verbandsorgan, wie der Genosse „Karl" bemängelte, oftmals eher als Partei- denn als Massenkinderzeitung erschien. Diese Schwierigkeit ergab sich aus dem Anspruch, nicht nur Unterhaltung zu publizieren, sondern diese jeweils mit einer kommunistisch belehrenden Moral zu versehen.[652] Mit dem Versuch der Wendung zu den Massen am Ende der zwanziger Jahre begann die Anwendung kindgemäßer Methoden, um eine breitere Basis zu erreichen. Bereits 1925 hatten die Gruppenleiter auf der 1. Internationalen Kinderkonferenz erneut für eine „einfache, verständliche Sprache, keine Versammlungssprache und keine amtlich politische" plädiert. Andererseits sollte „auch nicht die Sprache kleiner Kinder verwendet werden. (Keine Onkel- und Tantengeschichten)"[653]

Exemplarisch für den veränderten Stil ist ein Artikel aus dem Jahr 1931 über die Ursachen des Krieges, der in einem einfachen und erklärenden Stil gehalten war: „Kriege gibt es erst, seitdem es Herren und Knechte gibt, seitdem es Menschen gibt, die andere Menschen zwingen, für sie zu arbeiten. Also erst seitdem eine herrschende und eine unterdrückte Klasse existieren. Die herrschende Klasse, das sind heute die Kapitalisten, verdient am Krieg. […] Die unterdrückte Klasse dagegen bezahlt den Krieg mit ihrem Blut, mit Steuern und noch größerer Unterdrückung. Weshalb sollen diese den Krieg wollen oder gar lieb haben."[654]

Trotz der einfacheren Sprache blieben aufgrund der thematischen Ausrichtung Zweifel an der Attraktivität der Zeitschrift. Entsprechend bemühten

---

[651] Die Kritik und Hoernles Antwort finden sich in Hoernle, *Protest*, (wie Anm. 646), S. 10f.

[652] Karl, *Kinderpresse und Kinderkorrespondenten in Deutschland*, DPK, Jg. 9 (1929), S. 46.

[653] *Thesen zum Pressebericht auf der Internationalen Kinderkonferenz vom 23.–30. 9. 1925*, DPK, Jg. 5 (1925), Nr. 8–11, S. 22.

[654] *Antwort der Trommelredaktion auf die Frage der Leserin Lotta, ob es immer Kriege gab und weiterhin geben werde.* Die Trommel, Jg. 11 (1931), Nr. 8, S. 3.

sich die Redakteure der *Trommel* um eine das junge Publikum stärker ansprechende Präsentation. Zunächst sollte die Themenauswahl spannender gestaltet werden. Neben den auf die kommunistische Ideologie zugeschnittenen Inhalten, zum Beispiel über die Oktoberrevolution oder die „Kriegshetze" an den deutschen Schulen, wurde die *Trommel* durch Spiel- und Bastelseiten, eine regelmäßige Bildergeschichte sowie Berichte über technische Neuerungen ergänzt.[655] Insbesondere vom Thema Fliegerei versprach sich die Redaktion, die Begeisterung der (männlichen) Kinder zu wecken.[656]

Auch zu regionalen Themen wurden Artikel publiziert, um eine starke Identifikation der Leser mit der Zeitung und deren Inhalten herzustellen. So widmete die *Trommel* 1930 dem Hamburger Schulsenator Krause aufgrund seines Verbots politischer Betätigung von Schülern das „Emil-Krause-Lied", in dem es unter anderem hieß: „Emil Krause ist Senator / Und in Hamburg Schuldiktator / Einstmals war er selbst Prolet / Heute hat er umgedreht / Zu den feinen Leuten / Und der Emil schrieb ein Schreiben / Wenn wir Politik betreiben / Daß er uns verbieten lässt / Junge, Emil, halt dich fest / Denn nun tun wir's gerade."

Das Gedicht wurde durch einen kurzen Artikel über Krause und seinen Erlass gegen die politischen Aktivitäten innerhalb der Hamburger Schulen ergänzt.[657]

Um weiterhin die Attraktivität zu steigern, bemühten sich die Redakteure zudem um eine starke redaktionelle Mitarbeit der Kinder. Diese Mitarbeit erschien auch pädagogisch als sinnvoll, da das Verfassen von Artikeln zu dem späteren Aufgabenfeld innerhalb der kommunistischen Bewegung gehören würde. Außerdem entwickelten Kinder nach der Ansicht Hoernles ab ungefähr dem zehnten Lebensjahr ein „starkes Mitteilungsbedürfnis", das es zu kanalisieren und zu fördern galt.[658] Die Kinderzeitung bot ein Forum für dieses Mitteilungsbedürfnis, wenn es der kommunistischen Ideologie entsprechende Inhalte hatte. Dabei konnte das Werk sowohl ein Bericht, ein Bild, ein Gedicht oder eine Fabel sein. Das einfachste redaktionelle Element zu Veröffentlichung dieser Werke war dabei der „Briefkasten", eine Rubrik für Leserzuschriften, die schon nach kurzer Zeit zwei bis drei der acht Seiten umfasste.[659] Aufgrund der offensichtlich hohen Quantität wurden die Kinderbeiträge

---

[655] Vgl. exemplarisch die Trommel, Jg. 10 (1930), Nr. 8 u. 9; Jg. 11 (1931), Nr. 3 u. 4.

[656] In der Trommel, Jg. 11, (1931) Nr. 9/10 nehmen Artikel zum Thema „fliegen" 6 der 14 Seiten ein.

[657] *Das Emil Krause Lied*, Die Trommel, Jg. 10 (1930), Nr. 3/4, S. 4. *Emil Krause aus Hamburg*, ebd., S. 10. Zu den Verbotserlassen vgl. Kap. III.3.1. Vgl. als weiteres exemplarisches Beispiel JSB Andernach, *Warum ist es am Rhein so schön? Oder Kinderarbeit am Rhein*, Die Trommel, Jg. 6 (1926), Nr. 8, S. 10.

[658] Edwin Hoernle, *Kommunistische Kindergruppen* (wie Anm. 256), S. 160.

[659] Vgl. *Der Junge Genosse*, Jg. 1 (1921), Nr. 8 und folgende.

auch außerhalb der Leserbriefrubrik veröffentlicht. Zum einen wurden Beiträge im Stile des „Besinnungsaufsatzes" der Schule veröffentlicht, die kommunistische Themenkomplexe beinhalteten. In Ausnahmefällen wurden nach Ansicht der Redaktion besonders gelungene Exemplare als „Leitartikel" auf der ersten Seite der Zeitschrift veröffentlicht.[660] Zum anderen wurden, um den quantitativen Beitrag zu erhöhen, unter einer redaktionellen Überschrift kurze Auszüge aus Leserbriefen veröffentlicht, deren Verfasser namentlich erwähnt wurden. Die Namensnennung verstärkte nach Angaben von Kindergruppenleitern die Motivation der Kinder für eine Mitarbeit, da diese ebenfalls ihren Namen in der Zeitung gedruckt sehen wollten oder, wenn sie selbst genannt wurden, besonderen Wert auf den Vertrieb der Zeitung legten.[661]

Allerdings überwog in den Ausgaben zumeist der inhaltliche Anteil der Redaktion. Dies lag in den ersten Jahren weniger an einem Mangel an Material als an den Ansprüchen der Schriftleitung, pädagogisch wirksames und ideologisch schulendes Material sowie Arbeitsanleitungen herauszugeben, die in dieser Form von Kindern nicht erarbeitet werden konnten. Doch auch die Anzahl der eingereichten Beiträge ging ab 1923 aufgrund eines Wechsels der Redaktionsleitung kontinuierlich zurück. Nachdem Hoernle die Schriftleitung niedergelegt hatte, wurde die Zentrale der Kindergruppen, beziehungsweise ab 1924 die des JSB, als „kollektive Redaktion" tätig. Das Ergebnis bestand in einer Qualitätsminderung, da der nach dem Parteiverbot neu aufgelegte *Jungspartakus* ohne ständige Rubriken wie die Leserbriefseite auskommen musste und die jugendlichen Redakteure es nicht verstanden, die zunächst anhaltend zahlreichen Beiträge der Kinder zu verwerten. Neben der für die Kinder demotivierenden Nichtbeachtung ihrer Berichte macht Jackstel für die Abnahme der Zuschriften zudem das mangelnde pädagogische Geschick der Redaktion, den Kindern Aufgaben zu stellen, die sie kreativ beantworten konnten, verantwortlich.[662] Da die Mitglieder der Zentrale des JSB mit einiger Sicherheit weder im pädagogischen Bereich noch in der redaktionellen Arbeit über größere Erfahrung verfügten, ist dieser Grund plausibel.

Im Ergebnis erschien den Pädagogen der *Jungspartakus* auf der 2. Internationalen Kinderkonferenz eher als eine Zeitung *für* Arbeiterkinder, aber nicht *der* Arbeiterkinder.[663] In einem Beitrag für das *Proletarische Kind* stellte ein Genosse fest, den Zeitungen der internationalen Kinderbewegung hafte zu sehr

---

[660] Z. B. von Theodor Schilling, *Arme und Reiche*, Der Junge Genosse, Jg. 1 (1921), Nr. 23, S. 1. Der Dreizehnjährige schrieb über die religiöse Indoktrination an einer katholischen Schule und die „wahren" Gründe des Elends armer Menschen.

[661] Jackstel, *Kinderzeitungen*, S. 147, Anm. 111. Jackstel beruft sich auf ein Gespräch mit einem ehemaligen Gruppenleiter.

[662] Ebd., S. 184f.

[663] *Thesen zum Pressebericht auf der Internationalen Kinderkonferenz*, DPK, Jg. 5 (1925), Nr. 8–11, S. 21; *Arbeiterkinderkorrespondenten*, ebd., S. 23.

das Etikett „,made in the E. C.' (gemacht im ZK)" an und forderte den verstärkten Aufbau einer Kinderkorrespondenten-Bewegung.[664] Das Konzept der Kinderkorrespondenz wurde wiederum der Praxis der kommunistischen Parteien entlehnt, die sich seit 1924 nach sowjetischem Vorbild verstärkt um die aktive Mitarbeit der Arbeiter bei der Publikation von Zeitungen und Zeitschriften bemühten. Dies sollte nach Ansicht der Erweiterten Exekutive der Komintern in ihren *Thesen über die Bolschewisierung der Kommunistischen Parteien* „die Presse in den Massen der Arbeiter [...] verankern und sie so zu einer Waffe der Bolschewisierung machen."[665] Auch für die Kinderverbände sollte die Mitarbeit ihrer Leser der Schlüssel zu dem Ausbau der Kinderzeitungen werden, die „erst durch die Mitarbeit der Kinder [...] den Charakter von Massenorganen" bekommen konnten. Nur auf diese Weise konnte nach Ansicht der Befürworter einer solchen Bewegung mit den Kindern „in ihrer Sprache" und auf deren kognitivem Niveau kommuniziert werden.[666] Eine signifikante Verbesserung der Qualität und Quantität der Kinderbeiträge gelang allerdings zunächst nicht, da außer der Aufforderung zur Einreichung solcher Kinderkorrespondenzen in keiner Weise systematisch an dem Ausbau eines festen Netzes von jungen Journalisten gearbeitet wurde und eine solche Arbeit aufgrund des fehlenden Betreuungspersonals auch utopisch blieb. Die Zuschriften ließen in Zahl und Inhalt weiterhin nach. Im Ergebnis missfielen diese den Redaktionsmitgliedern schließlich derart, dass sie überlegten, überhaupt keine Kinderbeiträge mehr abzudrucken.[667] Da dies allerdings dem Zweck der Kinderzeitungen zuwiderlief, versuchte das Kinderbüro, andere Lösungen zu finden. Die unmittelbarste Möglichkeit der Beteiligung in Form einer Kinderredaktion scheiterte schon im Ansatz. Die Kinder waren mit dem Redigieren von Texten und der Beantwortung von Briefen überfordert.[668] Also wurde sich erneut um Kinderkorrespondenten bemüht. Mit verschiedenen Wettbewerben und themenbezogenen Arbeitsaufträgen gelang es gegen Ende der 1920er Jahre auch, den Anteil an Kinderbeiträgen wieder deutlich zu erhöhen.[669]

---

[664] S. B., *Arbeiterkinderkorrespondenten*, DPK, Jg. 5 (1925), Nr. 5, S. 8–9.

[665] *Thesen über die Bolschewisierung der Kommunistischen Parteien*, gedr. in: Thesen und Resolutionen, Hamburg 1925, S. 28f. Ausführlich zu der Entwicklung Hempel-Küter, *Arbeiterkorrespondentenbewegung*. Zur Entwicklung in der UdSSR vgl. André Gurski, *Die Arbeiter- und Bauernkorrespondentenbewegung in der Sowjetunion 1917–1932*, in: Eberhard Knödler-Bunte (Hg.), Kultur und Kulturrevolution in der Sowjetunion, Berlin 1978, S. 94–104.

[666] Hoernle (wie Anm. 643).

[667] *Pionierbriefe*, Die Trommel, Jg. 7 (1927), Nr. 4, S. 10.

[668] Helmut, *Schaffen wir eine Kinderkorrespondenzbewegung*, DPK, Jg. 7 (1927), Nr. 8, S. 19f.

[669] Ausführlich Jackstel, *Kinderzeitungen*, S. 220–226.

Durch diese „lebendige Massenarbeit" erhofften sich die Mitglieder der Zentrale des JSB, auch größere Teile der „indifferenten" Kinder anzusprechen. Das Augenmerk wurde so zunehmend auf die Nichtmitglieder gelegt. Anfang 1931 formulierte die Reichspionierleitung in den Richtlinien zur Kinderarbeit die Aufgabe der *Trommel* als „Bindeglied und zugleich kollektiver Organisator noch nicht in der revolutionären Kinderbewegung erfasster Kinder."[670]

Ein Grund für diese große Bedeutung ergab sich daraus, dass ein flächendeckendes Netz dezentral erscheinender Schulzeitungen mit einer regelmäßigen Erscheinungsweise in der Weimarer Zeit nicht realisiert werden konnte.[671] Die Verbandszeitung blieb somit das einzige Organ, das Kinder weitreichend mit Informationen und Handlungsaufrufen erreichen konnte. Aus diesem Grunde war es für die Zentrale umso ärgerlicher, dass die Absatzzahlen deutlich hinter den Erwartungen zurückblieben. Die Auflage pendelte in den Jahren von 1924 bis 1928 zwischen 20.000 und maximal 40.000 Exemplaren, wobei letztere nur bei Werbewochen vertrieben wurden.[672]

Ein weiteres Hemmnis stellten neben der geringen inhaltlichen Attraktivität die mangelnden Finanzierungsmöglichkeiten dar. Schon im zweiten Jahr der Existenz des Zentralorgans meldete das Kinderbüro in einem Rundschreiben, dass „das Erscheinen des Jungen Genossen bedroht" sei, „da alle Materialien teurer geworden sind", und forderte zudem die Mitglieder auf: „Alle Gruppen müssen ihre Exemplare restlos bezahlen."[673] Letzteres stellte für die Sicherstellung des Erscheinens das größere Hindernis dar. Die chronische Finanznot sowohl des Verbandes als auch seiner Mitglieder und die oftmals chaotische Organisation verursachten ein anhaltendes Defizit und führten zwischenzeitlich fast zu einem kompletten Zusammenbruch des Zeitungswesens. Gegen Ende des Jahres 1928 schilderte das Zentralkomitee des KJVD dem ZK der KPD den desolaten Zustand des Vertriebes und der Abrechnung. Den „Beststand" erreichte der JSB demnach im ersten Quartal 1928, in dem 34.750 von 38.000 ausgelieferten Exemplaren abgerechnet wurden. Zwischen August und Oktober 1927 hingegen wurden nur 21.004 von 31.300 Exemplaren bezahlt. Im November und Dezember des gleichen Jahres wurden mit 19.000 *Trommeln* nur die Hälfte der 38.000 ausgelieferten Zeitungen abgerechnet. Insgesamt ergab sich für die Zentrale so allein von August bis Dezember ein Defizit von 1358,02 RM.[674]

---

[670] *Arbeiterkinder müssen Klassenkämpfer werden* (wie Anm. 446), S. 8.

[671] Vgl. das folgende Kapitel.

[672] *Bericht des KJVD an das ZK der KPD vom 1. 11. 1928*, SAPMO-BArch, RY 1, I4/1/83, Bl. 282–294.

[673] *Rundschreiben Nr. 8, September 1922*, SAPMO-BArch, RY 1, I4/1/80, Bl. 163.

[674] *Bericht des ZK KJVD* (wie Anm. 672).

In einem Mitteilungsheft der *Trommel* wurde 1931 im Rahmen einer Anleitung für die korrekte Abrechnung der Zeitungen ein plastisches Beispiel für das gängige Verfahren mit der *Trommel*-Lieferung geschildert: „Dem Paket lag eine Rechnung bei. Die wurde dann zu dem Berg Material gepackt, den jeder Genosse in irgendeiner Ecke seiner Wohnung hat. Da häufen sich Rundschreiben, Zeitungen, Broschüren, Agitproptruppenmaterial. Und wenn dann so eine Materialsammlung zu groß ist, dann wird einmal aufgeräumt. [...] Na – und solch eine „Trommel"-Rechnung, solch ein Stückchen Papier, weshalb soll man das aufheben? [...] Dann kam alle paar Wochen ein Brief vom Verlag. Was sollte man darauf antworten? So eine Frage: Ob die Abteilung nicht bald die Februar-„Trommel" bezahlen wolle?! Jetzt sei bald November! Ja, so eine Frage! Wer war denn Leiter im Februar? Wo ist das Geld? Wieviel „Trommeln" haben wir denn bekommen? Wieviel sind davon verkauft?" Schließlich musste „unzähligen Pionierabteilungen" der Bezug gesperrt werden und das „beste Werbematerial" blieb aus.[675]

Das Dilemma war offensichtlich. Zum einen konnte der Vertrieb mit der bisherigen Auflage nicht aufrechterhalten werden. Zum anderen bestand aber kein Zweifel an dem dringenden politischen Erfordernis, diese nicht zu verringern, sondern im Gegenteil noch zu erhöhen. Deutlich wird dies an dem Umgang mit dem Bezirk Wasserkante. Bis Mai 1928 bezogen die Pioniere zwischen 1.000 und 2.000 Exemplaren ihrer Zeitung, blieben allerdings seit 1925 auch mit der Zahlung von über 1.000 RM säumig. Selbst das Angebot, die Schulden des Jahres 1925 (633,80 RM) zu erlassen, wenn wenigstens die ausstehenden Gelder von 1926/27 (461 RM) überwiesen würden, führte nicht zu einer Zahlung von Seiten des Bezirkes. In der Folge sperrte das Zentralkomitee des Jung-Spartakus-Bundes die Lieferungen von Mai bis Oktober. Allerdings kam das ZK nicht um die Einsicht herum, dass die *Trommel* in einem derart großen Bezirk vertrieben werden musste. Die Exemplare wurden nun nicht mehr an die Bezirksleitung versandt, sondern direkt an die Ortsgruppen. Nachnahmelieferungen sollten die Zahlung sicherstellen. Dieses Modell war zwar in Bezug auf die Finanzierung erfolgreicher, es wurden aber nur noch 320–350 Exemplare zugestellt. Damit wurden knapp die nach Bezirksangaben aktiven Mitglieder (1928: 305) beliefert. Bei Schätzungen von insgesamt ungefähr 800 Mitgliedern allein in Groß-Hamburg erreichte die *Trommel* damit kaum die Hälfte der Jungspartakisten. Aufgrund dieser zentralen Notwendigkeit des Blattes für die Kinderarbeit stellte die Führung des Bezirks Wasserkante 1929 fest, es sei „unbedingt erforderlich, dass ganz energische Schritte zur Verbesserung des Trommelvertriebs getan werden."[676] Für die nachfol-

---

[675] *Die Trommel-Mitteilungen Nr. 1, November 1931*, S. 1. Exemplar in: SAPMO-BArch, RY 1, I4/1/83, Bl. 308–312. Auch für das Folgende.

[676] *Resolution zu den Ergebnissen der Besprechung des ZK mit dem Bezirk Wasserkante am 1. 2. 1929 in Berlin*, SAPMO-BArch, RY 1, I4/1/77, Bl. 217.

genden Jahre liegen allerdings keine weiteren Zahlen vor. Ein erneutes Erreichen der Menge von bis zu 2.000 Exemplaren erscheint allerdings außerhalb
von Werbewochen als unwahrscheinlich, da der Vertrieb stärker an dem Bedarf und der Zahl aktiver Mitglieder ausgerichtet wurde.[677]

Die Berliner Genossen hatten ein derartiges Modell offenbar schon im
Vorhinein praktiziert. Sie wurden nicht unter den säumigen Zahlern geführt,
nahmen aber nur eine relativ geringe Menge von 800–900 Exemplaren ab.[678]
Diese Praxis und ihr Erfolg legen nahe, dass die fehlende Finanzierung nicht
allein ein Abrechnungsproblem war, sondern deutlich mehr *Trommel*-
Exemplare gedruckt wurden, als vertrieben werden konnten, und sich das Defizit durch verbliebene Restexemplare erhöhte.

Die Auflage ging aufgrund des veränderten Verschickungsmodus
reichsweit ab 1928 auf ca. 15.000 Exemplare zurück. Im Oktober des Jahres
wurden lediglich 10.500 Hefte gedruckt.[679] Im Jahr 1931 wurden die Ortsgruppen aufgrund des „sehr schlechten" Verhältnisses von Auslieferung zu Zahlung nur noch mit der Hälfte der Exemplare beliefert. Im März musste neu bestellt werden. Reichsweit wurde nur noch per Nachnahme verschickt.[680] Im
Ergebnis verzichtete mit zwei Dritteln die überwiegende Mehrheit der Gruppen Roter Jungpioniere auf eine Bestellung der Zeitung.[681] Die eigene Kernklientel wurde so nicht vollständig beliefert. Das Mitte der zwanziger Jahre proklamierte Ziel, das drei- bis vierfache der Mitgliederhöhe an Zeitungen zu vertreiben und somit Kinder an den JSB heranzuführen, blieb in weiter Ferne.[682]

Auch die am Ende der 1920er Jahre gelungenen Versuche einer attrakti-
veren Gestaltung mussten, wie ein Genosse in einem Artikel für das *Proletarische Kind* bemerkte, aufgrund der mangelnden Verbreitung ihre Wirkung ver-
fehlen: „Die letzten Nummern der „Trommel" […] zeigen eine lebhaftere Verbindung mit den Kindermassen, die ihren Ausdruck in einer guten und zahlreichen Korrespondenz findet. Doch gerade hier zeigen sich die Mängel des
unregelmäßigen Vertriebes. Es fehlen der „Trommel" die ständigen Leser."[683]

Im Zuge der Umgestaltung des Verbandes um 1930 wurde in einem erneuten Anlauf die Umwandlung der *Trommel* in eine „Kindermassenzeitung"

---

[677] *Bericht des ZK KJVD*, (wie Anm. 672).

[678] Ebd.

[679] *Bericht über die Arbeit des JSB vom Nov. 1928 bis Jan. 1929*, SAPMO-BArch, RY 1,
I4/1/81, Bl. 381.

[680] *Zeitungsvertrieb der Jungen Garde an alle Pioniergruppen*, 17. 2. 1931, SAPMO-
BArch, RY 1, I4/1/82 Bl. 235–237.

[681] *Rundschreiben des ZK KJVD* (1931), ebd., Bl. 253.

[682] *Praktische Richtlinien für den Schulkampf*, o. J. (1925), SAPMO-BArch RY 1, I4/1/81,
Bl. 275.

[683] *Über die Bedeutung der revolutionären Kinderpresse*, DPK, Jg. 8 (1928), S. 320f.

postuliert, die alle bislang nicht in der Kinderbewegung erfassten Arbeiterkinder erreichen sollte.[684] Die angepeilte Auflagenhöhe von 40.000 Stück blieb aufgrund der Erfahrungen im Verhältnis zu der Gesamtzahl der Arbeiterkinder allerdings eher bescheiden und konnte bis 1933 zudem nicht erreicht werden.[685] Die *Trommel* fungierte so entgegen der konzeptionellen Vorstellungen gleichsam als „Vereinsblatt" und fand über die ohnehin kommunistisch orientierte Klientel hinaus kaum Verbreitung. Das Ziel des Einsatzes der Zeitung als „kollektiver Organisator" der „Indifferenten" wurde verfehlt.

1.2 Agitation vor Ort: Die Zellenzeitungen

Eine weitere als elementar betrachtete Publikationsform stellten die Schulzellenzeitungen dar. Als Vorbild dienten einmal mehr die Agitationsmethoden in den Betrieben, welche auf den Kinderverband übertragen und mit einer pädagogischen Konnotation versehen wurden. Die KPD versuchte seit 1923 parallel zu der Umstellung auf Betriebszellen, ihre Mitglieder zu einer flächendeckenden Herausgabe von Zellenzeitungen zu bewegen. Konzeptionell bildeten diese eine Ergänzung zu der Parteipresse. Anhand von Ereignissen aus dem unmittelbaren Umfeld des einzelnen Arbeiters wurden die kommunistische Weltsicht, Klassensolidarität und Methoden des Klassenkampfes in einfacher Sprache ohne Parteiidiome von Autoren, die dem direkten Arbeitsumfeld entstammten, erklärt. Idealtypischerweise sollte für jeden Betrieb mit einer kommunistischen Zelle eine speziell für die dortige Belegschaft konzipierte Zeitung erscheinen. Über diese Publikationen hoffte die kommunistische Parteiführung, die Arbeiter an die kommunistische Tagespresse und deren ebenfalls ideologisch gefärbte Darstellungen politischer Ereignisse heranzuführen.[686]

Auch für die Kindergruppen wurde diese Publikationsform als sinnvoll erachtet. Das pädagogische Ziel bildete, wie auch bei den Kinderkorrespondenzen in der *Trommel,* das Erlernen der Herstellung von Publikationsmaterialien und ihres Vertriebes. Im Jahr 1925 erschien im *Proletarischen Kind* eine Anleitung für die Erstellung von Schulzeitungen, die für jeweils eine Schule von der dort ansässigen Zelle herausgegeben werden sollten. Wichtig seien zunächst ein „handliches Format" und ein „gutes Äußeres". Insbesondere der Kopf sollte ansprechend gestaltet sein, zudem seien Illustrationen hilfreich für eine gelungene Optik. Inhaltlich seien die Zellenzeitungen mit kurzen Berich-

---

[684] *Arbeiterkinder müssen Klassenkämpfer werden* (wie Anm. 446), S. 8.

[685] *Die roten Sportpioniere,* Juli 1932, Exemplar in: StaHH, 361-2 V, 154a, Bd. 3.

[686] Funktion und Aufbau von Zellenzeitungen werden ausführlich dargestellt in: *Die Betriebszeitung, die jüngste Waffe im Klassenkampf,* Berlin o. J. (1926). Eine Übersicht über die Entwicklung bietet Hempel-Küter, *Arbeiterkorrespondentenbewegung,* S. 45–56.

ten und Artikeln über den lokalen Schulalltag zu füllen.[687] Beabsichtigt wurde wie bei den Erwachsenen eine Wechselwirkung zwischen der zentral herausgegebenen *Trommel* und vor Ort erscheinenden Schulzeitungen. Die „allgemeine" ideologische Schulung oblag dem Verbandsorgan. Die Kinder berichteten über Vorfälle an ihrer Schule, um das zentral erstellte Informationsmaterial zu ergänzen und den ideologischen Grundlagen Authentizität und individuellen Bezug zu verleihen. Generelle programmatische Forderungen sollten mit Ereignissen und tagespolitischen Forderungen vor Ort verknüpft und so plastischer werden.[688]

Die ersten in Hamburg nachweisbaren Veröffentlichungen lokal erschienener Publikationen, die zunächst eher den Charakter eines Flugblattes denn einer Zeitung hatten, datierten in das Jahr 1924.[689] Frühere Materialien – zumeist Flugblätter – wurden in der Regel zentral in Berlin gedruckt und reichsweit vertrieben. Die Verteilung hatten Erwachsene übernommen.[690] Im April 1926 erschienen in Barmbek die ersten überlieferten Exemplare Hamburger Schulzellenzeitungen: die ersten Ausgaben der *Kinderzeitung des Jung-Spartakus-Bundes Barmbek. Schulzelle Lenin* und der *Schulzellenzeitung, Organ des Jung-Spartakusbundes, Ortsgruppe Barmbek*. Beide Zeitungen erschienen lediglich im Umfang von einer Seite. Den optischen Ansprüchen der Redaktion des *Proletarischen Kindes* konnten sie noch nicht genügen. Sie waren schlecht hektographiert und hatten ein einfaches Layout, das sich auf Hervorhebungen durch Unterstreichungen und Umrandungen beschränkte. Einen graphisch gestalteten Kopf besaßen beide nicht.[691] Ein weiteres frühes Exemplar aus Hamburg, *Der Schulkampf*, wurde im Jahr 1926 in der *Trommel* dokumentiert. Die ebenfalls nur aus hektographiertem Text bestehende „Schulzellenzeitung der Zelle 21" wies keinerlei Hinweise über den Erscheinungsort auf.[692]

Die Berliner Behörden begannen im Jahr 1929 mit der Sammlung von Schulzeitungen. Das Provinzialschulkollegium meldete im Oktober des Jahres, dass „neuerdings eine kommunistische Propaganda durch Begründung von

---

[687] *Wie soll eine Schulzellenzeitung aufgemacht werden?*, DPK, Jg. 5 (1925), Nr. 2, S. 8–10.

[688] Jackstel, *Kinderzeitungen*, 239ff.

[689] *Flugbatt des JSB Hammerbrook*. Anlage zum Brief des Schulleiters der Volksschule Ausschlägerweg vom 29. 11. 1924, StAHH, 361-2 V, 154e, Bd. 1.

[690] *Protokollauszug vom 19. 4. 1923*, StAHH, 361-2 V, 154e, Bd. 1. Vgl. Christa Hempel-Klüter, *„Den reaktionären Prügelpädagogen in Liebe und Verehrung." Kommunistische Kinder und Schulzellenzeitungen in Hamburg während der Weimarer Republik*, in: Lorent/Ullrich, *Traum*, S. 88; 94.

[691] *Kinderzeitung des Jung-Spartakus-Bundes Barmbek. Schulzelle Lenin; Schulzellenzeitung, Organ des Jung-Spartakusbundes, Ortsgruppe Barmbek*, StAHH, 361-2 V, 154e, Bd. 1.

[692] *Der Schulkampf*, gedr. in: Die Trommel, Jg. 6 (1926), Nr. 10, S. 4.

Zellen und Herausgabe einer Schülerzeitung betrieben wird."[693] Dass die Schulzeitungen in diesem Jahr „neuerdings" erschienen, ist allerdings unwahrscheinlich. Vermutlich wurde ähnlich vereinzelt wie in Hamburg ebenfalls um 1925 mit der Publikation von Zellenzeitungen begonnen.

Das erste überlieferte Exemplar, das den Anlass zu der Feststellung dieser „neuen" Propaganda gab, war die im September 1929 erschienene zweite Ausgabe von *Der Schulspion* der 67. Gemeindeschule Elisabethkirchstraße. Er war wie auch die erste nicht datierte Ausgabe vierseitig und mit einem gezeichneten Kopf versehen.[694] Die grafische Qualität der Schulzeitungen nahm so zum Ende der Weimarer Republik deutlich zu. Die überlieferten Exemplare waren oftmals vier- bis sechsseitig und hatten die gewünschten graphischen Elemente wie den gestalteten Zeitungskopf und kleinere Zeichnungen.[695]

Der Grad der regionalen Abdeckung der erschienenen Blätter war sehr unterschiedlich und weit von dem angestrebten Bezug auf nur eine Schule entfernt. Relativ erfolgreich konnte einzig die Berliner Schule Danziger Straße *Der Schulkamerad* publizieren, von dem die monatlich erschienenen ersten vier Ausgaben des Jahres 1929 und ein weiteres Exemplar aus dem Jahr 1931 überliefert sind. Die Zeitung erschien gedruckt mit einem graphisch gestalteten Kopf und Zeichnungen. Sie gehört mit sechs Seiten zu den umfangreichsten überlieferten Exemplaren und ist zudem die einzige, die in mehreren Jahren nachgewiesen werden kann.[696]

Die Regel stellten Stadtteilzeitungen oder Zeitungen mit einem nicht näher definierten Verbreitungsraum dar, der aber mehrere Schulen umfasste und vermutlich den jeweiligen Ortsgruppenbereich abbildete. *Der Spandauer Junge*, erschienen 1929 in Berlin, deckte mit der 5., 7. und 21. Volkschule einen größeren Teil des Stadtteils Spandau ab.[697] Die oben genannten Ausgaben der Hamburg-Barmbeker Schulzellen oder die *Sturmtrommel*, die 1932 sowohl für Ottensen als auch für Altona erschien, wurden ebenfalls für die gesamten Stadtteile publiziert.[698]

Den Versuch einer Mischform unternahmen 1929 die Hamburger Zellen Poolstraße und Bäckerbreitengang mit denen der Schule Stresowstraße. Bei diesem offensichtlich extern koordinierten Projekt wurde der *Rote Stürmer*, ei-

---

[693] *Schreiben des PSK an das MWKV vom 25. 10. 1929*, LHA, Rep. 34/969, Bl. 95.

[694] *Der Schulspion*, Nr. 1, o. D. und Nr. 2, Sept. 1929, ebd., Bl. 69–76.

[695] Vgl. z. B. *Der Schulkamerad, Schulzeitung des Jungspartakusbundes Schulzelle Danziger Str.*, Nr. 3, September 1929, LAB, A Pr.Br. Rep. 030/21603, Bl. 155–158, oder die vorgenannten Exemplare des *Schulspions*.

[696] *Der Schulkamerad. Schulzeitung des JSB, Schulzelle Danziger Straße*, Nr. 1–4 (1929), LAB, A Pr.Br. Rep. 030/21603, Bl. 141f; Nr. 1 (1931), LHA, Rep. 34/3795, Bl. 82f.

[697] *Der Spandauer Junge*, Nr. 1, Sept. 1929, LHA, Rep. 34/969, Bl. 63–66.

[698] Vgl. die Rezension der *Sturmtrommel* in: Der Schulzeitungsredakteur, Nr. 2, Dezember 1932, SAPMO-BArch RY 1, I4/1/82, Bl. 353–363.

ne einheitlich und hochwertig layoutete Zeitung, mit einem identischen Leitartikel und einem mehrere Seiten umfassenden „allgemeinen" Teil herausgegeben. Ergänzt wurde dieser durch einen speziellen Teil mit Arbeiterkinderkorrespondenzen. Diese behandelten die Erlebnisse von Schülern mit reaktionären Lehrern in der jeweiligen Schule, an der die Zeitung verteilt wurde.[699]

Ein ähnliches Projekt wie in Hamburg-Innenstadt verwirklichten die Jungpioniere 1931 in Berlin Nord-Ost. *Der Rote Schulkamerad, die Sonnenblume* und *Unsere Zeitung* veröffentlichten einen identischen Leitartikel und ergänzten die weiteren Seiten mit eigenen Berichten.[700]

Das Berlin-Brandenburger Provinzialschulkollegium vermutete zudem, dass „die Werbearbeit von einer Zentralstelle aus" gesteuert werde.[701] Dieser Ort war das Kinderbüro des JSB Berlin in der Alexanderstraße, das sowohl für *Der Spandauer Junge* als auch für *Der Schulspion* als Adressat für Kinderzuschriften genannt wurde. Das gleichzeitige Erscheinen beider Zeitungen im September 1929 deutet darauf hin, dass das Kinderbüro die Veröffentlichung von Schulzeitungen vorantreiben wollte und nicht lediglich eine Deckadresse stellte, um die verantwortlichen Gruppen zu schützen.

Die Veröffentlichung von *Krause Blätter* in Hamburg im November 1932 erfolgte ebenfalls von der Bezirkszentrale aus. Die „Schulzeitung" erschien für ganz Hamburg.[702] Dies lief freilich den Intentionen zuwider, mit denen die Schulzeitungen ins Leben gerufen wurden und dokumentiert die eher propagandistische als didaktische Intention der Leitungen. Außerdem weist diese Erscheinungsweise auf das anhaltende Organisationsproblem der Kindergruppen hin. Um eine derartige Propaganda entfalten zu können, bestand die Notwendigkeit einer sehr hohen Informationsdichte im Bereich der Basis. Faktisch konnte dies nur an Schulen funktionieren, in denen eine kommunistische Kindergruppe existierte. In anderen Bereichen mussten zentral erstellte und damit notwendig allgemein gehaltene Materialien vertrieben werden.

Ein weiteres Problem bestand in der kurzen Lebensdauer, die den Zeitungen beschieden war. Nur wenige der belegten Exemplare kamen über Ausgabe Nummer zwei hinaus. Mit der Ausnahme von *Der Schulkamerad* kann keine Schulzeitung über einen Zeitraum von mehr als einem Jahr nachgewiesen werden. 1931 konstatierte die Verbandsleitung, der „grösste Mangel" der

---

[699] *Der rote Stürmer.* Mitteilungsblatt der Schüler und Schülerinnen der Volksschulen Poolstr. und Bäckerbreitengang, Nr. 4, Dez. 1929, SAPMO-BArch, RY 1, I4/1/77, Bl. 146–148, und: *Der rote Stürmer*, Schulzeitung der Arbeiterkinder der Schule Stresowstraße, Nr. 2, o. D. (1929), ebd., Bl. 149f.

[700] Rezensionen in: *Immer bereit*, Nr. 2, Juni 1931, S. 10, SAPMO-BArch, RY 1, I/4/81, Bl. 55–62.

[701] *PSK an MWKV* (wie Anm. 693).

[702] *Krause Blätter*, Nr. 1, November 1932, StAHH, 361-2 VI, 789.

politischen Agitationsarbeit bestehe darin, „dass regelmässig ausser in Berlin in einer Schule nirgends Schulzeitungen erscheinen."[703]

Die unregelmäßige Erscheinungsweise war dem Fehlen von geeigneten Kräften sowohl im Bereich der Leitungen als auch unter den Kindern selbst geschuldet. Schulzeitungen erschienen vereinzelt, wenn es eine funktionsfähige Gruppe gab, die dies leisten konnte, oder, wie die Schulzeitung der 8. Gemeindeschule Gipsstraße *Auf der Wacht* in ihrem Kopf angab, „nach Bedarf".[704] Dieser Bedarf konnte in Einzelfällen durch aktuelle Ereignisse an einer Schule entstehen. In der Regel aber erschienen Schulzeitungen verstärkt um Anlässe wie dem 1. Mai, der Internationalen Kinderwoche oder dem Verfassungstag sowie zu Streikaktionen. Bei solchen Ereignissen war der politische Wille der Leitungen des JSB und des KJVD wie auch der Parteiführung selbst größer, propagandistische Erfolge zu erzielen. Es wurden also verstärkte Anstrengungen unternommen, Schulzeitungen herzustellen.[705]

Die Verteilung der Exemplare wurde dann eher vor als in der Schule vorgenommen. Zum einen konnten dort die Mittel der Schulzucht nicht angewandt werden. Zum anderen wurden die Zeitungen nicht immer von Schülern ausgegeben, sondern häufig von jugendlichen oder erwachsenen KJVD- oder KPD-Mitgliedern verteilt.[706] Auch dies ist ein Indiz für die schwache Verankerung der Zellen innerhalb der Schulen. Beispiele für eine aggressive Verteilung in der Schule wie im Jahr 1927 am Holstenwall in Hamburg, bei der die Schülerinnen in die Klassen „stürmten […], um an allen Plätzen Flugblätter zu verteilen", blieben eher die Ausnahme.[707] In der Regel wurde versucht, die Verteilung geheim zu halten, um eine Konfiskation der Zeitungen zu vermeiden. Auf den Zeitungen selbst fanden sich zudem Hinweise wie: „Laßt nur die Zeitung nicht den Lehrer klauen!"[708]

Inhaltlich wurden nach Möglichkeit die kommunistischen tagespolitischen Forderungen in die Zeitungen integriert. Die Agitation gegen die „Rußlandhetze" und die angeblichen Kriegsvorbereitungen gegen die UdSSR, die insbesondere zum Ende der 1920er Jahre häufig genutzte Topoi der kommunistischen Propaganda bildeten, wurde auch in den Schulzeitungen aufgegrif-

---

[703] *Informatorischer Bericht* (wie Anm. 541).

[704] *Auf der Wacht*, Nr. 1, o. D. (1929?), GStA, Rep. 77, tit4043, Nr. 240, Bl. 15–17.

[705] Vgl. zum 1. Mai ebd. Zur IKW vgl. *Die Pauke*, April 1932, StAHH, 361-2 VI, 789. Zur Streikagitation vgl. u. Kap. III.2.1.

[706] Vgl. z. B. den *Bericht des Direktors der Schule Schöningstraße 17*, o. D. (Feb. 1931), LHA, Rep. 34/3795, Bl. 28 oder den *Bericht des Direktors der Schule Pallasstraße vom 10. 1. 31*, ebd., Bl. 24. Gleiches gilt für Hamburg: Vgl. den *Bericht des Direktors der Schule Sachsenstraße vom 21. 11. 1932*, StAHH, 361-2 VI, 789.

[707] *Bericht des Lehrkörpers der Schule Holstenwall 16, 24. 10. 27*, StAHH, 361-2 V, 154e, Bd. 2.

[708] *Der Schulspiegel, Nov. 1932*, StAHH, 361-2 VI, 789; *Krause Blätter* (wie Anm. 702).

fen.[709] *Die Rote Schulwacht* forderte die Berliner Schüler zum Beispiel auf: „Schütz Euer Vaterland, die soz. Sowjetunion!"[710] *Der Rote Hirtenschüler* versuchte, anhand von Zeppelinen die Verbindung von technischem Fortschritt mit kapitalistischen Rüstungsinteressen zu verdeutlichen: „Heute winken wir ihnen [den Zeppelinen – Anm. d. Verf.] zu und wenn es Krieg gibt dann fährt der Zeppelin über das rote Russland und wirft Bomben auf die russischen Arbeiter und Bauern."[711]

Mit dem Slogan „Schulspeisung statt Panzerkreuzerbau" konnte im schulischen Bereich recht erfolgreich gegen das stark umstrittene Rüstungsprojekt der deutschen Marine geworben werden, aufgrund dessen ab 1928 mit einem Gesamtvolumen von über einer halben Milliarde Reichsmark vier Kriegsschiffe gebaut werden sollten. Die erste Rate des „Panzerkreuzers A" in einer Höhe von 9,3 Millionen RM wurde unter anderem durch die Streichung von 5 Millionen RM im Bereich der Schulspeisungen finanziert. Insbesondere als die SPD nach dem Regierungswechsel von 1929 durch die Zustimmung ihrer Minister zu der ersten Rate zur Aufgabe der Gegenposition gezwungen wurde, konnte die KPD durch die Initiierung eines Volksentscheides das weiterhin strittige Thema breit besetzen.[712]

Gemeinhin aber blieb die überregionale Themenauswahl stark auf den schulischen Bereich beschränkt und wurde damit einer gewissen Statik unterworfen, da die schulpolitische Positionierung der KPD sich während der Weimarer Jahre im Prinzip nicht änderte. Im Kern blieben also die Abschaffung der Prügelstrafe und in der Wirtschaftskrise die Verbesserung der Versorgungssituation der Kinder in den Schulen als allgemeinpolitische Forderungen genauso bestehen wie auch das Fernziel der Schaffung eines Sowjetstaats mit seinem als vorbildlich erachteten Bildungssystem.[713]

Das inhaltliche Hauptelement bildeten konzeptionsgemäß ohnehin die „Erlebnisberichte" der Schüler. Diese befassten sich zumeist mit tatsächlichen oder angeblichen Missständen an den Schulen, insbesondere mit prügelnden oder anderweitig aggressiven Lehrern. Die „Schulzelle Oberaltenallee" berichtete in der Kinderzeitung des JSB Barmbek unter der Überschrift „Der Wutan-

---

[709] Der Topos des Schutzes der Sowjetunion war seit dem Ende des Kaiserreiches ein fester Bestandteil der Propaganda deutscher Kommunisten. Die Kampagnen der Komintern gegen die angeblichen Kriegsvorbereitungen der imperialistischen Länder wurden insbesondere in Deutschland stark unterstützt. Vgl. Bernd Hoppe, *In Stalins Gefolgschaft. Moskau und die KPD 1928–1933*, München 2007, S. 127ff.

[710] *Die Rote Schulwacht*, LAB, A Pr.Br. Rep. 030/21603, Bl. 298.

[711] *Der Rote Hirtenschüler*, Nr. 1, September 1929, ebd., Bl. 244. Interpunkt. i. Orig.

[712] Otmar Jung, *Direkte Demokratie in der Weimarer Republik. Die Fälle „Aufwertung", „Fürstenenteignung", „Panzerkreuzerverbot" und „Young Plan"*, Frankfurt 1989, S. 67–102. Die weiteren Volksentscheide eigneten sich nicht für den Schulkontext.

[713] Vgl. oben Kap. I.3.3.

fall des Lehrers Gerhardt": „Unsere Klasse hatte Naturlehre, Lehrer G. kam herein, er berichtete das eine Bleistiftanspitzmaschine gestohlen sei und liess folgende Worte fallen: Wenn ich diesen Lump zufassen kriege, den haue ich solange bis er liegen bliebt und sich nicht mehr regt. Solche Saubande, Gaunerbande, Verbrecherbande, Bestie, Banditen und viele anderer solcher hübschen Wörter. Arbeiterkinder, dadurch erzieht Euch Lehrer Gerhardt bestimmt nicht zu anständigen Menschen und der Apparat kommt dadurch auch nicht wieder. Der Schulleiter wird bestimmt nichts dagegen unternehmen, da er vom selben Schlage ist. Deshalb müsst ihr Arbeiterkinder, gemeinsam mit dem Jung Spartakus Bund gegen solche Mißstände kämpfen. Seid bereit!!"[714]

Die Aufforderung am Ende des Berichtes, sich dem JSB anzuschließen, war ein typisches Element und bildete die eigentliche Kernmitteilung. Der ungelenke Stil und der fehlerhafte Satzbau deuten bei diesem Bericht auf einen jungen Verfasser hin. Bei anderen Zeitungen wie dem Berliner *Schulspion* oder der aus Hamburg stammenden Schulzeitung *Die Pauke* deuten die Berichte eher auf einen älteren Autor oder zumindest eine starke Unterstützung der Kinder von Seiten der Leiter bei der Formulierung der Texte hin. Unter dem Titel „Krieg!!" erschien in der *Pauke* ein allgemeinpolitischer Bericht über den japanischen Einmarsch in die Mandschurei, in dem es unter anderem hieß: „Das ist der Krieg den die Japaner unternommen haben, um die Mandschurei für sich ausbeuten zu können. Sie wollen dass die Mandschurei ihnen gehört, denn die Mandschurei ist reich an Bodenschätzen, sie wollen, dass der chinesische Arbeiter für die Japaner arbeitet und selber nur einen geringen Teil der hergestellten Waren erhält.[715]

Der Artikel ist ungeachtet der fehlerhaften Interpunktion deutlich durchdachter formuliert als das vorherige Beispiel. Darüber hinaus verlangte das Thema weitergehende politische Kenntnisse. Im Verlauf des Artikels wird auf die durch die Grenzlage drohende Gefahr für die UdSSR hingewiesen, die die Kapitalisten „von der Erde vertilgt" sehen wollten. Es herrschte in dem Artikel also auch Sicherheit in der ideologischen Deutung der politischen Ereignisse. Dies kann unter Umständen auch von einem älteren Schüler geleistet werden, eine Urheberschaft durch die Kindergruppenleitung erscheint aber als wahrscheinlich. Da die Werbung neuer Mitglieder mittels der Zeitungen zunehmend Vorrang vor dem didaktischen Erfolg für die Kinder bei der Erstellung des Materials hatte, stellten die Leitungen, wenn sich keine geeignete Kindergruppe fand, die redaktionellen Beiträge vermutlich in Teilen oder komplett selber her. Bei einigen Artikeln in den Kinderecken der Tageszeitungen gelang den Behörden der Nachweis von gefälschten Kinderkorrespondenzen, der ei-

---

[714] *Kinderzeitung des JSB Barmbek*, (wie Anm. 691). Orthographie u. Interpunktion i. Orig.

[715] *Die Pauke* (wie Anm. 705). Interp. i. Orig.

ne juristische Verfolgung der verantwortlichen Redakteure ermöglichte.[716] In der Praxis sind also „Kinderberichte" nicht immer auch von Kindern verfasst worden. Da in den Schulzeitungen die namentliche Nennung von Redakteuren ausnahmslos fehlte, konnten dort aber keinerlei Überprüfungen und eventuelle strafrechtliche Maßnahmen vorgenommen werden.

Die Inhalte dieser Kinderkorrespondenzen waren allerdings nicht immer so weit hergeholt oder gar erfunden, wie es die betroffenen Lehrer oftmals behaupteten und es die Praxis der JSB-Führung vermuten lässt. Die Darstellungen in *Der Rote Hirtenschüler* über die skandalösen Zustände in der Berliner 9. Volksschule Hirtenstraße veranlassten das Provinzialschulkollegium im September 1929 zu einer Untersuchung der aufgeführtem Beanstandungen, zu denen unter anderem die unhygienischen Toilettenanlagen, die restriktive Herausgabe freier Lernmittel und der völlig unzureichende Umfang der Schulspeisung gehörten.[717] Die Schulaufsichtsrätin König befand nach einer Ortsbesichtigung die Beschwerden für „zum Teil berechtigt". Die Toiletten seien tatsächlich derart verschmutzt, dass eine neue Anlage installiert werden müsse. Zudem seien die Lehrer mit der Herausgabe von Lernmitteln „sehr zurückhaltend", und auch über die lediglich aus Milchbrötchen bestehende Schulspeisung mit 72 Freiportionen sei zu Recht Beschwerde geführt worden.[718] Auch der preußische Innenminister äußerte in einem Vermerk, dass die Berichte in den Schulzeitungen „eine zwar unerhörte Übertreibung und bösartige tendenziöse Entstellung tatsächlich vielfach zutreffender Vorgänge" beinhalte.[719] Damit stellte er sich mitnichten auf die Seite der Schulzeitungsredakteure, räumte aber einen wahren Kern in der Berichterstattung ein.

Ein Beispiel für die persönliche Dimension der Auseinandersetzung bietet die Reaktion des Lehrers Münchenberg auf die Schulzeitung *Der Schulkamerad* an der weltlichen Schule Danziger Straße. Eine Zelle aus der zweiten Klasse, der er als Klassenlehrer vorstand, beschuldigte ihn in einem Artikel, das Pioniertuch als „Rotzlappen" bezeichnet und zur Abnahme aufgefordert zu haben. Münchenberg strich in der Artikelüberschrift „Eine richtige Antwort" das Wort „Antwort" mit Rotstift durch und ersetzte es durch „Lüge!".[720] Der sofort in Kenntnis gesetzte Schulleiter Michaelis informierte die Berliner Polizei, dass „der Schulfrieden und der Schulbetrieb [...] durch das verleumderische politische Hetzblatt ernstlich bedroht" würden.[721]

[716] Vgl. u. und das folgende Kapitel zur Strafverfolgung von Redakteuren.

[717] *Der Rote Hirtenschüler*, LHA, Rep. 34/969, Bl. 92f.

[718] *Bericht des Oberschulrates Günther an das MWKV vom 26. 10. 1929*, ebd., Bl. 95f.

[719] *Vermerk des Preußischen Innenministers vom 7. 7. 1930*, GStA, Rep. 77, tit4043, Nr. 240, Bl. 184f.

[720] *Der Schulkamerad* (wie Anm. 696), Bl. 143.

[721] Schreiben des *Rektors Michaelis an das Polizeipräsidium Berlin vom 10. 10. 29*, LHA, Rep. 34/3795, Bl. 168.

Auch in Hamburg stellte der Direktor einer Schule, in der Flugschriften verteilt wurden, fest: „Trotz richtiger Einschätzung des Wertes dieses Machwerkes ist bei weiterer Verbreitung solcher Zettel mit einer Stoerung unserer amtlichen Tätigkeit zu rechnen."[722]

Also bemühten sich die zuständigen Behörden, die Verbreitung des Propagandamaterials zu unterbinden. „Diese Schulzellenzeitungen", so führte der Reichsinnenminister 1925 in einem Lagebericht zur Begründung auf, „führen den Kampf gegen die Lehrer in der schroffsten und persönlichsten Art und sind dazu angetan, die Autorität der Schule auf das tiefste zu erschüttern."[723]

Allerdings konstatierten die Reichsbehörden das Fehlen einer einschlägigen gesetzlichen Grundlage für das Eingreifen außerhalb des Schulwesens. Hier könne nur eine neue „gesetzliche Massnahme" Abhilfe schaffen. Der Reichskommissar zur Erhaltung der öffentlichen Ordnung schlug als Möglichkeit beispielhaft die Einführung eines „Jugendschutzparagraphen in das im Entwurf vorliegende neue Vereinsgesetz" vor.[724] So hätten zumindest die Verteiler von Propagandamaterial und die mit Aktionen an Schulen im Zusammenhang stehenden Personen effektiver belangt werden können. Eine solche Initiative wurde allerdings nicht verwirklicht.

Mit der bestehenden Rechtslage konnte eine Unterbindung nur ausgesprochen schwierig und mit Behelfsparagraphen vollzogen werden. Das erste Problem bestand in der Organisation einer Strafverfolgung von Aktivitäten, bei denen immer auch Kinder involviert waren, die noch nicht das vierzehnte Lebensjahr vollendet hatten und damit strafrechtlich nicht belangt werden konnten.[725] Es bestand also die Notwendigkeit, Jugendgruppenleiter, Erwachsene oder jugendliche Verteiler von Flugblättern oder presserechtlich Verantwortliche zu belangen. Auch dies gelang allerdings nur, wenn strafrechtlich relevante Inhalte vorlagen. Das Provinzialschulkollegium bemühte sich in der Hochphase der kommunistischen Agitation am Ende der 1920er Jahre mittels der Polizei-Straßenordnung Berlins in der Reichshauptstadt um eine Einschränkung der Verteilung in Schulnähe. Der § 67 untersagte die Verteilung von Flugblättern überall dort, wo Straßenhandel untersagt war. Dieser wiederum war nach § 69 Abs. 2c vor „öffentlichen Schulen jeder Art innerhalb einer Entfernung von 100 Metern von den Schuleingängen gerechnet" verboten. Zuwiderhandlung konnte mit einer Bußgeldzahlung von 50 RM oder zwei

---

[722] *Schreiben des Direktors der Schule Ahrensburger Straße an die OSB vom 5. 3. 1926*, StAHH, 361-2 V, 154e, Bd. 1.

[723] *Lagebericht Nr. 110 des RMI vom 16. 3. 1925*, BArch, R 1507/2026, Bl. 39.

[724] *Kurze zusammenfassende Darstellung über die kommunistische Propaganda unter Kindern*, o. D. (3/1925), BArch, R 1507/1055 b, Bl. 174–183.

[725] Vgl. den § 2 des *Jugendgerichtsgesetzes vom 16. 2. 1923*.

Wochen Haft geahndet werden.[726] Das PSK wies im Dezember 1929 die Schulleitungen in einer Rundverfügung „aufgrund mehrerer Vorfälle" auf die Gesetzeslage und deren mögliche Nutzung hin. In einem Schreiben an das Polizeipräsidium wurde zudem darum gebeten, „Ausnahmen nicht zu gestatten."[727]

Die Polizei stufte die Lage allerdings als weniger ernst ein als die Schulbehörden. Die mit der Überwachung der Parteitätigkeit befasste Politische Abteilung[728] der Berliner Polizei lies sich mit der bereits im Oktober 1929 vom Provinzialschulkollegium angeregten Prüfung, welche Maßnahmen gegen die Verteilung von Flugblättern getroffen werden konnten, bis in den Januar 1930 Zeit und reagierte erst auf eine erneute Nachfrage. Dann hieß es lapidar, dass die „Erlaubnis zum Verteilen von Zetteln usw. grundsätzlich versagt wird, wenn ein Verunreinigen der Straße zu erwarten ist; eine Voraussetzung, die in der Regel für das Verteilen gewöhnlicher Reklamezettel zutreffen wird." Weiterhin bemerkte der zuständige Beamte süffisant, dass die Polizei angewiesen sei, „gegen Verstöße unnachsichtlich einzuschreiten."[729] In der seit dem Berliner „Blutmai" des Jahres 1929 aufgeheizten Atmosphäre mit teilweise bürgerkriegsähnlichen Zuständen erschien den Polizisten das Problem der Flugblattverteilung an Schulen offensichtlich als von eher untergeordneter Art.[730] Entsprechend informierte das Dezernat das Provinzialschulkollegium abschließend und ohne Begründung: „Weitere Maßnahmen, insbesondere ein vollständiges Verbot des Verteilens vor öffentlichen Schulen, kommen derzeit nicht in Frage."[731]

---

[726] *Polizeiverordnung über die Regelung des Verkehrs und die Aufrechterhaltung der Ordnung in den Strassen Berlins vom 15. 1. 1929.*

[727] *Rundverfügung des PSK vom 17. 12. 1929,* LHA, Rep. 34/969, Bl. 129f.

[728] Hinter der mit dem Kürzel Ia versehenen Abteilung der Berliner Polizei verbarg sich die ehemalige politische Abteilung V der kaiserzeitlichen Polizei. Ihre Aufgabe bestand in der Überwachung von staatsfeindlichen Organisationen und Personen. Vgl. Christoph Graf, *Politische Polizei zwischen Demokratie und Diktatur,* Berlin (West) 1983.

[729] *Schreiben des PSK an den Polizeipräsidenten vom 7. 10. 1929 und Antwort vom 8. 1. 1930,* LAB, A Pr.Br. Rep. 030/21603, Bl. 279–282.

[730] Nachdem sich am 1. Mai 1929 trotz Demonstrationsverbotes an mehreren Orten in Berlin kommunistische Arbeiter zur Feier des Tages der Arbeit versammelten, schritt die Polizei mit Waffengewalt ein. Bei den mehrere Tage andauernden Kämpfen gab es 33 Tote und 245 Verletzte. Vgl. Thomas Kurz, *„Blutmai". Sozialdemokraten und Kommunisten im Brennpunkt der Berliner Ereignisse von 1929,* Berlin/Bonn 1988. Vgl. zu der Lage der Berliner Schutzpolizei in der Endphase der Weimarer Republik auch Peter Leßmann, *Die preußische Schutzpolizei in der Weimarer Republik. Streifendienst und Straßenkampf,* Düsseldorf 1989, S. 262–330.

[731] *Schreiben vom 8. 1. 1930 (wie Anm. 729).*

Die vom PSK angedachte „Bannmeilen"-Lösung enthüllte sich zudem als nicht tragfähig. Das Problem bestand darin, dass die Flugblätter eben keine Reklamezettel waren, sondern im weiteren Sinne politische Information. Insbesondere in der zeitlichen Nähe zu Wahlen blieb die Verteilung zulässig. Da die Flugschriften, die den Anlass für die Rundverfügung gegeben hatten, in Zusammenhang mit dem am 22. Dezember 1929 angesetzten Volksentscheid gegen den Young-Plan standen,[732] konnte nicht eingeschritten werden. Das Provinzialschulkollegium musste die Schulen in Kenntnis setzen und einräumen, dass es außerhalb der Schule keine Möglichkeit gebe, das Verteilen zu verbieten.[733]

Ähnlich problematisch gestaltete es sich, die Urheber der Flugschriften und Schulzeitungen zu belangen. Die Inhalte eines großen Teils der Flugblätter erwiesen sich nach der Auffassung des preußischen Innenministeriums für eine strafrechtliche Verfolgung als nicht geeignet, da die Berichterstattung trotz aller Übertreibungen „sich aber von Beleidigungen fernhält." Entstellungen allein reichten für eine gerichtliche Verfolgung nicht aus. Einer Probeklage wegen „Groben Unfugs" nach § 360 des Reichstrafgesetzbuches (RStGB) scheint kein Erfolg beschieden gewesen zu sein.[734]

Neben dem Tatbestand der „Beleidigung" (§§ 186 u. 187 RStGB) kamen die Vergehen „Volksverhetzung" (§ 110 RStGB) und „Aufforderung zum Ungehorsam" gegen Gesetze (§ 111 RStGB) als Anklagegrund in Betracht. Allerdings lernten die Kommunisten auch hier schnell, derartige Verfahren zu vermeiden. Bei der ersten landesweiten konzertierten Flugblattverteilung im Jahr 1922 musste sich Erich Wiesener wegen der verhetzenden Inhalte als verantwortlich im Sinne des Presserechtes gerichtlich verantworten. Zudem wurden mehrere für die Verteilung vor Ort verantwortliche Personen belangt.[735] In der Folgezeit allerdings wurden durch ihre parlamentarische Immunität geschützte Reichstagsabgeordnete oder Abgeordnete des regionalen Landtages als V. i. S. d. P. angegeben. In Berlin war dies in der Regel der preußische

---

[732] Der zu dem Zeitpunkt verhandelte Young-Plan sollte die Deutschland nach dem Ersten Weltkrieg auferlegten Reparationszahlungen neu regeln. Das Volksbegehren und der Volksentscheid wurden von DNVP, Stahlhelm, Reichslandbund und NSDAP initiiert. Ziel war eine Rücknahme wesentlicher Artikel des Versailler Vertrages und die Beendigung der Reparationszahlungen. Vgl. Jung, *Direkte Demokratie*, S. 109–138. Zur Genese des Young-Planes vgl. Philipp Heyde, *Das Ende der Reparationen. Deutschland, Frankreich und der Young-Plan 1929–1932*, Paderborn 1998.

[733] *Anlage des Runderlasses vom 16. 12. 1929 / 8. 1. 1930*, LHA Rep. 34/969, Bl. 133–137.

[734] *Vermerk des preußischen Innenministers* (wie Anm. 719).

[735] *Rundschreiben Nr. 2 an alle Bezirksleitungen vom 12. 4. 1923*, SAPMO-BArch, RY 1, I4/1/80, Bl. 190.

Landtagsabgeordnete Arthur Golke[736]. In Hamburg wurde der Bürgerschafts-
abgeordnete Hermann Höfer eingesetzt. Auch Konrad Blenkle[737], Reichstagsabgeordneter und Vorsitzender des KJVD, wurde ab 1925 reichsweit häufig als
V. i. S. d. P. benannt. Die Redaktionsmitglieder blieben ohnehin anonym.[738]

Der Versuch des Generalstaatsanwaltes im Jahr 1929, die Preußischen
Abgeordneten Golke und Rau wegen der Inhalte mehrerer Flugblätter zu belangen, scheiterte an der Weigerung des Parlamentes, deren Immunität aufzuheben.[739] Und auch der Reichstag zeigte sich zwischen 1928 und 1930 mehrfach nicht gewillt, eine strafrechtliche Verfolgung von Blenkle zuzulassen.[740]
Dieser wurde allerdings nach dem Ausscheiden aus dem Reichstag am Ende
des Jahres 1930 gerichtlich für die zwischen 1928 und 1930 unter seinem
Namen herausgegebenen Flugblätter belangt. Der wegen diverser (Propa-
ganda-)Delikte bereits sechsfach Vorbestrafte musste sich vor allem wegen der
KJVD-Flugblätter zum „Blutmai" verantworten. Das Strafmaß wurde auf ein
Jahr und sechs Monate Festungshaft wegen Vorbereitung zum Hochverrat in
Tateinheit mit je einem Vergehen gegen § 4 Ziffer 1 und § 11 des Gesetzes zum
Schutz der Republik[741] und des § 110 RStGB festgelegt. Das Gericht sah es als
erwiesen an, dass der „Angeklagte mit dem einheitlichen Vorsatz gehandelt
[hat], fortlaufend durch Beeinflussung der Massen im Sinne der kommunistischen Gedankengänge und Ziele zur Vorbereitung eines bewaffneten Umsturzes der bestehenden Verfassung beizutragen." Der Angeklagte sei als „Über-

[736] Arthur Golke (* 14. 10. 1886, † 9. 8. 1938), gelernter Dreher, seit 1919 Mitglied der
KPD, seit 1925 Angeordneter des preußischen Landtags, 1933 Flucht in die Sowjetunion, 1937 Hinrichtung wegen angeblicher Spionagetätigkeit.

[737] Konrad Blenkle (* 28. 12. 1901, † 20. 1. 1943), gelernter Bäcker, seit 1921 Mitglied
der KPD, in diversen Funktionen in dem KJVD und der KPD aktiv, 1928–1930
Reichstagsabgeordneter, 1933 illegale Tätigkeit im Deutschen Reich, 1934 Flucht
ins Ausland, weiterhin Tätigkeit für die kommunistische Partei, 1941 Verhaftung
in Kopenhagen, 1943 Hinrichtung in Berlin-Plötzensee.

[738] Vgl. die oben genannten Zellenzeitungen.

[739] *Schreiben des* Generalstaatsanwaltes *des Landgerichts I an das Polizeipräsidium, Abt.
Ia, vom 9. 9. 1929; Abteilung Ia an Generalstaatsanwalt des Landgerichtes I vom 5. 9.
1929,* LAB, A Pr.Br. Rep. 030/21603, Bl. 135; 184.

[740] In dem Zeitraum wurden zwölf „Anträge auf Genehmigung der Einleitung oder
Fortsetzung der Strafverfolgung oder des Strafvollzugs" gegen Konrad Blenkle
gestellt. Keinem wurde stattgegeben. Vgl. die Übersicht der Aussetzungsanträge
in: http://www.reichstagsprotokolle.de/Sach_bsb00000113_000003 (Zugriff 28. 9.
2010).

[741] Das sogenannte „Republikschutzgesetz" wurde 1922 in der Folge des Mordes an
Walther Rathenau mit dem Ziel erlassen, radikale Parteien und Vereinigungen
verbieten zu können. 1930 erfolgte eine Novellierung. Vgl. Gotthard Jasper, *Der
Schutz der Republik. Studien zur staatlichen Sicherung der Demokratie in der Weimarer
Republik 1922–1930*, Tübingen 1963, S. 56–92.

zeugungstäter" anzusehen. Das Beweismaterial bestand aus einer Reihe von Flugblättern und namentlich gekennzeichneten Beiträgen in der *Jungen Garde*.[742]

Insgesamt stellt diese nachträgliche Verurteilung allerdings eine Ausnahme dar. In der Regel konnten die presserechtlich Verantwortlichen nicht belangt werden. Teilweise verzichteten die Herausgeber schlicht auf Angabe eines V. i. S. d. P., gaben falsche Namen oder nicht ermittelbare Kollektive an.[743] Den Druckern konnten Kenntnisse des Inhaltes der Flugblätter nicht nachgewiesen werden, und die Verteiler waren oftmals nicht zu ermitteln oder zu belangen. In einem Fall versuchte die Staatsanwaltschaft, den Verteiler wegen „Gefährdung des öffentlichen Friedens" nach § 130 RStGB und § 8 des Republikschutzgesetzes haftbar zu machen. Das Gericht musste die Anklage allerdings fallenlassen, da der Beklagte geistig nicht in der Lage gewesen sei, vor der Aktion den Straftatbestand zu erkennen.[744]

Die Darstellung der aktenkundigen Maßnahmen verdeutlicht, dass eine systematische strafrechtliche Verfolgung gegen die Verteiler und Verfasser von Agitationsschriften so gut wie nicht stattfand. Dies mag zum einen daran gelegen haben, dass für die Polizeibehörden die Agitation unter Schulkindern trotz der Bedrohungsanalyse eher ein Nebenkriegsschauplatz war. Zum anderen erwies sich eine strafrechtliche Verfolgung solcher minderschweren Vergehen als ausgesprochen schwierig, da die Verantwortlichen sich entzogen und gerichtsfeste Beweise kaum gesichert werden konnten. Dies betraf nicht nur die Propaganda an Schulen, sondern generell die Verfolgung von Urhebern und Verteilern von Flugblättern mit republikfeindlichen Inhalten.[745]

Vor dem Hintergrund der überlieferten Materialien bleibt die Notwendigkeit eines harten Durchgreifens der Polizei ohnehin fragwürdig. In der Tat konnte in den letzten Jahren der Weimarer Republik in der Schulagitation quantitativ deutlich zugelegt werden. Da die Quellenbasis für diesen Bereich der Arbeit schmal ist, lassen sich keine dezidierten Aussagen über die Menge der Schulzeitungen treffen. Allerdings nimmt die Zahl der Belegexemplare in den behördlichen Akten in dieser Zeit deutlich zu. Dies kann nicht allein auf eine verstärkte Sammlungstätigkeit zurückgeführt werden.

Insgesamt allerdings verdeutlichen die vielen Variationen und Brüche in der Erscheinungsweise der Schulzeitungen eher die personellen Probleme und organisatorischen Unzulänglichkeiten, mit denen der JSB zu kämpfen hatte,

---

[742] *Urteil in der Strafsache gegen den Schriftleiter Konrad Blenkle* vom 19. 2. 1932, BArch, R 1501/20482, Bl. 242–271.

[743] *Retent zum 24. 1. 1931*, BArch, R 58/2229, Bl. 60f.

[744] *Briefwechsel des Generalstaatsanwaltes Landgericht I mit der Abteilung Ia des Berliner Polizeipräsidiums vom 27. 8. und 28. 9. 1929*, LAB, A Pr.Br. Rep. 030/21603, Bl. 61; 64.

[745] Petersen, *Zensur*, S. 99.

als einen Generalangriff auf das Schulsystem, der eine verstärkte polizeiliche Tätigkeit erfordert hätte. Zum einen machte sich das Fehlen von Mitgliedern bemerkbar, ohne die es nur an wenigen Schulen eigenständige Zellen gab. Zum anderen wird auch der oftmals beklagte Mangel von Gruppenleitern deutlich, die die Herstellung der Zeitungen hätten begleiten sollen. Die gezielte Agitation vor Ort konnte so nicht verwirklicht werden. Trotz dieser starken Unbeständigkeit der kommunistischen Agitation an einzelnen Schulen schafften es die Kommunisten allerdings, durch ihre jungen Mitglieder und deren Veröffentlichungen im Berliner und Hamburger Raum insgesamt eine permanente Präsenz zu zeigen, die – darauf wird einzugehen sein – zumindest bei dem Lehrpersonal an den Volksschulen und den zuständigen Behörden eine erhebliche Unruhe hervorrief.[746]

1.3 Kinderbeilagen in Tageszeitungen

Im Gegensatz zu dem zumindest formal formulierten Anspruch der bundesrepublikanischen Printmedien, „unabhängig und überparteilich" zu publizieren, fungierten die zumeist regionalen Tageszeitungen der Weimarer Republik in der Regel dezidiert als Weltanschauungsblätter, die die Interpretation des politischen Tagesgeschehens im Sinne einer parteilichen Strömung und ihrer Anhänger zu interpretieren versuchten. In Anbetracht der zunächst relativ geringen Reichweite des ab 1923 entstehenden neuen Mediums Hörfunk kam der Zeitung als „Massenmedium" und dem gedruckten Wort insgesamt eine umso größere Bedeutung zu.[747]

Die kommunistische Tagespresse bot so eine weitere Möglichkeit zur Publikation von Beiträgen. Mit Hilfe von Kinderbeilagen konnten in einem freilich ohnehin den Kommunisten ideologisch nahestehenden Umfeld ebenfalls Kinder erreicht werden, die nicht in den Kindergruppen aktiv waren und zudem den Eltern regelmäßige Berichte über den reaktionären Schulalltag geliefert werden. Da auch die kommunistischen Familien den JSB nicht in gewünschtem Maße unterstützten, erschien dies als gute Möglichkeit, mit diesem speziellen Angebot sowohl die Kinder zu einem Beitritt zu reizen als auch

---

[746] Vgl. Kap. III.3.

[747] Vgl. zum Pressewesen in der Weimarer Republik Konrad Dussel, *Deutsche Tagespresse im 19. und 20. Jahrhundert*, Münster 2004, S. 121–158. Zum regionalen Hamburger Medien- und Pressewesen vgl. Karl Christian Führer, *Medienmetropole Hamburg. Mediale Öffentlichkeiten 1930–1960*, München/Hamburg 2008, zur Presselandschaft in der Weimarer Zeit insbesondere S. 273–322. Einen Überblick über die Berliner Presselandschaft und eine Darstellung der starken weltanschaulichen Fragmentierung bietet Bernhard Fulda, *Press and Politics in the Weimar Republik*, Oxford 2009.

die Eltern zu einem Umdenken in Bezug auf die Notwendigkeit einer dezidiert kommunistischen Kindererziehung zu bewegen.

In Hamburg erschien ab März des Jahres 1925 in der *Hamburger Volkszeitung* in loser Folge die Beilage *Schulkampf. Zeitschrift für Arbeiterkinder*.[748] In der seit 1921 publizierten Jugendbeilage *Der Stürmer* wurden keine kinderspezifischen Inhalte berücksichtigt.[749] *Die Rote Fahne* nahm erst ab 1929 in unregelmäßigen Abständen und nur für kurze Zeit die Rubrik *Für unsere jüngsten Kämpfer* in ihre Ausgaben auf.[750] Im November des Jahres 1931 wurde mit der *Ecke für proletarische Kinder* ein weiterer Versuch unternommen, wöchentlich ein kinderspezifisches Angebot vorzuhalten.[751] Wie auch die Vorgängerrubrik umfasste sie lediglich eine drittel Seite. Ohnehin tat sich *Die Rote Fahne* mit der Erstellung und Veröffentlichung von Kinder- und Jugendbeilagen schwer.

Bereits im Jahr 1923 verfassten die Teilnehmer der Kinderkonferenz in Gotha eine Resolution, in der sie von der KPD forderten, „daß in den kommunistischen Tageszeitungen und in der Roten Fahne alle Monate eine Kinderbeilage erscheinen soll." In dem offensichtlichen Bewusstsein der Unpopularität ihres Wunsches ergänzten sie: „Wir versprechen dabei, daß wir sie selbst ausarbeiten werden."[752] Einen Erfolg konnten die Kinder trotz dieses Versprechens allerdings nicht erreichen. Noch 1926 führte das KJVD-Bezirksbüro Berlin beim ZK der KPD Beschwerde gegen den Chefredakteur der *Roten Fahne*, der „entgegen seiner Verpflichtung" keine vierzehntägig erscheinende Jugendbeilage herausgab. Als Grund führte er an, dass dafür eine weitere Seite gebraucht würde, die nicht zur Verfügung stehe.[753] Eine Kinderecke besaß noch weniger Relevanz für die Redaktion der *Roten Fahne*, die sich eher im Rahmen der politischen Tagesberichterstattung auf schulpolitische Informationen für die Eltern beschränkte.[754] Die Pionierleitung beurteilte dies anders und forderte in der Broschüre zur Reorganisation des JSB die Schaffung von Kinderecken in allen Tageszeitungen, da diese offensichtlich um 1930 nicht nur in Berlin fehlten.[755] Auch der Versuch, alternativ die *Trommel* zu Werbeze-

---

[748] *Schulkampf. Zeitschrift für Arbeiterkinder. Organ des JSB Wasserkante.* Erste Ausgabe in der *HVZ vom 2. 3. 1925.*

[749] Erstmals in der *HVZ vom 17. 2. 1921.*

[750] Erstmals in der *Roten Fahne vom 25. 8. 1929.*

[751] Erstmals in der *Roten Fahne vom 22. 11. 1931.*

[752] *Resolution der Kinderkonferenz in Gotha vom 21. 7. 1923,* gedr. in: Der Junge Genosse, Jg. 3 (1923), Nr. 8/9, S. 15.

[753] *Schreiben der BL an das Pol-Büro des ZK der KPD und an die Zeitungsstelle vom 13. 6. 1926,* SAPMO-BArch, RY 1, I4/1/72, Bl. 218.

[754] Hierfür wiederum lassen sich zahlreiche Beispiele finden.

[755] *Arbeiterkinder müssen Klassenkämpfer werden* (wie Anm. 446), S. 3f.; 8.

cken in den Tageszeitungen beizulegen, scheiterte, da die Redaktionen auf die Anfrage schlicht nicht antworteten.[756]

Inhaltlich wurde sich bei den wenigen erscheinenden Kinderecken mit der Funktion der bürgerlichen Schule auseinandergesetzt und den Kindern deren nach Ansicht der Kommunisten schädliche Aspekte aufgezeigt. Zudem erschienen auch hier Kinderkorrespondenzen mit Berichten aus den Schulen. In der *Hamburger Volkszeitung* deutet die zwar einfache, aber nicht kindliche Sprache darauf hin, dass die Artikel von Erwachsenen gefertigt wurden. Die angebliche Urheberschaft wurde durch die Nennung einer nummerierten Zelle kenntlich gemacht. Bei einem kontinuierlichen Bestand von unter 20 Schulzellen erhärten Nennungen zum Beispiel der 63. Zelle den Verdacht einer komplett konstruierten Seite.[757] In der Tat mussten sich die Redakteure der *HVZ* aufgrund dieser Zellenberichte zumindest in einem Fall wegen Beleidigung und Verleumdung vor dem Hamburger Landgericht verantworten. Der Artikel berichtete über die angeblichen Schläge, die zwei Lehrer Schülern verabreicht hätten.[758] Er stellte sich als gefälscht heraus. Zudem glaubte der Richter nicht, „dass es den beiden Angeklagten auf sachliche Kritik ankam", sondern sah es als erwiesen an, dass sie „auch dieses Vorkommnis an der Hilfsschule als Mittel zur Verwirklichung ihrer politischen Ziele" instrumentalisiert und versucht hätten, die „ganze Lehrerschaft und letzten Endes das ganze herrschende System" zu treffen.[759]

Die Verbotsgeschichten sowohl der *HVZ* als auch der *Roten Fahne* und die zahlreichen Prozesse wegen Verleumdung oder Beleidigung illustrieren deutlich den Primat der politischen Agitation gegenüber einer annähernd objektiven Berichterstattung.[760] Insofern verwundert die Übernahme einer solchen Praxis auch für den Bereich der Schulberichterstattung wenig.

Die Redakteure der *Roten Fahne* wählten 1929 für die Kinderkorrespondenzen einen deutlich einfacheren Weg und publizierten vorliegendes Material aus Berliner Schulzeitungen.[761] Die Rubrik lief allerdings nur knapp zwei Monate. So sah sich die Pionierleitung genötigt, selbst eine Kinderecke zu

---

[756] *Schreiben des ZK KJVD an das ZK KPD vom 1. 11. 1928*, SAPMO-BArch, RY 1, I4/1/83, Bl. 282ff.

[757] *HVZ vom 30. 10. 1930.*

[758] Ebd.

[759] *Urteilsbegründung zum Artikel „Prügelei in der Hilfsschule" vom 30. 10. 1930*, StAHH, 361-2 V, 888, Bd. 2, I898R. Weitere Urteile StaHH, 361-2 V, I 598 R28; I829R.

[760] Die HVZ war durchschnittlich einen Tag in der Woche verboten und hatte mehrere hundert Prozesse zu führen. Vgl. Hempel-Küter, *Arbeiterkorrespondentenbewegung*, Anhang 3 und 4, S. 389–414. Die *Rote Fahne* war zwischen 1919 und 1932 790 Tage verboten. Vgl. Koszyk, *Deutsche Presse*, S. 328.

[761] *Rote Fahne vom 15. 9. 1929.*

konzipieren. Die ab November 1931 erschienene *Ecke für Proletarische Kinder* wurde nun von der *Trommel*-Redaktion betreut, die die Kinder in der ersten Ausgabe aufforderte, ihr von den eigenen Erlebnissen zu berichten, um die Seite füllen zu können.[762] In der Hauptsache aber wurde die Rubrik von Erwachsenen gestaltet und mit Berichten wie zum Beispiel über Kinderlandarbeit in Ostpreußen oder die Berliner Kinderclubs gefüllt. Dazu gab es Rätsel und ganz im Sinne der Pädagogik der *Trommel* Fragen, zu denen die Kinder einen kleinen Aufsatz schreiben sollten und ein Buch gewinnen konnten. Im Dezember 1931 wurde gefragt, ob die Kinder einen Weihnachtsbaum benötigten. Die Redakteure waren überrascht von der Menge an Einsendungen, insgesamt angeblich 152. 130 der Kinder wollten ausweislich der Redaktion keinen Baum, denn „er soll die Armen ablenken von ihrem Elend", wie der 14jährige Gewinner ganz im kommunistischen Geiste formulierte.[763] Wenige Wochen später ging es um das Thema: „Vater'n wird der Lohn abgebaut, was sagst du dazu?"

Die Kinderecken bewegten sich so inhaltlich in demselben Rahmen wie die Kinderzeitschriften und -zeitungen. Aufgrund des geringen Umfanges und der Stiefmütterlichkeit, mit der sie innerhalb der Tagespresse behandelt wurden, kam ihnen aber nur eine geringe Bedeutung zu.

---

[762] *Rote Fahne vom 22. 11. 1931.*
[763] *Rote Fahne vom 20. 12. 1931.*

2 DIE AKTIVITÄTEN

Die Schilderung der Aktivitäten kommunistischer Kindergruppen stellt für die Rekonstruktion des Verbandslebens die größte Herausforderung dar. Materialien aus den Kindergruppen selbst sind nur in wenigen Fällen überliefert. Die Basisarbeit findet sich lediglich im Spiegel der Materialien der Reichsleitung und zum Teil in denen der Bezirke wieder. Zudem existieren Berichte aus der regionalen Tagespresse, die allerdings oftmals im Positiven wie im Negativen überzeichnet sind.

Die Darstellung wird sich im Folgenden mit drei Komplexen kommunistischer Schularbeit beschäftigen. Zunächst wird der Schulstreik als zentrales Element der Auseinandersetzung und Ziel jeder kommunistischen Agitation beleuchtet werden. In einem weiteren Kapitel werden anhand der Störungen von Verfassungsfeiern Aktionen dargestellt, die verschiedene Elemente kommunistischer Aktionsformen beinhalten, die insbesondere auf die gezielte Störung schulischer Abläufe zielten. Mit den Internationalen Kinderwochen wird abschließend eine jährlich wiederkehrende Kampagne untersucht, die idealtypisch alle Elemente kommunistischer Tätigkeit beinhalten sollte. Ein weiteres Kapitel stellt, soweit es möglich ist, die Freizeitaktivitäten dar.

2.1 Der Schulstreik

In der kommunistischen Theorie stellte der Streik die zentrale Waffe in der Auseinandersetzung mit dem kapitalistischen System und dessen wirtschaftlichen Repräsentanten dar. Mit diesem klassischen Instrument der Arbeiterschaft für die Durchsetzung ihrer Forderungen sollte dem Arbeitgeber unmittelbarer wirtschaftlicher Schaden zugefügt werden und zudem über die Erfahrung der gemeinsamen Stärke das Klassenbewusstsein gehoben und das revolutionäre Potential geweckt werden. Ein großer Teil der innerhalb der KPD vorhandenen Ressourcen wurde für die Initiierung von diesen Streiks aufgewandt.[764]

---

[764] Der Streik stellte sich für die KPD im kapitalistischen System gleichsam als „Normalzustand" dar. Vgl. zum Streikverständnis der Kommunisten Werner Müller, *Lohnkampf, Massenstreik, Sowjetmacht. Ziele und Grenzen der „Revolutionären Gewerkschafts-Opposition" (RGO) in Deutschland 1928 bis 1933*, Köln 1988, S. 265f. Dort auch das Zitat. Zur Streikpraxis in der Endphase ebd., S. 318–336. Vgl. zu Arbeitskämpfen in der Weimarer Republik auch Petra Weber, *Gescheiterte Sozialpartnerschaft – Gefährdete Republik? Industrielle Beziehungen, Arbeitskämpfe und der Sozialstaat. Deutschland und Frankreich im Vergleich*, München 2010. Einen Überblick über die Geschichte des Streiks bietet Michael Kittner, *Arbeitskampf. Geschichte, Recht, Gegenwart*, München 2005. Vgl. insbesondere S. 395–504 zur Phase der Weimarer Republik.

Die Gleichsetzung der Bedeutung der Schule für Kinder mit der des Betriebes für Erwachsene und das erklärte Ziel der Erziehung des proletarischen Nachwuchses zu Klassenkämpfern legte neben der Übernahme der Zellenstruktur und der Kopie des Propagandaapparates eine Einübung von Aktionen im Kontext des Arbeitskampfes nahe. Obwohl die eigentliche Wirkung eines Streiks, die wirtschaftliche Schädigung des Arbeitgebers, im Bereich des Schulwesens nicht erzielt werden konnte, war auch für die Leitung des Kinderverbandes der Schulstreik der idealtypische Endpunkt gelungener Agitation.

Wie auch in allen anderen Bereichen kommunistischer Tätigkeit gab es umfangreiches theoretisches Material für die „richtige" Durchführung eines Schulstreiks. *Das Proletarische Kind* veröffentlichte im Februar 1925 einen Artikel, der die notwendigen Vorbedingungen und einzelnen Organisationsschritte darlegte. Zunächst sei es ohne die Schaffung von Schulzellen kaum möglich, überhaupt einen Streik zu veranlassen, da die Basis fehle, um die weiteren Kinder an den Schulen zu organisieren. Wenn diese Einheit allerdings vorhanden sei, könne bei einem gegebenen Anlass, in der Regel bei der Züchtigung der Kinder durch die Lehrer, mit der Sammlung von Material begonnen und dieses ausgewertet sowie an die Presse weitergeleitet werden. Danach sei eine Kinderversammlung einzuberufen, zu der auch die Eltern eingeladen würden. Die Durchschlagskraft eines Streiks sei mit der Beteiligung der Eltern wesentlich stärker, aber auch ohne deren Einwilligung konnte nach Ansicht des namentlich nicht genannten Autors ein Streik durchgeführt werden. Der eigentliche Ablauf unterschied sich nicht von einem betrieblichen Streik. Zunächst sollten Forderungen aufgestellt und der Ausstand in einer Kinderversammlung beschlossen werden. Dann folgten die Bildung eines „Streikkomitees" und die Aufstellung von „Streikposten" zur Abhaltung von „Streikbrechern". Idealerweise sollte dann bis zur Durchsetzung der Streikforderungen dem Unterricht ferngeblieben werden. Am wichtigsten bei der gesamten Durchführung sei es, dann zu handeln, „wenn eine gute Stimmung für den Kampf herrscht [...], weil gerade bei Kindern die Stimmung nur eine kurze Zeit anhält."[765]

Die spezifischen Problematiken eines Schulstreiks waren den Kommunisten also durchaus bewusst. In der Praxis sollte allerdings weniger das als gering eingeschätzte Durchhaltevermögen der Kinder als Streikhemmnis erscheinen als vielmehr die fehlende Bereitschaft der Eltern, eine solche Aktion zu unterstützen. Ohne die Eltern, wie die Kommunisten feststellen sollten, konnte kein erfolgreicher Streik durchgeführt werden.[766]

---

[765] S. B., *Wie soll ein Schulstreik organisiert werden?*, DPK, Jg. 5 (1925), Nr. 2, S. 1–3.

[766] Vgl. weiter unten in diesem Kapitel.

Die Streikforderung als solche gehörte zum kommunistischen Standardrepertoire im Bereich der Schulagitation. Wann immer Aktionen geplant wurden, erhoffte sich die Leitung der Kinderabteilung die Initiierung von Ausständen. Die Durchführung von Streiks, denen eine größere öffentliche Aufmerksamkeit zuteil wurde, gelang allerdings erst am Ende der 1920er Jahre, als in der Weltwirtschaftskrise der von den Behörden betriebene Schulabbau für eine starke Politisierung der Elternschaft sorgte. In Hamburg und Berlin wurden in großem Umfang Sparmaßnahmen im Schulbereich getroffen. Neben den oben dargestellten, die Lehrer betreffenden Einschnitten wurden mit der Erhöhung der Klassenfrequenzen und den Einsparungen bei der Schulspeisung, den Lernmitteln und sogar den Heizkosten die Kinder unmittelbar betroffen. Waren die Erhöhungen der Schülerzahlen in den einzelnen Klassen und die Zugänglichkeit zu Lernmitteln noch ein Problem adäquater pädagogischer Betreuung, so betrafen die weiteren Kürzungen die Gesundheit der ohnehin oftmals kränkelnden Arbeiterkinder und sorgten für entsprechenden Unmut in der Elternschaft.[767]

Die KPD versuchte, diese in der Regel die Volksschulkinder betreffenden Kürzungen für ihre politische Arbeit zu nutzen und formulierten entsprechende Forderungen. In einer 1929 vom Zentralkomitee herausgegebenen Informationsbroschüre zu kommunaler Schulpolitik stand daher die Frage nach der Schulfürsorge an erster Stelle. Im Zentrum der Kritik stand die mangelhafte Schulspeisung.[768] Auch der KJV Wasserkante stellt um 1930 in seinem im Rahmen der Vorbereitungen zu einem Bezirkskongress der Revolutionären Gewerkschaftsorganisation erstellten „Kampfprogramm" für Arbeiterkinder den „Schutz der Gesundheit" an erste Stelle. Unter anderem forderte die Jugendabteilung „regelmässige, unentgeltliche ärztliche Untersuchung, kostenlose Behandlung. Vermehrte Anstellung von Schulärzten. […] Neubau hygienisch eingerichteter Schulen." Zudem wurde unter dem Punkt „gegen Kinderarbeit und Kinderelend" auf die „gesellschaftliche Versorgung der Arbeiterkinder" und ebenfalls auf die „unentgeltliche Schulspeisung" gedrungen.[769]

Der erste große Streik mit kommunistischer Beteiligung in Berlin entzündete sich 1929 an solchen gesundheitlichen Fragen. An der 223. weltlichen Schule in Wedding starben im September und Oktober des Jahres drei Kinder an Diphtherie. Obwohl die Krankheit stark ansteckend ist, wurde die Schule nicht geschlossen.[770] Am 11. Oktober fand daraufhin eine Schulversammlung

---

[767] Zu den Sparmaßnahmen in Berlin vgl. Schuppan, *Hauptstadtegoismus*, S. 137–148. Zu Hamburg vgl. Rosenfeldt, *Lehrerarbeitslosgkeit*, S. 171f; Helena von Oesterreich, *Schulkinder in Not*, HLZ, Jg. 12 (1932), S. 404.

[768] *Die kommunale Schulpolitik und die Arbeiterklasse*, Berlin o. J. (1929), Exemplar in: SAPMO-BArch, RY 1, I2/707/115, Bl. 123ff.

[769] *Kampfprogramm des KJV-Wasserkante*, SAPMO-BArch, RY 1, I4/I/77, Bl. 278–281.

[770] *Rote Fahne vom 13. 10. 1929.*

statt, bei der die angeblich 100 anwesenden Schüler sich für einen Schulstreik ab dem 14. Oktober sowie eine Demonstration aussprachen. Die Kinder bildeten ein Streikkomitee, das mit einem Flugblatt über die Situation und die Streikbeschlüsse informierte.[771] Eine kommunistische Initiative für diese Vorgänge kann nicht nachgewiesen werden. Gleichwohl versuchten die Kommunisten, diese Vorfälle zu nutzen. Der JSB Wedding gab ein Flugblatt heraus, auf dessen Titel der Schuldirektor Hennicke vor drei Särgen stehend abgebildet wurde. Die Verfasser prangerten die schlechte Schulspeisung und die ungenügenden hygienischen Verhältnisse an. Zudem wurde für die Demonstration geworben.[772]

Die Rote Fahne beteiligte sich ebenfalls an den Angriffen auf den Schulleiter. Aus kommunistischer Perspektive besonders interessant wurde der Fall durch Hennickes Mitgliedschaft in der SPD sowie den Umstand, dass die Schule zu den von den Kommunisten ideologisch abgelehnten weltlichen Lehranstalten gehörte. Hier bot sich die Möglichkeit für einen Angriff auf die direkte politische Konkurrenz und die Untermauerung der These, dass die weltlichen Schulen keineswegs Vorteile böten.[773]

Der Streik selbst war in der ersten Woche insofern erfolgreich, als dass eine nahezu hundertprozentige Beteiligung der Schüler erreicht werden konnte. Dies wird zu einem Teil auch an dem Verhalten der besorgten Eltern gelegen haben, die ihre Kinder aus Sicherheitsgründen zur Vermeidung von Ansteckungen zu Hause behielten. Durch das Wochenende verlor der Streik an Zugkraft. Der Beobachter der Berliner Polizeibehörde konnte am folgenden Montag melden, dass schon 47 und am darauf folgenden Tag 147 der 627 Kinder wieder zum Unterricht erschienen.[774]

Die Demonstration fand am Montag, dem 21. Oktober statt. Mit der Versammlung von 80 bis 100 Kindern auf dem Weddinger Vinetaplatz konnte immerhin noch einmal eine ähnlich große Anzahl von Schülern wie zu der Schulversammlung mobilisiert werden, im Verhältnis zu den insgesamt 627 Schülern und deren Anhang war die Menge der Teilnehmer aber eher gering.[775] Trotzdem blieben die Aktionen nicht erfolglos. Am folgenden Freitag wurde Hennicke suspendiert und der „Schulkampf" an der 223. Schule beendet. *Die Rote Fahne* prophezeite abschließend: „Die jungen Kämpfer werden

---

[771] *Schulstreik. Sondernummer des Schüler-Streik-Komitees der 223. Schule*, LAB, A Pr.Br. Rep. 030/21723, Bl. 112f.

[772] *Flugblatt o. D.*, ebd., Bl. 111.

[773] *Rote Fahne vom 12. 10. und 14. 10. 1929.*

[774] *Bericht der Abteilung Ia vom 22. 10. 1929*, LAB, A Pr.Br. Rep. 030/21723, Bl. 116f.

[775] *Ebd.*, Bl. 115f.

noch andere Erfolge erringen als die Beseitigung eines sozialfaschistischen Direktors."[776]

Unabhängig von dem Grad an kommunistischer Beteiligung bei seiner Auslösung verlief dieser Streik idealtypisch. Die Abhaltung einer Schulversammlung mit der Verfassung von Streikbeschlüssen bildete den Ausgangspunkt. Zudem wurde eine Demonstration geplant, um die Forderungen einer breiteren Öffentlichkeit zu präsentieren. Die Beteiligung der Kinder im Streikkomitee war vorbildlich, und mit der eigens verfassten Schulzeitung, Flugblättern und einer entsprechende Berichterstattung in der *Roten Fahne* gelang eine umfangreiche propagandistische Begleitung des Streiks. Obwohl die KPD die Suspendierung des Direktors nicht als alleinigen Erfolg beanspruchen konnte, gelang den beteiligten Mitgliedern vor Ort eine aus ihrer Sicht optimale Ausnutzung der Situation. Die KPD profitierte allerdings in hohem Maße von dem Eifer der um ihre Kinder besorgten Eltern. Der Berliner Lehrerschaft erschienen die Kommunisten trotzdem als die Hauptschuldigen des politischen „Missbrauchs" von Kindern. Sie hätten, so formulierte es ein Berichterstatter der *Preußischen Lehrerzeitung*, die Elternschaft „aufgepeitscht" und dazu veranlasst, die Kinder von der Schule fernzuhalten.[777] Diese Aussage belegt den kommunistischen Propagandaerfolg.

Schulstreiks, die einen genuin parteipolitischen Hintergrund besaßen, sind außerhalb kommunistischer Erfolgsmeldungen in den wenigen Bezirksberichten hingegen selten dokumentiert. Zwei solcher Streiks wurden anlässlich der Entlassung oder Versetzung kommunistischer Lehrer veranstaltet. Dies betraf den Berliner Pädagogen Fritz Beyes aus der Schule Rütlistraße, der 1930 entlassen wurde, sowie Rudolf Klug, der 1932 aus der Hamburger Schule Telemannstraße zunächst entlassen werden sollte, schließlich aber lediglich versetzt wurde.

Beyes Entlassung wurde aufgrund kommunistischer Betätigung an der Schule vorgenommen.[778] Ein Schulstreik sowie eine Demonstration am 30. Oktober 1930, an der 150 Personen, darunter 60–70 Kinder, teilnahmen, konnte

---

[776] *Rote Fahne vom 27. 10. 1929.*

[777] *Politischer Missbrauch der Kinder*, Preußische Lehrerzeitung, Jg. 55 (1929), Nr. 129, o. S.

[778] Beamten war die politische Tätigkeit am Arbeitsplatz untersagt. Inwieweit schon eine Parteimitgliedschaft in der als staatsfeindlich gewerteten KPD oder NSDAP mit dem Beamtenstatus unvereinbar war, blieb umstritten. Preußen erließ 1930 ein Verbot der Mitgliedschaft in den genannten Parteien, in Thüringen wurde die Möglichkeit eines Verbots von Seiten des nationalsozialistischen Innenministers Frick politisch instrumentalisiert und als Maßnahme gegen die KPD genutzt. Verfassungsrechtliche Bedenken kamen dort kaum zum Tragen. Vgl. Hermannjosef Schmal, *Disziplinarrecht und politische Betätigung der Beamten in der Weimarer Republik*, Berlin 1977, S. 137–144.

dies nicht verhindern. Die Demonstration wies ein deutlich kommunistisches Erscheinungsbild auf. An der Spitze marschierte der Jung-Spartakus-Bund in Uniform mit einer Fahne, die die Aufschrift: „Der Leningrader Jugendverband von Charkow den kommunistischen Kindern Berlins!" trug. Mehrfach wurden die Internationale und das „Antifa-Lied" angestimmt. Da der Gesang aber immer unterbrochen wurde, wenn die Polizei erschien, sah diese von einer Auflösung der Demonstration ab.[779]

Rudolf Klug sollte aufgrund seiner Bürgerschaftskandidatur für die KPD entlassen werden. Nach der Intervention des Kollegiums und des Elternrates wurde dies aber in eine Versetzung umgewandelt.[780] Der von der kommunistischen Elternschaft und der *Hamburger Volkszeitung* unterstützte Schulstreik für eine Rückversetzung blieb letztendlich erfolglos und endete mit der Zwangsversetzung von 15 Schülern. Dieses Scheitern ist nicht nur auf den Unwillen der Oberschulbehörde gegen eine Rückversetzung zurückzuführen. Auch eine Mehrheit des zum überwiegenden Teil der SPD nahestehenden Kollegiums und gleichgesinnter Eltern verhinderte dies.[781]

Die dargestellten Streiks blieben jeweils auf eine Schule beschränkt, was den Regelfall darstellte. Der erste von zwei schulübergreifenden Streiks, die beide reichsweit zu den größten Mobilisierungserfolgen im Bereich des Schulwesens zählen dürften, fand im April 1930 wiederum in Berlin statt und hatte seinen Ausgangspunkt in der kommunistischen Hochburg Neukölln. Die Streiks fanden an den vier weltlichen Schulen in der Rütli- und in der Lessingstraße statt. Der Protest richtete sich wiederum gegen die Sparmaßnahmen des Senates im Bereich des Schulwesens. Gefordert wurden freie Lernmittel, die Rücknahme der Erhöhung der Klassenfrequenzen sowie bauliche Verbesserungen in der Schule Lessingstraße. Am Dienstag, dem 1. April ging dem Streik eine Elternversammlung voraus, auf der dieser für den kommenden Tag beschlossen wurde.[782] Obwohl die KPD die Initiative für diesen Ausstand für sich reklamierte, lässt sich eine solche nicht belegen. Die Kommunisten wollten im Gegenteil „erst noch vorarbeiten, um besser und vor allem mit größerer Wucht den Kampf aufzunehmen."[783] Die Organisation erfolgte aus den Reihen engagierter, unzufriedener Eltern, die eine spontane Protestbewegung initiierten und sich „gegen einen offiziellen Vertreter der Partei [der

---

[779] *Bericht der Abteilung Ia vom 30. 10. 1930*, GSta, Rep. 77, tit4043, Nr. 240, Bl. 162–168.

[780] Vgl. Dietrich Rothenberg, *Rudolf Klug: Kompromisslos gegen die Barbarei*, in: Ursel Hochmuth/Hans-Peter de Lorent (Hg.), Hamburg: Schule unterm Hakenkreuz, Hamburg 1985, S. 241.

[781] Lehberger, *Telemannstraße,* S. 286.

[782] *Rote Fahne vom 1. 4. und 2. 4. 1930.*

[783] *Die Neuköllner Arbeiterschaft im Kampf gegen die Sparmaßnahmen des Magistrats,* DPK, Jg. 10 (1930), S. 79.

KPD – Anm. d. Verf.] in der Streikleitung mit der Erklärung, dass sie nicht den Kampf politisch von einer Partei, sondern wirtschaftlich führen wollen", wandten.[784]

Die Vorgänge gewannen am Tag des Streikbeginns an Brisanz, da sich in der Lessingstraße „überraschend schnell eine grosse Anzahl Erwerbsloser" einfand, die von dem nahe gelegenen Neuköllner Arbeitsnachweis kamen und sich als Streikposten betätigten. Zwar seien die Kinder nach Angaben der Polizeibehörden „nur durch Zureden" und nicht durch Handgreiflichkeiten an dem Betreten der Schule gehindert worden.[785] Trotzdem sorgte dieser Vorgang für erhebliche Aufregung in der Tagespresse und trug zur Popularisierung des Streikes bei. Die liberale *Vossische Zeitung* berichtete unter der Überschrift „Krieg gegen die Kinder" von tumultartigen Zuständen vor den Schulen, der konservative *Berliner Lokalanzeiger* wusste über „kommunistische Terrorakte" zu berichten, während die Redakteure der ebenfalls konservativen *Deutschen Zeitung* eine „Schulanarchie" ausmachten, in der die JSB „die Mütter Neueingeschulter […] mißhandelt". Die *Rote Fahne* hingegen attestierte entgegen der „wütenden Pressehetze" einen „glänzenden Beginn" des Schulstreiks und forderte zur Ausweitung der Streikaktivitäten auf.[786]

Obwohl die Berichte der bürgerlichen Presse ausweislich der Polizeiberichte über die Vorgänge weitgehend einer Grundlage entbehrten, erhöhte die Polizei an den folgenden Tagen die Präsenz vor der 15. und 16. Schule, um Aufläufe von Erwerbslosen zu unterbinden. Die Beamten fürchteten, es könnten sich sonst „sofort radaulustige Elemente dort einfinden und die zur Schule gehenden Kinder vom Besuch der Schule fernhalten, bzw. gegen deren Eltern tätlich vorgehen."[787]

Die Schüler hatten unterdessen im Lokal „Müller" eine Streikzentrale eingerichtet, in der 20 Schüler im Alter von 10 bis 12 Jahren die „eigentliche Streikleitung" bildeten. Sie wurden allerdings von ungefähr acht Erwachsenen beaufsichtigt. Der Streik selber verlor schnell an Teilnehmern. Nach dem noch

---

[784] Ebd. Volker Hoffmann behauptete in seinem 1981 erschienenen Aufsatz, die Initiative an der Rütli-Schule sei von den Kommunisten ausgegangen, blieb aber den Nachweis schuldig. In einer jüngeren Publikation von 1991 revidiert er diese Einschätzung und sieht ebenfalls die Elternschaft als Initiatoren des Ausstandes. Vgl. Volker Hoffmann, *Schulstreiks in Berlin 1919–1933*, in: Georg Rückriem (Hg.), *Ein Bilder-Lese-Buch über den Alltag Berliner Arbeiterkinder*, Berlin (West) 1981, S. 146; Ders., *Gegen Kindernot und Schulreaktion – Schulkämpfe in Neukölln 1930–1932*, in: Gert Radde et al. (Hg.), *Schulreform – Kontinuitäten und Brüche. Das Versuchsfeld Berlin-Neukölln, Bd. 1*, Opladen 1993, S. 246f.

[785] *Schreiben des Polizeipräsidenten an den Minister des Inneren vom 17. 5. 30*, LAB, A Pr.Br. Rep. 030/21723, Bl. 187

[786] *Vossische Zeitung, Berliner Lokalanzeiger, Deutsche Zeitung vom 2. 4. 1930* (Abendausgaben), *Rote Fahne vom 3. 4. 1930.*

[787] *Bericht der Abteilung Ia vom 4. 4. 1930*, LAB, A Pr.Br. Rep. 030/21723, Bl. 174.

recht erfolgreichen Donnerstag beteiligten sich am Freitag nur noch 25% der Schüler. Es ist zu vermuten, dass der Streikbeschluss vom Dienstag ohnehin eher im Sinne einer Demonstration des Unmutes über die Sparmaßnahmen und weniger als längerer Ausstand bis zur Änderung der Verhältnisse geplant war. An zwei weiteren Elternversammlungen für alle vier Schulen am Freitag, dem 4. April beteiligten sich nur noch 18 beziehungsweise 25 Personen.[788]

Allerdings gelang es mit einer Demonstration am Nachmittag desselben Tages erneut, die Aufmerksamkeit auf die Ereignisse um die Neuköllner Schulen zu lenken. Es kam zu Auseinandersetzungen zwischen Demonstranten und der Polizei. Die Schupos beschlagnahmten mehrere Transparente und Schilder. *Die Rote Fahne* berichtete von Übergriffen auf die demonstrierenden Arbeiterkinder.[789] Der Polizeibericht hingegen notierte: „Obwohl Waffengebrauch gegen die Erwachsenen an sich erforderlich, mit Rücksicht auf die Gefahren für die Kinder untersagt."[790] Den Artikel der *Roten Fahne* bezeichnete die Polizei als „übertrieben und größtenteils unzutreffend."[791] Trotz des oftmals harten Vorgehens der Polizei gegen erwachsene Demonstranten erscheint hier ein gewaltsames Einschreiten gegen Kinder in der Tat eher als Propaganda, die dem Topos der willkürlichen Polizeibrutalität Rechnung trug.[792] Im Ergebnis konnte ungeachtet der widersprüchlichen Berichte eine erfolgreiche Mobilisierung von ungefähr 200 Kindern verbucht werden.[793]

Zudem nahmen wenige Tage später an einer allgemeinen Elternversammlung in den Neuköllner Kliems-Festsälen 600 Teilnehmer, darunter 100 Jugendliche und 50 Kinder, teil. Diese beschlossen zwar eine Resolution über die Beendigung das faktisch bereits zum Erliegen gekommenen Streiks am

---

[788] *Bericht der Abteilung Ia vom 5. 4. 1930*, ebd., Bl. 137.

[789] *Rote Fahne vom 5. 4. 1930.*

[790] *Bericht des 213. Reviers vom 4. 4. 1930*, LAB, A Pr.Br. Rep. 030/21723, Bl. 133.

[791] *Bericht der Abteilung IA vom 5. 4. 1930*, ebd., Bl. 147.

[792] Eine Trennlinie zwischen Propaganda und tatsächlich erfolgter Polizeigewalt kann nur relativ schwer gezogen werden. Auseinandersetzungen inklusive Schusswaffengebrauchs waren bei derartigen Demonstrationen häufig. Die Rechtslage gestattete den Polizisten ein Vorgehen mit Stichwaffen und Schüsse in die Menge. Während von Seiten der Kommunisten jedwede Form von staatlicher Gewaltanwendung als Polizeibrutalität verurteilt und oftmals übertrieben dargestellt wurde, konnte die Lageanalyse von Seiten der Polizei durchaus anders ausfallen und die Anwendung von Waffengewalt als angemessen und rechtlich gedeckt angesehen werden. Anders gewendet gehörte eine polizeiliche Vorgehensweise, die Tote und Verletzte forderte, zu den durchaus üblichen Maßnahmen für die Aufrechterhaltung der öffentlichen Ordnung und wurde in der Endphase in Berlin zunehmend angewandt. Vgl. Marie Luise Ehls, *Protest und Propaganda*, S. 398–408; Hsi-Huey Liang, *Die Berliner Polizei in der Weimarer Republik*, Berlin 1977, S. 117–124.

[793] *Rote Fahne vom 5. 4. 1930.*

folgenden Dienstag, dem 8. April, wollten aber weiterhin für eine Verbesserung der Schulsituation kämpfen. Den kommunistischen Aufrufen zum Beitritt in die jüngst gegründeten Schulkampfgemeinschaften folgten indes nur wenige, und die Protestwelle flaute ab.[794]

In der im *Proletarischen Kind* veröffentlichten Streikanalyse musste der Autor einräumen, dass trotz des Erreichens öffentlicher Aufmerksamkeit große Probleme in der Streikarbeit der Pioniere vorhanden waren. Der Hauptfehler läge „in der falschen und phrasenhaften Einstellung der Genossen im UB [Unterbezirk – Anm. d. Verf.] überhaupt. Große radikale Redensarten werden in der Schulzeitung geschwungen und nichts getan, um die Arbeit zu organisieren. Das linke Phrasentum ist ein Schaden für unsere Arbeit, das uns nicht das Vertrauen der Arbeiterkinder erringen lässt und uns von den Massen isoliert."[795] Ein weiteres Problem stellte der kurzfristige Abzug des JSB-Leiters dar: „Das war ein schwerer Schlag für die Gesamtarbeit und hat wesentlich dazu beigetragen, daß unsere Zellen und Gruppen nicht eingestellt wurden auf den Streik."[796]

Viel mehr als eine propagandistische Ausnutzung sowie eine Beteiligung an den an der KPD vorbei geplanten Maßnahmen konnte nicht erreicht werden. Im Gegenteil plädierten die Kommunisten auf der Versammlung in den Kliems-Sälen für ein Ende des Streiks, da eine ausreichende Organisation fehle. Sie äußerten gleichfalls die Überzeugung, dass dies an der mangelnden Beteiligung der KPD von Seiten der Arbeitereltern gelegen habe.[797]

Das Verhalten der Kommunisten während dieser Streikaktion weist einige für sie charakteristische Merkmale auf. Zunächst wurde die organisatorische Führung reklamiert, auch wenn der Streikanlass einen überparteilichen Charakter hatte. Anstatt dann den vorhandenen Protest zu begleiten, wurden weitere Vorbereitungen oder die Ausweitung auf andere Schulen gefordert, um eine möglichst umfangreiche Aktion zu initiieren. Genau für diese Streikausweitungen fehlten der KPD allerdings die Kräfte und den Arbeitereltern der Willen und auch die Geduld. Im Ergebnis erging sich die KPD noch in organisatorischen Fragen, während die Eltern bereits die Protestaktionen einleiteten.

Auch die zweite Streikwelle gegen die Auswirkungen der Sparmaßnahmen in Berlin im September 1931 belegt dies. Die 155. und 156. Schule in der Markusstraße protestierten ab dem 29. des Monats gegen die mit dem Lehrerabbau verbundene Erhöhung der Klassenfrequenzen. Die 233. Schule Putbus-

[794] *Bericht der Abteilung Ia vom 8. 4. 1930*, ebd., Bl. 150f.

[795] *Neuköllner Arbeiterschaft* (wie Anm. 783), S. 80.

[796] Ebd.

[797] *Proletarischer Schulkampf. Organ der Neukölln-Britzer Revolutionären Elternbeiräte* Nr. 1, April 1930, LAB, A Pr.Br. Rep. 030/21723, Bl. 151–154.

ser Straße wehrte sich gegen die Zwangsversetzung von 100 Schülern in die recht weit entfernte Schule am Strausberger Platz. Am folgenden Tag beteiligten sich zudem die 1. und 45. Schule. Damit befanden sich am 30. September und 1. Oktober rund 2000 Kinder im Streik. In dem zunächst bis 3. Oktober währenden Ausstand konnte so zumindest die Auflösung je einer Klasse in der 155. und 156. Schule verhindert werden. Die Streiks wurden durch die am 5. Oktober beginnenden Schulferien zunächst beendet.[798]

Während die Kommunisten auch bei diesen Streiks zunächst nicht in Erscheinung traten, begannen beim KJVD und beim JSB in den Ferien umfangreiche Vorbereitungen, um ab der Wiederaufnahme des Unterrichtes am 13. Oktober erneute Streikaktivitäten zu initiieren. In einem Artikel der kommunistischen Elternzeitung *Proletarische Schulpolitik*[799] wurde aufgefordert, den Streik „nicht lokalisiert bleiben" zu lassen und gar für eine reichsweite Ausdehnung zu sorgen.[800] Die Bezirksleitung der KPD Berlin-Brandenburg verfügte in einem Rundschreiben, die Ferienzeit „zu einer breiten Mobilisierungskampagne der gesamten Elternschaft gegen den Schulabbau auszunutzen, damit sofort bei Schulanfang am 13. Oktober an allen Schulen mit verstärkter Kraft weiter vorgestossen werden kann." Für den 12. Oktober wurde eine zentrale Kundgebung geplant. Die Straßenzellen wurden aufgefordert, im Vorfelde je einen Genossen abzustellen, der Kontakt zu den Eltern vor Ort aufnehmen und diese organisieren sollte.[801]

Auch der KJV gab umfangreiche Anweisungen zum reichsweiten „Schulstreik gegen Sparmaßnahmen" heraus. Für „alle Schulen" sollte ein „Kampfausschuss" gebildet und ein „Kampfprogramm" erstellt werden. Die Abhaltung von Kinderversammlungen und die Herausgabe von Schulzeitungen stellten ebenfalls schulbezogene Maßnahmen dar, während die Aufforderung, zu Betrieben und Stempelstellen „Verbindung" aufzunehmen, die Absicht offenbarte, die Schulpolitik als Anlass für eine gesamtgesellschaftliche Ausweitung von Protestaktionen zu nehmen. Unter dem Punkt „Durchführung" deuteten die Mitglieder der Leitung an, was für den Verband den wesentlichen Aspekt bei der Streikbewegung darstellte: „Die Leitung muss fest in unserer Hand sein." Zudem sollten die Kinder „täglich, mindestens dreimal wöchent-

---

[798] *Welt am Abend* vom 30. 9. 1931; *Arbeiterpolitik* vom 1. 10. 1931; *Junge Garde*, Jg. 14 (1931/32), Nr. 9.

[799] *Proletarische Schulpolitik.* Blatt der revolutionären Elternschaft, Jg. 1 (1929) bis Jg. 5 (1933). Bibliographischer Nachweis in: Eberlein, Bibliographie, Nr. 24394.

[800] *Berliner Schulen im Streik*, Proletarische Schulpolitik, Jg. 3, Oktober 1931, S. 1.

[801] *Rundschreiben an alle Strassenzellen Groß-Berlins vom 5. 10. 1931*, BArch, R 1501/20481, Bl. 374–376.

lich zusammengefasst werden". Das eindeutige Ziel dieser Forderungen war die Gewinnung der Kinder für den JSB.[802]

Während ein reichsweiter Schulstreik ein Wunsch der JSB-Führung blieb, gelang es den Berlinern immerhin, ab dem 13. Oktober die Streiks wieder aufzunehmen und in einem einmaligen Umfang über mehrere Stadtteile auszudehnen. Am 17. Oktober befanden sich in Neukölln, Wedding, Mitte und Spandau 24 Schulen im Streik. Der weit überwiegende Teil der Schulen war weltlich, allerdings beteiligten sich auch „mehrere christliche" Schulen. Das gemeinsame Ziel bestand in der Verhinderung weiterer Entlassungen von Lehrern, die in der Folge eine weitere deutliche Verschlechterung der Unterrichtsbedingungen verursacht hätten.[803]

Die *Deutsche Zeitung* sah bei dem Streikausbruch wiederum „kommunistische Hetzer" am Werk.[804] Nicht zuletzt die Beteiligung „christlicher Schulen" lässt allerdings auf eine tiefgreifende Unzufriedenheit von Eltern aller politischer Couleur mit den aktuellen schulpolitischen Entwicklungen schließen. Den Behörden gelang es weder mit der Androhung von Geld- und Haftstrafen für die Erziehungsberechtigten noch mit der Auflösung von Elternversammlungen in Neukölln, den Ausstand aufzulösen. Erst mit der behördlichen Zusage einer Verschiebung der Lehrerentlassungen um ein Jahr auf den April 1933 konnten die Streiks eine gute Woche später beendet werden.[805] Damit gelang einer der größten Erfolge durch organisierten Protest für den Bereich des Schulwesens in der Weimarer Republik.

Die Polizei und die Schulbehörde standen solchen Streiks relativ hilflos gegenüber. Mit dem preußischen Gesetz für die Schulpflicht konnten Personen, in der Regel die Eltern, belangt werden, die Kinder nicht zur Schule schickten oder vom Unterricht fernhielten. Inwieweit die behördlichen Bußgeldandrohungen bei der Beendigung von Streiks Wirkung gezeigt haben, bleibt fraglich. Volker Hoffmann verortet in seiner Studie über die Neuköllner Ausstände in „den massiven Einschüchterungsmaßnahmen der Schulverwaltung bzw. des Magistrats, der androhte, mit Geld- und Gefängnisstrafen gegen die streikenden Eltern vorzugehen", einen der Hauptgründe für das Abflauen des Schulstreiks von 1930. Regelhaft lässt sich die Effektivität solcher Drohungen allerdings nicht nachweisen. Bei dem Streik im Oktober 1931 seien, so ebenfalls Hoffmann, „die Waffen der Bürokratie stumpf geworden" und hätten keine Wirkung erzielt.[806] Da auch bei den weiteren Streiks der Erfolg

---

[802] *Rundschreiben des ZK KJVD an alle Gruppen und Zellen vom 6. 10. 1931*, GSta, Rep. 77, tit4043, Nr. 240, Bl. 407–409.

[803] *Rote Fahne vom 17. 10. 1931.*

[804] *Deutsche Zeitung vom 13. 10. 1931.*

[805] *Welt am Abend vom 20. 10. 1931, Rote Fahne vom 17. und 18. 10. 1931.*

[806] Hoffmann, *Gegen Kindernot*, S. 250f.

von Bußgeldandrohungen nicht belegt ist, scheint auch das Streikende im Jahr 1930 eher zufällig mit dieser Maßnahme zusammenzuhängen und der Streik aufgrund des Wochenendes an Dynamik verloren zu haben. Auch die Behörde zweifelte an der Wirkung von Bußgeldern, da die Eltern der Volksschüler „diese Summe doch nicht aufbringen können und durch irgendwelche Maßnahmen nur in ihrem Radikalismus bestärkt werden könnten."[807]

So blieben die Verurteilungen wegen des Verstoßes gegen die Schulpflicht Einzelfälle, die eher gegen Personen verhängt wurden, die aktiv versuchten, andere Kinder als die eigenen vom Schulbesuch abzuhalten. Ein kommunistischer Bezirksverordneter wurde zu 80 RM Strafe beziehungsweise acht Tagen Haft aufgrund des Verstoßes gegen § 7 Abs. 3 des Gesetzes zur Schulpflicht verurteilt. Er hatte mit vier Genossen vor einer Schule in Schöneberg „Schüler abgehalten mit ungefähr den Worten ‚Kinder, geht nach hause, heute gibt es keine Schule, es wird gestreikt'". Die meisten seien daraufhin umgedreht. Die strafrechtlichen Paragraphen erwiesen sich für diesen Fall als nicht belastbar. § 110 RStGB konnte nicht angewendet werden, da der Abgeordnete „nicht grundsätzlich" gegen die Schulpflicht agitiert hatte. § 111 RStGB war ebenfalls nicht anzuwenden, da nicht eindeutig nachgewiesen werden konnte, ob die Schüler vor der Schule eine Menschenmenge bildeten.[808] Also war auch dies nur eine Notlösung, die zudem die Probleme dokumentiert, die die an solchen Delikten ohnehin wenig interessierte Polizei bei der Sanktionierung derartiger Verstöße hatte. Wenn eine Streikaktion mit großer Beteiligung gelang, war es ähnlich wie bei betrieblichen Streiks schwierig, Einzelne zu belangen.

Wie auch im Kontext der Verteilung von Schulzeitungen erschien eine verbesserte Regelung zudem nicht als notwendig. Viele Streikversuche blieben lokal eng begrenzt und zumeist im Ansatz stecken. Obwohl die Berliner Polizei 1932 eine „vermehrte Schulstreikbewegung" beobachtete, die „mit der Ausbreitung der kommunistischen Schulkampforganisation im Zusammenhang" stand, wurden wenige konkrete Fälle aktenkundig oder in der regionalen Presse erwähnt.[809] Auch in Hamburg musste die KJV Führung einräumen: „Unser Pionierverband hat es nicht verstanden, größere Massen von Arbeiterkindern in den Schulkampf gegen Verschlechterungen an den Schulen zu führen und durch Schulstreiks die Kämpfe der erwachsenen Arbeiter zu unterstützen."[810]

---

[807] Zitat eines Magistratsmitarbeiters aus dem *Neuköllner Tageblatt vom 15. 10. 1931*, zit. nach ebd.

[808] *Mitteilungen Nr. 12 des LKA Berlin*, 15. 6. 1932, BArch, R 1501/20482, Bl. 433.

[809] *Bericht der Abteilung IA an das PSK vom 1. 4. 1932*, LHA, Rep. 34/3795, Bl. 168f.

[810] *Bericht des KJVD-Wasserkante vom 28. 11. 1932*, GSta, Rep. 77, tit4043, Nr. 417, Bl. 238.

So gelang es den Kommunisten auch in der hoch politisierten Endphase der Weimarer Republik mit den genannten wenigen Ausnahmen nicht, größere Erfolge durch Schulstreiks zu erringen. Anhand der oben dargestellten Beispiele werden die Probleme deutlich, die sich mit der Organisation von Ausständen verbanden. Zunächst waren auch die erfolgreichen mit einiger Sicherheit nicht genuin kommunistisch initiiert. Eine Ausnahme bildeten die Auseinandersetzungen um kommunistische Lehrer. Die weiteren lassen nicht auf eine alleinige Vorbereitung seitens des Jung-Spartakus-Bundes oder der KPD schließen, sondern wurden vielmehr von Elterninitiativen an den betroffenen Schulen gestartet, an die sich die Kommunisten dann anschlossen. Schulstreiks, die von den Schülern ausgingen und zum Beispiel gegen die Prügelstrafe initiiert wurden, sind in keinem Fall belegt. Hier liegt das erste konzeptionelle Problem. Entgegen der kommunistischen Theorie der relativen Selbstständigkeit der Kinder konnten diese derartige Aktionen nicht durchführen. Der geringe Organisationsgrad verhinderte dies zusätzlich.

Damit rückten die Eltern in den Mittelpunkt. Auffällig ist, dass die Streiks überwiegend an weltlichen Schulen stattfanden. Dort sammelten sich die reformpädagogische Lehrerschaft sowie die Eltern, die ein Interesse an alternativen pädagogischen Konzeptionen hatten. In diesen, von den Kommunisten abgelehnten, Schulgemeinschaften war der Zusammenhalt von Elternschaft, Schülern und Lehrern aufgrund der Konzeption stärker als an den Regelschulen. Zudem darf den Eltern, die sich derart bei der Schulwahl engagierten, generell ein größeres politisches Engagement unterstellt werden. Mit diesen besseren organisatorischen Voraussetzungen und dem Interesse an einer guten Schulbildung für die Kinder wurden bei Entwicklungen, die die eigene Schule negativ betrafen, entsprechende politische Aktionen initiiert. Insbesondere der Schulabbau am Ende der Weimarer Republik bildete einen solchen Anlass.

An den Simultanschulen hingegen konnte weniger auf derart organisierte und engagierte Schulgemeinschaften zurückgegriffen werden. Entsprechend problematisch war hier die Initiierung von Streiks, da die Personaldecke für die konkrete Agitation vor Ort zu dünn war, um derartig vorgehen zu können. Es mangelte sowohl an Schulzellen als auch an Leitern. Entsprechend konnte die Grundvoraussetzung für einen Streik, die politische Aktivierung der Eltern durch konkrete, auf die Schule bezogene Forderungen nicht geleistet werden.

Gelang dann mit oder ohne kommunistische Anschubhilfe die Organisation eines Ausstandes, setzte ein weiteres Problem ein. Viele der Eltern vermochten den ideologisch weit gehenden Forderungen nicht zu folgen. Anstatt auf kleinere Verbesserungen einzugehen, wurden von den Bezirksleitungen sofort Anweisungen zur Streikausweitung erlassen, die in der Regel nicht fruchteten. So mokierte der Autor des Artikels über den Berliner Schulstreik von 1931, die Beteiligten der kommunistischen Verbände würden sich in organisatorischen Detailfragen verlieren anstatt „auf die Ursachen des geglückten Streiks einzugehen."[811]

Das propagandistische Getöse indes, mit dem die Kommunisten Streikaktionen zu begleiten pflegten, verfehlte seine Wirkung offenkundig nicht. Im Mai 1930, also knapp einen Monat nach dem ersten großen Neuköllner Schulstreik, identifizierte Kurt Löwenstein die KPD in einem Beitrag für die *Sozialistische Erziehung* als „Entfacherin und Trägerin des Schulstreiks", die die Sparvorschläge des Magistrats im Schulbereich instrumentalisiert habe, „um neue ,Schuld' auf das Haupt der Sozialdemokratie [zu] laden und den sozialfaschistischen Charakter unserer Partei zu entlarven." Damit handele es sich nicht um einen Streik aufgrund eines von der „Elternschaft in einheitlicher Erregung erlebte[n] Unrecht[s]," sondern um einen „Mißbrauch der Schule für kommunistische Parteizwecke, der noch um so verurteilenswerter ist, als sogar schon die ABC-Schützen für diesen Zweck mißbraucht werden sollen."[812] Hier wird erneut die parteipolitische Auseinandersetzung der beiden Arbeiterparteien deutlich, die sich immer wieder sowohl an schulpolitischen Fragen als auch an methodischen Differenzen um die Einbindung der Kinder in den Klassenkampf äußerten. Die konservative Klientel und insbesondere die konservativen Medien begleiteten die Streikaktivitäten ohnehin mit einer dezidiert antikommunistischen Rhetorik. Die *Berliner Börsenzeitung* griff dabei nicht nur die Kommunisten an, sondern beklagte darüber hinaus die nach Ansicht ihre Redakteure fehlenden Gegenmaßnahmen von Seiten der Behörden. Ein „Berliner Schulmann" fragte in Hinblick auf die vermeintlichen kommunistischen Umtriebe: „Wenn man all diese streng nach russischem Muster betriebene Zersetzungsarbeit der bolschewistischen Jugendorganisationen und ihre Auswirkungen im Schulbetriebe tagtäglich beobachten kann, muss man sich nur immer von neuem fragen: Gibt es wirklich keine gesetzliche Handhabe,

---

[811] *Berliner Schulen im Streik* (wie Anm. 800). Dieses Dilemma betraf nicht allein die Schulstreikbewegung. Auch im Bereich der betrieblichen Streiks gelang es der KPD nur selten, die politische Führung zu übernehmen. Ebenfalls selten gelangen Initiierungen von Streiks. In der Regel wurden Streiks von der unzufriedenen Arbeiterschaft begonnen. Die KPD beteiligte sich und versuchte, die Führung zu übernehmen. Bis auf wenige Ausnahmen gelang dies aber nicht in dem von der Partei gewünschten Ausmaß. Eine dieser Ausnahmen bildete der Streik der Berliner Verkehrsbetriebe im November 1932, bei dem die KPD mit der NSDAP kooperierte und es ihr gelang, die Streikleitung mehrheitlich zu besetzen. Vgl. Klaus-Rainer Röhl, *Die letzten Tage der Republik von Weimar. Kommunisten und Nationalsozialisten im Berliner BVG-Streik von 1932*, Wien 2008 ([1]1994). Zur allgemeinen Streikproblematik vgl. Müller, *Lohnstreik*, S. 318f; Weber, *Sozialpartnerschaft*, S. 937–947.

[812] Kurt Löwenstein, *Die Lehren des Neuköllner Schulstreiks* (1930), gedr. in: Gert Radde et al. (Hgg.), Schulreform – Kontinuitäten und Brüche. Das Versuchsfeld Berlin-Neukölln, Opladen 1993, S. 252–254.

mit der dieser fortschreitenden Bolschewisierung der deutschen Jugend Einhalt geboten werden kann?"[813]

Mit solchen Artikeln, die vor kommunistischen Aktivitäten warnten und von deren Schädlichkeit berichteten und den fortlaufenden Erfolgsmeldungen der *Roten Fahne* von der anderen Seite des politischen Spektrums konnte bei den Unbeteiligten das Bild einer massiven kommunistischen Agitation im Schulbereich entstehen.

2.2 Die Verfassungsfeiern

Seit 1921 wurde am 11. August der Tag der Verfassungseinführung in der Weimarer Republik als Nationalfeiertag begangen. Der Feiertag war wie auch die weiteren Nationalsymbole durch die ideologischen Gegensätze der politischen Lager stark umstritten und konnte keinesfalls seine Funktion als identitätsstiftendes Ereignis erfüllen. Während der Diskussion um den Termin des künftigen Feiertages konkurrierte der 11. August mit weiteren geschichtsträchtigen Daten wie dem von der SPD zunächst bevorzugten 1. Mai oder dem von konservativer Seite favorisierten 18. Januar, an dem im Jahr 1871 die Reichsgründung stattgefunden hatte. Zwar wurde der Verfassungsfeiertag seit 1921 jährlich begangen. Eine reichsgesetzliche Regelung konnte aufgrund der unterschiedlichen Vorstellungen der Parteien und auch der einzelnen Länder jedoch nicht gefunden werden. Die bis 1929 zudem sehr zurückhaltend inszenierten Feierlichkeiten im Reichstag blieben eher akademisch und wenig volksnah und trugen so nicht dazu bei, den 11. August als Nationalfeiertag in dem Bewusstsein der Bevölkerung zu verankern. Der Verfassungstag war so auch ein Symbol des mangelnden republikanischen Konsenses in der ersten Deutschen Demokratie. Er wurde von den verfassungstreuen Parteien und ihren Anhängern begangen. Diese bildeten aber nur einen Teil der Bevölkerung ab. Der andere Teil ignorierte den Tag und beging die Feiertage der eigenen ideologischen Liturgie oder nutze das Datum zur Agitation gegen das Weimarer System.[814]

Insbesondere von der KPD wurde der Verfassungstag für Gegenaktionen genutzt, repräsentierte er doch das verhasste System, das sich in der kommunistischen Perspektive nicht wesentlich von dem der Kaiserzeit unterschied.

---

[813] *Berliner Börsenzeitung vom 5. 4. 1930.*

[814] Zur Geschichte des Verfassungstages im Kontext der weiteren staatlichen Feiertagsgestaltung in der Weimarer Republik vgl. Fritz Schellack, *Nationalfeiertage in Deutschland von 1871 bis 1945*, Frankfurt a. M. 1990, S. 133–276; Hans-Andreas Kroiß, *22 Reden und Aufsätze zum Verfassungstag (11. August) der Weimarer Republik*, Würzburg 1985. Zur Identifikationsproblematik vgl. den Sammelband von Detlev Lehnert/Klaus Megerle (Hgg.), *Politische Identität und nationale Gedenktage. Zur politischen Kultur in der Weimarer Republik*, Opladen 1989.

Die Kommunisten konnten sich hier besonders gut als die eigentliche Vertretung des Proletariats inszenieren, die sich entgegen der staatstragenden SPD nicht von der im demokratischen Deckmantel daherkommenden Bourgeoisie täuschen ließ. Entsprechend wurde engagiert gegen die Feierlichkeiten agitiert.[815] Der Schule kam dabei insofern eine exponierte Position zu, als dass hier von staatlicher Seite die Begehung des Tages verfügt wurde und die Schüler unabhängig von ihrer politischen Einstellung zur Teilnahme angehalten waren. Diesen Umstand versuchten die Kommunisten am Ende der 1920er Jahre für ihre propagandistischen Zwecke zu nutzen.[816]

Im Vorfeld der Feierlichkeiten des Jahres 1928 erschienen in der *Roten Fahne* mehrere Artikel über den „Verfassungsrummel" an Berliner Schulen.[817] Dort wurden zwei Möglichkeiten für den Umgang mit den Feierlichkeiten vorgestellt. Zum einen wurden die Eltern aufgefordert, ihre Kinder von den Veranstaltungen fernzuhalten. Zum anderen wurde zu Störaktionen aufgerufen. Beide Möglichkeiten erschienen offensichtlich als opportun für die Demonstration des kommunistischen Unmutes über die republikanische Verfassung. Ein Boykott ist insofern nicht typisch für kommunistische Aktivitäten, als dass in der Regel Wert auf eine starke Präsenz gelegt wurde. Eine konzertierte Aktion der anwesenden Schüler als Demonstration kommunistischer Stärke entsprach eher den Vorstellungen von einer gelungenen Propagandaaktion. Der Jung-Spartakus-Bund organisierte außerdem eine Gegenveranstaltung in den Sophiensälen.[818]

Unter der Überschrift „Verfassungsfeier und Gummiknüppel" wusste das kommunistische Zentralorgan in der Nachbereitung von Störungen der Feierlichkeiten in Neukölln zu berichten. Zunächst seien von den ungefähr 40.000 Schulkindern „höchstens 5.000" erschienen und damit die Beteiligung an der Feier ein Debakel für die Republikaner gewesen. Eine Gruppe Jugendlicher des KJVD verteilte antirepublikanische Flugblätter. Eines ihrer Mitglieder habe die Anwesenden aufgefordert, die Internationale zu singen, und sei mit übertriebener Härte von der Schutzpolizei entfernt und 48 Stunden festgehalten worden.[819]

Wenige Wochen später äußerte sich das Kreisschulamt Neukölln zu den in der *Roten Fahne* erwähnten Störungen. Diese waren nicht von den Schülern selbst, sondern von einer „unberechtigt teilnehmenden Jugendgruppe" ausge-

---

[815] Manfred Gailus, „*Seid bereit zum Roten Oktober in Deutschland!" Die Kommunisten*, ebd., S. 61–88.

[816] Auch von konservativer Seite wurden die Verfassungsfeiern oftmals kritisch gesehen und an Gymnasien Schüler von den Feierlichkeiten ferngehalten. Vgl. Schuppan, *Hauptstadtegoismus*, S. 85–87.

[817] *Rote Fahne vom 8. 8. u. 11. 8. 1928.*

[818] Ebd.

[819] *Rote Fahne vom 14. 8. 1928.*

gangen, wurden aber „durch die ruhige und disziplinierte Schülerschaft wirkungslos gemacht." Von Flugschriften sei „den meisten Teilnehmern [...] überhaupt nichts bekannt geworden." Zudem endete der von einem Studenten unternommene Versuch, eine Gegendemonstration zu initiieren, mit einem Misserfolg: „Seine Worte, die kaum von den Nächststehenden verstanden wurden, erstickten unter dem Gesange der zweiten Strophe des Deutschlandliedes". Schließlich wurden die vier „Störenfriede" von der Schutzpolizei entfernt.[820]

Das Kinderbüro des KJVD Berlin notierte in seinem Jahresbericht für 1928 allerdings eine „erhebliche Störung der Verfassungsfeiern", die auch auf die gelungene Vorbereitung in dem im Vorfelde abgehaltenen ersten Ferienlager des JSB zurückgeführt wurde, und wertete die Mobilisierungsaktion in agitatorischer Hinsicht durchaus als erfolgreich.[821]

Nach einem Bericht der *Trommel* hatten in Berlin „Tausende von Arbeiterkindern nicht an der Feier teilgenommen." An einer Schule seien von 700 Schülern lediglich 78, an einer anderen von 425 genau 43 erschienen. „Diese Beispiele", so heißt es weiter, „könnten beliebig vermehrt werden."[822] Da allerdings die Schulen nicht namentlich genannt wurden, entzogen sich die Angaben jeder Prüfung und machten Falschangaben wahrscheinlich.

Im Jahr 1928 konzentrierten sich die Berliner Behörden noch verstärkt auf die Feierlichkeiten an Berufsschulen, bei denen größere Störungen von kommunistischer Seite befürchtet wurden. Der für diesen Bereich zuständige preußische Minister für Handel und Gewerbe, Walther Schreiber[823], berichtete dem Provinzialschulkollegium Berlin-Lichterfelde wenige Tage vor dem Verfassungstag über geplante Gegenaktionen und forderte die Behörde auf, „mit allen Mitteln der Schulzucht" für einen ungestörten Verlauf zu sorgen.[824] Trotzdem scheint es dem KJVD durch massive Propaganda gelungen zu sein, an einer Schule aus Furcht vor Zwischenfällen die Absage einer vorgesehenen Veranstaltung zu erwirken.[825]

Im Jahr 1929 lenkte das PSK sein Augenmerk verstärkt auch auf die Volksschulen. Den Anlass bildete der Entschluss, in jedem Bezirk eine zentral

[820] *Bericht des Kreisschulamtes Neukölln Ost und West an das PSK vom 3. 9. 1928*, LHA, Rep. 34/994, Bl. 254f.

[821] *Rundschreiben des Kinderbüros KJVD-Berlin Brandenburg*, Abschrift o. D. (1929), GSta, Rep. 77, 4043, Nr. 414, Bl. 67. Zum Ferienlager vgl. u. Kap. III.2.4.

[822] *Verfassungsfeier 1928*, Die Trommel, Jg. 8 (1928), Nr. 9, S. 4f.

[823] Walther Carl Rudolf Schreiber (* 10. 6. 1884, † 30. 6. 1958), Jurist, 1925–1932 preußischer Minister für Handel und Gewerbe (DDP), 1953–54 Berliner Bürgermeister (CDU).

[824] *Brief des Ministers für Handel und Gewerbe an das PSK vom 6. 8. 1928*, GSta, Rep. 77, tit4043, Nr. 240, Bl. 1.

[825] *Rote Fahne vom 14. 8. 1928*.

angesetzte Kundgebung durchzuführen, um den 10. Jahrestag der republikanischen Verfassung angemessen zu würdigen.[826] Damit wurde auch die Wahrscheinlichkeit von Störungen erheblich erhöht. Der Jung-Spartakus-Bund, der den Kampf gegen den „Verfassungsrummel" seit dem Vorjahr fest in den Agitationskalender integriert hatte, begann in den im Vorfelde erscheinenden Schulzeitungen mit der Propaganda gegen die Feierlichkeiten.[827]

Unter der Losung „Verfassungsrummel ist Kriegsvorbereitung" brachte die *Trommel* verschiedene Berichte, Korrespondenzen und eine Bildergeschichte zu den anstehenden Feierlichkeiten. Die Kinder wurden direkt oder durch beispielhafte Korrespondenzen aufgefordert, der Feier fernzubleiben oder zumindest die Nationalhymne nicht mitzusingen.[828] Der Schwerpunkt sollte auf den Störungen der einzelnen Elemente der Feierlichkeiten liegen. Insbesondere das Singen des Deutschlandliedes sollte durch das Anstimmen der „Internationale" oder mittels einer Verweigerung sabotiert werden. Am 10. August, dem Tag der Feierlichkeiten,[829] berichtete die *Rote Fahne* über die am Vortage bei der Vorbereitung der Verfassungsfeiern erfolgten Störversuche von Schülern. So seien in Neukölln Flugblätter und „kleine Bilderbücher" zum anstehenden Verfassungstag verteilt worden. In verschiedenen Schulen hätten die Schüler beschlossen, den Feierlichkeiten fernzubleiben oder bei der Probe des Deutschlandliedes gestört.[830]

Die kommunistische Propaganda im Vorfeld veranlasste die Berliner christlichen Elternbeiräte, das Provinzialschulkollegium in einem Schreiben aufzufordern, von dem geplanten gemeinsamen Anmarsch der Schulen auf die Kundgebungsplätze abzusehen. Das Friedenauer Gymnasium verzichtete trotz der Anweisung des PSK auf ebendiesen. Dabei wurden von den Elternbeiräten wie von der Schulleitung allerdings weniger Störungen aus den Reihen der Schüler als kommunistische Überfälle befürchtet.[831]

Bei der Durchführung der Feierlichkeiten zeigte sich, dass Eingriffe schulfremder Personen eher problematisch wurden als die Verweigerungshaltung von Schülern. Zwar feierte die *Rote Fahne* am 11. August die gelungenen Aktionen gegen die Verfassungsfeiern, bei denen ohnehin „35–40% aller Kinder zu hause" geblieben seien, und berichtete von Gesängen der Internationale sowie

---

[826] *Schreiben des PSK an alle Schulen vom 4. 6. 1929*, LAB, A Pr.Br. Rep. 030/21603, Bl. 202.

[827] *Roter Späher Nr. 3*, 1929, ebd., Bl. 184.

[828] *Verfassungsrummel ist Kriegsvorbereitung*, Die Trommel, Jg. 9 (1929), Nr. 8, S. 2; *Manchmal kommt es anders als man denkt*, ebd., S. 8.

[829] Da der 11. 8. 1929 auf einen Sonntag fiel, wurden die Feierlichkeiten einen Tag vorher abgehalten.

[830] *Rote Fahne vom 10. 8. 1929.*

[831] *Schreiben der christlichen Elternräte vom 1. 7. 1929*, LAB, Rep. 34/995, Bl. 15; *Schreiben des Gymnasiums Friedenau vom 11. 8. 1929*, ebd., Bl. 133.

von Roten Fahnen in den Zügen der Schüler.[832] Auch die *Trommel* berichtete über verschiedene Aktionen.[833] Diese wurden aber offenbar nur vereinzelt durchgeführt und das Provinzialschulkollegium konnte feststellen, dass bis auf wenige unerhebliche Störversuche keine meldenswerten Ereignisse statt-gefunden hatten. Nur die wenigsten Kinder blieben fern.[834]

Die Verfassungsfeiern der folgenden Jahre verliefen in Bezug auf die kommunistische Propaganda ähnlich. Im Vorfeld erschien in der *Roten Fahne* ein Artikel gegen den „Verfassungsrummel", der für eine Staatsform zelebriert werde, die Arbeiter nach Auffassung der Kommunisten nicht unterstützen konnten. Im Nachhinein wurde über die „misslungenen" Feierlichkeiten und Störungen durch Arbeiterkinder hingewiesen.[835] Im Jahr 1931 versuchte die Reichspionierleitung, durch die Herausgabe umfangreichen Materials den Ak-tionen gegen die Verfassungsfeiern neuen Schwung zu geben, und postulierte: „Wir stellen am 11. August die Frage des Schulstreiks." Gleichwohl war der Leitung die eigene organisatorische Schwäche bewusst. An „einer Anzahl" von Orten, so ihre Vermutung, werde ein Streik nicht durchführbar sein. Dort sollten die Verfassungsfeiern in bekannter Manier durch Sprechchöre oder das Singen der Internationale gestört werden.[836] Die Schulbehörden registrierten diese Agitation, erhebliche Störungen wurden aber nicht aktenkundig.

Die Durchführung der Verfassungsfeiern blieb allerdings auch ohne kommunistische Eingriffe problematisch. Da auch auf den Oberschulen kon-servative Schüler nicht an den Feierlichkeiten teilnahmen, strengte die preußi-sche Schulverwaltung für die Untermauerung der Teilnahme im Rahmen der Schulpflicht aufgrund des § 7 des Schulpflichtgesetzes ein Verfahren gegen einen Erziehungsberechtigten an, der aufgrund seiner verfassungsfeindlichen Einstellung seinem Sohn die Teilnahme an der Schulverfassungsfeier freige-stellt hatte. In erster Instanz erfolgte ein Freispruch, da nach der Auffassung des Gerichtes die Überzeugung des Vaters geachtet werden müsse. Dies hätte eine faktische Freistellung der Teilnahme an den Verfassungsfeiern bedeutet. Die Richter beriefen sich dabei auf den Artikel 149 Abs. 2 der Reichsverfas-sung, der die Religionsfreiheit in der Schule garantierte und die Teilnahme an religiösen Veranstaltungen von der „Willenserklärung" der Erziehungsberech-tigten abhängig machte. Damit erfolgte eine Gleichstellung von politischen und religiösen Überzeugungen, die das Bekenntnis zur Republik in den Be-

---

[832] *Rote Fahne vom 11. 8. 1929.*

[833] *Wir haben eine Republik und wer's nicht glaubt, der kriegt eins ins Genick,* Die Trom-mel, Jg. 9 (1929), Nr. 9, S. 4.

[834] Vgl. die Fehlanzeigen der einzelnen Bezirksleitungen in LHA, Rep. 34/997, Bl. 207–225.

[835] *Rote Fahne vom 7. 8. und 12. 8. 1930; 8. 8. 1931.*

[836] *Material zum 11. August 1931,* SAPMO-BArch, RY I4/1/83, Bl. 63–69.

reich des Glaubens verschob. Dieses Urteil konnte keinesfalls im Sinne einer staatsbürgerlichen Erziehung sein und wirft ein weiteres Schlaglicht auf die Fragilität der republikanischen Verfassung.

In der Berufung wurde vor dem Kammergericht aber eine Verurteilung erreicht. Der Senat nahm „in ständiger Rechtsprechung den Standpunkt ein, daß die Schüler grundsätzlich verpflichtet sind, an den Veranstaltungen der Schule teilzunehmen und daß dem sorgepflichtigen Elternteil keineswegs das Recht zusteht, in allen Fällen, in denen er mit Maßnahmen der Schulverwaltung nicht einverstanden ist, im Wege der Selbsthilfe sein Recht zu suchen." Zudem könnten Verfassungsfeiern nicht wie religiöse Feiern behandelt werden.[837] Damit blieben die Verfassungsfeiern als Veranstaltungen des Staates teilnahmepflichtig.

Abseits dieses zunächst nicht im Sinne der Schulverwaltung ausgefallenen Urteils mussten die Beamten in jenem Jahr und auch in den folgenden während der Verfassungsfeiern keinerlei größere Unannehmlichkeiten erdulden. Offensichtlich gelang es dem Jung-Spartakus-Bund nicht, in einem Maße einzugreifen, der regional relevant geworden wäre. Trotzdem mag es an einzelnen Schulen zu Störungen gekommen sein. In Hamburg wurde 1931 von 9 Streiks berichtet.[838] Diese waren aus kommunistischer Perspektive zudem besonders erfolgreich, da sich im Sinne der Einheitsfronttaktik angeblich Rote Falken anschlossen.[839] In welchem Umfang die Schüler teilgenommen haben, lässt sich allerdings nicht ermitteln.

Gleiches gilt für das folgende Jahr. Die Reichspionierleitung forderte die Mitglieder im Sinne der kommunistischen Abwerbungsstrategie auf, „Rote Falken und Nazikinder" zu veranlassen, „gegen Verfassungsfeiern Erklärungen abzugeben." Zudem sollten am Morgen des 11. August die streikenden Kinder an Stempelstellen Streikposten bilden oder Wanderungen sowie Sportveranstaltungen durchführen.[840] Letztere zwei Maßnahmen dokumentieren die Versuche, den Kindern mit kindgerechten Veranstaltungen eine attraktive Alternative zu der Verfassungsfeier zu bieten und sie damit von einer Teilnahme hieran abzuhalten. Größere Mobilisierungserfolge blieben aber aus.

Die Aktivitäten um die Verfassungsfeiern zeigen beispielhaft die Arbeitsweise der Kommunisten im Bereich der propagandistischen Auswertung ihrer Aktionen. Obwohl es aufgrund der strukturellen Schwäche des Verbandes kaum gelang, größere Störungen der Verfassungsfeiern an den Schulen zu erreichen, wurde mit der Berichterstattung der *Roten Fahne* ein hohes Maß an

---

[837] *Mitteilung Nr. 6 des LKA vom 15. 3. 1932*, GSta, Rep. 77, Abt. II, Sekt. 31, Nr. 6, Bl. 148–150.

[838] *Organisatorische Lage des Gesamtverbandes* (wie Anm. 533), Bl. 398.

[839] *Referat von Erich Jungmann* (wie Anm. 543).

[840] *Abschrift eines Rundschreibens Reichspionierleitung vom 3. 8. 1932*, LHA, Rep. 34/3795, Bl. 191–193.

Tätigkeit suggeriert. Da die Ablehnung der Verfassungsfeierlichkeiten weit über den Bereich der Schulveranstaltungen hinausging, konnte die KPD die Aktivitäten der Kinder für ihre Propaganda komplementär zu den Demonstrationen der Erwachsenen verwenden und die generationenübergreifende Ablehnung dokumentieren. Wie auch bei den Streiks gegen den Schulabbau gerieten die Kindergruppen bei der kommunistischen Presse insbesondere dann in den Blick, wenn eine Verknüpfung zur „großen Politik" hergestellt werden konnte. Dies war bei den Verfassungsfeiern der Fall. Durch die Aufrufe im Vorfeld der Feierlichkeiten gelang es des Weiteren, sowohl die Schulbehörden als auch die nichtkommunistischen Eltern zu beunruhigen. Die eigentlichen Störungen aber blieben in der Regel aus oder besaßen den Charakter von Einzelaktionen. Die Erfolge gingen so kaum über propagandistisches Getöse hinaus, das aber, wie zum Beispiel die Sorgen der christlichen Elternbeiräte dokumentierten, nicht spurlos an den Beteiligten vorüberging.

2.3 Die Internationalen Kinderwochen

Mit der „Internationalen Kinderwoche" (IKW) führte die Abteilung Kindergruppen des Exekutivkomitees der Kommunistischen Jugendinternationale im Jahr 1921 erstmals eine kampagneartig organisierte Propagandawoche durch, die sich fortan in den Veranstaltungskalender der deutschen Kommunisten einreihen sollte. Der vom 27. Juni bis 3. Juli 1921 abgehaltenen IKW wurde von Seiten des Exekutivkomitees der Jugendinternationale das Ziel gesteckt, „vor allen Dingen aber der erwachsenen Arbeiterschaft den Sinn und den Charakter unserer Kindergruppen verständlich zu machen, sodaß auch sie sich bewogen fühlen, ihre Kinder zu uns zu schicken und die Bewegung zu unterstützen." Die KJI stellte Broschüren, Plakate und Postkarten zur Verfügung, die auf die IKW aufmerksam machten und über die Inhalte der Kinderarbeit informierten. Die Jugendorganisationen waren angehalten, Informationsversammlungen einzuberufen, und auch die Kinder sollten eigene Veranstaltungen durchführen. Den Höhepunkt stellten am 3. Juli gemeinsame Demonstrationen in allen Ländern dar.[841]

Die Juniausgabe des *Jungen Genossen* wurde als Werbeausgabe konzipiert und erhielt anstelle des Leitartikels auf Seite eins ein gezeichnetes Titelblatt, das demonstrierende Kinder darstellte, und einen Hinweis auf die IKW. Auf den folgenden Seiten befanden sich ein Artikel mit der Vorstellung der Kindergruppen sowie eine Geschichte über demonstrierende Arbeiterkinder, die zum Beitritt ermuntern sollte.[842] In der *Roten Fahne* wurde in der Jugendbeilage

---

[841] *Rundbrief an die Sektionen der Kommunistischen Jugendinternationale aller Länder*, o. D. (1921), gedr. in: DPK, Jg. 1 (1921), Nr. 4, S. 9f.

[842] *Der Junge Genosse*, Jg. 1 (1921), Nr. 12, S. 1; *Wir jungen Genossen*, ebd., S. 2; *Wir wollen die rote Fahne tragen*, ebd., S. 3f.

ein Artikel publiziert, der für die jüngst gegründeten kommunistischen Kindergruppen warb, und in den folgenden Ausgaben insbesondere auf die am Berliner Schlossplatz geplanten Demonstrationen am 3. Juli hingewiesen.[843] In der Sonnabendausgabe erschien zudem ein kurzer Artikel, der aufgrund der Aktivitäten innerhalb der IKW von „Misshandlungen und Verhaftungen der Kinder in Berlin" sowie deren Gruppenleitern berichtete und das bürgerliche Lager durch „Unterdrückungsmaßnahmen gegen die proletarischen Kinder vereint" sah.[844]

Die Abschlussdemonstration verlief nach Angaben der *Roten Fahne* überaus erfolgreich, eine Teilnehmerzahl allerdings gaben die Redakteure nicht an. Die Veranstaltung hatte eher den Charakter einer Kundgebung. Auf einen Umzug durch die Straßen wurde verzichtet. Die Kinder blieben auf dem Schlossplatz und hörten die Beiträge verschiedener Redner. Ein Kindergruppenmitglied berichtete über die reaktionären Erziehungsmaßnahmen in der Schule, danach folgte ein Vertreter der Jugendinternationale, der die Wichtigkeit des Zusammenschlusses der Arbeiterkinder und die Rolle der KJI betonte. Abschließend sprach ein kommunistischer Lehrer über den gemeinsamen Kampf.[845] Damit unterschied sich die Kundgebung in Hinblick auf die Ausgestaltung nicht von den politischen Veranstaltungen der Erwachsenen. Die Durchführung von Spielen und damit eine methodische Anpassung an die noch sehr junge Klientel fehlte.

Ausweislich der Berichterstattung des *Proletarischen Kindes* verlief die erste IKW in Deutschland insgesamt überaus erfolgreich. „Mit schlagendem Herzen und glühender Begeisterung" seien die „proletarischen Kinder Deutschlands an die Durchführung ihrer ersten Arbeiterkinderwoche" gegangen. An den Demonstrationszügen hätten sich reichsweit über 100.000 Kinder beteiligt, allein 4.000 in Berlin und 2.000 in Hamburg. 60.000 Ausgaben des *Jungen Genossen* seien abgesetzt worden „und noch anderes Material in großer Anzahl."[846]

An diesen Anfangserfolg konnte in den nächsten Jahren allerdings nicht angeknüpft werden. Aus der zweiten IKW vom 26. Juni bis 2. Juli 1922 brachte die Redaktion des *Jungen Genossen* nur wenige Kindergruppenberichte. Eine umfangreichere Übersicht über die reichsweiten Entwicklungen fehlte völlig und sollte auch in den nächsten Jahren nicht geliefert werden. Intern erklärte Erich Wiesner auf der Leiterkonferenz von Suhl den mangelnden Erfolg mit den „politischen Ereignissen", die zu der Zeit stattgefunden hatten. Wiesner bezog sich damit auf die Ermordung des deutschen Außenministers Walther

---

[843] *Rote Fahne vom 29. 6., 1. 7. u. 2. 7. 1921.*

[844] *Rote Fahne vom 2. 7. 1921.*

[845] *Rote Fahne vom 4. 7. 1921.*

[846] *Die 1. internationale Arbeiterkinderwoche*, DPK, Jg. 1 (1921), Nr. 6/7, S. 9f.

Rathenau durch Rechtsextremisten am 24. Juni 1922 und den folgenden politischen Aufruhr, der anderweitige Politikaktionen überlagert hatte.[847] Der Leiter der Kindergruppen musste allerdings auch anmerken, dass die meisten Bezirksleitungen die Berichtsbogen nicht eingereicht hatten und eine Auswertung somit ohnehin nicht habe stattfinden können.[848] Das Fehlen der Bogen scheint aber nicht allein auf die Unlust der Bezirksleitungen, diese auszufüllen, zurückzuführen zu sein. Vielmehr ereignete sich nur wenig erwähnenswertes. Für den Berliner Bereich zum Beispiel berichtete der Genosse beziehungsweise die Genossin Mecklenburg aus der Kindergruppe Wedding II von einer schlecht besuchten Elternversammlung, deren potentielle Teilnehmer ebenfalls „durch die politische Situation abgehalten" wurden. Auch von der Demonstration aller Kindergruppen in Berlin musste der Berichterstatter melden: „Wir waren leider nicht sehr viele."[849]

Auch im Folgejahr erschienen in der kommunistischen Presse außer den mittlerweile obligatorischen Teilnahmeaufrufen in dem *Jungen Genossen* sowie einer Mahnung nach dem Ende der IKW, endlich die Berichte zu schicken, keine Darstellungen der verschiedenen Aktivitäten.[850] Da die Kommunisten auch kleinere Erfolge in der Regel medial stark aufbereiteten, ist dies ein Hinweis auf die erneut erfolglose Mobilisierung der Kindergruppen.

Offensichtlich aufgrund dieser Misserfolge der auch international nicht sehr erfolgreich verlaufenen Kinderwochen veranlasste das Exekutivkomitee der KJI im Jahr 1924 eine terminliche Änderung, nach der die Austragungswoche mit dem am 7. September stattfindenden 10. internationalen Jugendtag endete.[851] Wenn es auch nicht explizit formuliert wurde, so bestand die Intention vermutlich darin, über eine Konzentration der beiden Großveranstaltungen Synergieeffekte im Organisationsbereich zu erhalten, von denen insbesondere die seit zwei Jahren schwächelnde Kinderwoche profitieren sollte.

Das Gegenteil trat ein. Die IV. IKW sowie die gleichfalls mit dem Internationalen Jugendtag endenden Kinderwochen der beiden folgenden Jahre verliefen ereignislos. Auch ein empathischer Mobilisierungsaufruf Krupskajas für

---

[847] Zum Mord an Walther Rathenau und den Folgen vgl. Martin Sabrow, *Der Rathenaumord. Rekonstruktion einer Verschwörung gegen die Republik von Weimar*, München 1994.

[848] *Die 2. Konferenz der kommunistischen Kindergruppenleiter vom 23. und 24. Juli 1922 (Suhl)*, SAPMO-BArch, RY 1, I4/1/80, Bl. 18ff.

[849] W. Mecklenburg, *Wie wir in unserer Arbeiterkinderwoche arbeiten*, Der Junge Genosse, Jg. 2 (1922), Nr. 16/17, S. 9.

[850] *Auf zur 2. Internationalen Kinderwoche!* Der Junge Genosse, Jg. 3 (1923), Nr. 6, S. 2; Aus der 2. Intern. Arbeiterkinderwoche, ebd, Nr. 8/9, S. 13.

[851] Exekutivkomitee der KJI, *Heraus zur Internationalen Arbeiterkinderwoche!*, Der Junge Genosse, Jg. 4 (1924), Nr. 3, S. 2. Zur Durchführung der internationalen Jugendtage in Deutschland vgl. Köster, *Junge Garde*, S. 219–244.

die VI. IKW vom 30. August bis 5. September 1926 änderte daran nichts. Die vehemente Aufforderung „Meldet Euch zu den Vorbereitungsarbeiten der Woche und zur Unterstützung der kommunistischen Kinderbewegung! Mobilisiert das gesamte Proletariat zur Teilnahme an den Versammlungen und Demonstrationen während der Internationalen Kinderwoche!"[852] deutete eines der Probleme an, das auch bei der Organisation der täglichen Verbandsarbeit schon zutage lag: Es fehlten ausreichend Hilfskräfte, um die Organisation in dem erwünschten Umfange zu gewährleisten. Insbesondere vor dem Hintergrund der Doppelbelastung der KJVD-Funktionäre, die gleichzeitig den Jugendtag organisieren mussten, fiel das Problem umso deutlicher auf. In der Rückschau gaben die Funktionäre des Kinderverbandes zu, dass der KJVD „keine genügende Aufmerksamkeit und ausreichende Kräfte zur Durchführung zweier Kampagnen gleichzeitig aufbringen" konnte.[853]

Da auch das Exekutivkomitee der Kommunistischen Jugendinternationale den Termin aufgrund der zeitlichen Nähe zu den Sommerferien, die in einigen Ländern dann noch andauerten, als ungünstig erachtete, wurde eine erneute Verschiebung des regelmäßigen Termins beschlossen. Künftig sollte der Mai als optimaler Monat für die Durchführung der Kampagne etabliert werden: „Die Schulen unterrichten, die Zellen in ihnen haben im Verlauf der Winterperiode mit den Kindermassen Verbindung erhalten, die Kindergruppen bereiten sich auf den Übergang, auf eine lebendige Massenarbeit des Sommers vor, und die Aufmerksamkeit des kommunistischen Jugendverbandes und der kommunistischen Partei kann auf diese Kampagne konzentriert werden."[854]

In einem erneuten Aufruf zur Teilnahme forderte Krupskaja die Kindergruppen, die sich „bisher allgemein ganz gut an der politischen Arbeit der Jugend und Partei" beteiligt hätten, auf, entgegen der mangelnden Erfolge der Vorjahre „diese Arbeit auch organisatorisch für uns auszuwerten. Das Ergebnis der Internationalen Kinderwoche muss […] sein, daß alle Gruppen und Zellen zahlenmäßig gewachsen sind und ihr Einfluß sich unter den proletarischen Kindermassen vergrößerte."[855]

Um dieses Ziel zu erreichen, professionalisierte der Verband die Vorarbeiten zu der vom 15. bis 22. Mai 1927 stattfindenden VII. IKW. In der Rückschau auf die Vorjahre kritisierte der Verband die schematische Übernahme von Veranstaltungsformen der Erwachsenen und deren unzureichende Vorbereitung: „Bei der Anwendung dieser Formen in den vergangenen Jahren war erstens ein Mangel, daß ihrer Durchführung keine systematische, anhaltende

---

[852] Nadeshda Krupskaja, *Arbeitet tüchtig an der Vorbereitung der Internationalen Kinderwoche*, DPK, Jg. 6 (1926), Nr. 5/6, S. 2.

[853] *Zur VII. Internationalen Kinderwoche*, DPK, Jg. 7 (1927), Nr. 3, S. 7f.

[854] *Ebd.*

[855] Nadeshda Krupskaja, *Die VII. Internationale Kinderwoche*, DPK, Jg. 7 (1927), Nr. 4, S. 1–2.

Arbeit an allen Orten, wo sich Kinder befinden, (in den Schulen, auf der Straße, in den Familien) vorausging, und zweitens, daß die Versammlungen, Demonstrationen usw. selbst ziemlich trocken durchgeführt wurden und die Demonstrationen und Versammlungen der Erwachsenen vollkommen kopierten."[856]

Es sollten nun in stärkerem Maße aktivierende Veranstaltungen, insbesondere sportlicher Art, durchgeführt werden, die, so erhofften die Initiatoren, die Kinder stärker interessieren und zur Teilnahme bewegen würden.[857] Nach Möglichkeit wurde jeder Tag der IKW einem bestimmten Themenschwerpunkt gewidmet und passende Aktionen durchgeführt. So standen am „Tag des Kampfes gegen die bürgerliche Schule" am 18. Mai die „Systematische Propaganda in allen Schulen und Klassen" sowie die „Organisierung von Kinderversammlungen einzelner Klassen in den Pausen" auf dem Programm. Im Rahmen des „Tag(es) der Kinderpresse" am 20. Mai wurde vorgeschlagen: „Verteilung der kommunistischen Kinderzeitschriften, Kinderbeilagen zu Zeitungen und Schulzeitungen. Werbung von Abonnenten und Schaffung eines Netzes von Kinderkorrespondenten an allen Schulen. Diskussion über den Inhalt der Zeitschriften (revolutionären und bürgerlichen) unter den Kindern." Weitere Schwerpunkte bildeten der „Tag der Propaganda unter den Bauernkindern", „Tag der Internationalen Verbindung", „Tag des Kampfes gegen Kindernot und -Ausbeutung" und der „Tag der Kinder der Arbeitslosen".[858] Trotz der neu gewonnenen Erkenntnisse setzten sich die vorgeschlagenen Aktivitäten so kaum von den zuvor kritisierten „trockenen" Veranstaltungen ab. Auch Hinweise zu Sport- oder Spielveranstaltungen fehlen in Gänze.

Dafür sollte im Vergleich zum Vorjahre die Arbeit unter den Erwachsenen verstärkt werden. Zwar waren die Kommunisten nach wie vor gegen „besondere Elternorganisationen und Elternbünde, wie sie die Sozialdemokraten haben", allerdings seien „von Zeit zu Zeit" Versammlungen für die Aufklärung über die Ziele und die Arbeit des JSB notwendig. Im Rahmen der ohnehin verstärkten Propagandatätigkeit der IKW schien die Gelegenheit für derartige Veranstaltungen günstig.[859]

Besonderer Wert aber wurde auf den Abschluss der Woche und die dort angesetzten Demonstrationen und Kinderfeiern gelegt, denen aus der Erfahrung der vorangegangenen Kinderwochen heraus die größte Wirkung zugesprochen wurde. Um diese zu nutzen, galt es zunächst, die diversen organisatorischen Mängel zu beseitigen. Insbesondere im Vorfeld gelang es den Kom-

---

[856] *Zur VII. Internationalen Kinderwoche*, (wie Anm. 853) S. 8f.

[857] Ebd.

[858] Vgl. *Musterarbeitsplan zur Durchführung der VII. Internationalen Kinderwoche*, DPK, Jg. 7 (1927), Nr. 4, S. 14f.

[859] Ernst, *Organisierung und Inhalt von Versammlungen Erwachsener zur VII. Internationalen Kinderwoche*, ebd., S. 12–14.

munisten oftmals nicht, Demonstrationen oder Feiern so zu organisieren, dass ein größerer Teil an Kindern teilnahm. Die Verbreitung des Demonstrationstreffpunktes und der Demonstrationszeit in Werbezetteln und den örtlichen Publikationsorganen war oftmals mangelhaft. Bei dem Beginn wussten nur wenige Menschen von der geplanten Aktion. Die Teilnahme musste so zwangsläufig niedrig bleiben.[860]

Auch die anschließenden Feiern wurden besser durchgeplant und strukturiert. Zunächst sollte es eine kurze Eröffnungsrede über die politische Bedeutung der Kinderwoche geben. Danach wurden Spiele durchgeführt. Im Anschluss gab es Raum für ein Gespräch der Kinder mit dem ihnen zugeteilten Leiter über ein politisches Ereignis oder einen Beispielfall zum Schicksal der Arbeiterkinder.[861] Obwohl zumindest bei diesen Abschlussfeiern die spielerische Betätigung berücksichtigt wurde, blieben die politisierenden, eher theoretischen Elemente stark im Vordergrund und die Anziehungskraft für Kinder weiterhin gering.

Erst im Jahr 1929 gelang es unter dem Eindruck der beginnenden Wirtschaftskrise erneut, die Mitglieder zu einer verstärkten Teilnahme zu bewegen. Das Exekutivkomitee hatte den Beginn der IKW von der Mitte des Monats auf den 1. Mai verlegt. Damit verlief der Auftakt parallel zum traditionellen Kampftag der Arbeiter[862] und bot die Möglichkeit, Aktionen der Kinder in die der gesamten Arbeiterschaft zu integrieren beziehungsweise bei der gemeinsamen Demonstration auch für die Programmatik des Jung-Spartakus-Bundes einzutreten.

Neben dem obligatorischen Appell zur Teilnahme veröffentlichte das Zentralbüro eine erneute Aufforderung zur rechtzeitigen Organisation der Veranstaltungen, da auch bei den „richtigen politischen Parolen und bei konkreter, lebendiger Einstellung auf die Massen der Kinder" ohne eine solche der Zuspruch gering bleiben werde. Neben einem Durchführungsschema für die Kinderwoche konzipierte das ZB auch einen Plan für die „Mobilmachung im April", der den Bezirken, Ortsgruppen und Zellen konkrete Aufgaben zuwies, die alle Aspekte technischer und inhaltlicher Organisation beinhalteten. Neben diesen Vorbereitungen sollte in steigendem Umfang für die IKW geworben und mobilisiert werden. Da der 1. Mai kein gesetzlicher Feiertag war und die Kinder somit zum Schulbesuch verpflichtet waren, konnte unter der Losung „1. Mai – Schulstreik!" gleich mit einer aufsehenerregenden, aber auch

---

[860] W. Sorin, *Kinderdemonstrationen und Massenfeiern während der IKW*, ebd., S. 15f.

[861] Ebd., S. 17.

[862] Zu den kommunistischen Maifeiern in der Weimarer Republik vgl. Arne Andersen, *„Auf die Barrikaden, erstürme die Welt, du Arbeitervolk!" Der 1. Mai, die Kriegslinke und die KPD*, in: Inge Marßolek (Hg.), 100 Jahre Zukunft. Zur Geschichte des 1. Mai, Frankfurt a. M./Wien 1990, S. 127–143.

organisatorisch anspruchsvollen Aktion gestartet werden.[863] *Die Trommel* lieferte dafür den Hinweis, dass Eltern ihre Kinder schlicht für den 1. Mai vom Unterricht befreien lassen konnten. Dies lief zwar der Streikintention zuwider, die Chancen für eine rege Teilnahme an den Demonstrationen erhöhten sich allerdings.[864]

In der Auswertung der Kinderwoche konnte dann auch unabhängig von den Mobilisierungserfolgen für die IKW eine starke Teilnahme von Kindern an den Maidemonstrationen konstatiert werden. Insbesondere im Rahmen der blutigen Auseinandersetzungen in Berlin wurde pathetisch auf sie verwiesen: „Der erste Mai, gleichzeitig der erste Tag der 9. Internationalen Kinderwoche sah viele tausend Arbeiterkinder in den Reihen ihrer demonstrierenden erwachsenen und jugendlichen Genossen. In Berlin, wo Zörgiebel[865] Arbeiterblut vergoss, waren ebenfalls die Kinder mit auf der Strasse, wurden geschlagen und getreten, ebenso brutal wie Frauen und Mädchen". Außerdem konstatierte der Verfasser „in fast allen Teilen des Reiches [...] eine stärkere Hetze gegen den Jung-Spartakus-Bund."[866] Für den Berliner Bereich allerdings finden sich in den Tageszeitungen keine Belege für eine verstärkte Befassung mit dem Kinderverband. Aufgrund der teilweise bürgerkriegsähnlichen Straßenschlachten zwischen den Kommunisten und der Polizei stand die KPD zwar im Fokus der Öffentlichkeit. Der Kinderverband allerdings konnte davon in keiner Weise profitieren. Aufgrund des zweiwöchigen Verbots der *Roten Fahne* im Rahmen der Auseinandersetzungen erfolgte selbst in der eigenen Presse keine Berichterstattung. Auch dort wäre sie in Anbetracht der Maiereignisse aber vermutlich ausgesprochen spärlich geblieben.[867]

Gleichwohl konnte das Zentralbüro nach der ersten Durchsicht der Berichte aus den Bezirken „bereits erkennen, daß die Internationale Kinderwoche in einem viel größeren Umfang durchgeführt wurde, als dies im vergangenen Jahr der Fall war."[868] So konnte der JSB Wasserkante für das Jahr 1929

---

[863] *Organisierte Vorbereitung der Internationalen Kinderwoche*, DPK, Jg. 9 (1929), S. 87–89. Zitat S. 87.

[864] *1. Mai – Schulstreik*, Die Trommel, Jg. 9 (1929), Nr. 4/5, S. 3.

[865] Karl Friedrich Zörgiebel (* 30. 9. 1878, † 14. 3. 1961), gelernter Küfer, Mitglied der SPD, 1922–1926 Polizeipräsident von Köln, ab 1926 Polizeipräsident in Berlin, 1930 aufgrund der Ereignisse im Mai 1929 Versetzung in den einstweiligen Ruhestand versetzt, 1931–1933 Polizeipräsident in Dortmund, 1933 Verhaftung und mehrere Monate Haft, 1945 Vorsitzender der SPD Mainz, 1947–1949 Landespolizeipräsident von Rheinland-Pfalz.

[866] *1. Mai–1. August*, DPK, Jg. 9 (1929), S. 129.

[867] Vgl. zur fehlenden Presseberichterstattung in Berlin die Mai-Ausgaben des Jahres 1929 von der *Vossischen Zeitung*, dem *Berliner Anzeiger*, der *Deutschen Zeitung* und des *Berliner Börsenblattes*.

[868] *Die 9. Internationale Kinderwoche*, DPK, Jg. 9 (1929), S. 218.

melden, dass sich trotz eines anhaltend niedrigen Mitgliederbestands „während der IKW die Lage wesentlich verbessert hat." Die Zahl der aktiven Mitglieder war laut des Berichts um 159 auf insgesamt 464 gestiegen.[869]

In der *Trommel* erschienen ganzseitig Berliner Kinderkorrespondenzen zum 1. Mai, in denen verschiedenartige Konfrontationen mit der Schutzpolizei und teilweise schelmenhafte Aktionen, wie zum Beispiel die Flucht eines Schülers zwischen den Beinen eines Polizisten hindurch, geschildert wurden.[870]

Nach einer erneut unauffälligen IKW im Folgejahr fand 1931 eine sowohl von Seiten der Pionierleitung als auch in Bezug auf die Beobachtungstätigkeit der Behörden gut dokumentierte Kinderwoche statt. Für die Kommunisten galt sie als „wichtigste Kampagne nach den Beschlüssen des EK der KJI und der Plenarzentrale des KJVD vom November vorigen Jahres, welche die Richtlinien für die Kinderarbeit in Deutschland beschloss."[871] Der Erfolg der IKW wurde somit zum Gradmesser für die Richtigkeit des Kurswechsels in der Arbeitsweise des Kinderverbandes am Ende des Jahres 1930. Entsprechend motiviert bereiteten die Jugendleiter und die Kindergruppen die Veranstaltungen vor. Als Ziel gab das ZK vor, „einen bedeutenden Teil der von uns beeinflussten Kinder in der roten Massenkinderbewegung der Pioniere organisatorisch zu erfassen". Zudem wurde auf „eine breite Mobilisierung von tausenden Partei- und Jugendgenossen" gedrungen.[872] Hier wird deutlich, dass nicht nur die Organisation der „Indifferenten" erhebliche Probleme bereitete, sondern auch die Aktivität der eigenen Klientel offensichtlich als unzureichend erachtet wurde. Dieses Manko blieb unter den Bedingungen der Weltwirtschaftskrise bestehen, die der KPD nach der Erwartung ihrer Führung die Proletarier eigentlich in Massen hätte zutreiben müssen. Mit Aktionen wie der Schaffung von Kinderwochenkommissionen, an denen neben Schülern auch Lehrer und Eltern beteiligt werden sollten, Schulstreiks und „massenweiser Verteilung" der *Trommel* sollte diesem Defizit entgegengewirkt werden.[873]

Die inhaltliche Durchführung der Kinderwoche gestaltete sich dabei wie in den Vorjahren. Der 1. Mai, die beiden Sonntage (3. Mai und 10. Mai) und der Abschlusstag wurden für das „Massenauftreten der Kinder" reserviert. Dann sollten die Demonstrationen und Versammlungen stattfinden. Die anderen Tage wurden themenspezifisch organisiert.[874]

---

[869] *Bericht über die Arbeit des Bezirks Wasserkante vom 18. 11. 1928 bis 23. 6. 1929*, SAPMO-BArch, RY 1, I4/1/77, Bl. 62f.

[870] *Berliner Arbeiterkinder am 1. Mai*, Die Trommel, Jg. 9 (1929), Nr. 6, S. 3.

[871] Pionierbüro, *Bericht über die Vorbereitung und Durchführung der 11. Internationalen Kinderwoche*, o. D., GstA, Rep. 77, Abt. II, Sekt. 31, Nr. 416, S. 68–77.

[872] *Rundschreiben des ZK vom 1. 4. 1931*, StAHH, 361-2 V, 154b, Bd. 2.

[873] Ebd.

[874] Erich, *Bereitet die 11. Internationale Kinderwoche vor*, DPK, Jg. 11 (1931), Nr. 1, S. 4.

Die umfangreichen Vorbereitungen blieben auch den Schulbehörden nicht verborgen, die sich intensiv mit der Beobachtung der Vorbereitungen befassten und die Propagandawoche besorgt erwarteten. Die Hamburger Oberschulbehörde informierte die Direktoren der Hamburger Schulen, dass „die Schulleitungen [...] den geplanten Veranstaltungen ihre Aufmerksamkeit zuzuwenden haben. [...] Die Schulleitungen werden ihr Augenmerk besonders darauf zu richten haben, daß schulpflichtige Schüler aus Anlaß der IKW nicht dem Schulbesuch ferngehalten werden."[875] Das Berliner Provinzialschulkollegium wies aufgrund von Demonstrations- und Schulstreikaufrufen in der *Roten Fahne* die Schulräte an, „über den Einfluss der Kinderwoche auf das Schulleben und über etwaige Streikversuche am 1. 5. d. J. [...] zu berichten."[876]

Den Rückmeldungen aus den Berliner Bezirksverwaltungen ist allerdings zu entnehmen, dass die Aktivitäten dem Umfang der vorangegangenen Propaganda in keiner Weise entsprechen konnten und selbst in den kommunistischen Hochburgen kaum umfangreiche oder gar schulübergreifende Aktionen stattfanden. Im Schulkreis Berlin Mitte II war „von einem Einfluß der Internationalen Kinderwoche auf das Schulleben [...] nichts zu verspüren". Aus dem Schulkreis Wedding II wurde berichtet: „Der bei weitem größte Teil der Schulen meldete Fehlanzeige." An zwei Schulen fehlten allerdings jeweils 57 und 61 Kinder. Die Kreise Prenzlauer Berg I und II berichteten, dass „Streikversuche nicht unternommen worden" seien, beziehungsweise dass es „keine Auswirkungen" gegeben habe. Auch die weiteren Kreise meldeten überwiegend Fehlanzeige. Lediglich in Kreuzberg II musste am 1. Mai eine weltliche Sammelschule geschlossen werden, da alle Kinder dem Unterricht fernblieben. Weitere Versuche, die IKW zu beleben, blieben Einzelaktionen. In Prenzlauer Berg verteilten zwei Kinder „Werbezettel", ein weiterer eine Schulzeitung. Ebenfalls in Prenzlauer Berg sowie in Kreuzberg fanden einige Versuche statt, „einzelne Kinder zu überreden", der Schule fernzubleiben.[877]

Auch der Berliner Polizeipräsident Grzesinski[878] konnte wenige Tage nach der Kinderwoche in einem Bericht an den Preußischen Innenminister keine Auffälligkeiten melden. Einige Kindergruppen der Internationalen Arbeiterhilfe seien am 1. Mai bei Demonstrationen aufgefallen. „In der folgenden Zeit bis zum Schluß der Kinderwoche war aber von ihr in der Öffentlichkeit

---

[875] *Schreiben an alle Schulleitungen im Hamburgischen Staatsgebiet vom 21. 4. 1931*, StAHH, 361-2 V, 154a, Bd. 2.

[876] *Schreiben des PSK an alle Schulräte vom 28. 4. 1931*, LHA, Rep. 34/3795, Bl. 68.

[877] *Berichte der Schulkreise an das PSK*, ebd., Bl. 72–130.

[878] Albert Grzesinski (* 28. 7. 1879, † 31. 12. 1947), 1921–1933 preußischer Landtagsabgeordneter (SPD), 1922–1924 Präsident des preußischen Landespolizeiamtes, 1925/26 und 1930–1932 Berliner Polizeipräsident, 1926–1930 preußischer Innenminister.

nichts mehr zu bemerken. Wegen mangelnder Beteiligung sind auch die für den 17. ds. Mts. geplanten Abschlußkundgebungen nicht durchgeführt worden." Das Gesamtergebnis für die Berliner Pioniere fasste der Polizeipräsident treffend zusammen: „Die von der Kommunistischen Internationale befohlene 11. Internationale Kinderwoche hat trotz eifriger Propaganda mit einem Mißerfolg geendet."[879]

Die Berichte der Schulkreise deuten schlaglichtartig die Probleme der Kommunisten an, die auch schon in den anderen Bereichen der Arbeit erschienen. Aufgrund der fehlenden Basis gelang eine Mobilisierung nur in Gebieten, wo bereits arbeitende Kindergruppen vorhanden waren. Dies war an einzelnen, fast ausnahmslos weltlichen Schulen der Fall. Eine Agitation darüber hinaus blieb schwierig, insbesondere, da die Kommunisten nicht von der Zellenstruktur abwichen, die die wenigen vorhandenen Kräfte an deren Schule bündelte.

Gleichwohl stufte die Reichszentrale der Pioniere die IKW reichsweit als Erfolg ein, der „die richtige politische Linie des Deutschen Kinderbüros unter der Führung des KJVD und der KPD" unter Beweis stelle. Allerdings musste auch sie in ihrem Bericht festhalten, dass der Bezirk Berlin neben Wasserkante, in dem allerdings teilweise Durchführungsverbote erlassen worden waren, die „größten Schwächen" gezeigt habe. Zwar führten die Berliner Genossen wie auch die Hamburger gemäß der veränderten Leitlinie kindgerechte Veranstaltungen durch, die Mobilisierung aber blieb, wie auch die Behörden belegten, einmal mehr weit hinter den Erwartungen zurück. Gelungene Aktionen im Freizeitbereich, wie beispielsweise Rollerrennen oder ein Fußballturnier blieben nach wie vor nebensächlich und fielen bei der Auswertung im Gegensatz zu den „politischen" und organisatorischen Erfolgen wie der Werbung von fast 3000 Pionieren nicht ins Gewicht.[880] Trotz dieser Mitgliederzunahme konstatierte die Pionierleitung aufgrund von reichsweit lediglich 76 durchgeführten Schulversammlungen und der Gründung von 29 Schulvorposten allerdings einmal mehr „ganz besondere Schwächen [...] bei unserer Arbeit in den Schulen."[881]

Konnten die Kommunisten bei aller Selbstkritik die 11. IKW in der reichsweiten Perspektive noch als teilweise erfolgreich betrachten, so wurde die 12. IKW vom 1. bis 14. Mai des Jahres 1932 derart unzureichend organisiert und durchgeführt, dass sich das Kinderbüro zu einer Wiederholung vom 2. bis 9. Oktober entschloss.[882] In Berlin allerdings, wo die die Behörden „mit erneu-

---

[879] *Schreiben des Polizeipräsidenten mit Bericht der Abt Ia an den Preußischen Innenminister vom 23. 5. 1932*, GSta, Rep. 77, Abt. II, Sekt. 31, Nr. 416, Bl. 65.

[880] *Bericht über die 11. IKW (wie Anm. 871).*

[881] Ebd.

[882] *Mitteilung des LKA Berlin vom 11. 9. 1932*, BArch, R 1501/20122, Bl. 104.

ter politischer Verhetzung der Schulkinder und evtl. auch mit erneuten Störungen des Schulbetriebes" rechneten, konnte auch im zweiten Anlauf keine erfolgreiche IKW durchgeführt werden. Bei der polizeilichen Aushebung einer Vorbereitungsveranstaltung der Funktionäre der Roten Jungpioniere Groß-Berlins am 27. September konnte „verhetzendes Material" sichergestellt werden, das unter anderem Aufforderungen zum Schulstreik beinhaltete.[883] Der nach der „Reichsexekution" gegen Preußen[884] als Innenminister fungierende Reichskommissar Franz Bracht[885] belegte die im Rahmen der IKW geplanten Veranstaltungen in Preußen daraufhin mit einem Verbot. Die rechtliche Grundlage bildeten der § 14 des preußischen Polizeiverwaltungsgesetzes[886] und die Verordnung des Reichsinnenministers Wilhelm Freiherr von Gayl[887] vom 28. Juni 1932, die die Möglichkeit eröffnete, politische Veranstaltungen zu untersagen, „wenn nach den Umständen eine unmittelbare Gefahr für die öffentliche Sicherheit zu besorgen ist."[888] Diese Gesetze sollten angewandt werden, falls nicht ohnehin die Möglichkeit bestand, die Veranstaltungen aufgrund der allgemeinen Versammlungsverbote unter freiem Himmel vom 18.

---

[883] *Schreiben des Polizeipräsidenten an den Preußischen Innenminister vom 27. 9. 1932,* GSta, Rep. 77, tit4043, Nr. 241, Bl. 163f.

[884] Mit der auch als „Preußenschlag" bezeichneten staatsstreichartigen Aktion wurde die seit April 1932 nur noch kommissarisch arbeitende preußische Regierung Braun/Severing (beide SPD) abgesetzt. Reichskanzler von Papen übernahm das Amt des Ministerpräsidenten, Franz Bracht übernahm als Reichskommissar die Geschäfte des preußischen Innenministers. Vgl. Ludwig Biewer, *Der Preußenschlag vom 20. Juli 1932, Ursachen, Ereignisse, Folgen und Wertung,* in: Blätter für deutsche Landesgeschichte, Jg. 119 (1983), S. 159–172; Gotthard Jasper, *Die gescheiterte Zähmung. Wege zur Machtergreifung Hitlers 1930–1934,* Frankfurt a. M. 1986, S. 93–104; Heinrich-August Winkler, *Der Weg in die Katastrophe. Arbeiter und Arbeiterbewegung in der Weimarer Republik 1930–1933,* Berlin/Bonn 1987, S. 647–680.

[885] Franz Bracht (* 23. 11. 1877, † 26. 11. 1933), Jurist, 1924–1932 Oberbürgermeister in Essen (Zentrum, später parteilos), 1932/33 Reichskommissar für Preußen und Reichsminister des Innern.

[886] Der § 14 regelte die „Aufgaben der Polizeibehörden." Danach hatten diese „im Rahmen der geltenden Gesetze die nach pflichtmäßigem Ermessen notwendigen Maßnahmen zu treffen, um von der Allgemeinheit oder dem einzelnen Gefahren abzuwehren, durch die die öffentliche Sicherheit oder Ordnung bedroht wird. Vgl. das *Polizeiverwaltungsgesetz vom 1. 6. 1931,* Preußische Gesetzsammlung, Jg. 1931, Nr. 21, S. 77–94.

[887] Wilhelm Freiherr von Gayl, (* 4. 2. 1879, † 7. 11. 1945), Jurist, Mitglied der DNVP, vom 1. 6. bis 3. 12. 1932 Reichsminister des Innern.

[888] *Funkspruch an alle Polizeireviere vom 1. 10. 1932,* GSta, Rep. 77, tit4043, Nr. 241, Bl. 182. Zitat aus der Verordnung in: *Verordnung des Reichsministers des Innern über Versammlungen und Aufzüge vom 28. 6. 1932,* Reichsgesetzblatt, Jg. 1932, Nr. 40, S. 339.

und 22. Juli 1932 zu untersagen.[889] So fand die IKW, die eigentlich die Kernveranstaltung der Roten Pioniere sein sollte, im Jahr vor der nationalsozialistischen Machtergreifung in der Reichshauptstadt nicht mehr statt.

Über die gesamte Zeit der Weimarer Republik betrachtet dokumentiert die Geschichte der IKW die Probleme der Gruppen vor Ort, die umfangreichen Anweisungen der kommunistischen Führung umzusetzen. An Materialien und Ausführungsbestimmungen zur Durchführung der geplanten Veranstaltungen mangelte es nicht. Allerdings war die Anzahl an funktionierenden Ortsgruppen zu klein, und die vermutlich oftmals mit Arbeitsaufträgen überlasteten Genossen waren kaum in der Lage, diese umzusetzen. Im Endeffekt gab es dadurch eine leicht erhöhte Veranstaltungstätigkeit, die sich mit einiger Sicherheit nur an den Orten mit funktionierenden Gruppen abgespielt hat. Eine flächendeckende Aktivität konnte kaum entwickelt werden. Obwohl dies auch den Behörden bekannt war, erwirkten diese in der Endphase der Weimarer Republik Verbote. Das härtere Durchgreifen in den Jahren 1931 und 1932 mag an der Erwartung gelegen haben, die Kommunisten könnten eine größere Aktivität entfalten, als es in den vorherigen Jahren der Fall war. Zudem waren die Behörden aufgrund der anhaltenden Auseinandersetzungen mit der KPD stärker für kommunistische Aktionen sensibilisiert. Dies galt auch für die Kindergruppen. Eine 1931 verfasste Denkschrift des Reichsministeriums des Inneren über die reichsweite Aktivität kommunistischer Kinder bestätigte, dass „beurteilt nach der zahlenmässigen Stärke […] der kommunistischen Kinderbewegung in der Tat keine allzugrosse Bedeutung" zukäme. Trotzdem wurde der JSB in diesem Bericht als gefährlich eingestuft: „Der Radikalismus aber, der sich zusehends im JSB auswirkt und im revolutionären Schulkampf augenfällig wird, zwingt zu einer strengeren Beurteilung und darüber hinaus zu der Feststellung, dass die kommunistische Propaganda unter den schulpflichtigen Kindern nicht einflusslos an der Jugend vorübergeht."[890] Auch im Bereich der Kindergruppen musste daher härter durchgegriffen werden. Das sichergestellte Material, das zu den Verboten führte, war dabei in seiner Qualität nicht neu. Die Aufforderungen zum Schulstreik zum Beispiel lassen sich kontinuierlich nachweisen. In den letzten Jahren der Weimarer Republik waren die Behörden allerdings nicht mehr gewillt, die Auseinandersetzung allein auf pädagogischem Boden zu führen.[891]

---

[889] *Funkspruch* (wie Anm. 888). *Die 2. Verordnung des Reichsministers des Innern über Versammlungen und Aufzüge vom 18. 7. 1932* ist gedruckt in: Reichsgesetzblatt, Jg. 1932, Nr. 46, S. 355; *3. Verordnung des Reichsministers des Innern über Versammlungen und Aufzüge vom 22. 7. 1932*, ebd., Nr. 50, S. 385.

[890] *Anlage des Schreibens des Reichsministerium des Inneren vom 27. 1. 1931, „Die Kommunisten und die Schule" von Ministerialdirektor Pellengahr*, in: StAHH, 361-2 V, 154a, Bd. 1.

[891] Vgl. dazu Kap. III.3.

2.4 Spiel und Freizeit

Von Beginn der kommunistischen Kindergruppenarbeit an war der Umgang mit Spiel und Freizeit umstritten. Die Kindergruppengründer der Anfangsphase, die dem Arbeiterkind eine Alternative zu den bürgerlichen Organisationen bieten wollten, befürworteten durchaus einen auf die Freizeitgestaltung ausgerichteten Verband. Die von Hoernle entwickelte pädagogische Konzeption hingegen konzentrierte sich auch in dem Bewusstsein des kindlichen Spieltriebes frühzeitig auf die politische Kampferziehung, die im Bereich des Schulwesens stattfinden sollte und eine entsprechende organisatorische Kaderausrichtung erfuhr. Die Mitglieder des KJVD, die mit der Organisation des Verbandes befasst waren, versuchten dies umzusetzen und vermeldeten im Jahr 1921 das Ende der „kommunistischen Kindergärten".[892]

Fortan blieb der Bereich Spiel in den Führungskadern unpopulär und wurde als zu „sozialdemokratisch" empfunden. Es wurde versucht, mit den Kindergruppen einen Beitrag zum Kampf gegen das System zu leisten. In der Praxis allerdings blieben Gruppen existent, bei denen eher die Freizeitgestaltung im Vordergrund stand. Im Jahr 1925 forderte die Leitung eine „radikale Änderung unserer Methoden der Schulung in den Kinderorganisationen, d. h. die Umbildung der Spiel-, Tanz- und Wandervereine in Kampforganisationen, in Rekrutenschulen des KJV."[893] Und noch 1928 formulierte die Hamburger Bezirksleitung die Aufgabe, „aus einer den Kinderfreunden nicht unähnlichen Latscherorganisation einen wirklichen Kinderverband" schaffen zu müssen.[894] Inwiefern in den von der Leitlinie abweichenden Gruppen grundsätzlich andere Konzeptionen eine Rolle spielten oder die jungen Leiter schlicht nicht in der Lage waren, die von der Zentrale geforderte Linie umzusetzen, muss dabei offen bleiben.

Zumindest den Pädagogen war der Wunsch der Kinder nach spielerischer Betätigung durchaus bewusst. Zwar wies Hoernle 1923 in seiner Abhandlung über die Arbeit in den Kindergruppen darauf hin, dass eine reine Freizeitorganisation, wie sie die Eltern oftmals erwarteten, nicht wünschenswert sei. Andererseits sei auch die Perspektive der KJVD-Leiter, die in den Kindergruppen „oft einseitig nur die Vorstufe zur Jugendorganisation" sahen, nicht zielführend.[895] Entsprechend hob Hoernle trotz der Kernaufgabe der Einübung des Klassenkampfes an der Schule die „große pädagogische Bedeutung des Spieles" als „Vorstufe und Vorschule der ernsten Kampfarbeit" hervor. Spiel und Ernst würden „fast unmerklich" ineinander überleiten. Dabei

---

[892] Der organisatorische Konflikt wurde in Kap. II.1.1 dargestellt.

[893] *Die Mitglieder der KKG. – zukünftige Mitglieder des KJV*, DPK, Jg. 5 (1925), Nr. 1, S. 9.

[894] *Bericht an die Reichszentrale* (wie Anm. 503).

[895] Hoernle, *Kommunistische Kindergruppen* (wie Anm. 256), S. 148.

betrachtete er neben Aufführungen, Rezitations- und Lesestunden auch das Einüben der kommunistischen Gruppenstrukturen und die Einführung in die Verbandsfunktionen als Spiel, das durch die Helfer sukzessive in ernsthafte kommunistische Kampfarbeit überführt werden sollte.[896]

Das grundsätzliche pädagogische Ziel blieb also auch beim Spielen die Einführung in den Klassenkampf. „Denke daran", so formulierte es der Genosse Helmuth in einem Beitrag für das *Proletarische Kind*, „daß revolutionäre Spiele nicht nur Spiele sind, sondern gleichzeitig auch ein ‚Arbeitsunterricht'". Die Rollenverteilung unter den Spielern sollte nach „Fähigkeiten" erfolgen und das Alter berücksichtigt werden. Der Spielleiter war angewiesen, auf „musterhafte Ordnung und Disziplin" zu achten, Aufzeichnungen „über die Haltung deiner Abteilung" anzufertigen und „sowohl die körperlichen, als auch die geistigen Fähigkeiten der Spieler" festzuhalten.[897] Hier wird das Ziel der späteren Kaderrekrutierung deutlich, die durch diese Aufzeichnungen erleichtert werden konnte. Auch für die weitere Schulung der Kinder konnten diese nützlich sein.

Neben der spielerischen Schulung der Kinder sollte die Gewinnung neuer Mitglieder nicht aus den Augen verloren werden. Das Ziel des Spielleiters musste es sein, „das Spiel zum Massenspiel auszubauen." Dabei sollten möglichst „weniger Zuschauer und mehr Spieler da" sein. Eine Ausnahme bildeten Spielveranstaltungen an Sonn- und Feiertagen, „an denen aus agitatorischen Gründen eine größere Anzahl von Zuschauern erwünscht" war.[898]

Die als pädagogisch wertvoll erachteten Spiele mit oft paramilitärischem Charakter simulierten die Konfrontation mit dem bürgerlichen System. In einem Rundbrief zum Thema „Politische Massenspiele" wurde zum Beispiel ein „Streik-Spiel" vorgestellt. Die „Streikposten" sollten einen Hof, eine Fabrik oder eine Straße abriegeln, in dem sie sich an Stellen mit einem guten Ortsüberblick versteckten und auf die Kinder der Gruppe der „Streikbrecher" warteten. Diese sollten versuchen, sich an den Posten vorbei zu schleichen. War ein Streikbrecher entdeckt, hatte der Posten „Halt!" zu rufen und ihn damit gefangen zu nehmen.[899]

Ebenfalls angeregt wurden Geländespiele, in denen zwei Gruppen jeweils die gegnerische Fahne aus deren Lager entwenden mussten. Bei diesen Spielen sollte vor dem Beginn und nach der Beendigung ein Appell durchgeführt werden. In einer speziellen Variante spielten die Kinder „Rote und Wei-

---

[896] Ders. *Die Aufgaben der Leipziger Konferenz*, DPK, Jg. 1 (1921), Nr. 8, S. 3. Vgl. auch Hoffmann, *Kindergartenpolitik*, S. 110f.

[897] Helmuth, *Allgemeine Regeln für die Durchführung organisierter Spiele*, DPK, Jg. 6 (1926), Nr. 5/6, S. 20.

[898] Ebd.

[899] Zentralbüro des JSB, *Politische Massenspiele*, 20. 10. 1928, SAPMO-BArch, RY 1, I4/1/81, Bl. 360–365.

ße Armee". Die Rote Armee verteidigte einen Geländeabschnitt gegen die Weiße. Mit dieser Variante wurde den Kindern die Situation der UdSSR verdeutlicht, die entsprechend der kommunistischen Interpretation am Ende der 20er Jahre permanent von einem Angriff bedroht gewesen sei.[900] Einen ähnlichen Hintergrund hatte das Spiel „Verteidigung der Fahne". Ein Kind aus der Gruppe der „Rotarmisten" verteidigte in einem Kreis stehend eine Rote Fahne gegen Ballwürfe der Kinder aus der Gruppe der „Faschisten". Gewann der Rotarmist, indem er über drei Minuten keinen Treffer zuließ, „begibt er sich zur Erholung auf das Territorium der Sowjetunion" und konnte gleichzeitig einen Faschisten abführen. Verlor er, musste er in den „Faschistenknast".[901] Die Topoi der schützenswerten Sowjetunion mit ihren Errungenschaften für die Arbeiter auf der einen sowie die Identifikation der Faschisten als Hauptgegner auf der anderen Seite zeigen eindeutig den didaktischen Hintergrund des spielerischen Erlernens der kommunistischen Weltanschauung auf.

Bei Spielen mit einem komplexeren Hintergrund sollte zudem eine kurze ideologische Einführung erfolgen. Bei der symbolischen Befreiung von Kommunisten aus einem Gefängnis durch die Entwendung kleiner Fähnchen, die wiederum von „Faschisten" geschützt wurden, veranstaltete der Gruppenführer eine „zehn Minuten dauernde Besprechung über das Thema ,Internationale Rote Hilfe'."[902]

Trotz dieser ausführlichen Anleitungen blieb der spielerische Aspekt insgesamt aber unterrepräsentiert. In der Folge gestaltete sich die Verbandsarbeit für Kinder als eher unspektakulär. „Im Allgemeinen", so kritisierte die Reichsleitung im Jahr 1931, seien „die Zusammenkünfte der Schulvorposten meistens uninteressant."[903] Sie waren oftmals einem Parteitreffen nicht unähnlich und somit wenig geeignet, Kinder anzuziehen. Dabei wurde mit der postulierten Wendung zu den Massen und den damit verbundenen Überlegungen über das Ausbleiben der Mitglieder bereits seit 1930 versucht, die spielerische Betätigung als einen zentralen Aspekt der Arbeit verstärkt in den Mittelpunkt zu rücken. Der Inhalt der kommunistischen Arbeit sollte endlich den „Bedürfnissen, Fähigkeiten und dem Alter der Kinder angepasst" werden. Die bisherige Arbeitsweise, von der Pionierleitung nun selbst als „schematische Beteiligung

---

[900] *Unser Geländespiel „Weiße und Rote Armee"*, DPK, Jg. 8 (1928), S. 44–46.

[901] *Verteidigung der Fahne*, DPK, Jg. 6 (1926), Nr. 4, S. 15.

[902] Ebd., S. 14. Die Rote Hilfe war eine 1924 gegründete, der KPD nahestehende Hilfsorganisation für politische Gefangene, die mehrere hunderttausend Mitglieder hatte. Vgl. Nikolaus Brauns, *Schafft Rote Hilfe! Geschichte und Aktivitäten der proletarischen Hilfsorganisation für politische gefangene in Deutschland (1919–1938)*, Bonn 2003.

[903] *Informatorischer Bericht über die Lage des Pionierverbandes (1931)*, SAPMO-BArch, RY 1, I4/1/82, Bl. 397–402.

an Parteiaktionen, [...] Abklatsch und schematische Übernahme der Parteilosungen" interpretiert, sollte durch „Methoden der Verbindung der Unterhaltung und Bildungsarbeit mit dem Klassenkampf" ersetzt werden. „Selbst die reaktionären christlichen Organisationen wenden vielseitige, lebendige, den Kindern angepasste Methoden wie Sport, Spiel, Wanderungen, Lager, Basteln, Zeichnen, Briefwechsel usw. an, um den Kindern entgegenzukommen und sie für ihre Zwecke zu erziehen. Können wir das nicht auch?"[904]

Diese „angepassten Methoden" stellten dabei das Mittel zum Zweck dar, mit dem die Kinder, wie es auch bei den christlichen Organisationen vermutet wurde, gleichsam angelockt werden konnten, um sie dann gezielt kommunistisch zu ideologisieren. Organisatorisch wurde diesem Bedarf der Kinder mit der Einrichtung von „Zirkeln" in den Kindergruppen Rechnung getragen, die entsprechend den Wünschen der Pioniere ausgestaltet werden konnten und zum Beispiel Basteln oder Schauspiel zum Thema hatten.[905] Sie waren allerdings nur eine Ergänzung zu den Pionierabteilungsveranstaltungen, denen weiterhin das Hauptaugenmerk galt. Dort sollten zwar Spiel- und Unterhaltungsnachmittage eingebaut werden, im Gegensatz zu der postulierten Wendung blieben aber die alten Inhalte erhalten: „Schulungsarbeit im Klassenkampf, die Vorbereitung der Kinder zur Beteiligung an den Kämpfen [...], Vertrieb der Trommel."[906]

Entsprechend hielten sich die Auswirkungen der inhaltlichen Reformbemühungen in engen Grenzen. Oftmals waren die Leiter mit der Umsetzung einmal mehr überfordert und setzten nur sporadisch Zirkel und spielerische Elemente ein. Zudem wurde die kindgerechte Arbeit weiterhin gering geschätzt. Das Pionierbüro formulierte 1931 den Zweck der Zirkel unverblümt. Diese seien „nicht da zur Unterhaltung unserer Pioniere, sondern zur Massenwerbung neuer Pioniere."[907] Der Wille, auf die Bedürfnisse der Kinder einzugehen, war offensichtlich weiterhin nicht sehr ausgeprägt und stand hinter den für die jugendlichen Verantwortlichen interessanteren inhaltlich-ideologischen und organisatorischen Aspekten zurück.

Dabei konnten mit der Umsetzung der neuen Richtlinie durchaus Fortschritte in der Kinderarbeit erzielt werden. 1931 beschloss das Bezirkskinderbüro Wasserkante, dass „wir jetzt vollkommen mit den alten Arbeitsformen brechen und wirklich kindgemässe Methoden anwenden."[908] Der Erfolg ließ

---

[904] *Kampf um die Massen* (wie Anm. 520), S. 3f.

[905] *Richtlinien für die Kinderarbeit* (wie Anm. 521), Bl. 1.

[906] *Kampf um die Massen* (wie Anm. 520), S. 3f.

[907] *Fünfmonatsplan der Jungen Pioniere, Dezember 31 bis mai 32*, SAPMO-BArch, RY 1, I4/1/82, Bl. 326.

[908] *Rundbrief Nr. 1 an alle Leiter und Helfer des Verbandes Roter Jungpioniere* (1931), SAPMO-BArch RY 1, I4/1/82, Bl. 439–441.

nicht lange auf sich warten und blieb auch den Berliner Genossen in der Pionierleitung nicht verborgen. Sie konstatierten im selben Jahr, Hamburg habe im Bereich der Schularbeit „einen Durchbruch gemacht, indem man auf den Zusammenkünften der Schulvorposten unsere Zirkel auftreten lies [sic] (Bastel, Musik, Agitprop etc.), Wettbewerbe und Wettspiele der Schulvorposten untereinander und Exkursionen organisierte."[909]

Der Umstellung der Arbeitsmethode war offensichtlich ein Stück weit Erfolg beschieden und die Gruppenleiter schafften es, für Kinder interessante Veranstaltungen zu organisieren. Gleichwohl verstetigte der kommunistische Kinderverband auch in Hamburg die Erfolge nicht und verfehlte so auch dort den Ausbau zu einer mitgliederreichen Organisation. Das Hemmnis hatten die Hamburger Genossen zu Recht erkannt: Ein tief sitzendes „Misstrauen und Unverständnis [...] von Seiten der erwachsenen Arbeiterschaft wie auch der Arbeiterkinder" gegenüber dem Verband, der nach wie vor seine Hauptaufgabe in der politisch-ideologischen Schulung der Kinder sah.[910] Die halbherzigen Reformbemühungen von Seiten der Zentrale im Bereich „kindgemässe Methoden" konnten dies nur unzureichend verdecken.

Dabei gab es durchaus erfolgreiche Veranstaltungen, die einen Weg aufzeigten, wie die Kinder und vor allem die Eltern erreicht werden konnten. Eine der gelungenen Aktionen der Kommunisten, die Freizeit und Pädagogik in einer Weise verband, die auch bei der Elternschaft großen Anklang fand, bestand in der Durchführung von Sommerlagern. 1926 führte der JSB am Niederrhein das erste Pionierlager durch. 600 Kinder beteiligten sich daran. Zwar waren die Funktionäre nur bedingt zufrieden mit der Durchführung des Lagers, das ein „Ferienlager" und kein „Pionierlager" gewesen sei. Die Arbeit wurde durch den Mangel an Betreuern erschwert. Die vor Ort Tätigen seien zudem durch „Unsitten wie Rauchen" negativ aufgefallen und konnten die gewünschte Schulungsarbeit nur unzureichend verrichten. Durch die „pädagogische Unfähigkeit sank unsere [des JSB – Anm. d. Verf.] Arbeit zur Kinderfreundearbeit ab."[911]

Aber auch wenn die Kinder während des Lageraufenthaltes nicht in dem Maße pädagogisch betreut werden konnten, wie es die Kommunisten geplant hatten, so war doch die Mobilisierung von 600 Kindern ein erheblicher Erfolg, der ein positives Licht auf die kommunistische Tätigkeit warf.

Im Juli 1928 fand in der Nähe von Hammelspring eine ähnliche Aktion für Berliner Arbeiterkinder statt. Seit der Mitte des Vorjahres planten die Berliner Kommunisten die Errichtung eines Lagers für 800 Teilnehmer. Aufgrund der schlechten gesundheitlichen Situation der Großstadtkinder in ihren beeng-

---

[909] *Informatorischer Bericht* (wie Anm. 903).
[910] *Rundbrief Nr. 1* (wie Anm. 908).
[911] *1. Pionierlager am Niederrhein*, DPK, Jg. 6 (1926), Nr. 7/8, S. 12f.

ten Wohnverhältnissen sollte in einem außerhalb gelegenen Areal eine Möglichkeit zu Erholung und Regeneration geschaffen werden, bei der sich die Kinder körperlich betätigen konnten und mittels der guten Luft sowie einer ausreichenden Ernährung die Gesundheit verbessert wurde.

Die große Hürde, die von den Organisatoren im Vorfelde genommen werden musste, bestand in der Finanzierung. Um das Einkommen der Arbeiterfamilien war es in der Regel nicht gut bestellt und eine Urlaubsverschickung der Kinder aus diesem Grunde illusorisch.[912] Auf eine weitgehende Beteiligung der Eltern an den Kosten sollte und musste verzichtet werden. Die chronische Finanznot der KPD tat ein Übriges dazu, dass sich das Unternehmen am Rande des Scheiterns bewegte. Die Partei versuchte mehrfach, beim Berliner Magistrat Beihilfen aus dem Etat für Jugendpflege betreibende Organisationen zu beantragen. Das Gesuch, die an den geschätzten 22.000 benötigten Reichsmark fehlenden 8.000 RM aus diesem Fond zu ergänzen, wurde mit Hinweis auf eine anderweitige Verwendung der Gelder und einem verbleibenden Restetat von lediglich 800 RM abgelehnt. Die KPD selbst konnte nur 14.000 RM aufbringen.[913] In einem zweiten Versuch konnten ein halbes Jahr später 300 RM akquiriert werden. Diese stellten im Verhältnis zu den geplanten Gesamtkosten allerdings lediglich ein Bruchteil des notwendigen Betrages dar.[914]

Mit Hilfe von Spendenaufrufen in der *Roten Fahne* und Sammlungen in den Bezirken gelang es trotzdem, im Jahr 1928 und ein zweites mal 1929, wenn auch in kleinerem Umfang als geplant, das Lager zu veranstalten.[915] Mit einem hohen propagandistischen Aufwand und unter misstrauischer Begleitung der Behörden und der konservativen Presse zogen am 14. Juli zwischen 350 und 500 Kinder in die 25 Zelte des nach dem sowjetischen Volkskommissar für Verteidigung Kliment Efremovič Vorošilov[916] benannte „Woroschilow-Lager"

---

[912] Knapp 90% des Einkommens mussten für den unmittelbaren Lebensunterhalt in Form von Nahrung, Kleidung und Miete eingesetzt werden. Vgl. Peukert, *Jugend*, S. 61f.

[913] *Schreiben an den Magistrat der Stadt Berlin vom 15. 10. 1927* und *Antwort vom 27. 10. 1927*, SAPMO-BArch RY 1, I4/1/81, Bl. 339f.

[914] *Schreiben an das Jugendamt Berlin vom 20. 4. 1928* und *Antwort vom 18. 6. 1928*, ebd., Bl. 344; 358.

[915] Zu den Spendenaufrufen und den Bezirken vgl. *Die Rote Fahne vom 8. 6.* und *1. 7. 1928*.

[916] Kliment Efremovič Vorošilov (* 23. 1. 1881, † 2. 12. 1969), vom 7. 11. 1925 bis 8. 5. 1940 Volkskommissar für die Verteidigung der Sowjetunion, 1926–1957 Vollmitglied im Politbüro, ab 1935 Marschall der Sowjetunion.

ein. 200 Liter Milch, 2000 Schrippen, 70 Brote und 70 Pfund Fleisch standen täglich für die Ernährung zur Verfügung.[917]

Die Pioniere wurden in „Swenos" (Zehnereinheiten) organisiert, von denen jeweils fünf eine Kommune bildeten. Diese Swenos wurden von gewählten Kindern geleitet, erhielten einen Wimpel und wählten einen Namen. Die Kommune leitete ein Jugendlicher aus den Reihen des Kinderverbandes. Die gesamte Lagerleitung oblag der sogenannten Kommission, der unter anderem ein Parteivertreter, ein Arzt und einige Elternvertreter angehörten. Einer der Hauptinitiatoren dieses Ferienlagers war mit Fritz Ausländer bezeichnenderweise einer der Kritiker der Schulkampfkonzeption. An der pädagogischen Marschrichtung allerdings ließen die weiteren Organisatoren keinen Zweifel: „Ein Massenpionierlager als *Kampflager* [...] soll es werden, unter der Parole: Licht, Luft, Freiheit den Arbeiterkindern!"[918] Im Gegensatz zu den schulischen Agitationsversuchen beschränkte der JSB hier allerdings die Erziehung auf eine kommunistische Lagerorganisation, wodurch offensichtlich mehr Eltern gewillt waren, ihre Kinder abzugeben. Zudem werden für die meisten von ihnen der preisgünstigen Urlaubsmöglichkeit wenig Alternativen gegenübergestanden haben.

Mit dem jüngst aus der Festungshaft entlassenen Max Hölz[919], der aufgrund einer vermutlich falschen Verurteilung wegen Mordes zu einer der kommunistischen Ikonen der Weimarer Republik wurde, konnte das Woroschilow-Lager zudem noch einen prominenten Gast präsentieren. Hölz verfasste im Anschluss an seinen Besuch einen begeisterten Artikel für die Rote Fahne, in dem er die Lagerorganisation lobte und sich über die Pioniere freute, „aus denen gewiss einmal unerschrockene, opferwillige Klassenkämpfer, echte ‚Berufsrevolutionäre' im Sinne des Genossen Lenin" werden.[920]

Die Durchführung des Lagers konnte damit propagandistisch wie auch inhaltlich als voller Erfolg verbucht werden. Eine Wiederholung im Folgejahr gelang nicht in derselben Weise. Es stellten sich Probleme mit der Hygiene und der Unterbringung ein, was vermutlich an den mangelnden finanziellen

---

[917] *Bericht der Abteilung Ia über das Lager Woroschilow*, 31. 7. 1928, GSta, Rep. 77, 4043, Nr. 414, Bl. 21–29. In dem Bericht sind 350 Kinder erwähnt. Nach den Artikeln der Roten Fahne waren 500 Kinder anwesend. Vgl. *die Rote Fahne vom 17. 7. 1928.*

[918] *Das Sommerlager der Berliner Pioniere*, DPK, Jg. 8 (1928), Nr. 4, S. 116–118.

[919] Max Hölz (* 14. 10. 1889, † 15. 9. 1933), KPD-Mitglied, zeitweise ausgeschlossen, 1920 zu lebenslanger Haft wegen Mordes verurteilt, am 18. 7. 1928 amnestiert, 1929 Übersiedelung in die Sowjetunion, 1933 unter ungeklärten Umständen ertrunken.

[920] *Die Rote Fahne vom 2. 8. 1928.*

Mitteln lag.[921] Auf die erneute Durchführung eines Ferienlagers wurde in den Folgejahren verzichtet.

Obwohl insbesondere die Veranstaltung des Ferienlagers ein positives Beispiel für die Kinderarbeit darstellte, blieb der Aspekt der Freizeitgestaltung unterrepräsentiert. Das anhaltend zwiespältige Verhältnis der Verbandsleitung zum Spiel mit den Kindern verdeutlicht die Probleme der Kommunisten im Umgang mit ihrer jüngsten Klientel. In Anbetracht des Alters der Mitglieder des Jung-Spartakus-Bundes sollte dieser Bereich einen großen Raum einnehmen. Die Aktiven im Bereich der Kinderarbeit taten sich allerdings auf diesem Gebiet besonders schwer. Aufgrund der Ausrichtung auf den Schulkampf und der hohen Ideologisierung des KJVD, der den Schwerpunkt auf die Auseinandersetzung mit dem bürgerlichen Lager legte, wurde die Freizeitgestaltung phasenweise kaum berücksichtigt und im Gegenteil als nicht zielführend angesehen. Erst mit der Wendung zum „Kampf um die Massen" wurden aufgrund des Ausbleibens der Mitgliedschaft alternative Konzepte erprobt, um ein „kindgerechtes" Angebot zu entwickeln. Dabei stand kein Gesinnungswandel in Hinblick auf die nach wie vor als richtig erachtete Methodik im Mittelpunkt, sondern der Versuch, über massenkompatible Mittel mehr Kinder zu erreichen, auch wenn diese aus der kommunistischen Perspektive als wenig sinnvoll erschienen. Ausweislich des leichten Mitgliederanstiegs am Ende der Weimarer Republik war diesem Versuch ein gewisser Erfolg beschieden. Über die gesamte Weimarer Zeit betrachtet aber blieben Spiel und Freizeit ein Randthema und der kommunistische Kinderverband damit eine Randorganisation.

---

[921] *Bericht der Abteilung Ia über das 2. Woroschilow-Lager vom 26. 8. 1929*, GSta, Rep. 77, 4043, Nr. 414, Bl. 226–232.

3 „MIT ALLEN MITTELN DER SCHULZUCHT": REAKTIONEN UND ABWEHRMAßNAHMEN

Die staatlichen Behörden beobachteten die kommunistische Agitation mit größter Sorge und waren ungeachtet der offensichtlich geringen Beteiligung der Schulkinder von deren starker Schädlichkeit überzeugt. Während der gesamten Zeit der Weimarer Republik bemühten sich insbesondere die Schulbehörden um eine „Entpolitisierung" der Schule. Dabei standen durchaus nicht nur die Kommunisten im Blickfeld. Auch die politisch rechts stehenden Kräfte sollten unter den Schülern keinen Einfluss gewinnen. Während es den Innenbehörden aufgrund der Rechtslage nur in Ausnahmefällen gelang einzugreifen, verfügten die Hamburger Oberschulbehörde und das preußische Ministerium für Wissenschaft, Kunst und Volksbildung in einer Reihe von Erlassen über die „Entpolitisierung" der Schule. Auch von Seiten der Lehrerschaft wurde das kommunistische Engagement nicht kommentarlos hingenommen, sondern verursachte Diskussionen um den richtigen Umgang mit diesem Phänomen im Unterricht und auf dem Schulgelände.

3.1 Behördliche Maßnahmen zur Entpolitisierung der Schule

Aufgrund der nach der Revolution von 1918 entstandenen Möglichkeiten der unzensierten politischen Meinungsäußerung musste sich auch die Institution „Schule" umgehend mit dem notwendigen Maße von Politik einerseits und deren Grenzen andererseits in ihrer Einflusssphäre auseinandersetzen. Mit dem neu eingeführten Fach der Staatsbürgerkunde sollten die Schüler im Sinne der jüngst gegründeten Republik zu demokratischen Mitgliedern der Gesellschaft erzogen werden.[922] Die Trennung von „Politik" und „Parteipolitik" setzte sich dabei für das Schulwesen gleichsam von der ersten Stunde an durch. Bereits am 14. November 1919, zwei Monate nach dem Inkrafttreten der Verfassung, formulierte der preußische Kultusminister Haenisch einen entsprechenden Ministerialerlass. Darin verfügte er *erstens*, die Schule dürfe „parteipolitischen Bestrebungen aller Art keinerlei Förderung gewähren." *Zweitens* sollten die Lehrer „jede mittelbare oder unmittelbare Beeinflussung ihrer Schüler nach irgendeiner parteipolitischen Richtung hin streng vermeiden." *Drittens* hatten sich auch die Schüler „innerhalb der Schule aller politischen Streitigkeiten und jeder herausfordernden Betonung ihres Parteistandpunktes (z. B. durch Tragen von Abzeichen) zu enthalten." In einem begleitenden Schreiben erläuterte Haenisch seine Beweggründe: Die Schuljugend sei vor „unfruchtbarem Zwist, […] Erziehung und Unterricht vor daraus sich er-

---

[922] Zur staatsbürgerlichen Erziehung in der Schule vgl. Regine Roemheld, *Demokratie ohne Chancen. Möglichkeiten und Grenzen politischer Sozialisatoren am Beispiel der Pädagogen der Weimarer Republik*, Ratingen u. a. 1974, S. 98ff.

gebenden tiefgreifenden Störungen zu bewahren. Das gesamte Schulleben muss daher von politischen Streitigkeiten aller Art ferngehalten werden."[923]

Die Hamburger Oberschulbehörde erließ unter der Leitung des sozialdemokratischen Schulsenators Krause im August 1921 eine ähnlich intendierte Verfügung: „Es widerspricht dem Wesen jeder dem werdenden Menschen geltenden Schul- und Erziehungsarbeit, Gesinnung und Willen der Schüler in den Kampf der Mächte hineinzuziehen, die außerhalb der Schule miteinander ringen." Fortan war den Schülern das Tragen von politischen Abzeichen und den Lehrern die parteipolitische Einflussnahme auf die Schüler untersagt.[924]

Damit war das Verhältnis von Parteipolitik und Schule allerdings keinesfalls geklärt. In Preußen wie in Hamburg gleichermaßen entbrannte eine Diskussion, inwieweit das Tragen der Reichsfarben schwarz-rot-gold als parteipolitische Äußerung gewertet werden solle.[925] Insbesondere die Lehrerschaft, die die Erlasse umsetzen musste, blieb längere Zeit derart verunsichert, dass sich die Behörden zu der Herausgabe von genaueren Direktiven hinsichtlich republikanischer Abzeichen genötigt sahen. Hamburg und Preußen wählten dabei unterschiedliche Wege. Der Hamburgische Schulsenator verfügte 1922, die Reichsfarben „müssen hinfort über der Parteipolitik stehen", und sprach sich eindeutig für das Bekenntnis zur Republik aus.[926] Der nur mäßig vom demokratischen System überzeugte „Vernunftrepublikaner" Carl-Heinrich Becker[927] hingegen regelte die Frage 1925 in Preußen mit einem Verbot aller Abzeichen, also auch der republikanischen, um Auseinandersetzungen zu verhindern.[928] Der Erlass folgte wörtlich einem im Mai des Jahres von dem Provinzialschulkollegium Berlin-Brandenburg verfügten Verbot, das sowohl das Tragen als auch das „bloße Mitbringen" von Abzeichen aller Art untersagte.[929] Auch als der preußische Landtag ein halbes Jahr später beschloss, den

---

[923] *Ministerialerlass vom 14. 11. 1919*, Zentralblatt, Jg. 61 (1919), Nr. 12, S. 668f.

[924] *Erlass zum Verbot der politischen Beeinflussung der Schüler vom 1. 9. 1921*, StAHH, 361-2 V, 154 a, Bd. 1.

[925] Vgl. für Hamburg den Bestand StAHH, 361-2 V, 154a, Bd. 1, passim. Für Berlin GStA, Rep. 76, VIII neu, Sek. 1b, Teil I, Bd. 2, passim.

[926] *Erlass der OSB vom 1. 7. 1922*, StaHH, 361-2 V, 154a, Bd. 1.

[927] Carl-Heinrich Becker (* 12. 4. 1876, † 10. 2. 1933), Orientalist, 1921 und 1925–1930 Kultusminister in Preußen (parteilos). Becker betrachtete die Republik lediglich aufgrund mangelnder Alternativen als sinnvoll, für wirklich funktions- und problemlösungsfähig hielt er sie nicht. Vgl. Beatrice Bonniot, *Die Republik, eine „Notlösung"? Der preußische Kultusminister Carl-Heinrich Becker im Dienste des Weimarer Staates (1918–1933)*, in: Andreas Wirsching/Jürgen Eder (Hgg.), Vernunftrepublikanismus in der Weimarer Republik. Politik, Literatur, Wissenschaft, Stuttgart 2008, S. 299–309.

[928] *Erlass des MWKV vom 29. 8. 1925*, GSta, Rep. 76, VIII neu, Sek. 1b, Teil I, Bd. 2, Bl. 163.

[929] *Erlass des PSK Berlin-Brandenburg vom Mai 1925*, ebd., Bl. 158.

Schülern zumindest an Schulfeiertagen das Tragen der Reichsfarben freizustellen, empfahl Becker dem Ministerpräsidenten Otto Braun[930], diesem Antrag nicht stattzugeben, da so wieder „Streit" in die Schulen hineingetragen würde.[931] Der parteilose Kultusminister betrachtete die Frage verwaltungspragmatisch im Sinne einer Gleichbehandlung aller Parteien, der sich in diesem Falle die Republikaner gleichfalls unterzuordnen hatten. Die politische Uneinigkeit hinsichtlich der Festlegung der Beflaggung von Dependancen im Ausland im sogenannten „Flaggenstreit"[932] begünstigte ihn dabei. In Hinblick auf die staatsbürgerliche Erziehung war ein solcher Standpunkt allerdings nicht unproblematisch, da die Verbannung der republikanischen Symbole diese insoweit herabsetzte, als dass sie und die Staatsform, die sie repräsentierten, ebenfalls parteipolitisch wurden. Damit fehlten sowohl ein übergeordnetes Identifikationsangebot als auch eine eindeutige Stellungnahme zur Demokratie.

Mit der durchaus konfliktträchtigen Haltung der Hamburger Oberschulbehörde wurde diese Problematik hingegen umgangen. Das Verbot war implizit gegen die radikalen Parteien gerichtet. In einem der Entwürfe fügte Krause für die nähere Spezifizierung der zu entfernenden Parteisymbole in einer Klammer „Sovjetstern" und „Hakenkreuz" an. Der Zusatz wurde allerdings vor der Veröffentlichung entfernt, da der Erlass so eindeutig gegen Kommunisten und Nationalsozialisten formuliert wurde und damit keinesfalls mehr überparteilich war.[933] Der sozialdemokratische Senator Krause setzte sich gleichwohl dem Verdacht aus, einseitig die SPD und ihre Koalitionspartner zu unterstützen, die sich mit den schwarz-rot-goldenen Reichsfarben identifizierten.

Unabhängig von der Frage nach der Parteilichkeit von Nationalsymbolen hielten die Behörden bis zum Ende der Weimarer Republik an dem Verbot des Tragens von Abzeichen im Bereich der Schule fest und formulierten damit unabhängig von parteipolitischen Aktivitäten in den jeweiligen Erlassen die Notwendigkeit von politischer Neutralität im Bereich des Schulwesens.

Eine weitere Maßnahme, den Gegnern der Republik die Arbeit zumindest zu erschweren, stellte die Entziehung der Schulräume für Partei- oder

---

[930] Otto Braun (* 28. 1. 1872, † 15. 12. 1955), gelernter Drucker, Mitglied der SPD, von 1920 bis 1932 Preußischer Ministerpräsident.

[931] *Schreiben des Kultusministers an den Ministerpräsidenten vom 18. 2. 1926*, ebd., Bl. 196.

[932] Neben den Reichsfarben schwarz-rot-gold existierte als Handelsflagge weiterhin die schwarz-weiß-rote Fahne, die nach einem Erlass Hindenburgs aus dem Jahre 1926 im Ausland neben der schwarz-rot-goldenen Dienstfahne gehisst werden musste. Vgl. zur Entwicklung der Beflaggung Jörg-Michael Hormann/Dominik Plaschke, *Deutsche Flaggen. Geschichte, Tradition, Verwendung*, Hamburg 2006, S. 102–124.

[933] *Entwurf des Erlasses vom 1. 9. 1921*, StAHH, 361-2 V, 154a, Bd. 1.

Vereinstreffen dar. In Hamburg bedeutete dieser Akt die erste Aktion, die dezidiert aufgrund kommunistischer Betätigung gefasst wurde. Anlass war die Verteilung des Flugblattes *An alle Arbeiterkinder!*[934], das nach Ansicht der Behördenvertreter mit seinen „Übertreibungen, Unwahrheiten, Boshaftigkeiten und Geschmacklosigkeiten [...] ein Hetzblatt schlimmster Sorte" darstellte.[935] Auf der Sitzung der Oberschulbehörde am 19. April 1923 wurde daraufhin in der Hoffnung, solche Flugblattproduktionen künftig zu unterbinden, beschlossen, „allen parteipolitischen Kindergruppen Schulräume nicht mehr zur Verfügung zu stellen."[936] Gänzlich verhindern konnte die Oberschulbehörde die Kindergruppenarbeit so allerdings nicht. Die Gruppen trafen sich in privaten Räumlichkeiten oder Lokalen.[937]

Auch das preußische Ministerium für Wissenschaft, Kunst und Volksbildung regelte die Nutzung von Schulräumen. Dabei betonte der Kultusminister, dass bei der Vergabe an politische oder wirtschaftliche Verbände nicht „engherzig" verfahren werden sollte. Allerdings schloss er alle Gruppierungen aus, die „eine Änderung der bestehenden politischen Verhältnisse auf anderem als gesetzlichem Wege anstreben."[938]

Für Maßnahmen, die über das Schultor hinausreichen, blieb der Handlungsspielraum allerdings begrenzt. Dies erfuhren zunächst die preußischen Kultusminister Becker und sein Nachfolger Otto Boelitz[939]. Ab dem Ende des Jahres 1919 wurden Schülervereine genehmigungspflichtig. Genehmigungsfähig waren „nichtpolitische" und „allgemeinpolitische" Vereinigungen, parteipolitische hingegen nicht. Damit befand sich Becker noch innerhalb seines Kompetenzbereichs. Mit den weiteren Bestimmungen verließ er allerdings das Gebiet der Schulordnung: Die Teilnahme an außerschulischen Vereinigungen sollte ebenfalls von der Schulkonferenz genehmigt werden, wahlunmündigen

---

[934]   *Flugblatt „An alle Arbeiterkinder!"*, ebd.

[935]   So Landesschulrat Umlauf auf der Sitzung der Oberschulbehörde am 19. 4. 1923, *Protokollauszug* (wie Anm. 351).

[936]   Ebd.

[937]   Milberg, *Schulpolitik*, S. 316, sieht in dem Verbot der Schulräumlichkeiten den Grund für das Aussetzen der Agitation in Hamburg bis ca. 1927. Dies ist allerdings eher unwahrscheinlich. Vielmehr haben, wie oben dargestellt, das KPD-Verbot von 1923 und die Reorganisationsbemühungen einige Zeit gekostet. Zudem sind ab Ende 1924, wenn auch vereinzelt, Aktivitäten nachweisbar.

[938]   *Erlass des Ministers für Wissenschaft, Kunst und Volksbildung vom 30. 1. 1920*, Zentralblatt, Jg. 62 (1920), S. 204.

[939]   Otto Boelitz (* 18. 4. 1876, † 29. 12. 1951), Theologe, Gymnasiallehrer, vom 7. 11. 1921 bis 6. 1. 1925 Preußischer Minister für Wissenschaft, Kunst und Volksbildung (DVP).

Schülern wurde der Beitritt zu politischen Vereinigungen verboten. Bei Wahlberechtigten hingegen galten keinerlei Einschränkungen.[940] Zunächst blieb die Resonanz gering, da faktisch keine Verbote erfolgten. Zudem bewegte sich die Kultusbehörde mit den Erlassen durchaus in einem kulturpolitischen Konsens. Im Juli 1922 verabschiedete die Kultusministerkonferenz die *Richtlinien für die Mitwirkung der Schulen und Hochschulen zum Schutze der Republik*, in denen ebenfalls „jede Beeinflussung der Schüler in parteipolitischem Sinne" als „unvereinbar mit dem Geiste staatsbürgerlicher Erziehung" bezeichnet wurde, „wie überhaupt die Fernhaltung der Parteipolitik von der Schule eine Selbstverständlichkeit ist."[941]

Die Kultusministerkonferenz empfahl daher, „geeignete Maßnahmen zur Verhinderung" von Vereinigungen zu ergreifen, „deren Absichten den staatsbürgerlichen Aufgaben der Schule zuwiderlaufen."[942] In Ausführung dieses Beschlusses verschärfte Boelitz das Verbot seines Vorgängers. Als Ergänzung zu dem Erlass wurde nun explizit verfügt, „daß es den Schülern (Schülerinnen) aller Schulen verboten ist, Schülervereinen oder sonstigen Vereinen anzugehören oder an ihren Veranstaltungen teilzunehmen, die sich nach ihren Satzungen oder nach ihrer Betätigung gegen den Staat und die geltende Staatsform richten, seine Einrichtungen bekämpfen oder Mitglieder der Regierung des Reiches oder eines Landes verächtlich machen."[943]

Noch im selben Jahr musste Boelitz die Verfügung allerdings zurücknehmen, da diese sich als nicht durchführbar erwies: „Wer aber den Umfang und die Vielgestaltigkeit kennt, die das Jugendvereinswesen in den letzten Jahren angenommen hat, der wird von vornherein darauf verzichten, [...] der Schule die unmögliche Aufgabe zuzuweisen, hier durch Verbote einzugreifen. [...] Der Versuch, zwischen ‚politischen' oder ‚parteipolitschen' Jugendvereinen und anderen ‚unpolitischen' Verbänden zu unterscheiden, muß, wie die Erfahrung gelehrt hat, notwendig zu Einseitigkeiten und Ungerechtigkeiten führen." Gleichwohl sollte das Verbot der Teilnahme an verfassungsfeindlichen Vereinigungen bestehen bleiben: „Schulen sind Veranstaltungen des Staates. Die Schule kann es deshalb nicht zulassen, daß ihre Schüler Vereinigungen angehören, die sich etwa gegen den Staat oder die geltende Staatsform richten."[944] Offen allerdings blieb, wer die Verfassungsmäßigkeit feststellen

---

[940] *Erlass des Ministers für Wissenschaft, Kunst und Volksbildung vom 11. 3. 1920*, Zentralblatt, Jg. 62 (1920), S. 364f.

[941] *Richtlinien für die Mitwirkung der Schulen und Hochschulen zum Schutze der Republik, angenommen von der Kultusministerkonferenz am 19. 7. 1922*, GSta, Rep. 76, VIII neu, Sek. 1b, Teil I, Bd. 2, Bl. 81f.

[942] Ebd.

[943] *Schreiben des Kultusministers Boelitz an die Provinzialschulkollegien vom 4. 8. 1922*, Gsta, Rep. 76, VIII neu, Sek. 1b, Teil I, Bd. 2, Bl. 2.

[944] *Erlass des MKWV vom 23. 12. 1922*, Zentralblatt, Jg. 65 (1923), S. 19f.

oder Verbote aussprechen sollte. Von einer Nennung als verfassungsfeindlich eingestufter Organisationen sah Becker selbst jedenfalls ab.

Die Hamburger Behörde enthielt sich zunächst eines derartigen Verbotes. Lediglich der Einsatz von Schülern bei Wahlveranstaltungen außerhalb der Schule veranlasste die Oberschulbehörde wiederholt zu Aufrufen, von der „Verwendung von Schülern, wenigstens für die Verbreitung von Wahlschriften und Wahlzetteln auf den Straßen", abzusehen.[945]

Die vorangegangenen Erlasse stellten mit Ausnahme des Entzuges von Schulräumlichkeiten in Hamburg Grundsatzentscheidungen dar, die noch relativ unabhängig von einzelnen Aktionen der Republikgegner verfügt wurden. Vielmehr ging es darum, in der auch für die Institution „Schule" neuartigen Situation ein Regelwerk für das gemeinsame Miteinander zu schaffen. Die kommunistischen Versuche, an der Schule agitatorisch tätig zu werden, blieben in den ersten Jahren der Weimarer Republik gering und erforderten kein stärkeres Eingreifen von Seiten der Behörden.

Dies änderte sich in Hamburg und Preußen erst einige Jahre nach der Organisationsumstellung der Kindergruppen von 1924. Die ersten größeren Aktionen wurden im Rahmen der Feierlichkeiten zum 80. Geburtstag Hindenburgs am 2. Oktober 1927 geplant. In Flugblättern forderten die kommunistischen Schüler ihre Klassenkameraden auf, die Geburtstagszeremonien an den Schulen nicht mitzufeiern und das Deutschlandlied nicht mitzusingen, das den kapitalistischen, reaktionären Staat repräsentiere.[946] In der Hamburger Volksschule Ericastraße wurden während der Feierlichkeiten Schmähschriften verteilt. „Auch in diesem Fall", so vermutete der Bericht erstattende Schulleiter, „scheint wieder die berüchtigte kommunistische Schulzelle am Werk gewesen zu sein."[947] In einer daraufhin von der Oberschulbehörde einberufenen Sitzung mit Vertretern der Senatskommission, der Justizverwaltung und der Polizeibehörde wurde die Spannbreite möglicher Gegenmaßnahmen diskutiert. Die Anwesenden kamen überein, dass „nur die schlimmsten Auswüchse mit juristisch-politischen Maßnahmen bekämpft werden" konnten. Schulrat Umlauf vertrat den Standpunkt, den Schülern, die sich politisch für die KPD engagierten, mit Mitteln wie Strafarbeiten und Nachsitzen zu begegnen, um „die Angelegenheit möglichst bald dem politischen Gebiet zu entziehen und auf das Gebiet der Schulzucht zu lenken." Zudem forderte er, durch „Aufklärungsarbeit" auf Elternversammlungen den Erziehungsberechtigten das „Unsinnige einer politischen Verhetzung von Schulkindern" klarzumachen.[948]

---

[945] *Aufruf an alle Elternräte und Leitungen sämtlicher Schulen vom 24. 9. 1924*, StAHH, 361-2 V, 154a, Bd. 1. Vgl. auch *Aufruf vom 26. 5. 1925*, ebd.

[946] *Flugblatt „Alarm", September 1927*, StAHH, 361-2 V, 154e, Bd. 2.

[947] *Schreiben des Schulleiters Ericastrasse vom 30. 9. 1927*, ebd.

[948] *Protokoll der Besprechung vom 28. 1. 1928*, StAHH, 361-2 V, 154e, Bd. 1. Vgl. auch Milberg, *Schulpolitik*, S. 317.

Auch auf Reichsebene blieb die Entpolitisierungsstrategie Konsens. Nicht nur Hamburg und Preußen kämpften gegen die verstärkte aktive Parteinahme von Schülern für radikale Parteien und deren Organisationen. In Württemberg gab es seit 1925 ein Verbot für Schüler, an Veranstaltungen teilzunehmen, die einen republikfeindlichen Charakter aufwiesen.[949] Thüringen besaß eine ähnliche Verordnung.[950]

Angesichts der ununterbrochenen Agitation von links und der ersten nationalsozialistischen Versuche der Schülerbeeinflussung[951] reagierte die Hamburger Oberschulbehörde am 4. September 1929 mit einem Verbot aller politischen Schülervereinigungen.[952] Diese Maßnahme betraf allerdings weniger die Volksschüler als die höheren Schüler, da die Schülerbünde in der Regel in Gymnasien aktiv waren. Auf kommunistischer Seite musste lediglich der ausschließlich an der Lichtwarkschule tätige „Sozialistische Schülerbund“ (SSB) seine Arbeit offiziell einstellen.[953] Die Volksschüler waren innerhalb der Schule in der Regel nicht organisiert. Aber auch im Bereich der Schülerbünde griff dieses Verbot nur wenig, da die radikalen Vereinigungen illegal weiter tätig waren und vor allen Dingen den republiktreuen Organisationen, die das Verbot achteten, der Boden entzogen wurde.[954] Schulsenator Krause entschloss sich aus diesem Grund ein knappes Jahr später zu einer weiteren Verschärfung des Erlasses. Es sei zu seiner Kenntnis gekommen, „daß sich Schüler der öffentlichen Schulen, und zwar Schüler aller Altersstufen, in letzter Zeit in wachsendem Umfange an den Bestrebungen politischer Organisationen beteiligen, deren Ziel der gewaltsame Umsturz der bestehenden Staatsordnung“ sei. Die Schüler seien „in neuerdings zahlreichen Fällen an öffentlichen Kundgebungen der NSDAP und KPD beteiligt. Ein solches Verhalten von Schülern öffentlicher Schulen kann nicht geduldet werden. Ich verbiete daher den Schülern […] jegliche Betätigung für die NSDAP und KPD.“ Dieses Verbot schloss die Betätigung für „Unter-, Hilfs- und Nebenorganisationen“ ein.[955] Noch im Vorjahr betonte Krause in einer „Klarstellung“ zu seinem Erlass vom 4. 9.,

---

[949] *Verordnung des Kultusministeriums über die Beteiligung von Schülern an schulwidrigen Veranstaltungen vom 17. 7. 1925*, gedr. in: Amtsblatt des Württembergischen Ministeriums des Kirchen- und Schulwesens, 18. Jahrgang (1925), Nr. 11, S. 181.

[950] Vgl. die Referate der Vertreter der Kultusminister zum Thema Politik in der Schule, in: *Protokoll der Sitzung des Ausschusses für das Unterrichtswesen vom 30./31. 1. 1931*, StAHH, 361-2 V, 154a, Bd. 1. Schon 1928 war diese Entwicklung erstmals Thema des Unterrichtsausschusses.

[951] Zur Agitation von rechts vgl. Thomas Krause, *Schüler und Nationalsozialismus vor 1933*, in: Lorent/Ullrich, Traum, S. 211–221.

[952] *Erlass des Schulsenators Krause vom 4. 9. 1929*, StAHH, 361-2 V, 897a.

[953] Zum SSB vgl. StAHH, 361-2 V, 897 b4.

[954] Krause, *Nationalsozialismus*, S. 215.

[955] *Erlass des Schulsenators Krause vom 10. 9. 1930*, StAHH, 361-2 V, 154a, Bd. 1.

dass dieser „nicht gegen das politische Interesse von Schülern, […] nicht gegen Teilnahme an Veranstaltungen" gerichtet sei und ein Lehrer außerhalb der Schule nur eingreifen solle, „wenn die politische Betätigung eines Schülers oder einer Schülergruppe Formen annimmt, durch die das Gemeinschaftsleben der Schüler oder die Bildungsarbeit der Schule ernstlich gefährdet wird."[956] Durch die anhaltende Politisierung sah er nun die Kinder und das Schulwesen offensichtlich derart bedroht, dass eine Ausweitung geboten schien.

Nach der Betrachtung der kommunistischen Aktivitäten und deren Unzulänglichkeiten stellt sich die Frage nach den Gründen für die wiederholte Beschäftigung mit Parteipolitik in der Schule und die Sorge um den Schulfrieden. Bei der Beurteilung durch die Schulbehörden war die absolute Zahl tätiger Schüler beziehungsweise aktiver Kommunisten im schulischen Umfeld offensichtlich weniger relevant. Das entscheidende Kriterium bildete die nachhaltige Störung des Unterrichts und des geordneten Miteinanders von Lehrern und Schülern. Um eine solche Beeinträchtigung hervorzurufen reichten wenige Personen aus. Zudem war für die Schulbehörden nicht abzusehen, wie sich diese Entwicklung fortsetzen würde. Eine „Aufwiegelung" einer größeren Menge an Kindern erschien in der Endphase der Weimarer Republik unter dem Eindruck der kommunistischen Propaganda durchaus als möglich.[957]

Dass diese Bedrohung insgesamt einen diffusen Charakter besaß, sie also oftmals nicht faktisch greifbar wurde, zeigen die Aufzeichnungen des Hamburger Schulrats Flemming zu einem Antrag des Schulbeirates vom 28. April 1931, über die „tatsächlichen Gegebenheiten" informiert zu werden, die die weitreichenden Verbotsmaßnahmen notwendig gemacht hätten. Flemming musste zugeben, „daß kaum die einzelnen Vorfälle genannt werden können, die zu den fraglichen Erlassen Anlaß geboten haben." Vielmehr habe es sich um eine „Fülle von Einzelfällen" gehandelt, die für sich stehend keine Einschränkung politischer Tätigkeit gerechtfertigt hätten. Entsprechend formulierte er in der Referatsvorlage ohne zeitliche und örtliche Bezüge als Ursachen, „daß Aufrufe und Werbeplakate für politische Parteien und politische Schülervereinigungen in den Schulen und an den Schulgebäuden befestigt werden, daß Schüler in öffentlichen und auch in geschlossenen Versammlungen gegen den bestehenden Staat und gegen die Anordnungen der Schule aufgehetzt und in ihrem Vertrauen zur Schule erschüttert werden, daß durch eine der geistigen Reife der Schüler nicht entsprechende parteipolitische Beeinflussung Gegensätze in die Schülerschaft selbst hineingetragen werden und daß endlich Schüler mehrfach, zum großen Teil durch Schülermützen als sol-

---

[956] *Klarstellung zum Schreiben vom 4. 9. 1929*, ebd.

[957] Gleiches galt für nationalsozialistische Betätigung.

che kenntlich gemacht, an politischen Demonstrationen teilgenommen und in einzelnen Fällen, in denen es zu Zusammenstößen mit Organisationen anderer politischer Richtungen oder auch mit der Polizei gekommen ist, sich Gefahren ausgesetzt haben."[958]

Der über das Gebiet der Schule weit hinausreichende Erlass führte zu massivem Protest insbesondere der Elternräte. Diese stimmten mit der Oberschulbehörde zwar darin überein, dass Politik nicht in die Schule gehöre. Mit einem Verbot der politischen Betätigung auch in der Freizeit sahen die Eltern sich jedoch in ihrem Erziehungsrecht eingeschränkt. Der Elternrat der Volksschule Amalie-Dietrichs-Weg betonte, „daß es nicht Angelegenheit der Oberschulbehörde ist, den Erziehungsberechtigten Anweisungen zu erteilen über Erziehungsfragen, die außerhalb des Schulbereiches liegen."[959] Dieser Protest der Eltern war offensichtlich nicht ausschließlich politisch motiviert, sondern richtete sich gegen den als Kompetenzüberschreitung wahrgenommenen Eingriff in das von der Verfassung verbriefte Erziehungsrecht. Aber auch von der durchaus stark vertretenen Seite der Reformpädagogen gab es Einwände gegen die Trennung von Politik und Schule, da es „die Pflicht der Eltern und Erzieher" sei, „sich planmäßig mit solchen Dingen zu beschäftigen."[960]

Aufgrund dieser Bedenken der Lehrer und Eltern wurde mittels des genannten Antrages vom April des Jahres auf der Versammlung des Schulbeirates am 11. Juni 1930[961] unter dem Tagesordnungspunkt „Schule und Politik" ein Kommissar der Oberschulbehörde erbeten, der diesen scharfen Erlass ausführlich begründen sollte.[962] Senator Krause zögerte mit der Entsendung, da – darauf wurde in einer internen Aufzeichnung hingewiesen – die Behörde nicht gegenüber dem Schulbeirat „verantwortlich" sei.[963] Des Weiteren hätte die Verweigerung einer Stellungnahme der Informationspolitik der Oberschulbehörde entsprochen, die sich bisher mit Äußerungen stark zurückgehal-

---

[958] *Antrag im Namen des Schulbeirates vom 28. 4. 1931* und *Bearbeitung des Antrages durch Schulrat Flemming,* StAHH, 361-2 V, 154a, Bd. 1.

[959] *Antrag des Elternbeirates der Volksschule Amalie-Dietrichs-Weg vom 11. 11. 1930,* ebd. Ähnlich äußerte sich der Elternrat des Wilhelm-Gymnasiums Alstertor in einem *Schreiben an die Oberschulbehörde vom 15. 10. 1930,* Ebd.

[960] So formulierte es der Vorsitzende des pädagogischen Ausschusses des Schulbeirates Hans Brunckhorst (DDP) auf der Sitzung des Schulbeirates am 11. 6. 1931. *Protokoll der Sitzung des Schulbeirates vom 11. 6. 1931,* gedruckt in: HLZ, Jg. 26 (1931), S. 416–418.

[961] Die Sitzung war ursprünglich schon für den 17. 4. vorgesehen, wurde aber viermal verschoben. *Schreiben über die Verlegung,* StAHH, 361-2 V, 154a, Bd. 1.

[962] *Antrag im Namen des Schulbeirates* (wie Anm. 958).

[963] *Bearbeitung des Antrages des Schulbeirates vom 28. 4. 1931 durch Flemming,* ebd. Der Schulbeirat sah dies freilich anders.

ten hatte.[964] Die anhaltend starke Resonanz auf dieses Thema bewog den Präses aber dazu, Schulrat Umlauf zu dem Thema Stellung beziehen zu lassen. Dieser argumentierte, in Hinblick auf die Zuhörerschaft durchaus geschickt, zunächst aus Eltern-, dann aus Lehrerperspektive für die Erlasse von 1929 und 1930: „In wiederholten Fällen sind aus Elternkreisen und auch von den Elternräten einzelner Schulen Eingaben an die Oberschulbehörde gerichtet worden, in denen Klage darüber geführt wird, daß Schüler [...] in Anschauungen verstrickt worden sind, die im Gegensatz zu den Erziehungsabsichten der Eltern stehen. [...] Andererseits ist aus Berichten der Schulleitungen hervorgegangen, daß durch die vorzeitige Festlegung einzelner Schüler auf bestimmte politische Anschauungen [...] das zur Erziehungsarbeit notwendige Vertrauensverhältnis zwischen Lehrern und Schülern gestört worden ist." Angesichts dieser Beeinträchtigung der Erziehungsarbeit sollte die Linie der Oberschulbehörde also durchaus auch im Sinne von Eltern und Lehrern sein. Der Erlass von 1930 sei erfolgt „aufgrund vom Senat anerkannter Staatsfeindschaft der Parteien [NSDAP und KPD – Anm. d. Verf.], die nicht von Schülern unterstützt werden können. Den unmittelbaren Anlaß zum Erlasse [...] hat die in zahlreichen Fällen getroffene Feststellung gegeben, daß die in Frage kommenden Parteien [...] fortgesetzt Agitationsschriften in die Schulen hineintragen oder in sonstiger Weise an die Schüler heranbringen."[965] Aufgrund der eher diffusen Beschreibung des „unmittelbaren Anlaß[es]" blieb die Versammlung aber skeptisch, ob die Erlasse wirklich notwendig gewesen seien. Zudem konnte bei der auch von der Presse interessiert verfolgten Sitzung die Frage nicht geklärt werden, inwiefern die Vorgehensweise der Oberschulbehörde rechtswidrig sei, da sie über deren Kompetenzbereich „Schule" hinausging.[966]

Die Oberschulbehörde hielt trotz dieser ungeklärten Aspekte zunächst an dem Verbot fest. Allerdings konstatierten die Behördenmitarbeiter bald die Wirkungslosigkeit dieser Maßnahme. Schulrat Umlauf berichtete 1931 im Reichsausschuss für das Unterrichtswesen über die „zunehmende politische Agitation der Schüler in der Schule" trotz des Verbots. „Abzeichen werden versteckt getragen, Verbreitung von Agitationsmaterial durch Schüler in der Schule, soweit das ohne Kenntnis der Lehrer geschehen kann. [...] Ein Durchgreifen der Schulverwaltung nur in den sogenannten Wahlschulen möglich, in Pflichtschulen so gut wie ausgeschlossen. Die gewöhnlichen Mittel der Schulzucht versagen; die verantwortlichen Personen in den seltensten Fällen festzu-

---

[964] So hatte es die OSB zum Beispiel abgelehnt, auf Anträge wie den des Elternrates der Volksschule Amalie-Dietrichs-Weg einzugehen.

[965] *Protkoll der Sitzung vom 11. 6. 1931* (wie Anm. 960).

[966] Ebd. Zu den Pressereaktionen vgl. die *Presseartikelsammlung der Oberschulbehörde*, StAHH, 361-2 V, 154a, Bd. 1. So nennt die HVZ vom 16. 6. 1931 den Bericht Umlaufs „unbefriedigend", Correspondent und Hamburger Echo (beide vom 13. 6. 1931) beeindruckte die „eloquente" Gegenrede von Brunckhorst.

stellen; Vorgehen gegen die Erziehungsberechtigten, soweit nicht Strafgesetze verletzt werden, fast nie möglich."[967]

Der preußische Kultusminister Adolf Grimme[968] sah die Situation trotz ähnlicher Probleme an den Schulen seines Amtsbereichs weniger dramatisch. Zwar sollte die Jugend „vom Fanatismus und Parteipolitik" ferngehalten werden, allerdings äußerte er auf der Konferenz die Zuversicht, dass mit einer Verbesserung der wirtschaftlichen Lage derartige „Phänomene" wie die Agitation unter Kindern und Jugendlichen verschwinden würden.[969]

Auch der Reichsausschuss für das Unterrichtswesen blieb mit Forderungen, die über den Schulbereich hinausreichten, zurückhaltend und verabschiedete auf seiner Tagung Ende Januar 1931 eine Entschließung mit folgendem Wortlaut: „Der Ausschuß für das Unterrichtswesen ist einmütig der Auffassung, daß den Interessen des Unterrichts und der Erziehung am besten gedient ist, wenn jede Parteipolitik von der Schule ferngehalten wird. Von diesem Gesichtspunkt aus hält er es für notwendig, jede parteipolitische Betätigung der Schüler in der Schule zu unterbinden und ebenso zu verhindern, daß die Schüler in der Schule einer parteipolitischen Beeinflussung ausgesetzt werden."[970]

Krauses Haltung blieb auch aufgrund dieser fehlenden Rückendeckung von Seiten der weiteren Kultusminister problematisch. Wegen des nachhaltigen Widerstandes von Seiten der Eltern und Lehrer sowie der ungeklärten Rechtslage sah sich der Senator gezwungen, eine erneute Verordnung zu erlassen, die den Eingriff in das Erziehungsrecht der Eltern korrigierte. In diesem Erlass hieß es unter Punkt eins: „Die Verantwortung für das Verhalten der Schüler außerhalb der Schule und ihrer Veranstaltungen ist grundsätzlich den Erziehungsberechtigten zu überlassen; die Schule ist nur da einzugreifen berufen, wo ihre Zwecke durch das Verhalten der Schüler gefährdet oder ernsthaft beeinträchtigt werden könnten."[971] Damit war der Versuch, die Kinder absolut von den radikalen Parteien fernzuhalten, gescheitert. Das Verbot der Betätigung innerhalb der Schule blieb weiterhin bestehen. Zudem bemüh-

---

[967] *Referatsentwurf von Schulrat Umlauf* vom 22. 1. 1931, ebd.

[968] Adolf Grimme (* 31. 12. 1889, † 27. 8. 1963), Oberschullehrer, Mitglied der SPD, 1925–1928 Oberschulrat in Magdeburg, 1928–1930 Vizepräsident des PSK Berlin-Brandenburg, 1930–1932 preußischer Kultusminister, 1942 Verhaftung und anschließende Verurteilung zu drei Jahren Zuchthaus, ab 1945 im Hannoverschen, später Niedersächsischen Landtag, dort bis 1948 auch Kultusminister, 1948–1955 Direktor des nordwestdeutschen Rundfunks.

[969] *Niederschrift über die am 28. 1. 1932 im Reichsministerium des Innern abgehaltene Sitzung über die Entpolitisierung der Schule und die Abwehr des Gottlosenbewegung,* StAHH 361-2 V, 154a, Bd. 2.

[970] *Entschließung des Ausschusses für das Unterrichtswesen vom 3. 2. 1931,* ebd.

[971] *Erlass des Schulsenators Krause vom 2. 3. 1932,* ebd.

te sich die Oberschulbehörde, die Teilnahme von Schülern an Veranstaltungen mit antirepublikanischen Tendenzen zu verhindern,[972] die Mitgliedschaft bei den Roten Jungpionieren oder in der Hitlerjugend und politische Aktivitäten außerhalb der Schule mussten aber gestattet werden.[973] Der in der Hamburger Presse fast unisono begrüßte „energische(n) Schritt, […] den Störenfried Politik aus der Schularbeit zu verbannen", war somit in dem Gesamtkontext administrativer Entpolitisierungsmaßnahmen eher ein Rückschritt.[974] Trotzdem musste Senator Krause klarstellen, dass dieser Erlass „entgegen anderer Vermutungen kein Eingriff in den politischen Kampf der Oberschulbehörde selbst" sei, sondern „didaktische Gründe" habe, und er den „Schulfrieden" und den „Geist kameradschaftlichen Gemeinsinns" zu schützen gedenke.[975]

Der Vorwurf der von dem Verbot betroffenen Parteien, Krause praktiziere im Schulbereich sozialdemokratische Politik unter dem Deckmantel von Verwaltungserlassen, traf de facto nicht zu. Krause verfolgte allerdings einen republikanischen Kurs. Er verstand parteipolitische Neutralität nicht als Verpflichtung, auch antirepublikanische Strömungen im Sinne eines Meinungspluralismus zulassen zu müssen, und vertrat anders als Becker einige Jahre zuvor die Auffassung, erklärte Republikfeinde und demokratische Organisationen keineswegs gleich behandeln zu müssen. Dass ein sozialdemokratischer Kinderverein wie die Kinderfreunde aufgrund seiner „Wohlfahrtsbestrebungen" als „unpolitisch" eingestuft wurde[976] und dessen Abzeichen während der Weimarer Zeit im Bereich der Schule getragen werden konnte, während die Roten Jungpioniere dort mit Verboten belegt wurden, mag von radikaler Seite als Parteipolitik gedeutet worden sein. Im Rahmen einer verfassungsgemäßen Betätigung und bei der Einhaltung der „Politikfreiheit" der Schule war dies

---

[972] Die Teilnahme war verboten, wenn „a) eine gewaltsame Veränderung der verfassungsmäßigen Staatsordnung vorbereitet oder zu ihr aufgefordert wird, b) zu Ungehorsam gegen Gesetze der rechtsgültigen Verfassung, […] Regierung, der Behörden oder der Schule […] angereizt wird, c) Träger der Staatsgewalt oder Einrichtungen des Staates beschimpft oder verächtlich gemacht werden, d) die öffentliche Ruhe, Sicherheit oder Ordnung erheblich gestört oder unmittelbar gefährdet werden." Ebd.

[973] Ebd.

[974] Zur Presseresonanz vgl. die *Presseartikelsammlung der Oberschulbehörde* zu diesem Erlass, ebd. Dort auch das Zitat des *Hamburger Echo vom 10. 3. 1932* („Gegen die Politisierung der Schule").

[975] *Erklärendes Schreiben vom 17. 3. 1932 an Schulen und Fachschulen zum neuen Erlass,* ebd.

[976] So in der *Antwort auf das Schreiben des Schulleiters Wagner vom 26. 4. 1928,* StAHH, 361-2 V, 154a, Bd. 1: „Der Verein der ‚Kinderfreunde' ist ein von allen deutschen Jugendämtern anerkannter Wohlfahrtsbestrebungen verfolgender Verein ohne jeden politischen Charakter. Das Tragen dieses Abzeichens ist daher nicht zu beanstanden."

allerdings durchaus vertretbar, da sich der Verein in seinen Aktivitäten nicht gegen die Institution Schule richtete.

Die Auseinandersetzungen um diese Verbote und um das Verhältnis von Politik und Schule illustrieren allerdings die Problematik, mit der sich die Schulbehörden befassen mussten. Das grundsätzliche Problem reichte dabei weit über den Schulbereich hinaus in alle Belange des gesellschaftlichen Zusammenlebens hinein. Der für eine Demokratie notwendige politische Minimalkonsens aller Parteien und ihrer Anhänger, die Staatsform als solche anzuerkennen, fehlte in der Weimarer Republik. In der Folge konnte in allen Bereichen nationaler Repräsentation keine Einigkeit hergestellt und keine überparteiliche Symbolik festgelegt werden. Jede Form von staatlicher Repräsentation kam so in den Ruch der Parteipolitik.

Die Schulen gerieten als Institutionen eines politischen Systems, das von Teilen der Bevölkerung abgelehnt wurde, in einen Konflikt, der ohne eine weitreichende gesellschaftliche Unterstützung nicht bewältigt werden konnte. Die Versuche der Einflussnahme auf das Vereinsleben der Schüler außerhalb der Schule verdeutlichen dieses Dilemma. Die Mittel der Schulbehörden waren auf die Schule und deren Veranstaltungen beschränkt. Darüber hinaus hatten sie keine Möglichkeiten, die politische Betätigung von Schülern wirkungsvoll einzuschränken. Dies wäre die Aufgabe der Innenbehörden gewesen. Da diese aber, wie in den vorangegangenen Kapiteln dargestellt, nur in den seltensten Fällen willens und in der Lage waren, einzuschreiten, musste es von Seiten der Schule zumeist bei Appellen an Eltern und Politiker bleiben. Die außerschulische Betätigung und auch die Überzeugung der Kinder, für die „richtige Partei" und die „richtige Sache" tätig zu sein, trug die Politik automatisch zurück in die Schule. Die mangelnde Einsicht eines Teils der kommunistischen Eltern und der Führer radikaler Jugendgruppen in die Schädlichkeit der Agitation unterhöhlte den Kurs der Schulbehörden und ließ sie in dem hoch politisierten Klima in den letzten Jahren der Weimarer Republik der zunehmenden Politisierung der Schüler machtlos gegenüber stehen. Die nüchterne Analyse des tatsächlichen Potentials der radikalen Vereinigungen von links wie auch von rechts geriet darob in den Hintergrund.

3.2 Das Verhalten der Lehrerschaft

Auch die Lehrerschaft beschäftigte sich mit der Problematik der Politisierung der Schule und setzte sich insbesondere mir der kommunistischen Agitation auseinander, in der diese eines der Hauptangriffsziele bildete. Einerseits waren die Lehrer den Unterstellungen ausgesetzt, „Prügelpädagogen" zu sein, die mit der Vermittlung von Lerninhalten überfordert seien oder schlicht kein Interesse an dem Lernerfolg der Schüler hätten. Andererseits bestand einer der Aspekte, der den kommunistischen Theoretikern ausgesprochen wichtig erschien, aber schwer rekonstruierbar ist, in dem Widerstand gegen die Lehrer während des Unterrichts beziehungsweise bei Schulveranstaltungen. Anhand von in der Schule diskutierten Themen sollten die Kinder dezidiert kommunistische Positionen vertreten und den anderen Kindern so zum Beispiel die Schädlichkeit nationalistischen Gedankengutes verdeutlichen.[977] Da dies einen relativ hohen Grad an eigenem Reflexionsvermögen voraussetzt, dürften die Kinder mit einer inhaltlichen Auseinandersetzung gegen die Lehrer allein aufgrund ihres Alters in der Regel überfordert gewesen sein. Die Eingriffe beschränkten sich so vermutlich auf Störungen des Unterrichts oder von Schulveranstaltungen. Genau aus diesen Störungen aber könnte neben der Verteilung von Flugschriften die „Fülle von Einzelaktionen" bestanden haben, von denen die Behörden berichteten.

In welcher Weise sich Lehrer wiederum behindert fühlten, war individuell unterschiedlich und ist nur in wenigen Fällen belegt. Der Lehrkörper der Hamburger Schule Holstenwall berichtete 1927 ausführlich über „kommunistische Hetzarbeit". Hier sahen sich die Lehrer schon durch „verächtliches Grinsen" einiger Schüler bei Erwähnung der Worte „Gott", „Religion", „Monarchie" oder „Republik" erheblich gestört, da dadurch die mündliche Beteiligung der anderen Schüler beeinträchtigt werde. Ebenfalls als Aufwiegelung verstanden wurde der Versuch eines Mädchens, am Tag der Hinrichtung der in den USA in einem Indizienprozess zum Tode verurteilten Sacco und Vanzetti eine Schweigeminute zu veranstalten. Der Prozess erregte internationales Aufsehen, da die Schuld der beiden nicht zweifelsfrei bewiesen werden konnte. Aufgrund ihrer Herkunft wurde von der kommunistischen Presse und verschiedenen linken Intellektuellen, unter anderem Kurt Tucholsky, ein Fall von Klassenjustiz vermutet.[978] Das Mädchen begründete den Wunsch nach einer Schweigeminute damit, dass „unsere Väter auch ohne weiteres hingerichtet werden" könnten, wenn nicht auf dieses Unrecht aufmerksam gemacht werde.[979]

Neben diesen wenigen belegten Störungen bildete die kommunistische Propaganda, die durch namentliche Nennungen von Lehrern nach deren Auffassung nicht das System als Ganzes, sondern gezielt einzelne Personen angriff, das Hauptärgernis. Die Beispiele des Lehrers Michaelis sowie die Reaktionen von Schulleitern, an deren Schulen Zeitungen in Umlauf gebracht wurden, dokumentieren den mangelnden Abstand des Lehrkörpers zu der Thematik, obwohl oftmals eine nüchterne Einschätzung des geringen Potentials der Zeitungen geliefert wurde.

---

[977] Hoernle, *Kommunistische Kindergruppen* (wie Anm. 256], S. 168.

[978] Aufgrund der Zweifel an der Indizienlage ist die Schuld der beiden nach wie vor umstritten. Vgl. Louis Joughin/Edmund Morgan, *The Legacy of Sacco and Vanzetti*, Princeton 1976 ([1]1948).

[979] *Bericht des Lehrkörpers der Schule Holstenwall 16 über kommunistische Hetzarbeit in der Schule vom 24. 10. 27*, StAHH, 361-2 V, 154e, Bd. 2.

In Hamburg befasste sich aufgrund der fortgesetzten Agitation zu Beginn des Jahres 1928 der pädagogische Ausschuss des Schulbeirats, dem auch Elternvertreter angehörten, mit den Ereignissen um die Hindenburgfeier und dem verstärkten Aufkommen von kommunistischem Propagandamaterial. Der vom Vorsitzenden des Schulbeirates, Hans Brunckhorst[980], im April erstattete Bericht bemühte sich um eine objektive Lageeinschätzung und Verständnis für die kommunistischen Eltern: „Diese Eltern wünschen ihre Kinder in der eigenen Weltanschauung zu erziehen und erzogen zu sehen. Das erscheint ihnen nur durch Tatsachen und Maßnahmen der staatlichen Schulen gefährdet. Die Tatsache der Hindenburgfeier in den staatlichen Schulen, die Befürchtungen in Bezug auf kirchliche Einflußnahme auf das Schulwesen, die der Reichsschulgesetzentwurf bei ihnen erweckte, die Tatsache eines geschichtlichen und weltanschaulichen Unterrichts in staatlichen Schulen, der ihnen nicht genug Rücksicht auf Andersdenkende zu nehmen scheint, die Tatsache, daß in Hamburger Schulen die körperliche Züchtigung nicht aufgehoben ist: alles das hat bei diesen Eltern und ihren Gesinnungsgenossen aus der Jugendbewegung die Befürchtung erweckt, daß durch die öffentliche Volksschule ihre eigene Arbeit [...] gefährdet wird." Außerdem bestand im Ausschuss Einvernehmen darüber, dass die Angriffe „nicht eigentlich gegen die Lehrerschaft insgesamt, sondern in erster Linie gegen die Veranstaltung der Hindenburgfeier an sich, gegen die körperliche Züchtigung überhaupt, [...] sowie gegen einzelne Äußerungen und Maßnahmen im Unterricht" gerichtet waren.[981]

Die kommunistische Weltanschauung der Eltern erschien dem Ausschuss als legitim und Beschwerden über Lehrer in Einzelfällen als einer eingehenden Prüfung würdig. Aber die Art und Weise der kommunistischen Interessenartikulation durch Flugblätter, in denen es an „Übertreibungen und Verallgemeinerungen" nicht fehlte, waren Gegenstand stärkster Ablehnung. Einen weiteren Kritikpunkt bildete der Einbezug der Schüler in die Auseinandersetzung. Dies sei pädagogisch ausgesprochen schädlich und gefährde die Entwicklung der Kinder. Zudem könnten in Hamburg aufgrund des Selbstverwaltungsgesetzes mit dem Elternrat und dem Lehrkörper der betroffenen Schule problemlos Maßnahmen zur Abstellung einzelner Missstände ergriffen werden. Der Schulbeirat forderte die Eltern auf, „beim Austragen politischer und weltanschaulicher Kämpfe [...] alle Maßnahmen zu unterlassen, die geeignet sind, die Kinder in persönlichen Gegensatz zu ihren Lehrern zu bringen."[982]

---

[980] Hans Brunckhorst (* 1883, † 1955), Lehrer, 1931–1933 und 1945–1950 in Hamburg Schulrat für Volksschulen.

[981] *Bericht des pädagogischen Ausschusses des Schulbeirats über kommunistische Agitation in den Schulen*, HLZ, Jg. 8 (1929), S. 291f.

[982] Ebd., S. 292.

Von Seiten der Lehrerschaft bestand nach Ansicht des pädagogischen Ausschusses durchaus die Notwendigkeit, sich den politischen Diskussionen mit den Schülern zu stellen. Die Erziehung der Kinder zu „selbständigen und sozialen Menschen" erfordere eine Auseinandersetzung mit verschiedenen gesellschaftlichen und politischen Strömungen. Dies beinhalte auch den Klassenkampf. Außerdem sei eine Aussprache „in freimütiger Weise [...] das wirksamste Mittel zur Unschädlichmachung der Übertreibungen und Verallgemeinerungen." Aus dieser Einsicht heraus empfahl der Schulbeirat den Lehrern, solchen Diskussionen nicht auszuweichen, aber derartige Fragen so zu behandeln, „daß eine Verletzung Andersdenkender nicht nur ausgeschlossen ist, sondern daß diese Behandlung vielmehr dazu beiträgt, das Aufwachsen des Schülers zum selbständig denkenden und sozialen Menschen zu fördern."[983]

Die preußische Lehrerschaft verfolgte bei aller Ablehnung der KPD-Propaganda eine ähnliche Strategie des Umganges mit politisierten Schülern, da die Beschäftigung mit diesem Thema ein Teil der Erziehung sein müsse. Gleichwohl betonten die Befürworter der politischen Auseinandersetzung eine prinzipielle inhaltliche Übereinstimmung mit den Gegnern der Behandlung von Politik in der Schule: „Der Unterschied ist bloß der, daß wir mit Politik wirklich Politik meinen, wirklich Aufdeckung der Fäden, soweit dies im Bereiche des Möglichen liegt, während die Forderer einer politikreinen Schule [...] die Beeinflussung der Schüler nach einer bestimmten Richtung hin, die Vertuschung der Aufklärung, die Vernebelung des Gesichtskreises, den Standpunktfanatismus, die Heranzüchtung der Intoleranz verurteilen und aus der Schule entfernen wollen."[984]

Die Wahrnehmung von Politik in der Schule als pädagogischem Problem war für den reformorientierten Teil der Lehrerschaft, der in Hamburg im Schulbeirat die Mehrheit stellte und auch in Berlin stark vertreten war, durchaus charakteristisch. Deswegen war in Hamburg die Unterstützung der Erlasse Krauses zum Verbot politischer Betätigung nicht vorbehaltlos. Am 27. Februar 1930 verabschiedete der Schulbeirat einen Antrag zum Erlass des Vorjahres, mit dem er zwar die Behörde unterstützte, „wenn sie verhindern will, daß der Schulorganismus durch ein Überhandnehmen des politischen Meinungsstreits innerhalb der Schülerschaft zerrissen wird." Andererseits aber mache es sich der Schulbeirat „immer zur Aufgabe, Schulfragen von der Pädagogik aus zu sehen, und muß von da aus derartige Erlasse und Verbote ablehnen."[985] Niebank – selbst Lehrer und in der GDF aktiv – begründete den von den Leh-

---

[983] Ebd.

[984] Georg Rothbart, *Politik und Schule*, Preußische Lehrerzeitung, Jg. 53 (1927), Nr. 88, o. S.

[985] *Protokoll der Sitzung des Schulbeirats vom 27. 5. 1930*, gedruckt in: HLZ, Jg. 9 (1930), S. 256.

rern der Vereinsliste (SPD/DDP) und den Eltern des Schulfortschritts einge-
brachten Antrag damit, dass „der Gedanke der Entpolitisierung [...] wertvolle
Ansätze für eine ernsthafte Erziehung zur Staatsgesinnung verschüttet" habe.
Zudem würde der Schulbeirat mit einer Akzeptanz des Erlasses „ins politische
abrollen und die Pädagogik in die zweite Linie stellen." Der ebenfalls für die
Vereinsliste sprechende Dr. Lewalter betonte neben den pädagogischen Be-
denken die Nutzlosigkeit eines Verbots, mit dem „Vereine wie der Jung-
Spartakus-Bund, die nicht spezifische Schülervereinigungen sind, [...] nicht
getroffen werden" könnten. So sei lediglich „Unruhe in das Problem geraten.
Mit Verboten macht der Staat keine moralischen Eroberungen." Nur die im
DVP-nahen Aufbau organisierten konservativen Lehrer stimmten der Ver-
botspolitik des Schulsenators zu und lehnten den Antrag ab.[986]

Die Ausweitung des Verbots Ende 1930 verursachte erneut erheblichen
Unmut und kontroverse Diskussion innerhalb des Schulbeirats. Zum einen
sah sich das Gremium, wie bereits 1929, in der Entscheidungsfindung über-
gangen[987] und forderte – wie bereits dargestellt – eine Stellungnahme der
Oberschulbehörde. Zum anderen verwiesen die durch Brunckhorst vertretenen reformorientierten Lehrer der Vereinsliste erneut auf die Notwendigkeit
der Behandlung politischer Fragen in der Schule. Sie vertrauten auf eine pädagogische Lösung der politischen Auseinandersetzungen. „Gegen solche Störungen sollten aber verallgemeinernde Erlasse auch nicht nötig sein." Der
Aufbau und die DNVP-nahe Lehrervereinigung „Die Rechte" stellten sich jetzt
allerdings deutlich hinter die Politik der Oberschulbehörde und forderten darüber hinaus eine Ausweitung des Verbots durch den Senat. Eltern und Parteiorganisationen sollten zur Verantwortung gezogen werden können, wenn
Minderjährige an Demonstrationen teilnahmen. Die Lehrerschaft war damit
im Schulbeirat über die Behandlung von Politik und Schule gespalten: 49 re-
formorientierte waren gegen, 51 konservative Lehrer für die Verbote. Lediglich die knappe Linksmehrheit in der Elternkammer verhinderte einen Antrag
entsprechend der konservativen Linie.[988]

Die Divergenzen bestanden allerdings nur in der Frage des Umgangs mit
der politischen Beeinflussung von Schülern. Sollte das Problem pädagogisch
im Unterricht oder politisch durch Verbot gelöst werden? Über die Schädlichkeit von Parteipolitik im Bereich der Schule herrschte außerhalb der radikal
orientierten Lehrerschaft Konsens. Außerdem bestand Einigkeit in der Auffassung, dass für die radikalen Parteien tätige Kinder nicht die eigentlich Schul-
digen der Störung der angestrebten Schulharmonie seien. Diese würden die

---

[986] Ebd., S. 257.

[987] Zur Diskussion dieser „Nichtachtung" des Schulbeirats im Jahre 1929 vgl. das
Protokoll der Sitzung des Schulbeirates vom 23. 1. 1930, gedr. in: ebd., S. 115f.

[988] Vgl. die ausführliche Diskussion in den Sitzungen vom 11. 6. (wie Anm. 960) und
vom 18. 6. 1931, gedr. in: HLZ, Jg. 10 (1931), S. 418–420.

Erwachsenen verursachen, die die Kinder „aufhetzten". Für diese Erwachsenen brachte die Lehrerschaft nur wenig Verständnis auf. Konnte sie bei den Eltern immerhin noch deren Angst um die Fehlerziehung ihrer Kinder als teilweise entlastendes Argument gelten lassen, traf die Kommunistische Partei und deren Schulpolitik der gesamte Unmut der Pädagogen, die ihre „nach den Grundsätzen einer vernünftigen Pädagogik" geleistete Erziehungsarbeit gefährdet sahen und sich in „ungerechtfertigter und unsachlicher Weise angegriffen" fühlten.[989]

Die preußischen Lehrer versuchten anhand der Veröffentlichung eines Arbeitsplanes der Roten Pioniere Ruhrgebiet, der verschiedene Aktionen gegen die dortigen Schulen beinhaltete, darzustellen, „wie groß aber die Gefahr ist, die dem Fundament der Schule und damit den Grundpfeilern des Staates droht und welche Formen die parteipolitische Verhetzung bereits angenommen hat."[990] Grundsätzlich blieben aber auch sie bei der Ansicht, dass das Thema Politik an sich in den Unterricht gehöre und das Verhältnis von Politik, Parteipolitik und Schule nicht von den Politikern selbst am „grünen Tisch" zu lösen sei. Wichtig sei dabei die „unvoreingenommene Ausweisung aller Probleme und Zusammenhänge, um die Jugend zur Selbstverantwortung und Selbstentscheidung zu bringen ohne jeglichen Versuch auf Festlegung auf ein fanatisiertes Parteidogma."[991]

Dass abseits dieses rationalen und pädagogischen Umgangs mit der Thematik die nervöse Spannung und emotionale Gereiztheit der nichtkommunistischen Lehrerschaft aufgrund der andauernden, oft persönlichen Anfeindungen von radikal linker Seite die nüchterne Herangehensweise zunehmend überdeckte, zeigte sich sehr deutlich in dem Eklat um den kommunistischen Hamburger Bürgerschaftsabgeordneten Hoefer. Der in der IOL aktive Lehrer behauptete bei einer Bürgerschaftsdebatte am 29. September 1930 „beweisen" zu können, „daß der Jungspartakusbund mit seinen Veröffentlichungen erzieherisch auf Hamburger Lehrer eingewirkt" habe. Nach einer persönlichen Bemerkung des Sozialdemokraten Ballerstädt[992], der bedauerte, „daß Sie Ihre Berufsgenossen so niedrig einschätzen", bekräftigte Hoefer seine Behauptung. Ballerstädt nahm daraufhin „die Lehrerschaft dagegen in Schutz. Vielleicht lassen sich kommunistische Lehrer durch solche Schandblätter erziehen, aber nicht Lehrer, die kraftvolle, geschlossene Erzieherpersönlichkei-

---

[989] *Bericht des pädagogischen Ausschusses* (wie Anm. 981).

[990] *Schule und Politik. Beispiel des Arbeitsplanes Ruhrgebiet im Schulkampf*, Preußische Lehrerzeitung, Jg. 58 (1932) Nr. 41, o. S.

[991] *Zur Tagesfrage: Jugend und Politik*, ebd. Nr. 24, o. S. Gesperrt i. Orig.

[992] Richard Ballerstädt (* 3. 3. 1873, † 15. 1. 1953) Lehrer, Bürgerschaftsabgeordneter (SPD) von 1919 bis 1933, Schulrat von 1922 bis 1933.

ten sind."⁹⁹³ Auch die *Hamburger Lehrerzeitung* verurteilte die Äußerungen Hoefers aufs schärfste. Es sei „eine Schande und Schmach für unseren Stand, daß es Leute gibt, die sich auch Lehrer nennen, aber ein Überwachungssystem aufgehetzter kindlicher Zuträger gegen deren eigene Lehrer, gegen Kollegen, nicht nur geschehen lassen, sondern sogar preisen, und somit die ethischen Qualitäten des Lehrerstandes noch unter die erbärmliche Gesinnung dieser anonymen Denunzianten und ihrer erwachsenen Auftraggeber stellen." Vielmehr gereiche es „der hamburgischen Lehrerschaft zur höchsten Ehre, daß sie trotz unerhörtester Schmähungen und Provokationen, trotz Aufbauschung und Lügen in Hetzblättern […] sich Nerven und Objektivität bewahrt hat."⁹⁹⁴ Auf die Replik Hoefers, der sich in einer der folgenden Ausgaben gegen „persönliche Angriffe" verwahrte und seine Meinung erneut bekräftigte, folgte eine weitere detaillierte Stellungnahme der Schriftleitung, die zurückwies, Hoefer persönlich – nach seinen Worten – „erledigen" zu wollen. „Der Kampf gegen die Lehrerhetze kommunistischer Schülerdenunziationsblättchen wurde schon früher von der Hamburger Lehrerzeitung geführt. Ob er jetzt zum letzten Male ausgetragen wurde, hängt davon ab, ob die kommunistischen Lehrer diesen Unfug steuern wollen und können oder nicht. Einschüchterungsversuche sind zwecklos."⁹⁹⁵

Diese wütenden Zurückweisungen verdeutlichen den psychologischen Zustand der dem Kommunismus abseits stehenden Lehrerschaft in einem Konflikt, der inzwischen weit über den Bereich der Pädagogik hinaus gewachsen war. Die Lehrer scheinen dabei zunächst weniger um den politischen Hintergrund als um den Verlust ihrer Autorität besorgt gewesen zu sein. Die Schule war ein für die Erziehung der Kinder zugewiesener Raum, in dem ein klar definiertes Verhältnis von Erwachsenem zu Kind und von Lehrer zu Lernendem definiert ist. Mit den Schulzeitungen und den Störungen oder Verweigerungshaltungen von Schülern wurden diese Institution und die Lehrer in ihrem Selbstverständnis und in ihrer Auffassung der Ausgestaltung des kindlichen Schonraumes erschüttert. Dabei spielte der politische Hintergrund zunächst eine geringe Rolle. Das Verhalten der Schüler und die Abwertung des Lehrers und seiner Autorität wurden als problematisch erachtet, da sie die Funktion von Schule infrage stellten.

Des Weiteren sahen sich Lehrer nicht einer sachlichen Kritik an ihren Unterrichtsmethoden ausgesetzt, sondern fühlten sich in ihrer persönlichen Integrität, ihrem Berufsethos und ihrer philanthropischen Grundhaltung angegriffen. Ihre „Nerven" und ihre „Objektivität" konnten sie unter diesen Um-

---

⁹⁹³ Zit. nach: *Erzieherische Einwirkung der Veröffentlichungen des Jungspartakusbundes auf Hamburger Lehrer*, HLZ, Jg. 9 (1930), S. 755.

⁹⁹⁴ Ebd.

⁹⁹⁵ *Erzieherische Einwirkung der Veröffentlichungen des Jungspartakusbundes auf Hamburger Lehrer, Erwiderung*, ebd., S. 848f.

ständen nur noch mit äußerster Anstrengung bewahren. Wenn sie auch die pädagogischen Betrachtungen des Schulbeirats und der Reformpädagogen geteilt haben mögen, so waren doch die Attacken auf ihre Person für die Betroffenen zermürbend.[996]

Hinzu kommt, dass ihre Möglichkeiten zur aktiven Gegenwehr äußerst eingeschränkt waren. Die Behandlung dieser Angriffe auf pädagogischem Wege half offensichtlich wenig, und auch die Mittel der Schulzucht versagten. Zusätzlich standen die Lehrer vor dem Dilemma, mit der Anwendung des Rohrstocks eben jenem Bild genau zu entsprechen, dem sie eigentlich entgegenwirken wollten, und so nachträglich die Schmähschriften zu bestätigen. Entsprechend wandten sich die Schulleiter betroffener Schulen an die Schulbehörden und baten um Beistand.[997] Allerdings besaßen auch diese keine geeigneten Mittel, mit denen die kontinuierliche Verbreitung von Propagandamaterial unterbunden werden konnte. Für die Lehrerschaft bildete die kommunistische Aktivität also auch abseits einer ernstzunehmenden politischen Gefahr ein Ärgernis, das es zu bekämpfen galt.

---

[996] Eine Ausnahme bildete die Lehrerschaft an den verbleibenden Versuchsschulen Telemannstraße und Tieloh-Süd oder an Schulen, die eher links orientiert waren wie zum Beispiel die Schule Burgstraße. Hier hatten die Lehrer einen Modus vivendi gefunden, der eine Zusammenarbeit mit den Kommunisten möglich machte. Aufgrund dieser politischen Ausrichtung und der Beteiligung der Elternschaft waren die Lehrer dieser Schulen trotz häufiger Auseinandersetzungen mit dem Proletarischen Schulkampf weniger persönlichen Angriffen ausgesetzt. Vgl. exemplarisch Lehberger, *Telemannstraße*, S. 284f.

[997] Vgl. die den Flugblättern beiliegenden Schreiben in: StAHH, 361-2 V, 154e, Bd. 1 u. Bd. 2.

270

4 ZWISCHENERGEBNIS

Mit dem angestrebten Ziel einer Einführung der Arbeiterkinder in den Klassenkampf rückte die Auseinandersetzung mit „der Schule" in den Mittelpunkt der Aktivitäten des Kinderverbandes. Aufgrund der theoretischen Gleichsetzung der Schulen mit den Betrieben erfolgte die Adaption an die Aktivitäten erwachsener Kommunisten an ihren Arbeitsplätzen. Das wichtigste Element bildete dabei die „Aufklärung" der Klassengenossen über den wahren Charakter und die Ziele des kapitalistischen Systems. Mit einem umfangreichen Katalog publizistischer Materialien verfolgten die Leiter des Kinderverbandes eben dieses Ziel für den Bereich der Schule. Mit dem Zentralorgan *Die Trommel* wurde ein überregionales Informationsblatt geschaffen, das neben der Werbung von Mitgliedern insbesondere die ideologische und methodische Schulung der jungen Genossen zum Inhalt hatte. Grundsätzlich wurde angestrebt, mehr Exemplare zu vertreiben als der Verband Mitglieder aufweisen konnte. Tatsächlich wurde dieses Ziel nur in wenigen Werbewochen erreicht. In der Regel fanden deutlich weniger Hefte Absatz, und selbst der Mitgliederstamm wurde nicht vollständig erreicht. Dies stellte für die Führung des Kinderverbandes während der gesamten Zeit der Weimarer Republik ein Problem dar, das insbesondere vor dem Hintergrund des schleppend verlaufenden Aufbaus eines Schulzeitungswesens an Bedeutung gewann. Mit diesem zweiten publizistischen Standbein sollten insbesondere lokale, im Idealfall die jeweilige Schule betreffende Themen im Sinne der kommunistischen Ideologie aufbereitet werden. Obwohl die Anzahl der Schulzeitungen in der Endphase der Weimarer Republik zunahm, blieben die erschienenen Exemplare gemessen an der Gesamtzahl von Schulen und Schülern Stückwerk. Da auch mit den Kinderecken in der regionalen Tagespresse bestenfalls die Kinder kommunistischer Eltern angesprochen wurden, konnte für die kommunistische Kinderpresse nur ein geringer Verbreitungsgrad erreicht werden.

Der Erfolg der verschiedenen Aktionsformen blieb hinter den ambitionierten Zielen der Reichsführung des Kinderverbandes ebenfalls deutlich zurück. Sowohl bei der Initiation von Streiks als auch bei den Versuchen, Schulveranstaltungen zu sprengen oder innerhalb des Unterrichtes zu stören, konnte selbst regional von umfangreicherer Betätigung kaum die Rede sein. Bei den Streikaktionen fällt auf, dass diese nicht wie geplant von Kindern durchgeführt worden sind, sondern von Erwachsenen, die zumeist nicht einmal kommunistisch organisiert waren. Die Kinder wurden lediglich beteiligt. Die angestrebte Eigenständigkeit des Verbandes durch eine möglichst selbstständige Betätigung der einzelnen Kindergruppen konnte nicht umgesetzt werden. Gleichwohl gelang es den Kommunisten teilweise, die Aktivitäten propagandistisch für sich auszuwerten und als Erfolg kommunistischer Politik darzustellen.

Mit den Internationalen Kinderwochen gab es eine von der Kommunistischen Internationale festgelegte, jährlich durchgeführte Kampagne, bei der über mehrere Tage systematisch für die Kindergruppenarbeit geworben und neue Mitglieder gewonnen werden sollte. Die Reichszentrale der Kindergruppen bemühte sich, diese Wochen mit entsprechend verstärkten Aktivitäten erfolgreich umzusetzen. Das angestrebte flächendeckende Auftreten konnte allerdings nicht erreicht werden. Vielmehr konzentrierten sich die Aktivitäten auf wenige Schulen und Stadtteile, und auch in diesen fanden nur vereinzelt und mitnichten täglich Aktivitäten statt. An den Orten, an denen bereits funktionierende Kindergruppen existierten, konnten in bescheidenem Rahmen Veranstaltungen durchgeführt werden. Eine Ausweitung über den eigentlichen Aktionsradius der Gruppen, also über eine oder zwei Schulen hinaus konnte von diesen kaum geleistet werden. Die umfangreichen Arbeitsvorgaben und Ausführungsanweisungen der Reichszentrale dokumentieren zwar den Willen zu einer Ausweitung der Kinderarbeit, erwiesen sich aber aufgrund der strukturellen Defizite des Verbandes als realitätsfern. Die Aktivitäten blieben lokal eng begrenzt, und dies gilt umso mehr für Zeiten außerhalb von lange geplanten Veranstaltungswochen. Insbesondere die von der kommunistischen Führung abgelehnten Versuchsschulen erwiesen sich als gute Orte für die Kinderarbeit, da sich dort verstärkt Kinder kommunistischer Eltern aufhielten und die Elternschaft sich insgesamt aufgrund der regen Anteilnahme am Schulleben eher bereit zeigte, politische Aktionen durchzuführen und solche ihrer Kinder zu unterstützen. Der weit überwiegende Teil der Volksschulen aber konnte kaum erreicht werden.

Zudem wurden die für eine Massenmobilisierung von Kindern vielversprechenden Aktionen im Bereich der Freizeitgestaltung lange Zeit als „reaktionär" und „jugendpflegerisch" abgetan und in der Konzeption in den Hintergrund gerückt. Erst mit dem Ausbleiben der Mitglieder am Ende der zwanziger Jahre wurden von Seiten der Kommunisten verstärkt Sport und Spiel integriert. Mit der Durchführung der beiden Woroschilow-Lager gelang bezeichnenderweise einer der größten Erfolge in diesem vernachlässigten Arbeitsfeld. Die Verbandsausrichtung konnte dies allerdings nicht nachhaltig beeinflussen. Freizeitaktivitäten bildeten nur einen Nebenaspekt der Kinderarbeit. Der JSB blieb dem Schulkampf verhaftet.

Obwohl die von der Agitation betroffenen Schulbehörden und Lehrkörper oftmals kaum konkrete Aktivitäten zur Störung des Schulbetriebs oder gegen einzelne Lehrkräfte benennen konnten, stellte sich die Situation für sie durchaus als bedrohlich dar. Insbesondere in den konfiszierten Propagandamaterialien wurde ein großes Verhetzungspotential erkannt, und auch vereinzelte Störungen blieben Störungen, die es zu unterbinden galt. Insbesondere die sich als an den Pranger gestellt fühlende Lehrerschaft reagierte ausgesprochen emotional und empfindlich auf die gegen sie vorgebrachten Beschuldigungen. Die jeder Aktion der Kommunisten immanente Aufforderung zum

Ungehorsam stellte eine Verletzung der Autorität der Lehrkräfte dar, die sich selbst als die eigentlich mit der Erziehung Beauftragten ansahen und zudem mit der kommunistischen Unterstützung „aufrührerischer" Kinder einen Bruch des stillschweigend vereinbarten Generationenverhältnisses konstatierten, das mit dem Zugeständnis eines kindlichen Schonraumes einherging. Die Schulbehörden versuchten aufgrund dieser Voraussetzungen im Rahmen ihrer Möglichkeiten, die Agitation einzudämmen, konnten dabei allerdings kaum mit der Unterstützung von Seiten der Polizei und der Innenbehörden rechnen, da diese, obwohl sie die Bedrohungsanalyse weitgehend teilten, im Rahmen der rechtlichen Möglichkeiten außerhalb des Schulgeländes wenig Gelegenheiten zum Eingriff hatten und zudem in der explosiven politischen Gemengelage der Weimarer Endphase die Probleme innerhalb der Schule als nachrangig einstuften. Die Schulbehörden blieben so trotz mehrfacher Versuche, Kindern die Teilnahme an parteipolitischen Veranstaltungen und Vereinigungen generell zu verbieten, auf die Mittel der Schulzucht beschränkt, mit denen die Problematik, insbesondere der Flugblattverteilung, zwar vor das Schultor verlagert, aber nicht unterbunden werden konnte. Für weiterreichende Maßnahmen fehlten ihnen sowohl die rechtlichen Möglichkeiten als auch der gesellschaftliche Konsens.

SCHLUSSBETRACHTUNG: DER KOMMUNISTISCHE KINDERVERBAND IM SPANNUNGSFELD VON POLITIK UND PÄDAGOGIK

Mit der Gründung der Kindergruppen im Jahr 1920 verbanden die Kommunisten den Anspruch, einen den Bedürfnissen der Arbeiterkinder entsprechenden Verband zu schaffen, in dem eine klassengemäße Erziehung durchgeführt werden konnte. Da alle gesellschaftlichen Lebensbereiche der Weimarer Republik in Hinblick auf den antizipierten Klassenkampf von politischer Relevanz waren, konnte auch die Pädagogik nur in einem politischen Kontext konzipiert und die Kinder selbst zu politischen Aktionen angeleitet werden. Wie viel pädagogische Ernsthaftigkeit aber kann einer Erziehung zugeschrieben werden, die auf einen „Kampf" der Kinder gegen das Schulwesen ausgerichtet war? Inwieweit war sie bloße Fassade? Wie viel politisches Kalkül steckte andererseits hinter der Initiation dieses „Kampfes", dessen revolutionäres Potential als eher gering eingeschätzt werden musste? Ein kritischer Blick auf die Verbandsentwicklung vor dem Hintergrund der pädagogischen Konzeption lässt den Schluss zu, dass die Kindergruppen sich in der Zeit ihres Bestehens nicht statisch irgendwo zwischen den Polen „Pädagogik" und „Politik" befanden, sondern sich zuungunsten der Pädagogik immer weiter in Richtung der Politik bewegten.

Die Umstände, die zu der Gründung der Kindergruppen führten, waren zunächst genuin pädagogischer Natur. Die Grundlagen einer kommunistischen Erziehung waren lange vor ihrer Entstehung von Marx und Engels entwickelt und explizit gegen die bürgerlichen Konzepte entworfen worden. Auch die Sozialdemokraten beriefen sich darauf. Erziehung war ein Politikum und sollte es über die gesamte Zeit der ersten deutschen Demokratie hinweg bleiben. Im Gegensatz zu den Sozialdemokraten, die sich mit der neuen Staatsform arrangierten und mit kleineren Reformen des Schulwesens versuchten, die Lernumgebung in ihrem Sinne zu gestalten, blieben die Kommunisten ihrer radikalen Programmatik auch im Bereich der Erziehung treu. Ein besonderes Problem bestand allerdings in dem Umstand des Scheiterns der Deutschen Revolution in Hinblick auf eine Räterepublik. Die idealtypische Verwirklichung kommunistischer Erziehung setzte als conditio sine qua non eine sozialistische Staats- und Gesellschaftsverfassung voraus. Eine weitgehende Umgestaltung des Erziehungssystems, das ein polytechnisch ausgerichtetes Schulsystem sowie eine staatliche Kinder- und Jugendorganisation beinhalten sollte, konnte innerhalb eines bürgerlich-kapitalistischen Staates nicht verwirklicht werden. Eine solche Konstellation bedeutete ein von den Vordenkern Marx und Engels unzureichend analysiertes Problem, für das bislang eine Lösung fehlte. Die kommunistischen Pädagogen der Weimarer Zeit entwickelten daher eine Konzeption, die den aktuellen gesellschaftlichen Umständen Rechnung trug. Das Erziehungsideal konnte innerhalb des kapitalistischen Systems nicht in dem sozialistischen, polytechnisch gebildeten Menschen bestehen. Vielmehr mussten kampferprobte, revolutionäre Kommunisten geformt werden, die bei dem erwarteten Umsturz tatkräftig mitwirken konnten. In dieser Konzeption wurden generationenübergreifende Klassenziele als vorrangig vor altersabhängigen Entwicklungszielen eingestuft. Obwohl auch die Kommunisten in der Kindheit einen besonderen Lebensabschnitt erkannten, auf deren Besonderheiten bei dem Umgang mit Kindern Rücksicht genommen werden musste, wurde der weitgehende elterliche und erziehungswissenschaftliche Konsens der Einstufung von Kindheit als *politikfreies* Moratorium verlassen und im Gegensatz dazu die politische Betätigung der Kinder als förderlich für eine arbeiterkindgerechte Erziehung erachtet. Die Erziehung zum Kampf stellte für die kommunistischen Pädagogen einen notwendigen Teil der politischen Sozialisation der kommenden Generation von revolutionären Klassenkämpfern dar. Allerdings barg eben dieses Konzept den Keim für eine politische Instrumentalisierung des Verbandes in sich, bei der nicht mehr die Erziehung, sondern der Kampf gegen das System im Vordergrund stand. Diesen nicht nur aus heutiger Sicht fragwürdigen Ansatz allein auf den politischen Aspekt zu reduzieren, hieße

allerdings, den starken Glauben zu verkennen, den die kommunistischen Pädagogen an die Richtigkeit der marxistischen Gesellschaftsanalyse hatten sowie ihre radikale Ablehnung des Bildungssystems als eines der bürgerlichen Herrschaftsinstrumente, die es zu bekämpfen galt. Die politische Kampferziehung stellte in ihren Augen eine Notwendigkeit dar, die das proletarische Kind in der Klassengesellschaft nach seiner „natürlichen" Disposition sozialisierte. Noch 1929 wurde dieses Konzept trotz seiner offensichtlichen Erfolglosigkeit von Hoernle in seiner Gesamtdarstellung erneut bekräftigt. Die gesamte pädagogische Fundierung, die als Legitimation der Arbeit notwendig blieb, wurde nicht grundlegend hinterfragt. Bis zum Ende der Weimarer Republik behielt sie Gültigkeit und wurde auch in der DDR als besonders fortschrittlich dargestellt.

Die hohe theoretische Verknüpfung von Lernen und politischem Kampf kann freilich nicht darüber hinwegtäuschen, dass der Verband sich ab 1924 von seinen pädagogischen Implikationen wegentwickelte. Mit dem Scheitern des Hamburger Aufstandes wurde offensichtlich, dass ein weiterer Umsturz und die Installation einer Räterepublik in die Ferne gerückt waren. In der Folge konzentrierte sich die KPD verstärkt auf die Auseinandersetzungen innerhalb des Weimarer Systems. Die Gelegenheit, die seit 1922 für den Kinderverband entwickelte Kampfkonzeption nun konsequent umzusetzen, erschien vor dem Hintergrund der vollständigen Auflösung der Kindergruppen in der Verbotsphase als günstig und stellte aus der Sicht der Kommunisten nun zugleich eine Notwendigkeit dar. Der Auftakt korrelierte dabei nicht zufällig mit der beginnenden Umformung der KPD. Die Verbands- und Arbeitsstrukturen der Mutterpartei sowie des Jugendverbandes wurden analog auf den Kinderverband übertragen. Mit der so eingeleiteten „Bolschewisierung" wurde der JSB zu einer für die politische Auseinandersetzung optimierten Organisation. Damit verließ der Kinderverband trotz anhaltender pädagogischer Begleitung und Rechtfertigung den Boden pädagogischer Arbeit. Im Wesentlichen mag diese Veränderung an der jugendlichen Führung gelegen haben, die an pädagogischen Aktivitäten wenig Interesse hatte und dies seit der Konferenz von Weißenfels intern auch offen kundtat. Sie versuchte als politische Teilgruppierung der KPD eher, die für sie spannenderen Klassenkampfaktivitäten auf ihrem Gebiet auszutragen. Das Ziel dabei war nicht mehr die Vorbereitung der Kinder auf das spätere „Kampfdasein" als Arbeiter in einem arbeiterfeindlichen Staat, sondern die Destabilisierung des bürgerlichen Systems.

Endgültig offensichtlich wurde dies mit der erneuten Organisationsumstellung im Jahr 1930. Das Hauptziel der Massenwerbung war nun kein pädagogisches mehr, sondern kann nur noch parteipolitisch gedeutet werden. Selbst die Funktion der Erziehungstheorie als legitimatorisches Feigenblatt rückte in den Hintergrund und machte im Rahmen der „Hinwendung zu den Massen" der parteitaktischen Richtungsvorgabe Platz. Es entbehrte nicht eines gewissen Zynismus von Seiten der Führung, zu diesem Zwecke gleichsam nach dem Ende der Pädagogik nun die Anwendung kindgemäßer Methoden im Bereich von Spiel und Freizeit zu propagieren, wenn sie dem Verband nur weitere Mitglieder zuführten. Diese für eine breitere Akzeptanz der Pioniere mit Sicherheit notwendigen Elemente spielerischer Betätigung wurden in den Vorjahren als „sozialdemokratisch" oder „jugendpflegerisch" abqualifiziert. Selbst der große Erfolg der Woroschilow-Lager, der dokumentierte, wie es gelingen könnte, in höherem Maße Arbeiterkinder einzubinden, änderte nichts an der generellen Verbandsausrichtung. Spiel und Freizeit blieben nebensächlich.

Aus Sicht der Pädagogik ist die kommunistische Erziehung mit dieser Entwicklung ein Opfer ihrer eigenen Konzeption geworden, da ihre Inhalte schlussendlich mehr Potential für einen Missbrauch der Kinder beinhalteten als sinnvolle Ideen für eine klassengemäße Erziehung. Der von vornherein durch bürgerliche und sozialdemokratische Pädagogen als verhetzend und nicht kindgerecht abqualifizierte Verband hatte sich so nach wenigen Jahren zu genau dem entwickelt, was die Gegner ihm vorwarfen: einem parteipolitischen Agitationsinstrument.

Damit rückten von kommunistischer Seite eben diese parteipolitischen Aspekte in den Vordergrund der Bewertung der Verbandstätigkeit. Verlief die Mitgliederentwicklung positiv? Gelang es nachhaltig, das bürgerliche System zu stören und zu beunruhigen?

In Bezug auf den ersten Punkt ist ein Aspekt zu konstatieren, der für die Kommunisten weit schwerer wog als die Anfeindungen der Fachwelt: Selbst die Eltern von Arbeiterkindern lehnten die Kindergruppen zum überwiegenden Teil ab. Den vorhandenen Bedarf an einem arbeiterkindgerechten Erziehungsangebot dokumentieren die Erfolge der Kinderfreunde. Dass der Jung-Spartakus-Bund selbst innerhalb der kommunistischen Klientel wenig Anklang fand, zeigt das mangelnde Verständnis des Konzepts einer Politisierung der Kinder, das von den Eltern für die Erziehung als nicht sinnvoll angesehen wurde. Diese teilten eher das bürgerliche Verständnis des politikfreien Moratoriums und hielten die Kinder fern.

Auch in schulpolitischen Fragen folgten die Mitglieder der Parteiführung nicht. Entgegen der ideologischen Leitlinie einer Ablehnung der Reformschulen aufgrund der befürchteten Separierung des fortschrittlichsten Teils der Arbeiterschaft und ihrer Kinder von den unaufgeklärten Massen schickten die Eltern ihre Kinder oftmals gern dorthin, da sie sich einen größeren Lernerfolg als in den Regelschulen erhofften. Die Verweise der KPD-Führung auf die Verbesserungen, die nach einer Revolution stattfinden würden, reichten ihnen nicht aus. Vielmehr wollten sie auch in der aktuellen Situation konkrete Fortschritte für sich und ihren Nachwuchs erzielen und dessen Ausbildung nicht einem Fernziel opfern. In Fragen der Erziehung blieben die Parteimitglieder damit weitab von den ideologischen Vorgaben der Parteiführung.

In der Folge blieb der Mitgliederbstand weit hinter den Erwartungen der Kommunisten zurück. Anstatt sich allerdings mit der inhaltlichen Ausgestaltung von Kinderarbeit zu befassen und alternative, attraktivere Betätigungsmöglichkeiten für die Kinder zu ermitteln, suchte der Verband sein Heil in Strukturveränderungen und dogmatischem Beharren auf einer minutiösen Durchführung der Anweisungen der Reichsleitung. Misserfolge wurden immer auch auf falsche oder fehlende Organisationsumstellungen sowie die mangelnde Umsetzung der Direktiven zurückgeführt. Der Kinderverband bewegte sich so auch bei der Fehlersuche auf den bekannten Pfaden der KPD und des KJVD. Im Ergebnis ging die Analyse an dem tatsächlichen Problem vorbei, das im Wesentlichen in einer Fehlperzeption der tatsächlichen Bedürfnisse der Kinder und ihrer Eltern bestand, die den bürgerlichen Erziehungskonzeptionen und den eher als Kinder und Jugendpflegeeinrichtungen konzipierten Verbänden von Kirche oder Sozialdemokratie weit näher standen als den Kommunisten lieb war. Die Hinweise auf die Rückständigkeit der elterlichen Ansichten änderten dies ebenso wenig wie der Versuch, die Kinder schlicht an den Erwachsenen vorbei einzubinden und in die politisch agierende Phalanx der Klassenkämpfer einzureihen.

Ein weiteres Problem war in der Tat ein strukturelles. Der Verband wurde in der Frage der Organisationsform in hohem Maße von den Organisationsansätzen der Partei und der Komintern beeinflusst und theoretisch legitimiert. Die enge Verzahnung mit dem Exekutivkomitee der Kommunistischen Jugendinternationale und dem ab 1924 dort angegliederten internationalen Kinderbüro war von Seiten des Kinderverbandes dabei durchaus gewünscht. Von den sowjetischen Mitgliedern erwarteten die deutschen Kommunisten aufgrund der Erfahrungen in der als vorbildlich angesehenen russischen Kinder- und Jugendarbeit hilfreiche Impulse für die eigene Tätigkeit. Zudem besaß der Deutsche Kinderverband durch die pädagogischen Vorarbeiten von Hoernle und die bedingungslose Umsetzung der Anweisungen aus Moskau eine exponierte Stellung im internationalen Gefüge. Die zunehmende Steuerung von außen, die in der 1930 von der KJI bestimmten Organisationsreform ihren Höhepunkt fand, stellte in dieser Konstellation für die deutsche Verbandsführung kein Problem dar und wurde auch nicht als negativ angesehen.

Mit der Zellenstruktur übernahmen die Kindergruppen im Bereich der Basis die Organisationsprobleme der übergeordneten Parteiorganisationen. Die Organisationsform, die auch mit der dritten Umstellung im Jahr 1930 nur marginal geändert wurde, erwies sich als nicht praktikabel. Weder die KPD noch der KJVD konnten sich in größerem Maße über Betriebs- oder Jugendbetriebszellen in den Betrieben verankern. Der in der Mitgliederzahl deutlich kleinere Jungspartakusbund konnte nicht in nennenswertem Umfang Schulzellen aufbauen und über einen längeren Zeitraum aktiv halten. Dies lag nicht allein an der geringen zahlenmäßigen Stärke, sondern auch an der Überforderung der Gruppenmitglieder und der wenigen Leiter, solch eine Struktur mit Leben zu füllen. Die Kinder selbst werden kaum in der Lage gewesen sein, ohne Anleitung in der Schule zu agieren. Der Wirkungskreis der ohnehin wenig erfahrenen Leiter hörte am Schultor auf.

Der als Kernbereich der Aktivitäten identifizierte Schulkampf blieb so eine sporadische Auseinandersetzung mit dem bürgerlichen System, bei der zwar immer wieder Nadelstiche gesetzt wurden, aber mitnichten eine flächendeckende Bewegung gegen das „reaktionäre" Schulwesen entwickelt werden konnte. Bezeichnenderweise erreichte der Verband seine größten Erfolge, wie die Kommunisten überhaupt, im Verlauf der Wirtschaftskrise und der sich zuspitzenden politischen Auseinandersetzungen, die sich auch in verstärkten Kämpfen um eben dieses Schulwesen abzeichneten. Dabei standen allerdings weniger das Schulsystem und dessen bürgerliche Kontroll- und Indoktrinationsfunktion im Mittelpunkt als vielmehr die erheblichen Mittelkürzungen, die zu einer signifikanten Verschlechterung der Unterrichtsbedingungen führten. Zudem waren es zumeist nicht die Kinder, die den Kampf in die Schulen trugen, sondern im Wesentlichen erboste Eltern, die sich gegen die Sparpolitik auf Kosten der Ausbildung ihrer Kinder wehrten. Im Zuge der in Form von Demonstrationen und Streiks geführten Auseinandersetzungen stilisierten sich die Kommunisten propagandistisch durchaus wirkungsvoll als Initiatoren und Führer der Gegenbewegung. Faktisch allerdings fungierten sie in der Regel als Trittbrettfahrer bei Aktionen, die ohnehin stattgefunden hätten. Im Zuge dieser Aktivitäten gelang es auch dem Kinderverband, propagandistische Akzente zu setzen. Die Beteiligung an Demonstrationen und das Verteilen von Flugblättern und Zeitungen entfaltete im Rahmen der erhöhten öffentlichen Aufmerksamkeit eine Wirkung, die weit über die tatsächlichen Möglichkeiten des Verbandes hinausging.

So blieb trotz der vielfältigen Bemühungen um die Aktivierung der Kinder die zum Ende der Weimarer Republik stärker werdende Propagandatätigkeit die stärkste Waffe des Kinderverbandes. Bei der Erstellung der Materialien blieb die Beteiligung der Kinder zweitrangig. Gleichwohl wurden dort, wo die Möglichkeit bestand und funktionierende Gruppen vorhanden waren, die Kinder einbezogen. Insbesondere in der Endphase allerdings stand, wie schon bei dem Verhalten der Leitung während der Revolution im Jahr 1923 deutlich wurde, der Kampf für einen Umsturz im Vordergrund der Bemühungen. Der Begriff „Pädagogik" wurde trotz des bleibenden Legitimationsbedarfs von den Reichsleitungen seit 1924 kaum mehr bemüht. Die Kinder selbst gestalteten so nicht ihre Arbeit in den Kindergruppen, sondern wurden ein Teil der kommunistischen Inszenierung.

Diese allerdings verfehlte ihre Wirkung im schulischen Umfeld nicht. Liest sich die Geschichte des kommunistischen Kinderverbandes aus der Sicht der Verbandsführung ungeachtet einzelner Erfolge als eine Geschichte von Enttäuschungen und Fehlschlägen, so wird aus der Perspektive der mit der Agitation befassten staatlichen Stellen ein gänzlich anderer Eindruck erzeugt. Zwar spielte sich die Arbeit der Kindergruppen trotz der Aufregung um das erste reichsweit verteilte Flugblatt bis 1924 eher geräuschlos ab. Mit dem propagandistisch effektvoll in Szene gesetzten Neustart in Weißenfels begannen die Behörden aber, der kommunistischen Kinderarbeit größere Aufmerksamkeit zuzuwenden. Hauptsächlich lag das an dem von diesem Zeitpunkt an kontinuierlich zunehmenden Umfang der Propaganda, der nun auch die Innenbehörden beschäftigte. Die ohnehin an einer Entpolitisierung der Schule interessierten Schulbehörden in Preußen und Hamburg sahen sich in ihren Befürchtungen einer fortlaufenden Beunruhigung des Schulwesens bestätigt. Die Beurteilung der Auswirkungen kommunistischer Agitation war dabei durchaus unterschiedlich. Während von Seiten der Innenbehörden eher die langfristigen Auswirkungen der kommunistischen Kinderarbeit auf die Entwicklung des Nachwuchses und die Heranbildung einer Generation von revolutionären Klassenkämpfern, die künftig eine Bedrohung für den Staat darstellen könnten, Besorgnis erregten, waren die Schulbehörden durch die akuten Aktionen alarmiert, die den Schulfrieden nachhaltig stören konnten und die Sicherstellung eines reibungslosen Unterrichtsbetriebs als gefährdet erscheinen ließen. Die Behörden stimmten in der Einschätzung überein, dass die geringe Mitgliederzahl des Verbandes zwar keinen Grund zur Beunruhigung bedeutete, das „Verhetzungspotential" aber weit über den Kreis der kommunistisch organisierten Kinder hinaus Wirkung entfalten könnte. Insbesondere bei den Schulbehörden ist diese Besorgnis nachzuvollziehen. Schon wenige Schüler sind in der Lage, den Unterricht nachhaltig zu stören. Hinzu kam die Verärgerung vieler Lehrer über die kommunistische Betätigung. Dies mag zum einen an dem nach den Erfahrungen im Kaiserreich ungewohnten Umgang mit Politik innerhalb von Schule und Unterricht gelegen haben. Zum anderen wurden die Angriffe als unzulässige Verletzung ihrer Autorität und stärker gegen sie persönlich als gegen das System gerichtet angesehen. Die Verärgerung der Lehrer und die Besorgnis der Schulleiter und Behördenmitarbeiter bezog sich so auf eine vielfache Verletzung des kindlichen Moratoriums, das mit den Politisierungsversuchen inhaltlich beschädigt wurde und mit der Missachtung von Autorität und Generationenverhältnissen darüber hinaus die Lehrerschaft angriff. Dies wog weit schwerer als das tatsächliche politische Potential der Kindergruppen und ihrer Aktivitäten.

Obwohl von dem eher reformorientierten Teil der Lehrerschaft immer wieder für eine pädagogische Auseinandersetzung mit diesem Phänomen plädiert wurde, erschien den Behörden in der Endphase der Weimarer Republik ein Einschreiten als erforderlich. Von Seiten der Polizei wurde der Schulverwaltung dabei jedoch wenig Unterstützung zuteil. Die Schulagitation bedeutete insbesondere in dieser von Auseinandersetzungen geprägten Zeit für die Innenbehörden ein nachgelagertes Problem. Zudem fehlten einschlägige rechtliche Möglichkeiten für eine Strafverfolgung. Deshalb mussten die Schulen mit eigenen Mitteln durchgreifen. Während die Schulbehörden für den Unterricht und das unmittelbare Schulleben zumindest die rechtliche Basis für eine Entpolitisierung schaffen konnten, wird an den darüber hinausreichenden Versuchen zu Unterbindung parteipolitischer Betätigung von Kindern die grundsätzliche Problematik eines nicht vorhandenen schulischen Einflusses auf die gesellschaftlichen Bereiche jenseits des Schultores deutlich. Das Verständnis des Schulbereiches als Schonraum für Kinder war durchaus mehrheitsfähig, und die Autorität der Schule wurde in diesem Bereich gemeinhin akzeptiert. Eingriffe der Schulbehörden in das Leben der Kinder außerhalb ihrer unmittelbaren Einflusssphäre wurden allerdings von Seiten der Eltern und der Schüler gleichermaßen als zu weitgehend empfunden. Die Versuche einer allgemeinen Regelung des Verhältnisses von Kindheit und Politik waren so zum Scheitern verurteilt und damit auch die Entpolitisierung in der Schule selber behindert. Die Behörden mussten den kommunistischen Schulkampf als einen Teil der politischen Auseinandersetzung um den Staat von Weimar hinnehmen und bei der Abwehr auf die Mittel der Schulzucht vertrauen. Da sich die Bedrohung oftmals in der diffusen Erwartung von Störungen erschöpfte, wurde selten bei konkreten Anlässen eingeschritten. Statt in Anbetracht der vielen Fehlversuche der Kommunisten bei der Durchführung größerer Aktionen eine gewisse Gelassenheit zu entwickeln, blieb allerdings ein Gefühl von Hilflosigkeit gegen die immer wiederkehrenden Ankündigungen von Aktivitäten im Schulumfeld. Die vielfach übertriebenen Presseberichte von konservativer, aber auch von kommunistischer Seite vervollständigten das Bild einer kontinuierlichen „Hetzarbeit". So gelang es den Mitgliedern des Kinderver-

bandes trotz der anhaltenden organisatorischen Schwäche, zumindest im unmittelbaren Aktionsumfeld Wirkung zu entfalten.

Das kommunistische Wirken blieb auf diese Weise ambivalent. Gemessen
an den ohnehin hoffnungslos überhöhten Zielsetzungen der Verbandsführung
konnte die Kinderarbeit nur scheitern. Im Vergleich zu den Kinderfreunden
und den kirchlichen Verbänden blieb der JSB eine Randgruppenorganisation.
Inwieweit eine langfristige ideologische Formung der Kinder gelang, lässt sich
kaum mehr beantworten, da abseits der in den politischen Vorgaben der DDR
verfassten Zeitzeugenberichte im Erinnerungsbestand des Bundesarchivs kein
autobiographisches Material vorliegt und die Namen von Gruppenmitglie-
dern kaum mehr zu ermitteln sind. Es lässt sich allerdings vermuten, dass die
„überzeugten Kommunisten", die aus den Kindergruppen hervorgegangen
sind, aus einen insgesamt stark kommunistisch geprägten Milieu entstammten, in dem insbesondere die Eltern einen starken Einfluss auf die Entwicklung
politischer Präferenzen hatten und die Kindergruppen also allenfalls komplementär wirkten. Dass eine nach kommunistischen Maßstäben erfolgreiche Erziehung gelungen wäre, erscheint aufgrund der mangelnden Systematik, der
fehlenden Fähigkeiten der Gruppenleiter und der vielen weiteren Sozialisati-
onsfaktoren als unwahrscheinlich.

Auch die tagesaktuellen Tätigkeiten und Erfolge besaßen eher den Charakter von Einzelaktionen als den eines konzertierten Angriffs der jüngsten
Generation von Klassenkämpfern auf das Weimarer System. Vielleicht mag
die Aktivität in einzelnen Schulen tatsächlich phasenweise den Unterricht behindert oder gar zum Erliegen gebracht haben, eine ernsthafte Gefahr für die
Funktionsfähigkeit des Schulwesens stellte sie zu keinem Zeitpunkt dar.
Gleichwohl wurde von den Betroffenen ein Bedrohungspotential gesehen, das
aber in keinem Verhältnis zu der tatsächlichen Schlagkraft der Organisation
stand. Damit ist die große psychologische Wirkung eines offen staatsfeindlich
auftretenden Verbandes dokumentiert, der auf einen „Gegner" traf, der bislang weder die politische Auseinandersetzung noch die Infragestellung seiner
Autorität erlebt hatte und nun mit relativer Hilflosigkeit den veränderten Rea-
litäten und ihren Herausforderungen gegenüberstand. Für die Zeitgenossen
konnte der Jung-Spartakus-Bund so keinesfalls eine zu vernachlässigende
Größe darstellen.

Die Geschichte des Kinderverbandes spiegelt somit in vielerlei Hinsicht
die Geschichte der KPD in der Weimarer Republik wider. Das von Marx be-
schworene „Gespenst des Kommunismus" lebte auch in der ersten deutschen
Demokratie fort. Vor dem Hintergrund der Oktoberrevolution in Russland
erschien es umso größer und erzeugte ein diffuses Bedrohungsgefühl, dessen
reale Grundlage die Beteiligten nicht ausreichend analysieren konnten. Wie in
anderen Bereichen kommunistischer Tätigkeit entstand auch von dem Schulkampf ein auf diffusen Ängsten und persönlichen Befindlichkeiten beruhendes Zerrbild, dem die Wirklichkeit nur ansatzweise entsprach. Die Angst vor

der Revolution und die Missachtung staatlicher Autorität wurden so zu den größten Waffen der Kommunisten. Auf ihre Bekämpfung konzentrierten sich die Weimarer Demokraten auch dann noch, als der Republik von der anderen Seite des politischen Spektrums bereits eine weit größere Gefahr drohte.

ABKÜRZUNGSVERZEICHNIS

BArch	Bundesarchiv
BVP	Bayerische Volkspartei
DDP	Deutsche Demokratische Partei
DLV	Deutscher Lehrerverein
DPK	Das Proletarische Kind
DVP	Deutsche Volkspartei
DNVP	Deutschnationale Volkspartei
EK	Exekutivkomitee
GDF	Gesellschaft der Freunde des vaterländischen Erziehungswesens
GStA	Geheimes Staatsarchiv Preußischer Kulturbesitz
HLZ	Hamburger Lehrerzeitung
HVZ	Hamburger Volkszeitung
IKW	Internationale Kinderwoche
InPrekorr	Internationale Pressekorrespondenz
IOL	Interessengemeinschaft oppositioneller Lehrer
JSB	Jung-Spartakus-Bund
KKG	Kommunistische Kindergruppen
Komintern	Kommunistische Internationale
KJ(D)	Kommunistische Jugend (Deutschlands)
KJI	Kommunistische Jugendinternationale
KJV(D)	Kommunistischer Jugendverband (Deutschlands)
KPD	Kommunistische Partei Deutschlands
LAB	Landesarchiv Berlin
LHA	Landeshauptarchiv Potsdam
MEW	Karl Marx/Friedrich Engels, Werke
MWKV	Preußisches Ministerium für Wissenschaft, Kunst und Volksbildung
OSB	Oberschulbehörde
PDS	Partei des Demokratischen Sozialismus
PrMDI	Preußisches Ministerium des Inneren
PSK	Provinzialschulkollegium
RGO	Revolutionäre Gewerkschafts-Opposition
RH	Rote Hilfe
RKP (B)	Russische Kommunistische Partei (Bolschewiki)
RM	Reichsmark

RMI	Reichsministerium des Inneren
RStGB	Reichsstrafgesetzbuch
SAPMO DDR"	Stiftung „Archiv der Parteien und Massenorganisationen der DDR"
SED	Sozialistische Einheitspartei Deutschlands
SPD	Sozialdemokratische Partei Deutschlands
StAHH	Staatsarchiv Hamburg
VfZg	Vierteljahrshefte für Zeitgeschichte
V. i. S. d. P.	Verantwortlich im Sinne des Presserechts
ZB	Zentralbüro
ZK	Zentralkomitee

QUELLENVERZEICHNIS

1. Ungedruckte Quellen

a) Bundesarchiv, Fachabteilung Deutsches Reich

Reichssicherheitshauptamt
Abt R 58 /
2229

Reichsministerium des Innern
Abt. R 1501 /
20119; 20122; 20480; 20481; 20482; 20483; 20485; 20489; 20648

Reichskommissar für die Überwachung der öffentlichen Ordnung und
Nachrichtensammelstelle des Reichsministeriums des Innern
Abt. R 1507 /
1055 a–c; 2025; 2026; 2029; 2035; 2040; 2041; 2060; 2065; 2086; 2087; 2088;
2089

**b) Bundesarchiv, Stiftung Archiv der Parteien und Massenorganisati-
onen der DDR**

KPD
Abt. RY 1 /
I4/1/44; I4/1/54; I4/1/55; I4/1/56; I4/1/72; I4/1/77; I4/1/80; I4/1/81;I4/1/82;
I4/1/83

c) Brandenburgisches Landeshauptarchiv

Provinzialschulkollegium Berlin-Brandenburg
Rep. 34 /
440; 968; 969; 994; 995; 997; 3795

d) Geheimes Staatsarchiv preußischer Kulturbesitz

Preußisches Ministerium für Wissenschaft, Kunst und Volksbildung
I HA Rep. 76 /
VIII neu, Sek. 1b, Teil I, Bd. 1. u 2; Nr. 1413

Preußisches Ministerium des Inneren
I HA Rep 77 /
Tit. 4043 Nr. 6; Tit. 4043 Nr. 214; Tit. 4043 Nr. 240; Tit. 4043 Nr. 241; Tit.
4043 Nr. 415; Tit. 4043 Nr. 416; Tit. 4043 Nr. 417

e) Landesarchiv Berlin

Polizeipräsidium Berlin
A Pr. Br. Rep. 30 /
21603; 21694; 21723

f) Staatsarchiv Hamburg

Gesellschaft der Freunde des vaterländischen Erziehungswesens
612-5/20 /
422

Oberschulbehörde
361-2 V /
74b; 154a, Bd. 1–3; 154e, Bd. 1 u. 2; 897a
361-2 VI /
789

2. Gedruckte Quellen

a) Zeitungen und Zeitschriften

Die Junge Garde. Zentralorgan des Kommunistischen Jugendverbandes Deutschlands, Jg. 1 (1918) bis Jg. 15 (1932/33).

Der Junge Genosse. Internationale Zeitschrift für Arbeiterkinder, Jg. 1 (1921) bis Jg. 4 (1924).

Hamburger Lehrerzeitung, Jg. 1 (1922) bis Jg. 11. (1933).

Hamburger Volkszeitung, Jg. 1. (1918) bis Jg. 16 (1933).

Internationale Pressekorrespondenz, Jg. 1 (1921) bis Jg. 13 (1933).

Jugend-Internationale. Kampforgan der Kommunistischen Jugendinternationale, Jg. 1 (1919) bis Jg. 15 (1933).

Jungspartakus. Zeitschrift für Arbeiterkinder, Jg. 4 (1924) bis Jg. 5 (1925).

Preußische Lehrerzeitung, Jg. 45 (1919) bis Jg. 59 (1933).

Das Proletarische Kind, Jg. 1 (1921) bis Jg. 13 (1933).

Reichsgesetzblatt, hrsg. im Reichsministerium des Innern, Jg. 1922 bis Jg. 1932.

Die Rote Fahne, Jg. 1. (1918) bis Jg. 16 (1933).

Die Trommel. Zeitschrift für Arbeiter- und Bauernkinder, Jg. 6 (1926) bis Jg. 13 (1933).

Zentralblatt für die gesamte Unterrichtsverwaltung in Preußen, Jg. 60 (1918) bis Jg. 75 (1933).

b) Quellensammlungen und zeitgenössische Publikationen

Anweiler, Oskar/Meyer, Klaus (Hgg.): Die Sowjetische Bildungspolitik 1917–1960. Dokumente und Texte, Wiesbaden ²1979.

Bayerlein, Bernhard H. (Hg.): Deutscher Oktober 1923. Ein Revolutionsplan und sein Scheitern, Berlin 2003.

Bericht vom 3. Weltkongress der kommunistischen Jugendinternationale vom 4.–16. 12. 1922 in Moskau, Berlin 1923.

Bericht über die Verhandlungen des IX. Parteitages der Kommunistischen Partei Deutschlands, abgehalten in Frankfurt am Main vom 7. bis 10. April 1924, Berlin 1924.

Dokumente zur Bildungspolitik und Pädagogik der deutschen Arbeiterbewegung. 4. Folge: Von der Großen Sozialistischen Oktoberrevolution 1917 bis zur Befreiung des deutschen Volkes vom Faschismus 1945, herausgegeben von Hans Lemke et al., Berlin (Ost) 1985.

Giese, Gerhardt: Quellen zur deutschen Schulgeschichte seit 1800, Göttingen 1961.

Hoernle, Edwin: Grundfragen der proletarischen Erziehung. Pädagogische und Bildungspolitische Schriften, ausgewählt, eingeleitet und erläutert von Wolfgang Mehnert, Herbert Flach und Hans Lemke, Berlin (Ost) 1983.

Ders.: Sozialistische Jugenderziehung und sozialistische Jugendbewegung, Berlin 1919.

Huber, Ernst Rudolph (Hg.): Dokumente zur deutschen Verfassungsgeschichte, Bd. 3: Dokumente der Novemberrevolution und der Weimarer Republik, Stuttgart 1966.

Kurella, Alfred: Die Geschichte der Kommunistischen Jugendinternationale, Bd. 2: Gründung und Aufbau der kommunistischen Jugendinternationale, München 1970 ([1]1929).

Lenin, Vladimir Iljitsch: Werke, besorgt vom Institut für Marxismus-Leninismus beim ZK der SED, Berlin (Ost) 1975.

Löwenstein, Kurt: Sozialismus und Erziehung. Eine Auswahl aus den Schriften 1919–1933, neu herausgegeben von Friedrich Brandecker, Berlin (West) 1976.

Ders.: Die Lehren des Neuköllner Schulstreiks (1931), in: Gert Radde et al. (Hgg.), Schulreform – Kontinuitäten und Brüche. Das Versuchsfeld Berlin-Neukölln, Opladen 1993, S. 252–254.

Ders./Max Adler: Soziologische und schulpolitische Grundfragen der weltlichen Schule, Magdeburg 1926.

Marx, Karl: Bildung und Erziehung. Studientexte zur Marxschen Bildungskonzeption, besorgt von Horst Wittig, Paderborn 1968.

Ders./Friedrich Engels: Über Erziehung und Bildung, zusammengestellt von P. N. Grusdew, Berlin (Ost) 1971.

Dies.: Werke, herausgegeben vom Institut für Marxismus-Leninismus beim ZK der der SED, Berlin (Ost), [4]1970.

Mewes, Bernhard: Die erwerbstätige Jugend. Eine statistische Untersuchung, Berlin 1929.

Das Proletarische Kind. Schulpolitik und Pädagogik der KPD in der Weimarer Republik, ausgewählt, eingeleitet und erläutert von Herbert Flach, Berlin (Ost) 1974 ([1]1958).

Resolutionen und Richtlinien des 6. Reichskongresses der Kommunistischen Jugend Deutschlands, Berlin 1921.

Sammlung der Drucksachen der verfassunggebenden preußischen Landesversammlung 1919–1921, Bd. 3, Berlin 1921.

Seid bereit zum Kampf für die Sache Ernst Thälmanns! Eine Auswahl von Dokumenten zur Geschichte der revolutionären Kinderbewegung in Deutschland, herausgegeben vom Komitee zur Erforschung der proletarischen Kinderbewegung in Deutschland im Auftrage der Zentralleitung der Pionierorganisation „Ernst Thälmann", Berlin (Ost) 1958.

Siemering, Hertha: Die deutschen Jugendverbände. Teil 2: Ihre Ziele sowie ihre Entwicklung und Tätigkeit, Berlin 1931.

Thesen und Resolutionen (des erweiterten Exekutivkomitees der Komintern vom März/April 1925), Hamburg 1925.

Unter dem roten Banner. Bericht über den ersten Weltkongress der Kommunistischen Jugendinternationale vom 20.–26. 11. 1919 in Berlin, Berlin 1920.

Quellentexte zur Geschichte der Reformpädagogik. Teil 2: Die Pädagogische Bewegung von der Jahrhundertwende bis zum Ende der Weimarer Republik, herausgegeben von Dietrich Benner und Herward Kemper, Weinheim 2001.

Zu neuer Arbeit. Bericht vom II. Kongress der Kommunistischen Jugendinternationale vom 14.–21. 7. 1921 in Moskau, Berlin 1922.

Der zweite Kongreß der Kommunistischen Internationale, Protokoll der Verhandlungen am 19. Juli in Petrograd und vom 23. Juli bis 7. August 1920 in Moskau, Hamburg 1920.

Zeidler, Kurt: Die Wiederentdeckung der Grenze, Jena 1926.

LITERATURVERZEICHNIS

Albisetti, James C./Lundgren, Peter: Höhere Knabenschulen, in: Christa Berg (Hg.), Handbuch der deutschen Bildungsgeschichte, Bd. 4: 1878–1918, München 1991, S. 239–250.

Albisetti, James C.: Schooling German Girls and Women. Secondary and higher Education in the Nineteenth Century, Princton 1988.

Amlung, Ulrich/Haubfleisch, Dietmar/Link, Jörg-W./Schmitt, Hanno (Hgg.): Die alte Schule überwinden. Reformpädagogische Versuchsschulen zwischen Kaiserreich und Nationalsozialismus, Frankfurt a. M. 1993.

Andersen, Arne: „Auf die Barrikaden, erstürme die Welt, du Arbeitervolk!" Der 1. Mai, die Kriegslinke und die KPD, in: Inge Marßolek (Hg.), 100 Jahre Zukunft. Zur Geschichte des 1. Mai, Frankfurt a. M./Wien 1990, S. 121–143.

Andresen, Sabine: Sozialistische Kindheitskonzepte. Politische Einflüsse auf die Erziehung, München 2006.

Anweiler, Oskar: Geschichte der Schule und Pädagogik in Rußland vom Ende des Zarenreiches bis zum Beginn der Stalin-Ära, Heidelberg 1964.

Arbeitsgruppe pädagogisches Museum (Hg.): Heil Hitler, Herr Lehrer. Volksschule 1933–1945. Das Beispiel Berlin, Reinbek 1983.

Bahne, Siegfried: Die KPD und das Ende von Weimar. Das Scheitern einer Politik 1932–1935, Frankfurt a. M. 1976.

Ball, Alan M.: Building a new state and society: NEP, 1921–1928, in: Ronald G. Sunny (Hg.), The Cambridge History of Russia, Bd. 3: The Twentieth Century, Cambridge 2006, S. 168–191.

Ders.: And now my soul is hardened. Abandoned children in Soviet russia 1918–1930, Berkeley 1994.

Bavaj, Riccardo: Von links gegen Weimar. Linkes antiparlamentarisches Denken in der Weimarer Republik, Bonn 2005.

Bendele, Ulrich: Sozialdemokratische Schulpolitik und Pädagogik im wilhelminischen Deutschland (1890–1914). Eine sozialhistorisch-empirische Analyse, Frankfurt 1979.

Benninghaus, Christina: Die anderen Jugendlichen. Arbeitermädchen in der Weimarer Republik, Frankfurt a. M. 1999.

Berg, Christa: Familie, Kindheit, Jugend, in: Dies. (Hg.), Handbuch der deutschen Bildungsgeschichte, Bd. 4: 1878–1918, München 1991, S. 91–145.

Dies.: Die Okkupation der Schule. Eine Studie zur Aufhellung gegenwärtiger Schulprobleme an der Volksschule Preußens (1872–1900), Heidelberg 1973.

Bernhard, Armin: Demokratische Reformpädagogik und die Vision von der neuen Erziehung. Sozialgeschichtliche und bildungstheoretische Analysen zur entschiedenen Schulreform, Frankfurt a. M. 1999.

Ders./Eierdanz, Jürgen (Hgg.): Der Bund der entschiedenen Schulreformer. Eine verdrängte Tradition demokratischer Pädagogik und Bildungspolitik, Frankfurt a. M. 1991.

Biewer, Ludwig: Der Preußenschlag vom 20. Juli 1932, Ursachen, Ereignisse, Folgen und Wertung, in: Blätter für deutsche Landesgeschichte, Jg. 119 (1983), S. 159–172.

Bolz, Alexander/Lund, Jörgpeter/Possner, Wilfried: Die Pionierorganisation „Ernst Thälmann" in der DDR. Historische und theoretische Reminiszenzen, Berlin 2009.

Böhnisch, Lothar/Gängler, Hans: Jugendverbände in der Weimarer Zeit, in: Dies./Thomas Rauschenbach (Hrsg.), Handbuch Jugendverbände. Eine Ortsbestimmung der Jugendverbandsarbeit in Analysen und Selbstdarstellungen, Weinheim 1991.

Bonniot, Beatrice: Die Republik, eine „Notlösung"? Der preußische Kultusminister Carl-Heinrich Becker im Dienste des Weimarer Staates (1918–1933), in: Andreas Wirsching/Jürgen Eder (Hgg.), Vernunftrepublikanismus in der Weimarer Republik. Politik, Literatur, Wissenschaft, Stuttgart 2008, S. 299–309.

Bracher, Karl-Dietrich: Die Auflösung der Weimarer Republik. Eine Studie zum Problem des Machtverfalls in der Demokratie, Villingen 1955.

Brauns, Nikolaus: Schafft Rote Hilfe! Geschichte und Aktivitäten der proletarischen Hilfsorganisation für politische Gefangene in Deutschland (1919–1938), Bonn 2003.

Buck, Hans-Robert: Der kommunistische Widerstand gegen den Nationalsozialismus in Hamburg 1933–1945, Augsburg 1969.

Büttner, Ursula: Politische Gerechtigkeit und Sozialer Geist. Hamburg zur Zeit der Weimarer Republik, Hamburg 1985.

Dies.: Hamburg in der Staats- und Wirtschaftskrise 1928–1931, Hamburg 1982.

Burchardt, Michael: Marxistische Wirtschaftstheorie. Mit einem Anhang zu Leben und Werk von Karl Marx, München 1997.

Curtis, Stanley James/Boultwood, Myrtle Emma Amelia: An Introductionary History of English Education since 1800, London 1964.

Lorent, Hans-Peter de: Schule ohne Vorgesetzte. Geschichte der Selbstverwaltung der Hamburger Schulen von 1870 bis 1986, Hamburg 1992.

Ders.: Der Lehrerrat, in: Hans-Peter de Lorent/Volker Ullrich (Hgg.), „Der Traum von der freien Schule". Schule und Schulpolitik in der Weimarer Republik, Hamburg 1988, S. 25–40.

Ders./Ullrich, Volker (Hgg.): „Der Traum von der freien Schule". Schule und Schulpolitik in der Weimarer Republik, Hamburg 1988.

Ders.: Mitglieder der Interessengemeinschaft oppositioneller Lehrer. Portraits, in: Ders./Rainer Lehberger (Hg.), „Die Fahne hoch!". Schulpolitik und Schulalltag unterm Hakenkreuz, Hamburg 1986, S. 160–178.

Deth, Jan W. et al.: Kinder und Politik. Politische Einstellungen von jungen Kindern im ersten Grundschuljahr, Wiesbaden 2007.

Diederich, Jürgen/Tenorth, Heinz-Elmar: Eine Theorie der Schule. Ein Studienbuch zu Geschichte, Funktionen und Gestaltung, Berlin 1997.

Dollinger, Bernd: Die Pädagogik der sozialen Frage. (Sozial-)Pädagogische Theorie vom Beginn des 19. Jahrhunderts bis zum Ende der Weimarer Republik, Wiesbaden 2006.

Döke, Wolfgang: Zur brüderlichen Zusammenarbeit des Leninschen Komsomol mit dem Kommunistischen Jugendverband Deutschlands bei der Erziehung der Jugend im Geist des Marxismus- Leninismus (1924–1928), in: Wissenschaftliche Zeitschrift der Wilhelm-Pieck-Universität Rostock, Jg. 25 (1976), S. 677–686.

Donnachie, Ian: Robert Owen. Owen of New Lanark and New Harmony, East Linton 2000.

Dussel, Konrad: Deutsche Tagespresse im 19. und 20. Jahrhundert, Münster 2004.

Eberlein, Alfred: Internationale Bibliographie zur deutschsprachigen Presse der Arbeiter- und sozialen Bewegungen von 1830–1982, München [2]1996.

Ehls, Marie-Luise: Protest und Propaganda. Demonstrationen in Berlin zur Zeit der Weimarer Republik, Berlin 1997.

Elsen, Karl-Heinz: Die kommunistische Kinderorganisation Deutschlands – Elementarschule des proletarischen Klassenkampfes für die heranwachsende Generation, in: Autorenkollektiv unter der Leitung von Helmut König, Beiträge zur Bildungspolitik und Pädagogik der revolutionären Deutschen Arbeiterbewegung in der Zeit der Novemberrevolution und der revolutionären Nachkriegskrise 1918–1923, Berlin (Ost) 1968, S. 44–102.

Engeli, Christian/Ribbe, Wolfgang: Berlin in der NS-Zeit, in: Wolfgang Ribbe (Hg.), Geschichte Berlins, Bd. 2: Von der Märzrevolution bis zur Gegenwart, München 1987, S. 927–1024.

Engelmann, Dieter/Neumann, Horst: Zwischen Spaltung und Vereinigung. Die unabhängige Sozialdemokratische Partei Deutschlands in den Jahren 1917–1922, Berlin 1993.

Erdmann, Karl Dietrich: Die Geschichte der Weimarer Republik als Problem der Wissenschaft, in: VfZg, Jg. 3 (1955), S. 1–19.

Eumann, Ulrich: Eigenwillige Kohorten der Revolution. Zur regionalen Sozialgeschichte des Kommunismus in der Weimarer Republik, Frankfurt a. M. u. a. 2007.

Fabry, Ewald: Die Schulpolitik der Linken in der ersten Phase der Weimarer Republik, in: Hans-Peter de Lorent/Volker Ullrich (Hgg.), „Der Traum von der freien Schule". Schule und Schulpolitik in der Weimarer Republik, Hamburg 1988, S. 56–85.

Falter, Jürgen: Wahlen und Abstimmungen in der Weimarer Republik. Materialien zum Wahlverhalten 1919–1933, München 1986.

Finker, Kurt: Geschichte des Roten Frontkämpferbundes, Frankfurt a. M. 1981.

Flechtheim, Ossip K.: Die KPD in der Weimarer Republik, Offenbach 1948.

Franz, Dietrich-Ernst: Saint-Simon, Fourier, Owen. Sozialutopien des 19. Jahrhunderts, Köln 1988.

Friedrich, Gerhard: Proletarische Literatur und politische Organisation, Die Literaturpolitik der KPD in der Weimarer Republik und die proletarisch-revolutionäre Literatur, Frankfurt a. M. 1981.

Führ, Christoph: Zur Schulpolitik in Weimarer Republik. Die Zusammenarbeit von Reich und Ländern im Reichsschulausschuß (1919–1923) und im Ausschuß für das Unterrichtswesen (1924–1933). Darstellung und Quellen, Weinheim u. a. 1970.

Führer, Karl-Christian: Medienmetropole Hamburg. Mediale Öffentlichkeiten 1930–1960, München/Hamburg 2008.

Fulda, Bernhard: Press and Politics in the Weimar Republic, Oxford 2009.

Gailus, Manfred: „Seid bereit zum Roten Oktober in Deutschland!" Die Kommunisten, in: Detlev Lehnert/Klaus Megerle (Hgg.), Politische Identität und nationale Gedenktage. Zur politischen Kultur in der Weimarer Republik, Opladen 1989, S. 61–88.

Gentsch, Dirk H.: Zur Geschichte der sozialdemokratischen Schulpolitik in der Weimarer Republik. Eine historisch-pädagogische Analyse zur Schulpolitik der SPD in Deutschland in den Jahren von 1919 bis 1933, Frankfurt a. M et al. 1994.

Gessner, Dietrich: Die Weimarer Republik, Darmstadt 2002.

Gewerkschaft Erziehung und Wissenschaft, Landesverband Hamburg (Hg.): 175 Jahre Gesellschaft der Freunde des vaterländischen Schul- und Erziehungswesens, Hamburg 1980.

Gies, Horst: Nationale Identitätsbildung als Aufgabe der Volksschule, in: Reinhard Dithmar/Hans-Dietrich Schultz (Hgg.), Schule und Unterricht im Kaiserreich, Ludwigsfelde 2006, S. 109–135.

Giesecke, Hermann: Zur Schulpolitik der Sozialdemokraten in Preußen und im Reich 1918/19, in VfZg, Jg. 13 (1965), S. 162–177.

Gläss, Theodor: Die Entstehung der Hamburger Gemeinschaftsschulen und die pädagogische Aufgabe der Gegenwart, Gießen 1932.

Goldman, Wendy Z.: Woman, the State and Revolution, Soviet Family Policy and Social Life 1917–1936, Cambridge 1993.

Gröschel, Roland (Hg.): Auf dem Weg zu einer sozialistischen Erziehung. Beiträge zur Vor- und Frühgeschichte der sozialdemokratischen Kinderfreunde in der Weimarer Republik, Essen 2006.

Ders.: Einheit in der Vielfalt. Über die Gründung der Reichsarbeitsgemeinschaft der Kinderfreunde: Eine lange Reise in sieben Stationen, in: Ders. (Hg.), Auf dem Weg zu einer sozialistischen Erziehung. Beiträge zur Vor- und Frühgeschichte der sozialdemokratischen Kinderfreunde in der Weimarer Republik, Essen 2006, S. 55–92.

Graf, Christoph: Politische Polizei zwischen Demokratie und Diktatur, Berlin (West) 1983.

Grünthal, Günther: Reichsschulgesetz und Zentrumspartei in der Weimarer Republik, Düsseldorf 1968.

Gurski, André: Die Arbeiter- und Bauernkorrespondentenbewegung in der Sowjetunion 1917–1932, in: Eberhard Knödler-Bunte (Hg.), Kultur und Kulturrevolution in der Sowjetunion, Berlin 1978, S. 94–104.

Harwin, Judith: Children of the Russian State 1917–1995, Aldershot 1996.

Haubfleisch, Dietmar: Schulfarm Insel Scharfenberg. Mikroanalyse der reformpädagogischen Unterrichts- und Erziehungsrealität einer demokratischen Versuchsschule im Berlin der Weimarer Republik (2 Bde.), Frankfurt a. M. 2001.

Ders.: Berliner Reformpädagogik in der Weimarer Republik. Überblick, Forschungsergebnisse und -perspektiven, in: Hermann Röhrs/Andreas Pehnke (Hgg.), Die Reform des Bildungswesens im Ost-West-Dialog. Geschichte, Aufgaben, Probleme, Frankfurt a. M. 1994, S. 117–132.

Heeke, Mathias: Reisen zu den Sowjets. Der ausländische Tourismus in Rußland 1921–1941, Münster 2003.

Heinemann, Manfred: „Bildung" in Staatshand. Zur Zielsetzung und Legitimationsproblematik der „niederen" Schulen in Preußen unter besonderer Berücksichtigung des Unterrichtsgesetzentwurfs des Ministeriums Falk (1877), in: Peter Baumgart (Hg.), Bildungspolitik in Preußen zur Zeit des Kaiserreiches, Stuttgart 1980, S. 150–188.

Helmert, Gundula: Schule unter Stalin 1928–1940. Über den Zusammenhang von Massenbildung und Herrschaftsinteressen, Wiesbaden 1994.

Hempel-Küter, Christa: Die kommunistische Presse und die Arbeiterkorrespondentenbewegung. Das Beispiel „Hamburger Volkszeitung", Frankfurt a. M. 1989.

Dies.: „Den reaktionären Prügelpädagogen in Liebe und Verehrung."
Kommunistische Kinder- und Schulzellenzeitungen in Hamburg während
der Weimarer Republik, in: Hans-Peter de Lorent/Volker Ullrich (Hgg.),
„Der Traum von der freien Schule". Schule und Schulpolitik in der
Weimarer Republik, Hamburg 1988, S. 86–96.

Hermann, Ulrich: Aufklärung und Erziehung. Studien zur Funktion der
Erziehung im Konstitutionsprozeß der bürgerlichen Gesellschaft im 18. und
frühen 19. Jahrhundert, Weinheim 1993.

Ders./Müller, Detlef K.: Regionale Differenzierung und gesamtstaatliche
Systembildung. Preußen und seine Provinzen – Deutsches Reich und seine
Staaten 1800–1945 (= Datenhandbuch zur deutschen Bildungsgeschichte, Bd.
2, 2. Teilband), Göttingen 2003.

Heyde, Philipp: Das Ende der Reparationen. Deutschland, Frankreich und der
Young-Plan 1929–1932, Paderborn 1998.

Hildermeier, Manfred: Die Sowjetunion 1917–1991 (= Oldenbourg Grundriss der
Geschichte, Bd. 31), München ²2007.

Ders.: Geschichte der Sowjetunion 1917–1991. Entstehung und Niedergang des
ersten sozialistischen Staates, München 1998.

Hobsbawn, Eric J.: Die englische Middle Class 1780–1920, in: Jürgen Kocka (Hg.),
Bürgertum im 19. Jahrhundert. Deutschland im europäischen Vergleich, 3
Bde., München 1988, S. 79–106.

Hochmuth, Ursel/Meyer, Gertrud: Streiflichter aus dem Hamburger Widerstand
1933–1945. Berichte und Dokumente, Frankfurt a. M. 1969.

Hoffmann, Hilmar: Sozialdemokratische und kommunistische
Kindergartenpolitik und
-pädagogik in Deutschland. Eine Untersuchung zur Theorie und Realpolitik
der KPD, SED und SPD im Bereich institutionalisierter Früherziehung,
Bochum 1994.

Hoffmann, Volker: Gegen Kindernot und Schulreaktion – Schulkämpfe in
Neukölln 1930–1932, in: Gert Radde et al. (Hgg.), Schulreform –
Kontinuitäten und Brüche. Das Versuchsfeld Berlin-Neukölln, Opladen
1993, S. 243–251.

Ders.: Schulstreiks in Berlin 1919–1933, in: Georg Rückriem (Hg.), Ein Bilder-
Lese-Buch über den Alltag Berliner Arbeiterkinder, Berlin (West) 1981, S.
144–148.

Holmes, Larry E.: The Kremlin and the Schoolhouse. Reforming Education in
Soviet Russia 1917–1931, Bloomington 1991.

Holtfrerich, Carl-Ludwig: Die deutsche Inflation 1914–1923. Ursachen und
Folgen in internationaler Perspektive, Berlin/New York 1980.

Hoppe, Bernd: In Stalins Gefolgschaft. Moskau und die KPD 1928–1933,
München 2007.

Hormann Jörg-Michael/Plaschke, Dominik: Deutsche Flaggen. Geschichte, Tradition, Verwendung, Hamburg 2006.

Jackstel, Karl-Heinz: Die kommunistischen Kinderzeitungen in der Weimarer Republik unter Einbeziehung früher Ansätze progressiver Zeitungspädagogik, Halle-Wittenberg 1967.

Jahnke, Karl-Heinz et al.: Geschichte der deutschen Arbeiterjugendbewegung 1904–1945, Berlin (Ost) 1973.

James Allison/James Adrian: Key Concepts in Childhood Studies, London 2008.

Jasper, Gotthard: Die gescheiterte Zähmung. Wege zur Machtergreifung Hitlers 1930–1934, Frankfurt a. M. 1986.

Ders.: Der Schutz der Republik. Studien zur staatlichen Sicherung der Demokratie in der Weimarer Republik 1922–1930, Tübingen 1963.

Jentsch, Harald: Die KPD und der „Deutsche Oktober" 1923, Rostock 2005.

Joughin, Louis/Morgan, Edmund: The Legacy of Sacco and Vanzetti, Princeton 1976 ([1]1948).

Joyce, Patrick: Work, Society and Politics. The Culture of the Factory in later Victorian England, Brighton 1980.

Jung, Otmar: Direkte Demokratie in der Weimarer Republik. Die Fälle „Aufwertung", „Fürstenenteignung", „Panzerkreuzerverbot" und „Young Plan", Frankfurt 1989.

Kalins, Bruno: Der Sowjetische Propagandastaat. Das System und die Mittel der Massenbeeinflussung in der Sowjetunion, Stockholm 1956.

Kelly, Catriona: Children's World. Growing up in Russia 1890–1991, New Haven 2007.

Kenez, Peter: The Birth of the Propaganda State. Sovjet Methods of Mass Mobilization, 1917–1929, Cambridge 1985.

Kiss, Oliver: Schulentwicklung und Religion. Untersuchungen zum Kaiserreich zwischen 1870 und 1918, Stuttgart 2005.

Kittner, Michael: Arbeitskampf. Geschichte, Recht, Gegenwart, München 2005.

Klockner, Clemens: Die ARSO in der Weimarer Republik, Einleitung zu: Proletarische Sozialpolitik. Organ der Arbeitsgemeinschaft sozialpolitischer Organisationen (ARSO), unveränderter Nachdruck in fünf Bänden, Darmstadt 1987.

Kluge, Ulrich: Die deutsche Revolution 1918/19. Staat, Politik und Gesellschaft zwischen Weltkrieg und Kapp-Putsch, Frankfurt 1985.

Kobelt, Karl: Anton Makarenko – ein stalinistischer Pädagoge. Interpretationen auf dem Hintergrund der russisch-sowjetischen Bildungspolitik, Frankfurt a. M u. a. 1996.

Kocka, Jürgen (Hg.): Bürgertum im 19. Jahrhundert. Deutschland im europäischen Vergleich, 3 Bde., München 1988.

Ders.: Sozialgeschichte zwischen Strukturgeschichte und Erfahrungsgeschichte, in: Wolfgang Schieder/Volker Sellin (Hgg.), Sozialgeschichte in Deutschland, Bd. 1: Die Sozialgeschichte innerhalb der Geschichtswissenschaft, Göttingen 1986, S. 67–88.

Köhler, Henning: Berlin in der Weimarer Republik (1918–1932), in: Wolfgang Ribbe (Hg.), Geschichte Berlins, Bd. 2: Von der Märzrevolution bis zur Gegenwart, München 1987, S. 797–923.

Kolb, Eberhard: Die Weimarer Republik (= Oldenbourg Grundriss der Geschichte, Bd. 16), München ⁷2009.

Ders. (Hg.): Vom Kaiserreich zur Weimarer Republik, Köln 1972.

Köster, Barbara: „Die junge Garde des Proletariats". Studien zum KJVD in der Weimarer Republik, Bielefeld 2005.

Koszyk, Kurt: Geschichte der deutschen Presse, Bd. 3: Deutsche Presse 1914–1945, Berlin (West) 1972.

Kotlan-Werner, Henriette: Otto Felix Kanitz und der Schönbrunner Kreis. Die Arbeitsgemeinschaft sozialistischer Erzieher 1923–1934, Wien 1982.

Krapp, Gotthold: Marx und Engels über die Verbindung des Unterrichts mit produktiver Arbeit und die polytechnische Bildung, Frankfurt 1971.

Krause, Thomas: Schüler und Nationalsozialismus vor 1933, in: Hans-Peter de Lorent/Volker Ullrich (Hgg.), „Der Traum von der freien Schule". Schule und Schulpolitik in der Weimarer Republik, Hamburg 1988, S. 211–221.

Kroiß, Hans-Andreas: 22 Reden und Aufsätze zum Verfassungstag (11. August) der Weimarer Republik, Würzburg 1985.

Krüger-Potratz, Marianne: Absterben der Schule oder Verschulung der Gesellschaft? Die sowjetische Pädagogik in der Zeit der Zweiten Kulturrevolution 1928–1931, München, 1987.

Krumeich, Gerd/Schröder, Joachim (Hgg.): Der Schatten des Weltkriegs. Die Ruhrbesetzung 1923, Essen 2004.

Küttler, Wolfgang: Die marxistisch-leninistische Geschichtswissenschaft und das Systemdenken im Ost-West-Konflikt, in: Ders./Jörn Rüsen/Ernst Schulin (Hgg.), Globale Konflikte, Erinnerungsarbeit und Neuorientierungen seit 1945, Frankfurt 1999, S. 75–105.

Ders./Pertoli, Alexis/Wolf, Frieder Otto: Historischer Materialismus, in: Wolfgang F. Haug (Hg.), Historisch-kritisches Wörterbuch des Marxismus, Bd. 6.1, Hamburg 2004, Sp. 316–334.

Kuhlemann, Frank-Michael: Modernisierung und Disziplinierung. Sozialgeschichte des preußischen Schulwesens, Göttingen 1992.

Ders.: Niedere Schulen, in: Christa Berg (Hg.), Handbuch der deutschen Bildungsgeschichte, Bd. 4: 1878–1918, München 1991, S. 179–227.

Kurz, Thomas: „Blutmai". Sozialdemokraten und Kommunisten im Brennpunkt der Berliner Ereignisse von 1929, Berlin/Bonn 1988.

Lamberti, Marjorie: The Politics of Education. Teachers and School Reform in Weimar Germany, New York/Oxford 2002.

Dies.: State, Society and the Elementary School in Imperial Germany, New York 1983.

Lehberger, Rainer: Zur Geschichte der Versuchsschule Telemannstraße 10, in: Hans-Peter de Lorent/Volker Ullrich, (Hgg.), „Der Traum von der freien Schule". Schule und Schulpolitik in der Weimarer Republik, Hamburg 1988, S. 273–287.

Lehnert, Detlev/Megerle, Klaus (Hgg.): Politische Identität und nationale Gedenktage. Zur politischen Kultur in der Weimarer Republik, Opladen 1989.

Leßmann, Peter: Die preußische Schutzpolizei in der Weimarer Republik. Streifendienst und Straßenkampf, Düsseldorf 1989.

Liang, Hsi-Huey: Die Berliner Polizei in der Weimarer Republik, Berlin 1977.

Lundgreen, Peter: Sozialgeschichte der deutschen Schule im Überblick, Bd. 1: 1770–1918, Göttingen 1980.

Lüpke, Friedemann: Pädagogische Provinzen für verwahrloste Kinder und Jugendliche. Eine systematisch vergleichende Studie zu Problemstrukturen des offenen Anfangs der Erziehung. Die Beispiele Stans, Junior Republic und Gorki-Kolonie, Würzburg 2004.

Malle, Silvana: The Economic Organisation of War Communism 1918–1921, Cambridge 1985.

Mallmann, Klaus-Michael: Gehorsame Parteisoldaten oder eigensinnige Akteure? Die Weimarer Kommunisten in der Kontroverse – Eine Erwiderung, in: VfZg, Jg. 47 (1999), S. 401–415.

Ders.: Kommunisten in der Weimarer Republik. Sozialgeschichte einer revolutionären Bewegung, Darmstadt 1996.

Marquardt, Valentin: Soziademokratische Jugendschriftendiskussion um die Jahrhundertwende. Ein Ansatz zur Erziehung von proletarischen Kindern und Jugendlichen mit Hilfe des Mediums „Literatur", Bielefeld 1986.

Mehnert, Wolfgang: Persönlichkeit und pädagogisches Werk Edwin Hoernles. Einführung zu: Edwin Hoernle, Grundfragen der proletarischen Erziehung. Pädagogische und Bildungspolitische Schriften, ausgewählt, eingeleitet und erläutert von Wolfgang Mehnert, Herbert Flach und Hans Lemke, Berlin (Ost) 1983, S. 6–31.

Ders.: Der Beitrag Edwin Hoernles zum schulpolitischen und pädagogischen Kampf der KPD in der Zeit der Weimarer Republik (1919–1929), Berlin (Ost) 1958.

Milberg, Hildegard: Schulpolitik in der pluralistischen Gesellschaft. Die politischen und sozialen Aspekte der Schulreform in Hamburg 1890–1935, Hamburg 1970.

Morsey, Rudolph: Der Kulturkampf – Bismarcks Präventivkrieg gegen das Zentrum und die katholische Kirche, in: Heiner Marré/Dieter Schümmelfeder/Burghard Kämper (Hg.), Essener Gespräche zum Thema Staat und Kirche, Bd. 34, Münster 2000, S. 5–29.

Ders.: Die Deutsche Zentrumspartei 1917–1923, Düsseldorf 1966.

Müller, Detlev K.: Sozialstruktur und Schulsystem. Aspekte zum Strukturwandel des Schulwesens im 19. Jahrhundert, Göttingen 1977.

Müller, Werner: Lohnkampf, Massenstreik, Sowjetmacht. Ziele und Grenzen der „Revolutionären Gewerkschafts-Opposition" (RGO) in Deutschland 1928 bis 1933, Köln 1988.

Neubert, Eberhart: Westdeutsche und ostdeutsche Erinnerungsperzeptionen, in: Peter März/Hans-Joachim Veen (Hg.), Woran erinnern? Der Kommunismus in der deutschen Erinnerungskultur, Köln 2006, S. 165–190.

Neuhäuser, Heike/Rülcker, Tobias (Hgg.): Demokratische Reformpädagogik, Frankfurt a. M. 2000.

Nipperdey, Thomas: Deutsche Geschichte 1866–1918, Bd. 1: Arbeitswelt und Bürgergeist, München 1998.

Ders.: Jugend und Politk um 1900, in: Ders. (Hg.), Gesellschaft, Kultur, Theorie. Gesammelte Aufsätze zur neueren Geschichte, Göttingen 1976, S. 338–359.

Nitzschke, Volker: Die Auseinandersetzungen um die Bekenntnisschule in der Weimarer Republik in Zusammenhang mit dem bayerischen Konkordat, Würzburg 1965.

Nydahl, Jens: Das Berliner Schulwesen, Berlin 1928.

O'Sullivan, Donald: Furcht und Faszination. Deutsche und britische Rußlandbilder 1921–1933, Köln 1996.

Paetz, Andreas: Kurt Löwenstein – Erziehung für die Zukunft. Pädagoge – Bildungspolitiker – Kinderfreund, in: Gröschel, Roland (Hg.), Auf dem Weg zu einer sozialistischen Erziehung. Beiträge zur Vor- und Frühgeschichte der sozialdemokratischen Kinderfreunde in der Weimarer Republik, Essen 2006, S. 97–120.

Pelz, William A.: The Spartakusbund and the German Working Class Movement 1914–1919, Lewiston 1988.

Peters, Dietlinde: Mütterlichkeit im Kaiserreich. Die bürgerliche Frauenbewegung und der soziale Beruf der Frau, Bielefeld 1984.

Petersen, Klaus: Zensur in der Weimarer Republik, Stuttgart 1995.

Ders.: Literatur und Justiz in der Weimarer Republik, Stuttgart 1988.

Peukert, Detlev J. K.: Jugend zwischen Krieg und Krise. Lebenswelten von Arbeiterjungen in der Weimarer Republik, Köln 1987.

Pipes, Richard: Die Russische Revolution, Bd. 1: Der Zerfall des Zarenreiches, Berlin 1992.

Ders.: Die Russische Revolution, Bd. 2: Die Macht der Bolschewiki, Berlin 1992.

Ders.: Die Russische Revolution, Bd. 3: Rußland unter dem neuen Regime, Berlin 1993.

Prüfer, Sebastian: Sozialismus statt Religion. Die deutsche Sozialdemokratie vor der religiösen Frage 1863–1890, Göttingen 2002.

Radde, Gerd: Schulreform in Berlin am Beispiel der Lebensgemeinschaftsschulen, in: Ulrich Amlung et al. (Hg.), „Die alte Schule überwinden." Reformpädagogische Versuchsschulen zwischen Kaiserreich und Nationalsozialismus, Frankfurt a. M. 1993, S. 89–106.

Ders.: Fritz Karsen. Ein Schulreformer der Weimarer Zeit, Frankfurt a. M. 1999 ([1]1973).

Raleigh, Donald J.: Experiencing Russia's civil war. Politics, Society, and Revolutionary Culture in Saratov 1917–1922, Princeton 2002.

Reuveni, Gideon: Der Aufstieg der Bürgerlichkeit und die bürgerliche Selbstauflösung. Die Bekämpfung der Schund- und Schmutzliteratur in Deutschland bis 1933 als Fallbeispiel, in: Zeitschrift für Geschichtswissenschaft, Jg. 51 (2003), S. 131–143.

Richartz, Nikolaus: Die Pädagogik der „Kinderfreunde". Theorie und Praxis sozialdemokratischer Erziehungsarbeit in Österreich und in der Weimarer Republik, Weinheim 1981.

Richter, Ludwig: Kirche und Schule in den Beratungen der Weimarer Nationalversammlung, Düsseldorf 1996.

Richter, Wilhelm: Berliner Schulgeschichte. Von den mittelalterlichen Anfängen bis zum Ende der Weimarer Republik, Berlin 1981.

Ritter, Gerhard A.: Die Arbeiterbewegung im Wilhelminischen Reich. Die Sozialdemokratische Partei und die freien Gewerkschaften 1890–1900, Berlin 1963.

Roemheld, Regine: Demokratie ohne Chancen. Möglichkeiten und Grenzen politischer Sozialisatoren am Beispiel der Pädagogen der Weimarer Republik, Ratingen u. a. 1974.

Rödler, Klaus: Vergessene Alternativschulen. Geschichte und Praxis der Hamburger Gemeinschaftsschulen 1919–1933, Weinheim/München 1987.

Röhl, Klaus-Rainer: Die letzten Tage der Republik von Weimar. Kommunisten und Nationalsozialisten im Berliner BVG-Streik von 1932, Wien 2008 ([1]1994).

Rosenfeldt, Jenspeter: Lehrerarbeitslosigkeit in Hamburg während der Weimarer Republik, in: Hans-Peter de Lorent/Volker Ullrich (Hgg.), „Der Traum von der freien Schule". Schule und Schulpolitik in der Weimarer Republik, Hamburg 1988, S. 167–178.

Rothenberg, Dietrich: Oppositionelle Lehrer. Die Bedeutung der IOL im Kampf gegen Notverordnungen, schulpolitischen Abbau und drohenden Faschismus, in: Hans-Peter de Lorent/Reiner Lehberger (Hg.), „Die Fahne hoch!". Schulpolitik und Schulalltag unterm Hakenkreuz, Hamburg 1986, S. 146–159.

Ders.: Rudolf Klug: Kompromisslos gegen die Barbarei, in: Ursel Hochmuth/Hans-Peter de Lorent (Hgg.), Hamburg: Schule unterm Hakenkreuz, Hamburg 1985, S. 239–243.

Rubinsohn, Wolfgang Zeev: Der Spartakusaufstand und die sowjetische Geschichtsschreibung, Konstanz 1983.

Ruppert, Karsten: Im Dienst am Staat von Weimar. Das Zentrum als regierende Partei in der Weimarer Demokratie 1923–1930, Düsseldorf 1992.

Rütz, Günther/Uellenberg, Wolfgang: 80 Jahre Arbeiterjugendbewegung in Deutschland 1904–1984. Jugendpflege, sozialistische Erziehung, politischer Kampf, Bonn 1984.

Sabrow, Martin: Kampfplatz Weimar. DDR-Geschichtsschreibung im Konflikt von Erfahrung, Politik und Wissenschaft, in: Heinrich August Winkler, Weimar im Widerstreit. Deutungen der ersten deutschen Republik im geteilten Deutschland, München 2002, S. 163–184.

Ders.: Der Rathenaumord. Rekonstruktion einer Verschwörung gegen die Republik von Weimar, München 1994.

Sandvoß, Hans-Rainer: Die „andere" Reichshauptstadt. Widerstand aus der Arbeiterbewegung in Berlin von 1933 bis 1945, Berlin 2007.

Sauermann, Ekkehard: Revolutionäre Erziehung und revolutionäre Bewegung. Marx, Engels und Lenin über die Erziehung der Arbeiterklasse, Berlin (Ost) 1985.

Saul, Klaus: Der Kampf um die Jugend zwischen Volksschule und Kaserne. Ein Beitrag zur „Jugendpflege" im Wilhelminischen Reich 1890–1914, in: Militärgeschichtliche Mitteilungen, Jg. 9 (1971), Nr. 1, S. 97–125.

Schellack, Fritz: Nationalfeiertage in Deutschland von 1871 bis 1945, Frankfurt a. M. 1990.

Schmal, Hermannjosef: Disziplinarrecht und politische Betätigung der Beamten in der Weimarer Republik, Berlin 1977.

Schmid, Josef/Zolleis, Udo: Zwischen Anarchie und Strategie. Der Erfolg von Parteiorganisationen, in: Dies. (Hgg.), Zwischen Anarchie und Strategie. Der Erfolg von Parteiorganisationen, Wiesbaden 2005, S. 9–21.

Schneider, Wolfgang: Die Marxsche Vision. Anspruch – Scheitern – Historisches Schicksal. Theoriegeschichtliche Reflexionen, Hamburg 2008.

Schuppan, Michael-Sören: Hauptstadtegoismus und preußische Schulverwaltung. Die Berliner Schulentwicklung im Spannungsfeld bildungspolitischer Kompetenzen 1919–1933, Paderborn 2007.

Schuster, Georg Paul: Der Rote Frontkämpferbund 1924–1929. Beiträge zur Geschichte und Organisationsstruktur eines politischen Kampfbundes, Düsseldorf 1975.

Schustereit, Hartmut: Linksliberalismus und Sozialdemokratie in der Weimarer Republik. Eine vergleichende Betrachtung der Politik von DDP und SPD 1919–1930, Düsseldorf 1975.

Schütz, Dieter: Zwischen Standesbewußtsein und gesellschaftlicher Orientierung. Beamte und ihre Interessenverbände in der Weimarer Republik, Baden-Baden 1992.

Schwarte, Norbert: Schulpolitik und Pädagogik der deutschen Sozialdemokratie an der Wende vom 19. zum 20. Jahrhundert, Köln 1980.

Seyfarth-Stubenrauch, Michael: Erziehung und Sozialisation in Arbeiterfamilien im Zeitraum 1870–1914 in Deutschland, Frankfurt 1985.

Spaude-Schulze, Edelgard: Macht das Maul auf! Kinder und Jugendliteratur gegen den Krieg in der Weimarer Republik, Würzburg 1990.

Splanemann, Andreas: Brandenburg und Berlin 1920–1932, in: Gerd Heinrich/Friedrich Wilhelm Henning/Kurt Jeserich (Hg.), Verwaltungsgeschichte Ostdeutschlands 1815–1945. Organisation – Aufgaben – Leistungen der Verwaltung, Stuttgart 1992, S. 758–804.

Stephan, Werner: Aufstieg und Verfall des Linksliberalismus. Geschichte der Deutschen Demokratischen Partei 1918–1933, Göttingen 1973.

Stein, Katrin: Parteiverbote in der Weimarer Republik, Berlin 1999.

Steinacker, Guido: Philanthropie und Revolution. Robert Owens „Rational System of Society" und seine Kritik durch Karl Marx und Friedrich Engels, Saarbrücken 1997.

Stihling, Jutta: Der Hamburger Arbeiter- und Soldatenrat in der Revolution 1918/19, in: Arno Herzig/Dieter Langewiesche/Arnold Sywottek (Hg.), Arbeiter in Hamburg, Hamburg 1983, S. 419–428.

Stöhr, Wolfgang: Lehrer und Arbeiterbewegung. Entstehung und Politik der ersten Gewerkschaftsorganisation der Lehrer in Deutschland 1920–1923, 2. Bde., Marburg 1978.

Surmann, Rolf: Die Münzenberg-Legende. Zur Publizistik der revolutionären deutschen Arbeiterbewegung 1921–1933, Köln 1983.

Tenorth, Heinz-Elmar: Historische Bildungsforschung, in: Tippelt, Rudolf/Schmidt, Bernhard (Hgg.), Handbuch Bildungsforschung, Wiesbaden ³2010, S. 135–153.

Ders.: Schule im Kaiserreich, in: Reinhard Dithmar/Hans-Dietrich Schultz (Hgg.), Schule und Unterricht im Kaiserreich, Ludwigsfelde 2006, S. 11–14.

Uhlig, Christa: Reformpädagogik und Schulreform. Diskurse in der sozialistischen Presse der Weimarer Republik. Quellenauswahl aus den Zeitschriften Die Neue Zeit/Die Gesellschaft und sozialistische Monatshefte (1919–1933), Frankfurt a. M. 2008.

Ullrich, Volker: Arbeiter- und Soldatenrat und Schulreform, in: Hans-Peter de Lorent/Volker Ullrich (Hgg.), „Der Traum von der freien Schule". Schule und Schulpolitik in der Weimarer Republik, Hamburg 1988, S. 11–24.

Ders.: Kriegsalltag. Hamburg im Ersten Weltkrieg, Köln 1982.

Vatlin, Alexandr: Die Komintern. Gründung, Programmatik, Akteure, Berlin 2009.

Ders.: Zur Frage der „Russifizierung" der Komintern, in: Michael Buckmiller/Klaus Meschkat (Hgg.), Biographisches Handbuch zur Geschichte der Kommunistischen Internationale, Berlin 2007, S. 329–345.

Vestring, Sigrid: Die Mehrheitssozialdemokratie und die Entstehung der Reichsverfassung von Weimar 1918/1919, Münster 1987.

Werder, Lutz von: Sozialistische Erziehung in Deutschland. Geschichte des Klassenkampfes um den Ausbildungssektor, Frankfurt a. M. 1974.

Voß, Angelika/Büttner, Ursula/Weber, Hermann: Vom Hamburger Aufstand zur politischen Isolierung. Kommunistische Politik 1923–1933 in Hamburg und im Deutschen Reich, Hamburg 1983.

Wagner-Winterhager, Louise: Schule und Eltern in der Weimarer Republik. Untersuchungen zur Wirksamkeit der Elternbeiräte in Preußen und der Elternräte in Hamburg 1918–1922, Weinheim und Basel 1979.

Weber, Hermann: The Stalinization of the KPD: Old and New Views, in: Norman LaPorte/Kevin Morgan/Matthew Worley (Hgg.), Bolshevism, Stalinism and the Comintern. Perspectives on Stalinization 1927–53, Basingstoke 2008, S. 22–44.

Ders.: Zehn Jahre historische Kommunismusforschung. Leistungen, Defizite, Perspektiven, in: VfZg, Jg. 50 (2002), S. 611–633.

Ders.: Kommentar zu den Beiträgen von Eberhard Kolb und Andreas Wirsching, in: Heinrich August Winkler, Weimar im Widerstreit. Deutungen der ersten deutschen Republik im geteilten Deutschland, München 2002, S. 141–149.

Ders.: Die Gründung der KPD. Protokoll und Materialien des Gründungsparteitages der Kommunistischen Partei Deutschlands 1918/19. Mit einer Einführung, Berlin 1993 (¹1962).

Ders.: Kommunismus in Deutschland 1918–1945, Darmstadt 1983.

Ders.: Hauptfeind Sozialdemokratie. Strategie und Taktik der KPD 1929–1933, Düsseldorf 1982.

Ders.: Die Wandlungen des deutschen Kommunismus. Die Stalinisierung der KPD, 2 Bde., Frankfurt 1969.

Weber, Petra: Gescheiterte Sozialpartnerschaft – Gefährdete Republik? Industrielle Beziehungen, Arbeitskämpfe und der Sozialstaat. Deutschland und Frankreich im Vergleich, München 2010.

Wendt, Joachim: Die Lichtwarkschule in Hamburg 1921–1937. Eine Stätte der Reform des höheren Schulwesens, Hamburg 2000.

Wiesner, Erich: Man nannte mich Ernst. Erlebnisse und Episoden aus der Geschichte der Arbeiterjugendbewegung, Berlin (Ost) [4]1978 ([1]1958).

Winkler, Heinrich August: Der Schein der Normalität, Arbeiter und Arbeiterbewegung in der Weimarer Republik 1924 bis 1930, Berlin/Bonn [2]1988.

Ders.: Der Weg in die Katastrophe. Arbeiter und Arbeiterbewegung in der Weimarer Republik 1930–1933, Berlin/Bonn 1987.

Ders.: Von der Revolution zur Stabilisierung. Arbeiter und Arbeiterbewegung in der Weimarer Republik 1918–1924, Berlin/Bonn 1984.

Ders.: Die Sozialdemokratie und die Revolution 1918/19, Bonn 1979.

Wirsching, Andreas: „Stalinisierung" oder entideologisierte „Nischengesellschaft"? Alte Einsichten und neue Thesen zum Charakter der KPD in der Weimarer Republik, in: VfZg, Jg. 45 (1997), S. 449–466.

Ders.: Vom Weltkrieg zum Bürgerkrieg? Politischer Extremismus in Deutschland und Frankreich 1918–1933/39. Berlin und Paris im Vergleich, München 1999.

Wittwer, Wolfgang: Die sozialdemokratische Schulpolitik in der Weimarer Republik. Ein Beitrag zur politischen Schulgeschichte im Reich und in Preußen, Berlin 1980.

Wittig, Horst E.: Karl Marx – Leben und Werk. Gedanken zur Marxschen Bildungskonzeption, in: Ders. (Hg.), Karl Marx. Bildung und Erziehung. Studientexte zur Marxschen Bildungskonzeption, Paderborn 1968, S. 286–296.

Wölk, Monika: Der preußische Volksschulabsolvent als Reichstagswähler 1871–1912. Ein Beitrag zur historischen Wahlforschung in Deutschland, Berlin 1980.

Zinnecker, Jürgen: Kindheit und Jugend als pädagogische Moratorien. Zur Zivilisationsgeschichte der jüngeren Generation im 20. Jahrhundert, in: Zeitschrift für Pädagogik, 42. Beiheft 2000, S. 36–68.